Karl Jaspers:
Was ist Erziehung?
Ein Lesebuch

Textauswahl und Zusammenstellung
von Hermann Horn

Deutscher
Taschenbuch
Verlag

dtv

Von Karl Jaspers
ist im Deutschen Taschenbuch Verlag erschienen:
Was ist Philosophie? (1575)

Unveränderte Ausgabe
Januar 1981
Deutscher Taschenbuch Verlag GmbH & Co. KG,
München

ISBN 3-492-02274-X
Umschlaggestaltung: Celestino Piatti (unter Verwendung
eines Fotos der Deutschen Fotothek Dresden)
Gesamtherstellung: C.H. Beck'sche Buchdruckerei,
Nördlingen
Printed in Germany · ISBN 3-423-01617-5

Allen, die der Pädagogischen Hochschule Hagen 1963–1976 verbunden waren

Inhalt

Karl Jaspers über sich selbst

Karl Jaspers wurde geboren in Oldenburg am 23. Februar 1883. Er dankt seinen Eltern die ernste Erziehung und die ihn für immer bergende Liebe, dem Gymnasium eine humanistische Bildung, der Universität den Eintritt in die Welt universaler Forschung. Es wurde ihm zu hohem Glück, daß er leben konnte in der Freiheit des Professors, der sich seine Aufgaben selbst stellt. Durch seine Lehrtätigkeit durfte er teilnehmen an der Fortsetzung der Überlieferung, im Vertrauen zu dem abendländischen Sinn der Universität. Das wundersame Heidelberg und das ehrwürdige Basel waren ihm die Stätten, an denen er die Aufgabe mit seinen schwachen Kräften zu erfüllen suchte.

Was er vermochte, das wurde ihm nur möglich durch seine Frau Gertrud Mayer. Von seiner Studentenzeit an begleitete sie ihn mit ihrer grenzenlosen Liebe, keine Unwahrhaftigkeit duldend, unerbittlich fordernd. Als ob sie sich träfen in dieser Welt, herkommend aus einer unbegreiflichen anderen, sich gleichsam erinnerten und doch nicht wußten, lebten sie den Alltag des unendlich dankbar hingenommenen Daseins in den Wandlungen der Jahre mehr als eines halben Jahrhunderts. In dieser Gemeinschaft erwuchs ihm das Philosophieren, das seit der Schulzeit keimhaft da war, jetzt aber erst erwachte und für beide zum Berufe wurde.

In innigster Verbundenheit hatten sie das Leid getragen, alle Zeit durch seine von Jugend her bestehende Krankheit, dann zwölf Jahre in der Bedrängnis durch den Nationalsozialismus. Wundersam behütet gingen sie durch die Bedrohungen.

Der Verlust des politischen Vaterlandes drängte ihn in eine Bodenlosigkeit, in der ihn mit seiner Frau nur auffing der Ursprung des Menschseins überhaupt, die Freundschaft mit einzelnen geliebten Menschen in Deutschland und zerstreut über den Erdball und der Traum eines kommenden Weltbürgertums.

In Basel, in europäischer Überlieferung, in der Freiheit als Gast die Ruhe eines Asyls zu finden, war ihm das letzte Geschenk. Alle Kraft dieser Jahre gab er der Fortsetzung seiner an sich unabschließbaren philosophischen Arbeit, mit der er mehr ahnend als schon wissend, versuchend, nicht besitzend, teilnehmen wollte an der Aufgabe des Zeitalters, den Weg zu finden aus dem Ende der europäischen Philosophie in eine kommende Weltphilosophie. (Nekrolog, von ihm selbst verfaßt) (Basler Universitätsreden 60. Heft, Basel 1969)

Chronologische Übersicht über Leben und Werk von Karl Jaspers*

23. 2. 1883	geboren in Oldenburg
1892–1901	Besuch des humanistischen Gymnasiums in Oldenburg
1901	Abitur – Diagnose seiner Krankheit durch Dr. Fraenkel
1901/02	Studium der Jurisprudenz in Heidelberg und München
1902/08	Studium der Medizin in Berlin, Göttingen u. Heidelberg
1908	Promotion zum Dr. med. – Dissertation: *Heimweh und Verbrechen*
1909	Approbation zum Arzt. Erste Begegnung mit Max Weber
1910	Heirat mit Gertrud Mayer
1909–1915	Volontärassistent an der Psychiatrischen Klinik in Heidelberg
1913	Habilitation bei Windelband für Psychologie mit *Allgemeine Psychopathologie*
1916	Extraordinarius für Psychologie in Heidelberg
1919	*Psychologie der Weltanschauungen*
1920	Beginn der Freundschaft mit Heidegger – Extraordinarius für Philosophie in Heidelberg
1921	Rufe nach Greifswald und Kiel abgelehnt – Persönliches Ordinariat für Philosophie in Heidelberg – *Max Weber (Gedenkrede)*
1922	Ordinarius für Philosophie in Heidelberg – *Strindberg und van Gogh*
1923	*Die Idee der Universität*
1928	Ruf nach Bonn abgelehnt
1931	*Die geistige Situation der Zeit*
1932	*Philosophie – Max Weber*
1933	Ausschluß aus der Universitätsverwaltung
1935	*Vernunft und Existenz*
1936	*Nietzsche. Einführung in das Verständnis seines Philosophierens*
1937	Entlassung – *Descartes und die Philosophie*
1938	*Existenzphilosophie* – Publikationsverbot

* Die Kursivsetzungen bezeichnen die Titel der Werke.

1945 Wiedereinsetzung. 1. Senator der Universität

1946 Ehrensenator – *Allgemeine Psychopathologie* (4. völlig neu bearbeitete Auflage) – *Die Schuldfrage* – *Die Idee der Universität* (Neufassung)

1947 Kontroverse mit Georg Lukács – Goethepreis der Stadt Frankfurt a. M. – Dr. h. c. ès lettres der Universität Lausanne – *Von der Wahrheit*

1948 Übersiedlung nach Basel als Nachfolger von Paul Häberlin – *Der philosophische Glaube*

1949 Angriff von E. R. Curtius – *Vom Ursprung und Ziel der Geschichte*

1950 *Einführung in die Philosophie* – *Vernunft und Widervernunft in unserer Zeit*

1951 *Rechenschaft und Ausblick*

1953 Dr. phil. h. c. der Universität Heidelberg – *Lionardo als Philosoph*

1954 *Die Frage der Entmythologisierung* (zusammen mit R. Bultmann)

1955 *Schelling. Größe und Verhängnis*

1957 *Die großen Philosophen I*

1958 Friedenspreis des Deutschen Buchhandels – Ehrenmitglied der Deutschen Akademie für Sprache und Dichtung in Darmstadt – Ehrenmitglied der American Academy of Arts and Sciences in Boston – *Die Atombombe und die Zukunft des Menschen* – *Philosophie und Welt*

1959 Erasmuspreis – Dr. h. c. der Universität Paris – Dr. h. c. ès lettres der Universität Genf

1960 *Freiheit und Wiedervereinigung*

1961 Emeritierung – *Die Idee der Universität* (zusammen mit K. Rossmann)

1962 Dr. med. h. c. der Universität Basel – *Der philosophische Glaube angesichts der Offenbarung*

1963 Preis der Oldenburg-Stiftung – Ehrenbürger der Stadt Oldenburg – Ehrenmitglied der Gesellschaft für Forensische Medizin Madrid – Ordensauszeichnung der Bundesrepublik abgelehnt – *Gesammelte Schriften zur Psychopathologie*

1964 Orden Pour le mérite – Ehrenmitglied der Royal Medico – Psychological Association London – Mitglied der Académie Royale Belgien – Ehrenmitglied der Academie der Athener – *Nicolaus Cusanus*

1965 Internationaler Friedenspreis Lüttich – *Kleine Schule des*

	philosophischen Denkens – Hoffnung und Sorge. Schriften zur deutschen Politik 1945–1965
1966	Ehrenmitglied der American Psychopathological Association – *Wohin treibt die Bundesrepublik?*
1967	Erwirbt das Basler Bürgerrecht. – Gibt die deutschen Pässe zurück – *Antwort – Schicksal und Wille. Autobiographische Schriften – Philosophische Aufsätze*
1968	*Aneignung und Polemik. Gesammelte Reden und Aufsätze zur Geschichte der Philosophie*
26. 2. 1969	gestorben in Basel (90. Geburtstag von Getrud Jaspers) – *Provokationen. Gespräche und Interviews.*
1970	*Chiffren der Transzendenz*

Was aber Menschen eigentlich sind, das ist *nicht als Zweck geradezu zu wollen*. Denn Menschen sind, was sie sind, nicht einfach durch Geburt, Züchtung und Erziehung, sondern durch Freiheit des je Einzelnen auf dem Grunde seines Sichgegebenseins. Auch bei vollendeter Erkenntnis wäre das, worauf es ankommt, nicht zu machen. (GSZ 205)

Der Mensch lebt als er selbst in seiner Umwelt durch erinnernde und vorausblickende Verbundenheit. Er lebt nicht als Vereinzelter, sondern als Familie im Hause, als Freund in der Kommunikation vom Einzelnen zum Einzelnen, als Volksgenosse einem geschichtlichen Ganzen angehörend. Er wird zu sich selbst vermöge einer Überlieferung, durch die er in den dunklen Grund seiner Herkunft blickt und in Verantwortung für seine und der Seinigen Zukunft lebt; nach beiden Richtungen auf lange Sicht in die Substanz seiner Geschichtlichkeit eingesenkt, ist er erst eigentlich gegenwärtig in der Welt, die er aus dem Erbe, das ihm überkommen ist, hervorbringt. Sein tägliches Dasein ist umfangen von dem Geist eines sinnlich gegenwärtigen Ganzen, einer Welt im kleinen, und mag sie noch so dürftig sein. (GSZ 37 f.)

Die Weise des Menschseins ist die Voraussetzung von allem. Man kann die Apparate auf das beste einrichten; wenn die Menschen als sie selbst ausbleiben, ist nichts. (GSZ 179)

Es hilft nicht zu klagen, es werde zuviel auf den Einzelnen gelegt; die Zustände müßten geändert werden. Denn erst aus der Weise des Selbstseins entspringt auch die echte Arbeit an den Zuständen. Ich verrate die eigene Möglichkeit, sobald ich aus dem Anderswerden der Zustände erst erwarte, was ich aus mir sein kann. Ich weiche aus, wenn ich auf ein Anderes lege, was an mir liegen könnte; während dieses Andere nur gedeiht, wenn ich selbst werde, wie ich sein soll. (GSZ 180 f.)

Die Wirklichkeit der Welt ist nicht zu überspringen. Die Härte des Wirklichen zu erfahren ist der einzige Weg, um zu sich zu kommen. In ihr tätig sein, auch wenn das Ziel ein unmögliches wäre, bleibt die Bedingung des eigenen Seins. (GSZ 182)

Ja, denn die Vernunft ist das Wesen des eigentlichen Menschen. Wenn der Philosoph nicht denkend das täte, was alle Menschen angeht und was der Gedanke in jedem erwecken kann, weil es in ihm bereitliegt, so wäre er nicht, was der Sinn seines Denkens ist: Wegbahner für den Menschen zu sein, Lehrer dessen, was der Mensch ist, welche Stellung im All er einnimmt, was er vermag und was er sein kann. Die Seltenheit der Wirklichkeit der Vernunft und die Unvollkommenheit ihrer Verwirklichung in jedem Fall, auch in dem des Philosophen, zeigt die Schwere des Weges des Menschen, aber nicht seine Unmöglichkeit. (AZM 457)

Der Versuch, aus dem Gesamtwerk von Karl Jaspers die Aussagen über Erziehung und Bildung in der Vielfalt verbundener Aspekte zu sammeln und in einer offenen Systematik zu ordnen, mag auf erhebliche Zweifel stoßen.

Unterschiedliche Einschätzung des Jaspersschen Philosophierens

So wird die Meinung vertreten, dieses Philosophieren stünde der pädagogischen Fragestellung fern und erschöpfe sich letztlich in einer kritischen Einschätzung, die sich in bloße Polemik verlieren könnte. Darum lohne sich eine Auseinandersetzung mit diesem pädagogikfremden Denken nicht, ja, sie sei darin gefährlich, daß sie dazu verführe, die Eigenständigkeit der Erziehung in Theorie und Praxis preiszugeben.

Aus dieser ablehnenden Einstellung könnte verständlich werden, daß nur wenige Pädagogen auf die Jaspersscbe Weise zu philosophieren Bezug nehmen. Das haben u. a. in je eigener Weise Herman Nohl, Wilhelm Flitner, Erich Weniger und Otto Friedrich Bollnow an einigen Stellen ihrer Werke versucht. Als unzulänglich und fragwürdig jedoch muß der Versuch Peter Petersens angesehen werden, wenn er in seiner ›Führungslehre des Unterrichts‹ auf den Begriff der Grenzsituation zurückgreift und dessen eigentliche Intention verfehlt. Dort lesen wir nämlich: »Jede einzelne pädagogische Situation hat zunächst auch, wie jede bestimmte Situation, die Merkmale der Enge und Bedingtheit usf., aber dem Schüler wird sie mehr als das; sie nimmt den Charakter einer Grenzsituation an, ... weil der Schüler und Zögling die pädagogische Situation erleiden muß«[1].

Neben der zögernden und unzulässigen Aneignung Jaspersscher Denkweise läßt sich ein deutliches Desinteresse feststellen, das Otto Friedrich Bollnow aufgefallen ist und der – nach Gründen fahndend – zu dem Ergebnis kommt: »Sie liegen, tiefer gesehen, darin, daß die Existenzphilosophie aus ihrer Mitte heraus eine Auffassung vom Menschen

[1] Peter Petersen: *Führungslehre des Unterrichts*, Braunschweig 1953, S. 24.

entwickele, in der für den Gedanken der Erziehung überhaupt kein Platz zu bleiben schien, in der diese vielmehr – wenn sie mehr sein wollte als eine bloße Übermittlung von Kenntnissen und Fertigkeiten, wenn sie den Menschen wirklich in seinem Kern formen wollte – als ein von vorn herein hoffnungsloses Unternehmen erscheinen mußte«[2]. Bollnow meint, es verstehen zu können, »... daß die Erziehung von hier aus als von vorn herein unmöglich, daß schon der bloße Gedanke an die Möglichkeit einer Erziehung gegenüber dem Ernst der existentiellen Erfahrung als Vermessenheit erscheinen mußte«[3]. Daß die Existenzphilosophie die Bildsamkeit, die Herbart als den Grundbegriff der Pädagogik bezeichnet hatte, leugne, »zum mindesten soweit es sich um den existentiellen Kern des Menschen handelt«,[4] stellt vielleicht das größte Hindernis für Pädagogen dar, sich mit dieser Denkweise ernsthaft zu befassen.

Bollnow hat zweifellos mit dieser Deutung Richtiges getroffen, auch wenn man nicht übersehen darf, daß die Jaspersche Weise zu philosophieren sich nicht angemessen unter der Sammelbezeichnung Existenzphilosophie inventarisieren läßt.

Es ist nun merkwürdig, daß diese schwerwiegenden Einwände von Vertretern der Pädagogik durch Jaspers selbst scheinbar bestätigt werden; denn er hat es 1948 bei der Übernahme des philosophischen Lehrstuhls in Basel abgelehnt, den mit diesem verknüpften Lehrauftrag für Pädagogik wahrzunehmen. Vor ihm hatte Paul Häberlin diesem Doppelauftrag gleichsam in Personalunion entsprochen. Liegt da der Schluß nicht nahe, Jaspers habe für sich keine pädagogische Sachkompetenz beansprucht?

Jaspers' überraschende Aufgeschlossenheit für pädagogische Probleme

Der massive Vorbehalt Fremder und Jaspers' eigener Verzicht stehen nun in einem seltsamen Gegensatz zu seiner Aufgeschlossenheit für pädagogische Probleme und seiner erstaunlichen Vertrautheit mit der erzieherischen Lebenswirklichkeit. Beim intensiven Studium des Gesamtwerkes stößt man immer wieder auf Äußerungen, die sich fast beiläufig und aphoristisch oder zusammenhängend und eindringlich auf Probleme der Erziehung und Bildung beziehen. Freilich macht es etwas Mühe,

[2] Otto Friedrich Bollnow: *Existenzphilosophie und Pädagogik. Versuch über unstetige Formen der Erziehung,* Stuttgart – Berlin – Köln – Mainz 1965[3], S. 15.
[3] a.a.O., S. 15 f.
[4] a.a.O., S. 16

die verschiedenen Deutungen von Erziehung und Bildung zusammenzuschauen und in der fließenden Terminologie das zu erkennen, worum es jeweils geht. Jaspers selbst weiß um diese Unentschiedenheit im Gebrauch der Termini und gibt zu bedenken: »Eine klare Terminologie ist nicht etwa am Anfang zu machen, nicht etwa als plötzliche Reform mit fruchtbarer Wirkung einzuführen, sondern sie ist das jeweilige Ergebnis der gewonnenen Erkenntnis . . . im wirklichen Erkennen gibt es jederzeit auch unbestimmte, keimhafte Begriffe, Begriffe im Werden«. (W 427)

Ohne die Bemühungen Brezinkas etwa, pädagogische Grundbegriffe eindeutig zu definieren, gering zu achten, könnte der Jaspersche Hinweis doch hilfreich für jene Einsicht sein, daß die lebendige Wirklichkeit vieldeutig ist und sich immer wieder dem Zugriff eindeutiger Definitionen entzieht. Dieser Tatbestand könnte uns vor dem verhängnisvollen Irrtum bewahren, der Sprache und Wirklichkeit, Wort und Sache unkritisch zusammenfallen läßt. Die Einsicht in die Vieldimensionalität und Unauslotbarkeit der Wirklichkeit läßt uns die Sprache in ihrer Funktion ernstnehmen. Sprache verweist auf die Wirklichkeit, bewältigt sie aber nicht. Sie greift immer zu kurz, aber sie ist zugleich die bevorzugte Weise, Wirklichkeit zu erkennen, sie zu verstehen und ihrer inne zu werden.

Chronologischer Überblick über Jaspersche Aspekte von Erziehung und Bildung

Die Fruchtbarkeit dieser Erfahrung spiegelt sich auch in dem Jasperschen Bemühen, Erziehung und Bildung aufklären zu helfen. Es ist aufschlußreich und bewegend, wie Jaspers diese Lebenswirklichkeit von stets wechselnden Positionen in ihrer Vielgliedrigkeit und ihrem Beziehungsreichtum, in ihrer Verwobenheit mit anders strukturierter Wirklichkeit und ihre Eigenständigkeit sichtet und sichtbar zu machen versteht – sachkundig und überzeugend.

Das verrät schon ein flüchtiger chronologischer Überblick über seine Werke, in dem Grundprobleme und Grundthesen sich abzeichnen. So wird in der ›Psychologie der Weltanschauungen‹ (1919) die Erziehung als ein im menschlichen Dasein unvermeidliches Verhältnis angesprochen, das nicht immer in der Liebe gründet. Erziehung wird hier noch von der eigentlichen Liebe abgehoben, da die erzieherische Intention die Liebe vergifte. Im Göschenband 1000 ›Die geistige Situation der Zeit‹ (1931) sieht Jaspers die Erziehung umschlossen von einem übergreifenden Ganzen, verstrickt in die Krise unserer Gegenwart. Er erhellt ihren Sinn in der Hilfe zum Selbstwerden, unterstreicht ihre gesteigerte Bedeutung in der Situation der nivellierenden Vermassung, charakterisiert echte Bildung als erworbene Lebensform, wie sie etwa beispielhaft im Humanismus verwirklicht ist, deutet – selbst betroffen – die Forderung der Erwachsenenbildung als Ausdruck einer zerbrochenen Bildungswelt. In der dreibändigen ›Philosophie‹ (1932) wird Erziehung als eine Weise zweckhaften Handelns in der Welt neben dem technischen Machen und politischen Handeln in ihren Grenzen erörtert, Bildung gleichsam als Gehäuse der Existenz in ihrem Wert gewürdigt, in ihrem Abgleiten als Bildungszauber gegeißelt.

Die ›Idee der Universität‹ (1923, 1946, 1961) zeichnet Erziehung und Bildung als verflochten mit dem gesamten geistigen Leben, schildert sie in ihren historischen Formen, die die Grundformen der scholastischen, der Meister- und sokratischen Erziehung stets wiederkehren lassen, würdigt sie als abhängig von Substanz und Glaube, hebt sie in ihrer besonderen Gestalt auf der Universität als durch Wissenschaft und Forschung bestimmt hervor, vergißt auch nicht die unabsichtliche Erziehung als Macht schlicht gelebten Lebens. Jaspers charakterisiert in dem Werk ›Von der Wahrheit‹ (1947) das Verfahren der Erziehung als spielende und versuchende Praxis, kennzeichnet sie als in der Selbsterziehung sich vollendend, sieht sie an Autorität gebunden, die zu wahrer Freiheit ertüchtigt, beschwört sie jetzt als in der Liebe geschehende Wirklichkeit. Erziehung wird in dem Buch ›Vom Ursprung und Ziel der Geschichte‹ (1949) von aller Technik abgehoben als Hilfe zur Freiheit. In dem Aufsatz ›Vom Studium der Philosophie‹ (1949) bedenkt Jaspers die Frage, wie die Jugend mit der Substanz des eigentlichen Philosophierens in Fühlung zu bringen sei, über das man nicht planend verfügen kann, dem man aber zur Wirklichkeit verhelfen kann, indem man Gelegenheiten schafft, die Gehalte in philosophischen Texten zu berühren, indem man jeglichen Zwang meidet und die Freiheit eigenen Philosophierens durch die Doppelbesetzung philosophischer Lehrstühle zu sichern versucht.

In dem im ›Baseler Schulblatt‹ lange versteckten Aufsatz ›Von den Grenzen pädagogischen Planens‹ (1952) wird die Erziehung zentrales Thema. Hier wird die Erziehung als begrenzt planbares Geschehen in ihrer eminenten Bedeutung für die Bewahrung des Menschseins in der Bedrohung durch den Totalitarismus betont und ihre Eigenständigkeit behauptet gegenüber falschen Ansprüchen der einzelnen Fachwissenschaften bei der Gestaltung des Unterrichts, der Psychologie als entscheidender Instanz, der Gesellschaft bei der Ausbildung der Kinder zu berufstüchtigen Gliedern des Gemeinwesens. In dem Band ›Die großen Philosophen‹ (1957) wird eindrücklich bezeugt, wie die Begegnung mit den Großen Menschen erweckt, sie selbst zu sein, die durch den Umgang mit ihnen den Weg ihrer Selbsterziehung wählen. So werden die Platonischen Dialoge geachtet als ein Spiegel und eine Erziehung für alle, die wirklich miteinander sprechen wollen. So wird Kant geehrt als einer, der erzieht, zu leben und zu handeln aus Möglichkeiten, die im Dasein scheitern können.

Das Buch ›Die Atombombe und die Zukunft des Menschen‹ (1958) klärt den unkündbaren Zusammenhang von Politik und Erziehung, die in der Demokratie als Verwirklichung von Vernunft und Freiheit das gesamte Volk umfaßt, das an der verantwortlichen Gestaltung des politischen Handelns mitbeteiligt wird und so den Gefahren der totalen Herrschaft kraftvoll zu widerstehen vermag. Wahre Politik, die vom Überpolitischen umgriffen bleibt, vollzieht sich in der Demokratie als Selbsterziehung aller zur Vernunft. Die Erziehung wird gewürdigt als der Grund der möglichen Politik, die aus dem Überpolitischen der Moralität, des Opfers und der Vernunft die Erziehung wiederum prägt. So wird die Politik bloßer Geschicklichkeit abgesetzt von jener Politik, die Erziehung ist und die Zukunft verbürgt, soweit menschliches Handeln dieses vermag. In seiner kritischen Bilanz über die Bundesrepublik (1966; 1967) erinnert Jaspers nachdrücklich an die Verantwortung der Politiker für die Erziehung des ganzen Volkes, deren weittragende Bedeutung nicht durch vordergründigere Aspekte der Verteidigungs- und Sozialpolitik verschleiert werden darf. Erziehung darf nicht abgleiten in bloße Schulung des wissenschaftlichen Nachwuchses, auch wenn der wirtschaftliche und politische Wettlauf zwischen Ost und West dieses diktieren sollte.

In seinen autobiographischen Schriften (1967) gedenkt er dankbar seiner Eltern, die ihm Geborgenheit inmitten kindlicher Ängste gewährten und zugleich die Wege in das eigene Leben durch ihr Vertrauen ebneten. Jaspers entwirft gleichsam eine Lehrertypologie, in der die Erwartungen des jungen Menschen an Schule und Lehrer in Spannung gesetzt werden zu dem guten Wollen und Versagen von Lehrern. Die Sehnsucht nach dem Wagnis eigenen Lebens läßt die Kraft und den Anspruch von Freundschaft, Ehe und Größe erfahren. In den Aufsätzen über Probleme des Arztberufes klingen analoge Fragen und Anforderungen an den Beruf des Erziehers an, die uneingeschränkte Beachtung verdienen, weil sie auf Menschlichkeit und Wissenschaftlichkeit als Grundvoraussetzungen des ärztlichen wie des erzieherischen Handelns aufmerksam machen.

Jaspers weiß um die in allem Großen ruhende Erziehungsmächtigkeit. So kann etwa Nietzsche Erzieher werden, »in dem Maße, als man der Täuschungen Herr wird, zu denen er verführt« (N 450). So kann auch Jaspers selbst zum Erzieher werden – und er ist ohne Zweifel einer der größten in unserer Gegenwart durch sein Leben gewesen und durch die Werke geblieben. Sein gesamtes Werk appelliert an den Menschen, sich selbst zu erziehen. Dieser Selbsterziehung mißt er eine kaum zu überschätzende Bedeutung bei. »Nur eine mit der Selbsterziehung des ganzen Menschen sich vollziehende Ausbildung des Denkens verhindert es, daß ein beliebiges Denken zum Gift, die Helle der Aufklärung zu einer tötenden Atmosphäre wird« (E 89). Philosophierend erziehen wir uns selbst. Noch mehr: »Die Wahrheit wird in substantieller Erfüllung niemals allein durch philosophisches Denken hervorgebracht, sondern durch den Erziehungs- und Selbsterziehungsprozeß in einer sich bildenden Welt« (W 3). Erziehung wird geschaut als unerläßlicher Weg zur Wahrheit.

Schon in diesem gerafften Abriß kündigt sich die Weite des Horizonts, die Tiefe der Einsicht in das Pädagogisch-Eigentliche, die Anerkennung der Vieldimensionalität der Wirklichkeit, von Welt, Mensch und Erziehung, an. Offenheit in der vorurteilslosen Hinwendung und selbstkritische Zurückhaltung kennzeichnen die Jaspersche Einstellung, die in der spannungsvollen Einheit von Reflexion und Engagement manches entdecken und wiederentdecken lehrt, was in einem verkümmerten Problembewußtsein vergessen, in einer ideologisch verblendeten Argumentation unterschlagen und in einem besinnungslosen Betrieb hektischen Experimentierens verdrängt wird.

Über die Eigenart Jaspersschen Philosophierens

Um die Jasperschen Aussagen über Erziehung und Bildung recht verstehen und würdigen zu können, muß man um die Eigenart, die Grundintention dieses Philosophierens wissen, auch wenn an dieser Stelle nur skizziert werden kann, was die Jaspersche Weise zu philosophieren auszeichnet.

Jaspers bekennt sich zur Vieldimensionalität der Wirklichkeit, die sich nur einer Vielfalt von Zugangsweisen erschließt, die sich in der Vielgestaltigkeit der Wahrheit spiegelt, die eben nie die stets gleiche, auf einer einzigen Ebene sich bekundende Wahrheit ist. So unterscheidet Jaspers »Phänomene der Realität, Signa der Existenz, Chiffern der Transzendenz« (PGO 156). Phänomene werden erkannt und gewußt. Existenz wird durch Signa erhellt und im eigenen Entschluß verwirklicht. Transzendenz erscheint in Chiffern und wird durch sie beschworen. »Was Erscheinung ist, wird in Begriffen beschrieben und gedacht. Was ich eigentlich bin und sein kann als ich selbst, wird durch Signa getroffen. Was eigentliche Wirklichkeit und nur für Existenz erfahrbar ist, wird in Chiffern gegenwärtig« (PGO 157).

Der Vieldimensionalität der Wirklichkeit versucht die Vielfalt menschlicher Denkweisen und Methoden zu entsprechen. So wird das Erkennen als allgemeingültiges, zwingendes, methodisches Wissen dem Erhellen als Vergewissern gegenübergestellt. Der leidenschaftliche Drang zu wissen, was wißbar ist, läßt an die Grenzen des Wißbaren stoßen, ohne daß das Wissen im Scheitern verachtet würde. Der Sinn des Wissens wird gerade darin gesehen, daß es an Grenzen scheitere, um tieferer Wahrheit den Raum im Tun und Sein freizugeben. Der exakt forschende Wissenschaftler erkennt unter relativen Gesichtspunkten, die beliebig vermehrbar, auswechselbar und stets ergänzungsbedürftig bleiben, Regeln und Gesetze, die Seiten des Wirklichen treffen, das Wirkliche selbst aber nicht erreichen. Das Ganze, dem forschenden Verstand verschlossen, kündigt sich der Existenz an, die im Transzendieren der einen ganzen Wirklichkeit inne wird. Wissen und Glauben als zwei eigentümliche Weisen des Erkennens und Erhellens sind in ihrem eigentümlichen Charakter, ihrem unverwechselbaren Sinn, ihrer spezifischen Möglichkeit und Grenze klar gesehen, in ihrer Andersartigkeit und Verbundenheit geachtet. Philosophie und Wissenschaft sind im Jaspersschen Denken miteinander verbunden und verbündet.

Der Gedanke des Umgreifenden

Unüberschaubare Bedeutung für Weltorientierung und Selbstbesinnung kann der Gedanke des Umgreifenden gewinnen, der jeder Verkürzung der Wirklichkeit wehrt.

Wissenschaftliche Forschung stößt an die Grenzen der Erkenntnis, die nur Gegenstandsein erfaßt, und weitet sich aus zum Philosophieren, das des Seins gewiß werden möchte. Das Sein selbst aber entzieht sich souverän allem Forschen und Nachdenken. Als Ganzes bleibt es unzugänglich. Die Rede vom Umgreifenden spiegelt diese Selbstkritik menschlichen Erkenntnisvermögens wider und bringt die Kantsche Unterscheidung von Ding an sich und Erscheinung wieder neu zur Geltung. Verstand, Geist, Vernunft greifen stets zu kurz. Das Sein wird nie bewältigt vom menschlichen Denken. Aber denkend begegnet uns dieses Sein in den Weisen des Umgreifenden, in denen uns das Sein gegenwärtig wird, ohne daß wir es selbst in den Griff bekämen.

Das Umgreifende beschreibt Jaspers als das, was selbst nie als Horizont sichtbar, aus dem vielmehr als dem schlechthin Umfassenden alle neuen Horizonte erst hervortreten (VE 36). »Das Umgreifende ist das, worin alles Sein für uns ist; oder es ist die Bedingung, unter der es eigentliches Sein für uns wird. Es ist nicht alles als die Summe des Seins, sondern ist das für uns ungeschlossen bleibende Ganze als der Grund des Seins« (W 39).

Dieses ›für uns‹ wird nicht genug berücksichtigt werden können. Des Seins vermag sich der denkende Mensch nur im Umgreifenden zu vergewissern, das sich im Nachdenken gliedert als das Sein selbst, das alles ist, in dem und durch das wir sind, und das Jaspers bezeichnet als Welt und Transzendenz, und als das Sein, das wir selbst sind, und worin uns jede bestimmte Seinsweise vorkommt (VE 35). Das Umgreifende, das wir sind, vergegenwärtigt Jaspers als Dasein, Bewußtsein überhaupt, Geist, Existenz.

Das Umgreifende als zentrale philosophische Grundoperation mehrt also nicht unser Wissen, sondern wandelt unser Wissen. Der Gedanke des Umgreifenden löst uns aus der Fesselung an ein bestimmtes Seiendes und läßt uns unterwegs bleiben zum Sein. Es ist für uns bedeutsam, wenn wir die gedankliche Gliederung nicht mit einer seinsmäßigen Trennung verwechseln, wenn wir gegenwärtig behalten: Nur in ihrer unlösbaren Verknüpfung bleiben die verschiedenen Weisen des Umgreifenden das Umgreifende, das der Mensch ist. Menschliches Denken ist versucht, eine einzelne Weise des Umgreifenden zu isolieren, zu formalisieren und zu verabsolutieren. Die wesenhafte Verbundenheit wird dann aufgelöst, und die volle Wirklichkeit entgleitet. Jaspers deutet diese Verirrung an: »Das *Dasein* wird verabsolutiert im sogenannten Pragmatismus, Biologismus, Psychologismus und Soziologismus, das *Bewußtsein überhaupt* im Rationalismus, der *Geist* in der ›Bildung‹, die *Existenz* im Existentialismus (der Nihilismus wird), die *Welt* im Materialismus, Naturalismus, Idealismus, Pantheismus, die *Transzendenz* im Akosmismus« (PGO 141).

Der Mensch als Umgreifendes

Der Gedanke des Umgreifenden erweist sich als besonders furchtbar, wenn man ihn auf den Menschen bezieht und seine Bedeutung für Verstehen und Vollziehen der Erziehung zu ermessen sich bemüht. Anthropologische und pädagogische Überlegungen sind – wenn sie der ganzen Wirklichkeit des Menschen genug tun wollen – unauflösbar ineinander verschränkt.

Jedes Verstehen der Erziehung ist gebunden an ein Verstehen des Menschen, der durch Erziehung zu seinem vollen und eigentlichen Menschsein entwickelt, erweckt, ermutigt und ermächtigt werden soll. Die Vergewisserung über den Menschen bietet die Möglichkeit, sich für eine umfassende und differenzierte Bestimmung der Erziehung offen zu halten. Das Verständnis des Menschen steckt gleichsam den Rahmen ab, innerhalb dessen Aussagen über Erziehung notwendig, sinnvoll und einsichtig werden.

Jaspers ist um eine ›Gesamtauffassung des Menschlichen‹ besorgt, das er einmal so charakterisiert: »Dieses ist nicht als Eines, Ganzes zu fassen, sondern nur in Spannungen und Bewegung . . . Unter den Momenten des Menschlichen ist der ›Geist‹ nur eines. Er ist zu unterscheiden von der Welt des Bewußtseins überhaupt, das allgemeingültig erkennt und in allen Menschen der identische Punkt ist, von dem her sie sich in der Richtigkeit der gedachten Sache verstehen – und von dem Dasein als der Vitalität des besonderen Individuums – und von der Existenz als der Möglichkeit des je Einzelnen, in seiner Geschichtlichkeit ewigen Sinn zu verwirklichen vor der Transzendenz – und der Vernunft als des alloffenen Hörens und Aneinanderbindens. Diese verschiedenen, so nur nebeneinandergestellten Momente unseres Menschseins sind miteinander und ineinander wirklich. Wo eines sich absolut setzt, gegen und ohne die anderen sich für möglich hält, entstehen die Irrungen, die je in ihrer Gestalt wieder von der Weise einer Durchschnittlichkeit bis zur Größe in Erscheinung treten« (Sche 44). Diese gegliederte Einheit im Blick behaltend, seien die Weisen des Umgreifenden beschrieben, das der Mensch ist.

Der Mensch als *Dasein:* das ist der Mensch als lebendiges Wesen, das gezeugt und geboren wird, das wächst, reift und stirbt als Individualität. Der einzelne Mensch ist je eigentümlich geprägt in der spezifischen Gestalt seines beseelten Leibes, der funktionstüchtig ist durch das komplizierte Zusammenspiel chemischer und physikalischer Prozesse. Der Mensch ist bestimmt durch Anlage und Umwelt, je verschieden von den Genossen seiner Art. Das teilt er mit den Tieren, aber diese vitale Tatsächlichkeit konstituiert ihn nicht als Menschen. Er ist in der Tat etwas anderes als das Tier. Er zeichnet sich vor dem Animalischen dadurch aus, daß er zugleich Natur und Geschichte ist, daß Vererbung und Tradition ihn wesentlich bestimmen. Dieser qualitative Unterschied zwischen Mensch und Tier wird durch die anderen Weisen des Umgreifenden unterstrichen, die das ›Dasein‹ des Menschen erfüllen.

Der Mensch als *Bewußtsein überhaupt:* das ist der Mensch mit der nur ihm eigenen Möglichkeit, sein Bewußtsein als einzelnes Lebewesen zu überschreiten, es auf das Sein zu richten, das als Gegenständlichsein kritisch wahrgenommen und allgemeingültig erkannt wird. Es ist der ›Ort des gültigen Denkens‹ (W 67), allein dem Menschen vorbehalten. Der Verstand bezieht sich auf das Gegenständlichsein und bemächtigt sich dieser gegenständlich gewordenen Welt durch seine Kategorien.

Dieses allgemeine Bewußtsein ist notwendig verbunden mit dem je besonderen lebendigen Dasein. Nur in ihm wird es wirksam.

Der Mensch als *Geist:* das ist der Mensch mit dem »Vermögen der Ideen« (Idee II, 31), die die verwirrende Fülle beliebig vermehrbarer und zerstreuter Erkenntnisse zusammenordnen, die auf den Zusammenhang des Vereinzelten drängen, die auf die Einheit in der Vielfalt der Erscheinungen zielen. Geistiges Verstehen ist mehr als bloß korrektes verständiges Denken. Geist wird begriffen als die Kraft des Verstehens, das sich in seiner Innerlichkeit als Ganzheit vollenden und die Welt als Ganzes gestalten will. Dieser Geist wird u. a. objektiviert greifbar in Wissenschaft, Dichtung, Kunst, Rechtsordnung, gesittetem Leben. Geist braucht den Intellekt, der verwurzelt ist im lebenden ›Dasein‹, aber er ist nicht alles[5].

Der Mensch als *Existenz*: das ist der Mensch in der unvertretbaren Geschichtlichkeit seines einmaligen Ursprungs (W 79), in seinem unbedingten Entschluß, eigentlich zu werden. Existenz ist das Signum dafür, daß Dasein, Bewußtsein überhaupt, Geist nicht aus sich begreifbar sind, nicht in sich ihren Grund haben, daß der Mensch nicht bloßer Immanenz verhaftet ist, daß er wesenhaft angewiesen bleibt auf Transzendenz. Aber Existenz ist nicht möglich ohne Dasein, Bewußtsein überhaupt und Geist. Sie sind unerläßliche Bedingungen dafür, daß Existenz sich selbst zur Erscheinung kommt und wirklich wird. »Im Dasein verwirklicht sie sich, im Bewußtsein überhaupt erhellt sie sich, im Geist offenbart sie ihren Gehalt« (W 134).

Ebensowenig wie diese drei Weisen des Umgreifenden ist Existenz aus sich selbst begreifbar: sie wurzelt mit der Welt in der Transzendenz. »Das Wesentliche ist, daß der Mensch als Existenz in seiner Freiheit sich geschenkt erfährt von der Transzendenz. Dann wird die Freiheit des Menschseins der Kern aller seiner Möglichkeiten in der Führung durch die Transzendenz, durch das Eine zu seiner eigenen Einheit« (PhG 54). Diese Vergegenwärtigung des Menschen als Umgreifendes ist nur möglich durch *Vernunft*, die Jaspers begreift als das »Band aller Weisen des Umgreifenden« (VE 45). Vernunft zielt auf den Zusammenhang aller Weisen des Umgreifenden. Sie dringt über jede einzelne Weise des Umgreifenden hinaus zum Einswerden alles Umgreifenden. Sie sucht die Einheit im Einen, das Alles ist (W 118). Sie deckt die Bezüge der Weisen des Umgreifenden untereinander als ein Geflecht auf, das wir mit Jaspers zusammengefaßt andeuten wollen:

[5] vgl. dagegen das Verständnis des Geistes bei Theodor Litt: *Mensch und Welt. Grundlinien einer Philosophie des Geistes*, München 1948, S. 154: »Entweder der Geist ist er selbst, aus sich selbst und durch sich selbst oder – er ist überhaupt nicht.«

»Was wir umgreifend sind, das steht nicht zerfallend nebeneinander. Wir sind Dasein, Bewußtsein überhaupt, Geist, und wir sind diese drei gleichsam *ineinander* als ein gemeinsames Wachsen. – Wir sind Existenz und Vernunft, und diese zwei sind gleichsam *zueinander* als sich hervortreibende Polarität[6]. – Wir sind Existenz und Dasein zugleich, aber so, daß Existenz nicht ohne weiteres mit Dasein gemeinsam ist, sondern so, daß in der Gespaltenheit der Existenz vom Dasein sie sich in ihm *zur Erscheinung bringt* und mit ihm, im Übernehmen dieses Daseins, eins wird, nicht eins ist« (W 131).

Oder ähnlich formuliert: »Der existierende Mensch ist nicht nur vitales Dasein, nicht nur abstraktes Verstandeswesen, nicht nur sich vollendendes Geisteswesen, sondern er ist dieses alles, aber in allem diesem er selbst« (W 648).

Erziehung in dieser Perspektive

Erziehung als Hilfe zum vollen Menschwerden und Bildung als Frucht der Erziehung vollziehen sich im Ernstnehmen des ganzen Menschen. Wie aber der Mensch sich wesenhaft einer eindeutigen Definition entzieht, und in der Besinnung lediglich bestimmte Momente, Grundkräfte, Grundvermögen, Dimensionen seines Wesens sich sondernd abheben und doch in eins gehören, so entfaltet sich auch der Begriff der Erziehung und Bildung in die Glieder eines Gefüges. Die wechselnden Betrachtungsweisen des Menschen formen je einen bestimmten Begriff der Erziehung, der nur einen Zug aus der Wirklichkeit der Erziehung hervorhebt, nur einen teilhaften Tatbestand betont zeichnet[7]. Das in der Reflexion Unterschiedene ist in der Wirklichkeit in eins zusammengeschlossen. Erziehung und Bildung als Wirklichkeit sind stets mehr, als wir begrifflich gliedernd und verknüpfend erfassen, als wir empirisch ermitteln und spekulativ ersinnen.

Erziehung, die sich dem unteilbaren Menschen zuwendet, artikuliert sich begrifflich in verschiedene Weisen, wenn sie sich auf den Menschen als Dasein richtet, wenn sie auf den Menschen als Bewußtsein überhaupt zielt, wenn sie dem Menschen als Geist gilt, wenn sie den Menschen als mögliche Existenz meint. Das einzeln Erkannte gilt es als zur Einheit verschränkt zusammenzuschauen. Erziehung steht unter dem höchsten Anspruch, das Selbstsein des Menschen ermöglichen zu helfen. In diese Bestimmung sind die übrigen Aufgaben der Erziehung

[6] »Existenz wird nur durch Vernunft sich hell; Vernunft hat nur durch Existenz Gehalt.« (VE 48)
[7] siehe auch Wilhelm Flitner: *Allgemeine Pädagogik*, Stuttgart 1968[12], S. 25 ff.

als notwendig in ihrer Begrenztheit zu integrieren. Von diesem höchsten Ziel her erschließt sich die Unentbehrlichkeit der einzelnen ›Etappen‹ in ihrem relativen Eigenrecht und ihrer begrenzten Eigengesetzlichkeit.

Wird der Mensch als Dasein verstanden, so erscheint die Erziehung als Pflege und Schutz des wachsenden Lebens, das sich entfalten, steigern und vollenden soll in seiner Reife. Erziehung kümmert sich um die Stärkung der körperlichen Kräfte und die Festigkeit der seelischen Gesundheit. Sie stärkt im Wetteifer die vitale Energie, spornt an zu sinnvoll sich steigernden Leistungen, weckt Freude an schöner Bewegung und sichert natürlichem Lebensgenuß seinen Raum. Sie nimmt sich fürsorgend des schwachen und gefährdeten Lebens, pflegend und heilend des kranken Lebens an. Aber Erziehung erschöpft sich nicht in der Wartung, Steigerung und Sicherung bloßer Vitalität. Erziehung ist mehr als bloße biologische Aufzucht.

Da der Mensch als Dasein stets mit anderem Dasein lebt, nimmt die Erziehung die Gestalt eines Einordnungsprozesses in die gesellschaftlichen Formen und Strukturen, Gruppen und Institutionen an. Ausprägung der Individualität erfolgt in der Eingliederung in das soziale Gefüge. Erziehung macht vertraut mit den Verkehrsformen, mit Sitte und Brauchtum, mit Spielregeln und Gesetzen. Sie verknüpft den Willen zur Anpassung mit dem Mut zum Widerstand. Erziehung erstrebt die Bewährung des einzelnen Bürgers in Beruf und Politik, aber sie erschöpft sich nicht in der Übermittlung öffentlicher Umgangsformen, in dem Erwerb gediegener Berufstüchtigkeit und der Weckung eines politischen Sinns. Erziehung ist mehr als Eingliederung in die Gesellschaft.

Wird der Mensch als Bewußtsein überhaupt begriffen, so bedeutet Erziehung die Führung zu klaren Anschauungen, die Vermittlung brauchbaren Wissens, die Schulung zwingenden Denkens und die Disziplinierung geordneten Miteinandersprechens. Sie vermittelt Denkweisen, die die Welt in der Vielfalt ihrer Erscheinungen begrifflich erobern helfen. Sie erstrebt zuchtvolles Sprechen, verstandesklares Denken, treffendes Urteil, scharfsinniges Schließen. Erziehung ermöglicht ein kritisches Denken, das gewandt und sicher Methoden handhabt und ein sachliches Handeln leitet. Sie schärft das Unterscheidungsvermögen und ertüchtigt zu jener Objektivität, die die persönliche Beteiligtheit nicht auslöscht. Aber Erziehung erschöpft sich nicht in der Befähigung zur Rationalität.

Wird der Mensch als Geist angesprochen, so wird Erziehung Führung zu den Gütern und Werten, die der menschliche Geist geschaffen, bewahrt und überliefert hat. Sie verlebendigt die Überlieferung, repräsentiert und vergegenwärtigt die Gehalte. Sie befreit den Menschen aus dem Verfallensein an bloßes Dasein und sittlich unverbindliche Richtigkeit des Verstandes zu einem lebenwährenden Teilnehmen an dem umfassenden geistigen Leben, das sich durch Ideen leiten und verstehen läßt. Sie ringt um Verstehen, müht sich um die Erschließung des verborgenen Sinns in hellem Wissen, daß der Einzelne selbst von der Wirklichkeit des Geistes ergriffen werden muß, um Würde und Schönheit zu gewahren. Sie beschränkt sich darauf, die Quellen zugänglich zu machen, den Weg zu ebnen zu eigenem Erfassen ursprünglicher Gehalte. Solche Erziehung überwindet die Verengung durch bloßes Bewußtsein und führt in die Weite eines offenen Horizonts. Sie lehrt, alles Einzelne als Glied eines relativen Ganzen zu betrachten; sie ermuntert, durch alle Einheiten hindurch unablässig nach dem Einen zu fragen. Sie will ihn heimisch werden lassen im Kosmos des Geistes, der sich immer neu vollenden will in schöner Gestalt. Erziehung in diesem Bereich stellt sich vor als Anweisung zu einem geistigen Leben, das die Tradition ursprünglich aneignet zu wahrer Bildung, die verstehend schaut, allem aufgeschlossen bleibt und sich selbst ausdrückt in ihrem Schaffen und Gestalten. Aber Erziehung erschöpft sich nicht in der Ansiedlung des Menschen in der Sphäre des Geistes, denn Welt und Menschen runden sich nicht zu einem harmonischen Kunstwerk.

Wenn wir die bisher gezeichneten Sichtweisen der Erziehung vergleichend überblicken, so fällt auf, daß die Erziehung sich zunächst kompakt und eindeutig fassen, wie sie sich dann sehr bestimmt planen und ordnen läßt, wie sie sich schließlich aber ganz unvermittelt einer unaufhebbaren Grenze gegenüber sieht, die allem methodischen Handeln gesetzt ist. Hier wird erfahren, daß der Heranwachsende frei entgegenkommen und die Gunst des Augenblicks zu Hilfe kommen muß, wenn der ›Funke‹ überspringen soll, wenn Erziehung gelingen soll. Diese Entdeckung gewinnt noch schärfere Konturen, wenn wir den Menschen als mögliche Existenz ernstnehmen, denn Existenz ist nicht wie eine Gegebenheit vorauszusetzen oder als ein Ergebnis bestimmter Verhaltensweisen zu erzwingen.

Wird der Mensch als mögliche Existenz ernstgenommen, so erscheint Erziehung als Weg zum unverwechselbaren und unaustauschbaren Selbstsein, das sich verwirklicht in der Hinwendung zur Sache, im vorbehaltlosen Umgang mit dem Mitmenschen, in der freien Bindung an Transzendenz. Das Wesen der Existenz verbietet es, daß Existenz unmittelbar angegangen wird, daß sie geradezu zum Zweck gemacht wird. Erziehung als Hilfe zum Selbstwerden vollzieht sich als unbedingte Weggenossenschaft, in der sich eigenes Menschsein bewährt, das sich mit dem Anderen rückhaltlos einläßt und ihn gern gelten läßt als den Anderen, der uneingeschränkt er selbst sein darf. Erziehung begibt sich in der Kontrapunktik von Hingabe und Zurückhaltung (Buber), ereignet sich in der indirekten Mitteilung, in der der Partner zur eigenen Entscheidung in Freiheit und Verantwortung herausgefordert und ermutigt wird. Erziehung als Wegweisung zum Selbstsein ist gebunden an den Erzieher, der es je neu wagt, er selbst zu werden, er selbst zu sein, er selbst zu bleiben im Sog nivellierender Tendenzen, in allen Formen des Systemzwangs. Der Erzieher entschließt sich zur Kommunikation, in der er dem Heranwachsenden auch im Widerspruch verbunden bleibt. Er weckt die Verantwortung durch Verwirklichung der eigenen Verantwortung. Er macht Mut zum Erringen und Behaupten rechter Freiheit durch das Wagnis eigner Freiheit, die der Versuchung zur Willkür nicht verfällt. Die Gegenseitigkeit wird erfahren und gewährt in der Hingabe an den Heranreifenden.

Es ist offensichtlich, daß hier jeder direkte Eingriff, jedes total planende Vorgehen verwehrt ist. Die Forderung der Operationalisierung strandet an der Unverfügbarkeit der Existenz, die sich im eigenen Entschluß als Geschenk erfährt. Erziehung macht nicht den Einzelnen zur Existenz, sondern vermag nur Bedingungen für ihre Verwirklichung zu schaffen und zu sichern. Zu diesen Voraussetzungen mag gehören, daß der junge Mensch bestärkt wird in seinem ursprünglichen Wissenwollen, das den Sinn des Scheiterns menschlicher Erkenntnis erfährt und durch die Erfahrung der antinomischen Struktur der Welt den Anspruch zum Selbstwerden vernimmt und ihm zu entsprechen sich unendlich bemüht. Zu diesen Voraussetzungen mag zählen, daß der Heranwachsende konkret mit der Forderung eigner Verantwortlichkeit konfrontiert wird, daß er im Handeln und Ergreifen der eigenen Lebensaufgabe sich dem Ruf der Grenzsituationen stellt, das Erleiden von Aporien bewußt erträgt.

Erziehung zur Existenz kann nur besagen: die Möglichkeiten zum Selbstwerden nicht verschütten, die Richtung auf Existenz nicht versäumen, den Anspruch in der höchsten Bestimmung des Menschen nicht überhören zugunsten von Cleverness und Fitness. Es bleibt unabsehbar, ob und wie der Mensch sich gewinnt in seinem Selbstsein, das nicht mit Selbstbesessenheit verwechselt werden darf. Die Begegnung mit der Transzendenz und die erfüllende Kommunikation mit dem Partner können nicht erzwungen werden; sie bleiben Geschenk. Im Erringen der Existenz ereignet sich Erziehung, vollendet sich Erziehung, endet Erziehung. Solche Erziehung kann nicht methodisch arrangiert, psychologisch eingerichtet, planend garantiert werden. Erziehung, die sich im Erwachen zur verantwortlich handelnden Existenz vollendet und aufhebt, ist im Widerfahrnis als Geschehen zu erfahren, ist bei allem ernsthaften Mühen Gunst. Erziehung als Gehilfenschaft zum vollen und eigentlichen Menschwerden ist Wagnis. Erziehung als Ergebnis ist Ereignis, das unverfügbar bleibt.

Jede Sichtweise beleuchtete gleichsam ein Moment der Erziehung, kehrte eine Richtung hervor, die für sich isoliert genommen, den Begriff der Erziehung entstellt. Alle Sichtweisen sind miteinander verquickt. Eine Aufgabe ragt in die andere hinein, keine ›Stufe‹ repräsentiert das Ganze; jede ›Form‹ drängt über sich hinaus, verlangt zu ihrer eigenen Vervollständigung die Ergänzung durch die folgenden. Die folgenden ›Stufen‹ bleiben angewiesen auf die vorhergehenden, setzen sie voraus. Daß jedes Moment der Erziehung in bestimmten Epochen des Wachsens und Reifens seine gesteigerte Bedeutung hat, wird durch eigene Betrachtung bestätigt. Wesentlich bleibt, daß alle einzelnen Bemühungen die Richtung auf Existenz nicht verfehlen. In allen Deutungsversuchen bleibt ein Ungenügen erfahrbar, das Erfüllung verlangt und erlangt durch die Ermöglichung der Existenz. Erst in der einheitsstiftenden Existenz gelangt Erziehung zu ihrem höchsten Ziel.

Mit diesen Überlegungen ist gleichsam jenes offene Koordinatensystem angedeutet, in dem die im Jaspersschen Gesamtwerk verstreuten Aussagen über Erziehung und Bildung ihren angemessenen Platz angewiesen erhalten. Hier wird ihr tiefster Sinn erfüllt. Hier geben sich die je spezifischen Möglichkeiten kund. Hier zeichnen sich die jeweiligen Grenzen ab. Es kann auch hier nicht um ein System des Ganzen, sondern nur um eine geordnete Erörterung der Perspektiven gehen. Die unterschiedlichen Aspekte schließen sich nicht zu einem Totalbild. Jedes Gesamtbild ist wieder Entwurf aus einem bestimmten Gesichtspunkt. Diese heilsame Einsicht läßt auf dem unabschließbaren Weg unentwegten Fragens, Denkens und Handelns mutig und getrost weitergehen.

Gesichtspunkte für die Auswahl und Ordnung der Texte

Es wurde versucht, aus dem gesamten Werk von Karl Jaspers die Aussagen auszuwählen, in denen *unmittelbar* zu pädagogischen Problemen Stellung genommen wird. Um diese aber richtig verstehen zu können, war es nötig, Aussagen hinzuzunehmen, die gleichsam den Kontext liefern, die die Intention verdeutlichen, die den Hintergrund aufhellen, die weitere Perspektiven anzeigen. Bei der Fülle dieser Aussagen mußten viele Aussagen, die pädagogisch auch bedeutsam waren, unberücksichtigt bleiben.

Es wurde ferner versucht, die gesammelten Aussagen *systematisch* zu ordnen; d. h. sie nicht in ein geschlossenes System einzusperren, sondern sie in einer offenen Systematik einen Platz finden zu lassen, an dem sich ihr Bedeutungsgehalt erschließt und erheben läßt. Diese Systematik wurde nicht von außen als Fremdkörper übergestülpt, sondern erwuchs gleichsam aus dem Bemühen, die überquellende Fülle pädagogischer Aussagen überschaubar zu machen und in einen sachgemäßen Ordnungszusammenhang zu bringen. Dabei war die Absicht leitend, daß Grundfragen aufgeklärt werden können, die erst in einem geordneten Nacheinander und in einem immer wieder zu vollziehenden Miteinander die Vieldimensionalität der Wirklichkeit von Erziehung und Bildung sich ankündigen lassen. Dies schien geradezu notwendig bei der weithin üblich gewordenen Tendenz zur ideologischen Verkürzung der Realität. Die so gewonnene systematische Ordnung spiegelt darum die Vielfalt der Gesichtspunkte wider, von denen aus sich bestimmte Perspektiven ergeben, die spezifische Aspekte ermöglichen.

Der Wille zur systematischen Ordnung fand dort eine Grenze, wo es darauf ankam, die Gedankenbewegung in der Jaspersschen Weise zu argumentieren sich voll auswirken zu lassen, d. h. sie nicht abzubremsen, wenn ein *Stichwort* es hätte fordern können. Es braucht sich auch nicht nachteilig auszuwirken, wenn Texte in einem anderen Zusammenhang wiederholt auftauchen. So könnte vernehmbar werden, daß in der gelebten Wirklichkeit begrifflich unterschiedene und unterscheidbare Komponenten zusammengehören. Die Dokumentation gliedert sich in zwei deutlich erkennbare Teile. Der erste Teil ordnet die ausgewählten Texte in einer offenen Systematik. Im zweiten Teil kommen Texte gekürzt und ungekürzt zum Abdruck, die Einzelprobleme erörtern, die in der augenblicklichen Diskussion eine entscheidende Rolle spielen, die aber nur krampfhaft der offenen Systematik hätten eingefügt werden können.

Formen des Umgangs mit dieser Dokumentation

Diese Dokumentation kann für jeden hilfreich sein, der sich um das Verstehen des Jaspersschen Philosophierens bemüht. Er könnte entdekken, daß diese Denkweise die pädagogische Problematik des intensiven Nachdenkens für wert geachtet hat, und er über diesen ›Umweg‹ einen Zugang zum gesamten Werk finden könnte.

Vor allem aber ist diese Dokumentation für gegenwärtige und zukünftige Erzieher und Lehrer in allen Berufsfeldern und Lebensbereichen zusammengestellt worden, die sich über ihren Auftrag selbstkritisch vergewissern und sich über die Fülle erzieherischer Aufgaben umfassend und detailliert informieren wollen; die eine gründliche Aufklärung pädagogischer Sachverhalte auch von einem Mann erwarten, der sich nicht zur Zunft professioneller Pädagogen zählt und der auch nicht dem Pädagogen dreinreden will.

Es könnte sich hier wiederholen, was Jaspers zu bedenken gab, als er sich zur Frage der Entmythologisierung äußerte. Was er dort in bezug auf die Theologie bemerkt hat, könnte auch auf die Pädagogik ausgedehnt werden. »Ich soll sprechen von einer Welt, in der ich nicht zu Hause bin. Weder durch Praxis noch durch Amt bin ich legitimiert. Im Vergleich zum Theologen habe ich zu geringe Kenntnisse. Auch bin ich über die gegenwärtigen Bewegungen zu wenig informiert. Ich muß fürchten, die Dinge von außen zu sehen, wie ein Wanderer in einem fremden Land. Die einzige Chance könnte sein, daß ein von außen Kommender auf weniger Beachtetes und doch Wesentliches aufmerksam wurde« (EM 3). Daß Jaspers in der Tat auf weniger Beachtetes und doch Wesentliches sachkundig und überzeugend aufmerksam gemacht hat, wird wohl von vielen Lesern nach dem Studium dieser Dokumentation dankbar bestätigt werden. Mancher wird dann für Jaspers positiv reklamieren, was Erich Weniger einmal zutreffend anmerkte: »Einem nicht selbst pädagogisch gerichteten Menschen, der nicht innerlich und untheoretisch weiß um das Eigentliche der Erziehungsarbeit, bleibt die pädagogische Einsicht letztlich verschlossen, aller Gelehrsamkeit zum Trotz«[8].

Diese Dokumentation ist undenkbar ohne die Studenten der Pädagogischen Hochschule Ruhr, die in Hagen und Dortmund durch ihre konstruktive Mitarbeit und ihr kritisches Mitdenken mich in der Hoffnung bestärkt haben, daß jede Auseinandersetzung mit der Jaspersschen Weise zu philosophieren lohnt und mit jenem differenzierten Problembewußtsein belohnt, das sich durch gängige Schlagwörter und verkürzende Ideologien nicht länger gefangennehmen läßt.

Dem Dank an die Studenten schließt sich der Dank an den Minister für Wissenschaft und Forschung des Landes Nordrhein-Westfalen an, der mir durch Gewährung eines Freisemesters den Abschluß dieser Arbeit ermöglichte, die sich über mehrere Semester erstreckt hat, in denen sich Vorarbeiten zu dieser Dokumentation als fruchtbares ›Arbeitsmittel‹ in Seminaren ausgewiesen haben.

Hagen, den 1. Februar 1976 Hermann Horn

[8] Erich Weniger: *Die Eigenständigkeit der Erziehung in Theorie und Praxis. Probleme der akademischen Lehrerbildung*, Weinheim o.J., S. 24

A. Sammlung von Aussagen in offener Systematik

Erziehung als unvermeidliches Grundverhältnis

Als Erziehender übersehe ich Situation und Seele des anderen, bin ich der Überlegene, habe ich Macht, stehe ich nicht gleich auf gleich, bin ich nicht absolut offen auf Gegenseitigkeit, habe Pläne, die ich dem, auf den sie sich richten, so nicht sage. Das Erzieherverhältnis ist ein im menschlichen Dasein (durch Alter- und Bildungsunterschiede und Qualitätsunterschiede der Menschen) unvermeidliches Verhältnis, in dem sich eine Art der Liebe auswirken kann, das aber selbst ohne Liebe Erfolg erzielt, soweit überhaupt Tätigkeiten ohne Liebe etwas – nämlich mechanisches, armes, unlebendiges – leisten können. Das liebende Verstehen hat als ein Element das Hinaufsteigern des Werts auf beiden Seiten, aber das Mittel ist nicht die Erziehung, deren Anwendung die Liebe sofort stört, sondern das kämpfende Infrage stellen, die rücksichtslose Offenheit, das unüberlegene Sehen. Wer sich erzogen fühlt, fühlt sich um die eigentliche Liebe betrogen. (PW 128 f.) [vgl. Liebe als Grundkraft der Erziehung S. 89]

Der junge Student fühlt das Leben ernster, weil für ihn selbst noch entscheidungsvoller als in späterem Alter, er fühlt sich bildsam und voller Möglichkeiten. Er ist sich bewußt, daß es zu gutem Teil auch an ihm liegt, was aus ihm wird. Er fühlt, daß es auf die alltägliche Lebensführung ankommt, auf jede Stunde und jede innere Regung seiner Seele. Der junge Mensch will *erzogen* sein, sei es in Unterwerfung unter einen Meister, sei es in Selbsterziehung, sei es in kämpfender und liebender Kommunikation mit Gleichstrebenden. (Idee III, 63; ähnl. II, 39)

Erziehung als spezifisches Handeln

Unterscheidung zur Dressur und Kommunikation

Im Menschen ist ein dreifacher Widerstand. Dieser ist erstens der absolute Widerstand eines im Wesen nicht zu Ändernden, nur äußerlich zu Formenden, ist zweitens der Widerstand eines innerlich Bildbaren, ist drittens der Widerstand des ursprünglichen Selbstseins. Auf den ersten kann sich etwas richten, das der Dressur der Tiere analog ist, auf den zweiten die Erziehung und Disziplinierung, auf den dritten die existentielle Kommunikation. Jeder Mensch trifft in sich selbst auf diese Widerstände, dressiert sich, erzieht sich, steht mit sich selbst in erhellender Kommunikation. Geht der Mensch mit dem Anderen um, so wird dieser in der ersten Weise (der Dressur) reines Objekt sein; in der zweiten (der Erziehung) ist der Mensch in relativ offener Kommunikation doch in der Distanz, aus der ein planendes, erziehendes Verhalten erfolgt; in der dritten ist er als er selbst mit dem Andern aus Schicksalsverbundenheit in voller Offenheit, gegenseitig auf gleichem Niveau gegenwärtig. Die Dressur ist seelenfremde Veranstaltung. Die Erziehung bedient sich der geistigen Inhalte, der Gründe in einer unter autoritativen Bedingungen bleibenden Diskussion. Die existenzielle Kommunikation ist eine Erhellung in Gegenseitigkeit, welche im Kern geschichtlich bleibt, keine allgemeine, anwendbare Einsicht in den Einzelfall bedeutet; ist sie je wirklich, so wird sie doch nicht zu einem therapeutisch brauchbaren Instrument, über das man verfügen könnte, wie wenn man seine Anwendung beabsichtigte. (APs 669)

Erziehung im Vergleich zu Machen, Gestalten, Pflegen und Herrschen

Methodische Schritte aktiven Verhaltens zur Welt

a) *Machen* ist Hervorbringen aus einem Material, rational berechenbar und insoweit mechanisch. Es werden Werkzeuge, Gebrauchsgegenstände, Bauten, Organisationen hergestellt. Die Brauchbarkeit des Hervorgebrachten ist der Sinn dieses Tuns.

Voraussagen ist die Einsicht in das Kommende auf Grund von allgemeingültigen Erkenntnissen und zwingender Berechnung (im Unterschied von Prophetien). Eintreffen ist das Kriterium der Richtigkeit.

Gestalten ist das Hervorbringen von Werken, die im Machen zugleich einer Form unterworfen werden, welche nicht errechenbar, sondern unendlich ist. Sie sprechen eine Sprache des schaffenden Menschen, indem sie die Sprache der Dinge verstehbar machen.

b) *Pflegen und Züchten* ist ein Verhalten zu Lebendigem, auf das ich gleichsam hinhorche, um in ständigem Wechselspiel auf die Antworten, die das Leben gibt, wiederum in versuchender Weise zu fragen. Es ist ein unerrechenbares Erfahren, Wissen und Fühlen des Gärtners und Züchters, das immer noch eine entscheidende Rolle spielt, auch wenn das Verfahren sich in unserer modernen Welt einem »Machen« annähert, in dem das Lebendige verkümmert, Exzesse zeigt, ins Aufdringliche oder ins Versimpelte und ins einmalig Brauchbare zusammenschrumpft.

c) *Erziehen* ist, im Verhalten von Mensch zu Mensch (insbesondere der älteren zur jüngeren Generation), das Ganze aus Mitteilung von Inhalten, Teilnehmenlassen an Gehalten, Disziplinierung des Verhaltens, das der Jugend die Überlieferung bringen, sie in dieser aus eigenem Ursprung wachsen lassen und zur Möglichkeit ihrer Freiheit hinauftreiben soll. Daher ist das Prinzip der Erziehung, durch alles Dargebotene unmerklich auf die Ursprünge, das Echte, den Grund zu führen, nichts bloß Abgeleitetes, bloß Wissensmäßiges – außer in klarer Begrenzung auf Fertigkeiten, Sprachen, Gedächtnisinhalte – zuzulassen. Es darf nichts nur Hergesagtes geduldet, aber auch nicht erwartet werden, daß jeder ein schaffender Denker ist. Das Verfahren der Erziehung ist, die Erzogenen sich üben zu lassen, sie lernen und wachsen zu lassen durch Praxis. Aber es ist eine Praxis, deren Charakter Spiel und Versuch bleibt. So im Hantieren (zur Entfaltung der Geschicklichkeiten in Arbeitsweisen), in leiblicher Ausbildung (zur Entfaltung der körperlichen Leistungsfähigkeiten, Haltungen, Gebärden, Bewegungen für alle möglichen Zwecke und zur Selbstdarstellung des Lebens im schönen Leibe), im Sprechen und Diskutieren (zur Entfaltung der Geistesgegenwart des Gedankens, der Klarheit und Wesentlichkeit des Sprechens, der Disziplin und Knappheit des Ausdrucks, der Formen, der Rücksicht und der Selbstdisziplin im Festhalten an der Sache, in der Bewahrung von Formen der Gegenseitigkeit im Streit der Gedanken), im geistigen Erfassen ursprünglicher Gehalte durch die interpretierende Berührung mit den großen Werken (des Homer, der Bibel, des Äschylos und der anderen griechischen Tragiker, des Shakespeare und Goethe), im Erwerben der Bilder der Geschichte (der hohen Vorbilder und Gegenbilder des Menschseins), im Entfalten der pietätvoll liebenden antiquarischen, der zu hohen Zielen aufrufenden erbaulichen und der den Realitätssinn bildenden kritischen Geschichtsanschauung, in der Übung der Grundmethoden naturwissenschaftlicher Erkenntnis (des morphologischen Sehens, des mathematischen Konstruierens, des Experimentierens).

Entscheidend für alle Erziehung ist die Wahl der Gehalte und die Weise der Führung zum Ursprünglichen. Das Erziehungsergebnis ist Wirklichkeit als Können, Vollziehen, als Zustand der Bildung und der Möglichkeit inneren Handelns, nicht als Summe intellektuellen Wissens und Kennens. Durch Erziehung sondern sich die Menschen, die aus Anlage und aus eigenem Entschluß zur Aristokratie oder zur Masse werden. Wer auf bloßes Lernen und Wissen als das ihm allein Zugängliche angewiesen ist, ist geistig nicht berechtigt, selbst wenn er im Lernen und Können glänzend besteht. Wer aus der Leidenschaft zu den Gehalten lebt, der wird auch lernen und wissen, aber alles Lernen und Wissen ist bei ihm sekundär. In der Erziehung ist zwar immer wieder die

Absicht herrschend geworden, zum Lernen zu zwingen. Denn wer lerne, werde später das Gelernte auch beseelen und den im Gelernten verborgenen Gehalten sich annähern; was er erwerbe, ohne es zu verstehen, werde er eines Tages verstehen; erst lerne man den Katechismus Luthers, dann verwandle sich unmerklich der Lernende zur Aufnahme des Glaubensgehalts. Aber dieses Vertrauen zum Zwang ist eine trügerische Hoffnung. Nur Zwang, der zur sich erziehenden Selbstbezwingung führt, ist erzieherisch wirksam, aller andere Zwang erzieht nicht, sondern richtet ab zu Brauchbarkeiten. Nur was im Lernen mit der Seele aufgenommen wird, wird Eigentum, alles andere bleibt äußerlich, eigentlich unverstanden. Es bewirkt den Strom von Falschheiten, der im Menschsein durch die Geschichte geht und mit der Entwicklung von Schrift, Buch und Schule gewachsen ist.

d) *Beherrschen* geht auf die Natur und auf den Menschen. Die Methoden des Herrschens sind die Veranstaltungen, in denen unter radikaler Distanzierung das Andere meinem Willen und seinen Zwecken dienstbar gemacht wird.

Herrschen ist *nicht Schaffen.* Herrschen bringt nichts eigentlich hervor, sondern setzt Kräfte gegen Kräfte an, besiegt das Eine durch das Andere wechselweise, läßt entstehen, indem es planmäßig veranstaltet, wie die Kräfte in seinem Dienste miteinander und aufeinander wirken.

Herrschen ist *nicht Lieben.* Herrschen hält sich in kommunikationsloser Distanz, fühlt sich dem, was es beherrscht, nicht verpflichtet, braucht List. Es ersetzt Verpflichtung durch Gehorsam gegen die vom Herrschenden selbst gesetzten und eingesehenen Zwecke, Liebe durch ein unverläßliches Gebundensein an das Beherrschte, ohne dessen Dasein und So-geworden-sein die eigene Herrschaft nicht möglich ist, Kommunikation durch ein jeweils geglaubtes Wissen um das, was für das Beherrschte das Beste sei.

Das alles ist im Verhalten zur Natur kein Problem, obgleich auch der Natur gegenüber eine Scheu möglich ist, die das radikale Herrschen und den Gebrauch aller Mittel nicht ohne Einschränkung, sondern mit Gewissen und unter Regeln, die diesem Gewissen entspringen, vollzieht.

Aber ein radikales Problem wird das Herrschen im Verhalten von Mensch zu Mensch. (W 364 f.)

Grundformen der Erziehung

Scholastische Erziehung, Meistererziehung, sokratische Erziehung

Sehen wir nun von der soziologischen und historischen Bedingtheit ab und suchen wir sachliche Grundformen der Erziehung auf, so zeigen sich folgende drei Möglichkeiten.

a) *Scholastische Erziehung:* Die Erziehung beschränkt sich auf das bloße »tradere«. Der Lehrer reproduziert nur, ist nicht selbst lebendiger Forscher. Der Lehrstoff ist System. Es gibt autoritative Schriftsteller und Bücher. Der Lehrer wird unpersönlich, er ist nur als Vertreter, der durch jeden anderen ersetzbar ist. Der Stoff ist in Formeln gepreßt. Im Mittelalter diktierte man und kommentierte. Das Diktieren fällt heute fort, da es durch Bücher ersetzbar ist. Der Sinn aber ist auch heute noch denkbar und wirklich. Man ordnet sich einem Ganzen unter, in dem man geborgen ist, ohne sich einer einzelnen Persönlichkeit zu verschreiben. Das Wissen ist endgültig fixiert. Die Gesinnung ist: man will das Feste lernen, die Ergebnisse sich aneignen, »schwarz auf weiß nach Hause tragen«. – Das Scholastische bleibt eine unumgängliche Basis der rationalen Tradition.

b) *Meistererziehung:* Maßgebend ist nicht eine unpersönliche Tradition, sondern eine Persönlichkeit, welche als einzig empfunden wird. Die ihr gezollte Verehrung und Liebe haben einen Zug von Unterwerfung. Die Distanz in Unterordnung setzt nicht nur einen Unterschied des Grades, nicht nur einen Unterschied der Generationen, sondern einen qualitativen Unterschied. Die Autorität der Persönlichkeit hat eine wunderbare Kraft. Es findet sich zusammen das Bedürfnis nach Unterordnung, um der eigenen Verantwortung zu entgehen, die Erleichterung im Sichanhängen, die Steigerung des sonst geringen Selbstbewußtseins durch die Zugehörigkeit zu einem solchen Bunde, das Verlangen nach strenger Erziehung, die aus eigener Kraft nicht gelingt. (Idee III, 84; ähnl. II, 47 f.)

c) *sokratische Erziehung:* Lehrer und Schüler stehen dem Sinn nach auf gleichem Niveau. Beide sind der Idee nach frei. Es gibt keine feste Lehre, sondern es herrscht das grenzenlose Fragen und das Nichtwissen im Absoluten. Die persönliche Verantwortung wird damit auf das äußerste gebracht und nirgends erleichtert. Die Erziehung ist eine »mäeutische«, d. h. es wird den Kräften im Schüler zur Geburt verholfen, es werden in ihm vorhandene Möglichkeiten geweckt, aber nicht von außen aufgezwungen. Nicht das zufällige, empirische Individuum in seiner besonderen Artung kommt zur Geltung, sondern ein Selbst, das im unendlichen Prozesse zu sich kommt, indem es sich verwirklicht. Dem

Drange der Schüler, den Lehrer zur Autorität und zum Meister zu machen, widersteht der sokratische Lehrer als der größten Verführung der Schüler: er weist sie von sich auf sich selbst zurück; er versteckt sich in Paradoxie, macht sich unzugänglich. Es gibt nur kämpfende Liebe als Prozeß zwischen ihnen, nicht sich unterwerfendes Anhängen. Der Lehrer weiß sich als Mensch und er fordert, daß der Schüler Mensch und Gott unterscheide.

In allen drei Typen der Erziehung herrscht *Ehrfurcht.* Diese findet ihren Gipfel bei der scholastischen Erziehung in einer Tradition, die zugleich in einer hierarchischen Ordnung leibhaft gegenwärtig ist; bei der Meistererziehung in der Persönlichkeit des Meisters; bei der sokratischen Erziehung in der Idee des unendlichen Geistes, in dem es auf eigene Verantwortung vor der Transzendenz zu existieren gilt. (Idee III, 85; ähnl. II, 48 f.)

Sokrates als Erzieher

Erst Kierkegaard fand einen ursprünglichen Zugang zu Sokrates und in der modernen Welt die bisher tiefste Deutung des Sokrates, seiner Ironie und Mäeutik, seines Wirkens als Anlaß, das Wahre zu finden, nicht als Vermittler der Wahrheit. (GP 122 f.)

Wie einer Sokrates erfährt, bewirkt einen Grundzug seines Denkens. (GP 125)

Die Unwahrheit des gegenwärtigen Zustandes, gleichgültig ob die Verfassung demokratisch oder aristokratisch oder tyrannisch ist, ist nicht durch große politische Aktionen zu beseitigen. Voraussetzung jeder Besserung ist, daß der Einzelne erzogen wird, indem er sich erzieht, daß die noch verborgene Substanz des Menschen zur Wirklichkeit erweckt wird, und zwar auf dem Wege des Erkennens, das zugleich inneres Handeln ist, des Wissens, das zugleich Tugend ist. Wer ein rechter Mensch wird, wird zugleich ein rechter Staatsbürger. (GP 107)

In der Helligkeit des menschlich Möglichen begegnet Sokrates dem Anderen auf gleichem Niveau. Er will nicht das Jüngersein. Darum sucht er auch noch die Übermacht seines Wesens durch Selbstironie zu neutralisieren. (GP 127)

Sokrates gibt nicht, sondern läßt den Anderen hervorbringen. Wenn er dem scheinbar Wissenden sein Nichtwissen zum Bewußtsein bringt und dadurch das echte Wissen ihn selber finden läßt, so gewinnt der Mensch aus einer wundersamen Tiefe, was er eigentlich schon wußte, aber ohne es schon wissend zu wissen. Damit wird gesagt: Erkenntnis muß jeder aus sich selbst finden, sie ist nicht wie eine Ware zu übertragen, sondern nur zu erwecken. Tritt sie auf, so ist es ein Wiedererinnern des gleichsam vorzeitlich schon Gewußten. (GP 109)

Das ist das Denkwürdige und Eigentümliche des Sokrates: er treibt die Kritik ins Äußerste und lebt doch ständig unter einer absoluten Instanz, die heißen kann das Wahre, das Gute, die Vernunft. Sie bedeutet eine unbedingte Verantwortung des Denkenden; er weiß nicht wovor und spricht von Göttern. Was auch in der Realität erfolgen mag, hier bleibt ihm der feste Punkt. Er zerrinnt nicht im endlosen Anderswerden der Dinge. (GP 111)

Diese Substanz ist Sokrates' Frömmigkeit, und zwar erstens im Vertrauen, daß dem unbeirrten Infragestellen das Wahre sich zeigen werde; daß im redlichen Bewußtsein des Nichtwissens nicht das Nichts, sondern das lebensentscheidende Wissen kund wird. Sie erscheint zweitens in dem Glauben an die Götter und die Göttlichkeit der Polis. Sie spricht drittens im Daimonion. (GP 108)

Durch Denken wurden die von Sokrates Getroffenen zu anderen Menschen. Dieses Denken verleiht die Unabhängigkeit im Einswerden mit dem, worauf alles ankommt. Im Denken ergreifen wir Menschen unsere höchste Möglichkeit, durch Denken geraten wir aber auch ins Nichts. Denken ist Wahrheit nur, wenn es in sich birgt, was durch es gegenwärtig wird, aber mehr ist als das Denken. (GP 121)

Das Gespräch als Weg zur Wahrheit und zum Selbstsein

Gespräch ist der *Weg zur Wahrheit.* (PG 263)

Das Gespräch: Das Sokratische Gespräch war die Grundwirklichkeit dieses Lebens: Er diskutierte mit Handwerkern, Staatsmännern, Künstlern, Sophisten, Hetären. Sein Leben verbrachte er wie viele Athener auf der Straße, auf dem Markt, in den Gymnasien, mit der Teilnahme an Gastmahlen. Es war ein Leben des Gesprächs mit jedermann. Aber dieses Gespräch wurde ein neues, den Athenern ganz ungewohntes: ein die Seele im Innersten erregendes, beunruhigendes, bezwingendes Gespräch. War die Wirklichkeit des Gesprächs die Lebensform des freien Atheners, so wurde es jetzt als das Mittel des Sokratischen Philosophierens etwas anderes. Es ist aus der Natur der Sache notwendig für die Wahrheit selbst, die nur dem Einzelnen mit dem Einzelnen aufgeht. Um klar zu werden, brauchte er die Menschen, und er war überzeugt, daß sie ihn brauchten. Vor allem aber die Jünglinge. Sokrates wollte erziehen.

Was ihm Erziehung heißt, ist nicht ein beiläufiges Geschehen, das der Wissende am Unwissenden bewirkt, sondern das Element, in dem

Menschen miteinander zu sich selbst kommen, indem ihnen das Wahre aufgeht. Die Jünglinge halfen ihm, wenn er ihnen helfen wollte. So geschah dieses: die Schwierigkeiten im scheinbar Selbstverständlichen entdecken, in Verwirrung bringen, zum Denken zwingen, das Suchen lehren, immer wieder fragen und der Antwort nicht ausweichen, getragen von dem Grundwissen, daß Wahrheit das ist, was Menschen verbindet. Aus dieser Grundwirklichkeit erwuchs nach Sokrates' Tod die Prosadichtung der Dialoge, deren Meister Plato wurde. (GP 106 f.)

Aus der Ratlosigkeit erwächst Einsicht. Das wird im Menon beispielsweise gezeigt: Ein Sklave, der auf eine mathematische Frage zunächst zuversichtlich behauptet, gerät in Verlegenheit, erkennt sein Nichtwissen, kommt dann aber durch weitere Fragen zur rechten Lösung. Nach diesem Muster geschieht das Aufleuchten der Wahrheit im Gespräch. Die Partner kennen sie beide noch nicht. Aber sie ist da, beide kreisen um sie und werden von ihr geführt. (GP 108 f.)

Der Dialog ist *die Wirklichkeit des Denkens selber.* (GP 263)

So erlaubt der Dialog, mit dem logischen zugleich den existentiellen Sinn des Gedachten gegenwärtig werden zu lassen: durch die Rückbeziehung des Dialoginhalts auf Menschen und Situationen. (GP 265)

Ironie und indirekte Mitteilung

Ironie und Spiel: Wäre die Sokratische Ironie aufhebbar durch direkte Mitteilung, so brauchte sie nicht zu sein. Im Ironischen das Indirekte angemessen zu erfahren, fordert neben der Übung des rationalen Gedankens die Schule der philosophischen Sensibilität. In der Vielfachheit des Ironischen muß das Ineinander von Täuschung und Wahrheit, das Vieldeutige, daß Wahrheit nur werden kann für den, der recht versteht, ständig zu Mißverständnis verleiten. Es ist, als ob Plato sagen wollte: sie sollen mißverstehen, die nicht verstehen können. In der Leichtigkeit der Ironie scheint manchmal ein Ingrimm verborgen. Hier, wo in der Mitteilung die Rationalität aufhört, ist die Richtigkeit eines Verständnisses mit rationalen Argumenten nicht zu erzwingen. In der tiefsinnigen Ironie ist die Sorge um das eigentlich Wahre. Die Ironie soll uns retten vor dem Irrtum der Wahrheitsbemächtigung im gegenständlichen Wissen, im Werk, in der Gestalt, die zwar herrlich sind, aber unwahr werden im Augenblick, in dem wir sie als absolut nehmen. (GP 267)

Die philosophische Ironie dagegen ist Ausdruck der Gewißheit eines ursprünglichen Gehalts. Ratlos vor der Eindeutigkeit des rationalen Redens und der Vieldeutigkeit der Erscheinungen, möchte sie das Wahre treffen, indem sie es nicht sagt, sondern erweckt. Sie möchte für die

Verborgenheit des Wahren ein Zeichen geben, während die nihilistische Ironie leer ist. Sie möchte im Strudel der Erscheinungen durch wahre Enthüllung zum unaussagbar Gegenwärtigen in seiner Wahrheit führen, während die leere Ironie durch den Strudel in das Nichts fallen läßt. Die philosophische Ironie ist Scham vor der Direktheit. Sie wehrt das unmittelbare totale Mißverstehen ab.

All das findet sich in den Platonischen Dialogen. Hier mag man das Ironische in drei Stufen sehen. Zunächst vollzieht Sokrates im Gespräch die Ironie, die ohne weiteres sichtbar ist in seinem unmittelbar falschen, den anderen irreführenden oder urban schonenden oder aggressiv schlagenden Sprechen. Eine höhere Stufe ist die ironische Grundhaltung des Sokrates zum Zwecke der Erzeugung des Wissens des Nichtwissens. Die dritte Stufe ist, daß Plato eine Gesamtatmosphäre des Schwebens entstehen läßt, in der die Ironie gesteigert ist zur absoluten Zweideutigkeit alles endlich Bestimmten. Nur in dieser Zweideutigkeit zeigt sich der Kern des Seins, in der totalen Ironie: daß nichts ist, was nicht auf diese Weise in die Schwebe gebracht wird. Gedanken und Mythen sind nur gleichsam Würfe des Seils dorthin, wo selbst der Name des Seins verschwinden muß. Die aussagende Philosophie ergeht sich nur in Möglichkeiten auf dem Wege. Sie ist ernst, aber nicht von dem finsteren Ernst des dogmatischen Besitzers der Wahrheit und nicht von dem grimmigen Ernst des nihilistischen Hohns, sondern von dem Ernst des Freiseins (Eleutherotes), der selber Spiel heißen kann. (GP 267 f.)

Erziehung als Kunst der Umwendung

Die Umkehr. – Des Menschen Einsicht ist gebunden an eine Umkehr (metastrophe, periagoge). Sie geschieht nicht durch ein Geben von außen her, nicht etwa durch ein Einsetzen von Augen (die sind schon da), nicht durch Einpflanzung eines Samens. Sondern so, wie in der Höhle die Umwendung der Augen nur mit dem ganzen Körper erfolgt, so muß das Wissen mitsamt der ganzen Seele aus dem Bereich des Werdens nach dem Sein sich umkehren. Erziehung (paideia) ist daher die Kunst, solche Umkehrung herbeizuführen. Wegen ihres göttlichen Ursprungs ist das Vermögen vernünftiger Einsicht immer schon da, in verborgener Kraft. Aber zum Heile wird sie erst durch die Umdrehung, sonst ist dasselbe Vermögen heillos. (GP 275 f.)

Gewohnheit: Sie entspringt der Wiederholung. Es wird fraglos und unbewußt verwirklicht, was einst in der Not erwuchs und in hellem Bewußtsein getan wurde. Wir leben von Vergangenheit, die in uns Gewohnheit wurde. Gewohnheiten sind die breite Basis unseres Daseins, ohne die jeder nächste Schritt unseres Geistes unmöglich würde. Ein unbewußt gegenwärtiger Gedankenzusammenhang trägt den bewußten Gedanken. Die Sitten sind Träger unserer Sittlichkeit. Nun aber gibt es in der Gewohnheit zwei Möglichkeiten:

Entweder dient uns Gewohnheit als die Grundlage so, daß ihr Inhalt jederzeit wieder bewußt als zu mir gehörig ergriffen werden kann. Der Gehalt der Gewohnheit steht noch unter Führung und Wissen des Grundes, aus dem wir leben. Die Form der Gewohnheit ist nur die Sicherung des eigentlich Gewollten. Nicht die Gewohnheit herrscht, sondern sie wird beherrscht.

Oder Gewohnheit ist die Verfestigung und zugleich Verdünnung des Traditionellen. Nicht der Gehalt selbst bewegt den Menschen, sondern nur die geronnene Gewohnheit. Das vitale Bedürfnis läßt unter ruhigen Umständen an der Gewohnheit als solcher, gleichgültig, was sie bedeutet, festhalten. Aber dabei täuscht der Mensch sich über sich. Beim ersten wesentlichen Angriff, der den Gehalt der Gewohnheit an das Tageslicht zieht, wird kein Widerstand mehr geleistet. Die Gewohnheit fällt um in der Not, ihr Sinn hat kein Leben mehr. In der bloßen Gewohnheit hat der Mensch sich selbst verloren.

Aber Gewohnheit bleibt das unerläßliche Mittel der verläßlichen Kontinuität der Gesinnung. Nicht jeden Augenblick kann der Mensch aus dem Ursprung in der Situation neu schaffend leben. Daher ist durch Autorität eine Summe von Gewohnheiten als Regeln der Entscheidung und als Formen der Sitte, des Benehmens, der Haltung legitimiert. Diese Formen werden eingeübt zur Lebensweise. Erziehung, Kinderstube, Berufskonventionen ermöglichen die Gemeinschaft der Menschen, die ohne sie in Formlosigkeit entartet. Zwar ist im Ernstfall keine dieser Formen absolut, jede durchbrechbar, keine heilig. Aber doch liegt in der Gesinnung selbst die Aufforderung, die Formen zu wahren, ihre Verletzung zu verwehren. Die leichte, spielende und selbstverständliche Befolgung der Formen als einer zweiten Natur gibt einer Gemeinschaft die Stimmung ihrer geschichtlichen Gegründetheit und eines verläßlichen Zusammenhaltens und Zusammenarbeitens. Stendhal unterließ es nicht, 1812 auf dem Rückzug aus Moskau sich weiter jeden Morgen zu rasieren. Sichgehenlassen ist Absinken. Form als Form, Disziplin als Disziplin, wenn auch als solche noch offen für die heterogensten Gehalte, sind Bedingung wirkender Autorität. (W 826 f.)

Direkte und indirekte Mitteilung

Unterschiedliche Lehrbarkeit des geläufigen und ursprünglichen Wissens

Wenn das Wissen geschieden ist in das geläufige Wissen des Habens und Verfügens über etwas und in das ursprüngliche Wissen, das diesem geläufigen Wissen erst Sinn gibt, dann ist die Lehrbarkeit und damit die Mitteilbarkeit für beide Wissensweisen nicht die gleiche. Die Inhalte mathematischen, astronomischen, medizinischen Wissens, des handwerklichen Könnens sind lehrbar in einfacher, direkter Mitteilung. Das aber, was in ihnen die Wahrheit ist, die Wahrheit der Richtigkeit, das, woraus und woraufhin jenes lehrbare Wissen und das ganze Leben Sinn hat, das, dessen Maß nicht der Mensch, sondern welches das Maß des Menschen ist, wie ist das mitteilbar und lehrbar?

Die Wahrheit im Wissen, die den Gegenstand in seiner Aussagbarkeit und Definierbarkeit wohl als Weg, aber nicht als die letzte Form des Wissens zuläßt, wird vor die Frage gestellt: Kann sie überhaupt noch Sprache werden? Entrinnt sie nicht als »gegenstandslos« in das Unsagbare? Wahrheit aber, die aller Mittelbarkeit sich entzöge, wäre nicht mehr Wahrheit. Wenn sie der direkten Mitteilung entzogen ist, so bleibt nur eine umwegige, indirekte Mitteilung. Wie diese sich vollziehen kann, ist durch Plato zu einer Grundfrage des Philosophierens geworden. Er hat diese Frage nicht abschließend beantwortet. Sie ist durch eine nur theoretische Einsicht weder einzusehen noch zu lösen. Sie ist als bewegende Frage zuerst von Plato in ihrer Radikalität aufgefaßt und umkreist worden. (GP 259)

Schriftliche Mitteilung und Mitteilung im Umgang

Geradezu spricht der alte Plato im Siebenten Brief von der Mitteilung der Wahrheit: »Es steht damit nicht so, wie mit anderen Lehrgegenständen: es läßt sich nicht in Worte fassen, sondern aus lange Zeit fortgesetztem, dem Gegenstande gewidmetem wissenschaftlichem Verkehr und aus entsprechender Lebensgemeinschaft tritt es plötzlich in der Seele hervor wie ein durch einen abspringenden Funken entzündetes Licht und nährt sich dann durch sich selbst«. Das Nichtgesagte und Nichtsagbare teilt sich im Sprechen indirekt mit, aber in der Weise des rückhaltlosen Sprechens, das in der umgreifenden Gemeinschaft stattfindet. Im Ruck eines Augenblicks leuchtet es zwischen Menschen auf, aber nur auf dem Grunde anhaltenden, das Leben verbindenden Umgangs. (GP 259 f.)

Daher hat Plato die schriftliche Mitteilung gering geschätzt. Gerade das, worin die Wahrheit aufleuchtet: den wirklichen Umgang im Miteinanderdenken und den Augenblick des Funkens kann sie nicht vermitteln. (GP 260)

Eigentliche Mitteilung erfolgt nur von Mensch zu Mensch. Sie geht nicht an jedermann, sondern an die empfängliche Seele, die der Mitteilende wählt; da wird der Logos dem Lernenden in die Seele geschrieben, ist dann imstande, sich selbst zu helfen, wohl wissend zu reden und zu schweigen. Solche Seele trägt selber wieder Samen, nicht das Schriftwerk. (GP 260).

Die schriftliche Mitteilung kann Sinn haben für die Wenigen, die auf einen kleinen Wink hin selbst imstande sind, das Wahre zu finden. Sie kann Erinnerung wecken für die, die Erfahrung haben. (GP 260)

Plato hebt wie der Dichter die Gedanken in die Ebene der Möglichkeit. Das gestattet ihm die Suspension der eigenen Stellungnahme. Aber verstanden ist der philosophische Dialog nicht in der ästhetischen Unverbindlichkeit, sondern erst in der Erfahrung des Anspruchs an den Ernst der Selbstverwirklichung im Lesenden. Denn der Dialog ist indirekte Mitteilung der Wahrheit in der philosophischen Gestalt des Denkens.

Das einzige Ziel bleibt dieses Denken der Wahrheit. Dabei ist der erste Schritt immer die Befreiung von der Handfestigkeit rational bestimmter, aber scharf entwickelter, endlicher Positionen, damit die Skepsis im bloßen Verstande, jedoch mit dem Sinne, durch den vollendet durchgebildeten Verstand aus höherer Quelle das Unbedingte des Wahren, den Gehalt und die Lenkung zu empfangen. (GP 260)

Der Platonische Dialog ist durch die Fülle der Abbildungen des Miteinanderredens, des Gelingens und des Scheiterns, durch den Aufweis der Bedingungen des Gelingens, der dazu gehörenden anständigen Formen für alle Zeit ein Spiegel und eine Erziehung für die geworden, die wirklich miteinander sprechen wollen. (GP 264)

Die Fähigkeit, der Widerlegung zugänglich zu sein, wird durch Bildung erworben und ist ein Zeichen der Vornehmheit, während man den der Widerlegung Unzugänglichen, mag er auch der Großkönig sein, für ungebildet und seine Seele für bis zur Häßlichkeit vernachlässigt halten muß. (GP 266)

Die Formen der Mitteilung und die Gestalten der Wahrheit

Es ist scheinbar eine äußerliche Technik, wenn der Mitteilende nicht einfach sagt, was ihm Wahrheit ist, sondern den Andern dadurch erreicht, daß dieser es selbst durch ein zweideutiges Aufmerksamgemachtwerden finden muß. Erweist sich das geradezu Gesagte als falsch, wenn es Bestand als absolute Geltung haben will, so bleibt die Frage, ob es indirekt etwas sage, so daß im Medium dieser Mitteilung doch Wahrheit auf Wahrheit treffe. (N 402)

In direkter Mitteilung wird Wahrheit gesprochen, die als Objektivität besteht, die ablösbar ist vom Denken und identisch übertragbar ist.

In indirekter Mitteilung wird Wahrheit fühlbar, die im Medium von Objektivitäten als die Subjektivität der geschichtlichen Ausnahme sich offenbart. Diese Wahrheit ist unablösbar von dem Menschen, in dem sie Gewißheit geworden ist; sie ist nie identisch, sondern nur verwandelt anzueignen, wirkt als Erweckung zu eigener Entfaltung. (W 761)

Was ich direkt mitteile als einen sich gleichbleibenden Inhalt, eine Sache, die ich denke, das kann jeder übereinstimmend verstehen und als die gleiche Sache in Besitz nehmen. Der Denkende selbst ist gleichgültig. Die Sache gilt. Wenn aber die Sache von der Art ist, daß sie nicht als ein allgemein gewußter Gegenstand, sondern nur ineins mit dem Wesen des Denkenden da ist, dann kann sie nur so mitgeteilt werden, daß der Denkende als er selbst mit dabei ist, mit der gedachten Wahrheit sich selbst verwandelt. Da dieses das Tun seiner freien Existenz ist, kann er die Wahrheit nicht als einen von ihm losgelösten Inhalt wissen. Was er selbst tun muß, kann ihm nicht gesagt werden. Im Sagen kann durch die Gestalten des Direkten nur indirekt fühlbar gemacht, erhellt, erwirkt werden, worauf es eigentlich ankommt. (AuP 314)

Erziehung als begrenzt planbares Geschehen

Notwendigkeit der Planung und Unheil der Totalplanung

Am Leitfaden der Vernunft begreifen wir die folgenreiche Unterscheidung zwischen der unerläßlichen partikularen Planung innerhalb unserer jeweiligen Situation und der unheilvollen Totalplanung innerhalb eines unerreichbaren Ganzen, zwischen der beflügelnden freien Aktivität im menschlich zugänglichen Raum und der fanatisierten Aktivität in einem fiktiven Raum. (AZM 383)

Weil Marx das Totalwissen vom Geschichtsprozeß zu besitzen glaubte, konnte er die Totalplanung für sinnvoll halten. In ihr koinzidieren die allumfassende Aktivität des Menschen mit der vermeintlich begriffenen Notwendigkeit der Geschichte. (AZM 384)

Wenn Marx das vermeintliche Totalwissen von der Geschichte zum Grund der Totalplanung werden läßt, so zieht er den ganzen Menschen in seinen Plan. Er will nicht nur die Welt für den Menschen, sondern damit den Menschen selber verändern. Dies meint er nicht durch einen willkürlichen Entwurf zu tun, den der Verstand sich ausdenkt, sondern durch die offenbar gewordene Notwendigkeit der Geschichte, die er entdeckt zu haben glaubt. (AZM 384)

Lenkung durch wissenschaftliches Wissen:
Im Unterschied von Marx' dogmatischer, auf einen einzigen Prophetenkopf gegründeter, pseudowissenschaftlich sich rechtfertigender Gewaltsamkeit will eine wissenschaftliche Forschungshaltung mit dem Fortschritt ihrer Erkenntnis den Gang der Dinge im ganzen planhaft lenken: die Erkenntnis soll genutzt und in freien Entschlüssen, in Zusammenarbeit der Initiative vieler, im Rahmen gesetzlicher, freier politischer Zustände verwirklicht werden.

Das klingt einfach. Aber unser Zeitalter zeigt ein Planen, Organisieren, Verapparatisieren, das alle Maße zu überschreiten und das gesamte menschliche Dasein in sein Drahtnetz einzufangen, zu durchdringen sucht und auf dem Wege ist, es als menschliches Dasein zu töten.

Auf sinnvollen Planungen beruht unser ganzes Dasein. Sie sind uralt. Die Planungen zur Beherrschung großer Ströme, des Nil und des Hoangho, ihr Unheil abzuwehren, sie nützlich für den Menschen zu machen, forderten organisierte Arbeit von Menschenmassen und Bürokratie schon Jahrtausende vor Christus. Sie waren ein Moment der Staatsgründungen und Verwaltungsorganisationen. Solche Planungen sind in der Gestaltung der Natur für die Zwecke des Menschen und damit in der Gestaltung der Arbeit und der Arbeitsorganisation an ihrem ursprünglichen Platz. Technisches, betriebswissenschaftliches, ökonomisches Wissen ermöglicht solche Planungen. Diese Planungen sind mit dem Wachsen des Wissens und Könnens im letzten Jahrhundert gewaltig gewachsen. Sie entsprechen der Natur der Sache und sind soweit übereinstimmend in der freien und totalitären Welt. Was heute der Apparat heißt, die Gesamtheit der organisierten bewußten Lenkung, gehört zum technischen Zeitalter. Ob in Rußland, Amerika, China oder sonst, es ist dasselbe Phänomen. Aber es gibt wesentliche Unterschiede:

1. *Planung unter totaler Herrschaft und in freier Welt:* Die Welt der Industriellen Revolution mit ihrer Massenherrschaft führt zwar überall zu einer möglichen Funktionalisierung des Menschen. Aber der Weg gabelt sich: totale Herrschaft macht den Apparat zu ihrem Werkzeug; die freie Welt läßt die Apparate sich entfalten. (AZM 385 f.)

2. *Planen dessen, was der Mensch nicht hervorbringen kann:* Der Glaube, alles ›machen‹ zu können, verführt. Man will schließlich den Menschen selber, den wünschenswerten Menschen nach Plan machen, sei es biologisch züchten, sei es durch Herstellung zwingender Daseinsbedingungen formieren. Solche Planung kann, zumal wegen der Beschränktheit unseres Wissens und Könnens, bei praktischen Versuchen nur ruinieren (AZM 386 f.)

3. *Das indirekte Planen des Unplanbaren:* Es besteht keine scharfe Grenze dessen, was grundsätzlich bei genügendem Wissen zu planen wäre, und dem, was grundsätzlich nicht zu planen ist. Alles, was der einzelne Mensch aus Freiheit tut, liegt außerhalb des Machbaren. Aber es könnte Bedingungen geben, unter denen die Spontaneität des Menschen eher zur Geltung kommt als unter anderen. Es ist denkbar, das Unplanbare durch Schaffung des Raums für freie Möglichkeiten zu planen. Schon dem Lebendigen überhaupt gegenüber gibt es nicht bloß Züchtung, sondern auch Pflege. Es gibt dem Menschen gegenüber Erziehung. Aber diese kann in ihrer Substanz immer nur von sich selbst erziehenden Erzieherpersönlichkeiten verwirklicht werden, die im Umgang mit dem Menschen, in Hingabe und Hinhören, in Strenge unter der Idee des zu erweckenden Glaubens, mit den Mitteln der Lernbarkeiten und des Übens in einem Raum gehaltvoller Überlieferung den nicht vorzuschreibenden Weg finden. Die Grenzen pädagogischen Planens sind eng. Werden sie überschritten, so folgt entweder Dressur oder Vielwisserei als ein zusammenhangloses Chaos, das den Menschen als solchen gerade *nicht* erzieht.

Aber zu den großen Aufgaben pädagogischer und politischer Führung gehört das Einrichten der geistigen Überlieferungsmittel. Das ist die Sorge für das Unplanbare. Man möchte schließlich wohl Einrichtungen treffen, durch die bei solchem Einrichten die Grenzüberschreitung des Planens verhindert wird. Aber damit bewegt man sich an der Grenze, an der das, was man einrichten möchte, in Gefahr gerät, gerade durch Einrichtung wieder aufgehoben zu werden.

Verstand macht die Planungen. Vernunft führt ihren Sinn, der in dem je besonderen Zweck nicht erschöpft ist, erkennt die Grenzen des Planens. Sachloses Planen ist ruinös. Planung kann nicht an die Stelle der Vernunft treten. Wir planen zuwenig, wenn wir Dinge, die in unserer Hand liegen, dem Zufall überlassen. Wir planen zuviel, wenn wir das Ganze der menschlichen Dinge in die Hand unserer Absicht nehmen und verändern möchten.

4. *Totale und wissenschaftliche Planung:* Nicht wie Marx durch ein Totalwissen, sondern auf Grund wissenschaftlicher Forschung meint ein modernes technisches Denken den Gang der Dinge in die erwünschte

Richtung lenken zu können. Historische, soziologisch-politische Untersuchungen, Statistiken, Vergleiche, idealtypische Konstruktionen, Meinungsforschung und dergleichen wollen Anweisungen ermöglichen.

Man denkt Gesetze des menschlichen Verhaltens, des Geschichtsablaufs zu entdecken und auf Grund solcher Erkenntnisse den Gang der Dinge wie ein Naturgeschehen zu lenken. Man hofft auf eine wachsende Erkenntnis der psychologischen und soziologischen Faktoren. Wenn solche Erkenntnis verbreitet werde, dann, so meint man, könne sie auch zur Anwendung kommen. (AZM 387 f.)

Der Verstand ist in jeder Planung wirksam. Aber er beansprucht zuviel, wenn er die Entschlüsse der Freiheit selber, die zugleich Akte der Vernunft sind, lenken will. Das Unheil beginnt, wenn im Zuvielplanen eine vermeintliche Lenkung durch Wissenschaft an die Stelle der Umkehr zur Freiheit der Vernunft tritt.

Der Mensch kann nur als Einzelner sich selbst verändern und vielleicht von da aus Andere in ihrer Freiheit erwecken. Aber durch den leisesten Ansatz von Zwang würde das, worum es sich handelt, zerstört. Der Zustand der Welt wird verändert durch das, was Vernunft in ihrem Kreis, der Einzelne in seinem Wirkungsraum vermag. (AZM 388)

Totalplanung, die das gesamte menschliche Dasein in ein Gebilde der Massenorganisation verwandelt – eine Planung, die doch selber immer in endlichen Horizonten menschlichen Verstandesdenkens erfolgt –, hebt das Menschliche als solches auf.

Aber auch die Planung, die auf vielfache Weise schließlich unser ganzes Dasein in unnötige und sachwidrige Zwangsläufigkeiten hineinzieht, wird unerträglich. Da sie sich nicht auf das wirklich und notwendig Planbare beschränkt, läßt sie die Freiheit verschwinden. (AZM 389)

Unerläßlichkeit und Unplanbarkeit der Umkehr

Die unerläßliche Umkehr ist nicht zu planen. – Es ist ein radikaler Unterschied zwischen partikular lösbaren Problemen und der Wandlung des Menschen. Erstere sind möglich bei Unberührtheit des Menschen selbst im Vorbau seines planenden Verstandes. Letztere fordert den Einsatz des ganzen Menschen.

Die Wandlung kann nicht als Zweck gewollt werden. Aber aus ihr entspringt ein neuer, zwecksetzender Wille. Die Revolution der Denkungsart kann nur aus Freiheit geschehen als das, woraus alles Planen erst Sinn erhält. So ist, was mit dem Ziel, die Vernichtung der Menschheit zu verhindern, vom Verstand geplant wird, für sich allein vergeblich. Nur wenn in dem Denken selber etwas geschieht, aus der Freiheit der Vernunft geboren, dann kann eine Folge auch das Handeln sein, das die Rettung herbeiführt, weil nun die bestimmten Pläne geführt sind von etwas, das hinausliegt über die Frage von Rettung oder Untergang der Menschheit. Retten kann nur, was vor allem Planen liegt, aber alle bestimmten Pläne hervorbringt und trägt.

Da die Umkehr nicht zu planen ist, wäre es auch vergeblich, eine Verwandlung des Menschen herbeiführen zu wollen als Mittel zum Zweck der Rettung vor dem Untergang. Was nur als Mittel gemeint wird, ist als solches nicht mehr selber ernst. Nur eine Wandlung, die zweckfrei den Menschen zu sich selbst bringt, kann wie die innere Bereitschaft zum möglichen Untergang so auch die Rettung zur Folge haben. Nie kann als Mittel erkannt und gewollt werden, was entweder aus eigenem Ursprung ist oder gar nicht sein kann. Die Anschauung des Äußersten, wie sie heute möglich ist, kann wohl veranlassen, daß solch anderer Ursprung wirksam werde, kann ihn aber nicht erzeugen.

Wir wiederholen: Die Wahl unseres Weges in unserer Situation ist durch Planen allein nicht möglich. Das bloße Planen bedeutet schon die Wahl des Weges zum Untergang. Es ist ein anderes notwendig. Dieses andere kommt – oder bleibt aus – aus dem Ursprung des freien Menschen, seinem Entschluß, der in sich die Umkehr findet zu einem neuen Zustand der Handlungsbereitschaft, aus dem geplant, der aber selber nicht geplant werden kann. Das bloße Planen wird zum Ausweichen; es wird zur Flucht vor dem, worauf es ankommt. Nicht aber der Verzicht auf irgendein sinnvoll mögliches Planen, nicht Planlosigkeit ist erlaubt, sondern gefordert ist, was allem Planen vorhergeht, den Gang des Planens selber gestaltet, es in der Tat konkreter und gegenwärtiger, umfassender und eindringlicher macht. (AZM 321 f.)

Wandlung der einzelnen Menschen durch lebenslänglich wiederholte Umkehr ist notwendig. Diese ist nicht ein blindes Ereignis, auf das man warten dürfte. Die Vernunft ist von jedem Menschen, dem sie aufleuchtet, sogleich und nicht erst in Zukunft, aber immer von neuem zu vollziehen, und zwar in Kommunikation mit anderen Einzelnen und mit Hilfe der Transzendenz, durch die er sich in seiner Freiheit geschenkt weiß. Sie ist nicht ein Willensakt, sondern der in der Tiefe am Ursprung stattfindende Entschluß, aus dem erst alles Wollen folgt. Sie ist zu erwecken im Umgang mit den hohen Menschen, die aus der Geschichte zu uns sprechen. Sie ist wahrzunehmen in Menschen der Verborgenheit, die auch heute der eigentliche Grund sind für den Zusammenhalt der Menschen, für unseren Zustand, der nicht ganz und gar in existentielle Anarchie sich auflöst und dann totalitär würde. (AZM 324)

Seit mehr als einem Jahrhundert ist die Einsicht erwachsen; wir stehen am Ende einer Geschichte von Jahrtausenden. In einem steigenden Tempo geht der Gang der Geschichte in eine Zukunft, die alle Menschen, Chinesen, Inder und Abendländer, vor eine Aufgabe stellt, für die uns zureichende Maße noch fehlen. In dieser Situation ist die Erziehung der kommenden Generation von der größten Bedeutung. In ihr liegen die Chancen, unsere Tiefe aus dem geschichtlichen Grund zu erwecken, die Gehalte der Überlieferung zu bewahren, aber auch die ganz andere Möglichkeit, die Überlieferung radikal abzuschneiden, sie als Trümmerhaufen zu behandeln, aus dem man brauchbare Steine auswählt und zurechtschlägt für den Neubau, der auf Grund eines vermeintlichen Wissens vom Wesen und Glück des Menschen mit Soziologie und Psychologie gleichsam aus dem Nichts erreicht wird. Daher ist in der ganzen Welt die Erziehung zu einer Sache bewußter Überlegung und ständiger Reform geworden. Überall sinnt und plant man, wie es entweder besser zu machen oder auf ganz neuen Grund zu stellen sei. Nicht nur das Heil der Kinder, die der Lehrer leibhaftig vor sich hat, sondern mit ihnen die Zukunft des Menschseins überhaupt hängt ab von dem, was durch die Erziehung still und unmerklich überall im kleinsten Raum in der Familie und in der Schule und in der Umwelt der Kinder geschieht, was dort von ihnen gehört und für sie sichtbar ist, und was zu tun sie selber angehalten werden.

In der totalitären Welt wird auch die Erziehung total geplant, daher bis in das Kleinste geregelt, nivelliert und erzwungen. Hier ist die Sache ihrer selbst gewiß, klar und eindeutig. Die Totalitären wissen, wie sie es machen wollen. Sie organisieren die Erziehung wie maschinelle Apparatur nach wissenschaftlich-technischen, insbesondere psychologischen Gesichtspunkten. Die Reduktion der Erziehung auf die Herrichtung des Menschen zu einem brauchbaren Arbeitswerkzeug und zur gehorsamen Funktion erzeugt im ganzen einen vitalen Schwung der Teilnahme an einer Macht, die eine großartige Zukunft herbeizuführen verspricht. Es gibt einen die Massen ergreifenden Drang, sich hineinzustürzen in den Strom, in der Funktionalisierung sich selbst preiszugeben, Material zu werden und die andern zum Material zu machen. Es kommt nur auf den geplanten, gewaltigen Menschenbau an, nicht auf Individuen, nicht auf Persönlichkeiten. Diese sind beliebig ersetzbar. Sie sind nach vitaler Kraft intellektueller Begabung, nach technischer Geschicklichkeit und ihrer Funktionalisierbarkeit zu bewerten. Sie sind zu verschwenden in der Arbeit, auszurotten, wenn sie unbrauchbar sind. Denn dieses Material wächst trotz aller Vergeudung immer noch in größerer Menge nach, als man brauchen kann.

Ganz anders in der noch freien Welt. Die Abendländer, die Inder und Chinesen, soweit sie noch wurzeln in ihrer Überlieferung von drei Jahrtausenden, sträuben sich gegen die geistige Vernichtung. Manche werden kleinmütig, sie sehen nur die Ohnmacht vor dem Gang der Weltgeschichte. Manche geraten in einen zuerst verzweifelten, dann gewohnten Nihilismus: es ist alles gleichgültig; es ist ja doch nichts zu machen. Manche möchten sich die große radikale Frage und deren Entweder-Oder, vor das die Menschheit gestellt ist, verschleiern. Manche erbauen sich an den vielen Zaubereien, die heute angeboten werden. Sie alle verwandeln sich und die, auf die sie wirken, unmerklich in eine innere Bereitschaft, im entscheidenden Augenblick den Totalitarismus widerstandslos über sich Herr werden zu lassen. Wo er Herr geworden ist, müssen alle, die nicht sogleich sterben wollen, ohnehin schweigen.

Wie aber in der freien Welt die Erziehung gestaltet werden sollte, das unterscheidet sich von der totalitären Welt wesentlich auch durch die Art des Planens. Die freie Welt lebt, so lange sie lebt, aus einem Grunde, von dem her die Führung kommt für all ihr Planen. Dieser Grund wird geschichtlich gelebt und durch tägliche Gegenwart in den Kindern erweckt, selber aber als Ganzes weder geplant noch gemacht. Es ist für die freie Welt zu einer gar nicht leicht lösbaren Aufgabe geworden, zur Klarheit zu gelangen über das, was geplant werden kann und was nicht, und dann zu leben mit dem Bewußtsein um die Kraft des Unplanbaren, aber unendlich zu Erhellenden. Durch falsche Weise des Planens, durch Vergessen des alles tragenden Grundes kann man unmerklich auf den Weg geraten, der im Totalitären endet. Planen, unaufhörliches Planen ist für uns Menschen notwendig. Nicht gegen das Planen, sondern gegen einen falschen Geist dieses Planens und gegen ein Planen, das das Unfaßbare mit einbeziehen will, ist der Schutz notwendig. Ich versuche, dies an einigen Beispielen zu verdeutlichen.

1. Kinder sollen Fertigkeiten erwerben und Wissen erlernen. Das Wissen wird in reiner Form durch die Wissenschaften zur Verfügung gestellt. Geplant wird daher, der Jugend den Inhalt und die Methoden der Wissenschaften, soweit sie für das Leben brauchbar erscheinen, weiterzugeben. Geschichte etwa ist nicht nur beim Lehrer begründet auf kritische Geschichtswissenschaft, sondern wird als Wissenschaft vorgetragen. – Unterricht in den alten Sprachen und der Erwerb des Gehalts der eigenen Sprache wird durchsetzt mit linguistischem Wissen, – biblischer Unterricht wird zu Religionsgeschichte. Wichtig aber für Kinder ist nirgends diese Wissenschaft, sondern die Erfüllung des jugendlichen Geistes mit hohen Anschauungen, mit Bildern und Gestalten. Wichtig ist darum die Prägnanz in der Mitteilung dieser Gehalte, die Klarheit ihrer gedanklichen Struktur, daher die Übung des deutlichen

Auffassens, der Überwindung des Ungefähren. Das aber ist primär ein geistiger, erst in der Folge wird er zum Teil auch ein wissenschaftlicher Prozeß. In der Wissenschaft als Beruf gibt es nichts, das nicht wissenswert wäre oder sein könnte. Für die Erziehung aber sind die Wissenschaften voll von Nichtwissenswertem. Im Gang der Erziehung wird dann später wissenschaftliche Denkungsweise selber zur bewußten Erfahrung des Wissenkönnens mit zwingenden Gründen. Dann wird die wissenschaftliche Denkungsart als eine unerläßliche Grundlage unseres Menschseins, aber mit dem Wissen um ihre Grenzen, zur Geltung gebracht. Die Planung des wissenschaftlichen Unterrichts kann entscheidend nicht durch die Wissenschaft selbst, nicht durch den Sachverstand der Fachwissenschaften bestimmt werden, sondern steht ursprünglich unter der Instanz des ganz anderen Sachverstandes, des Wissens um die Wesentlichkeit. Sie beruht auf anderer Verantwortung als der der wissenschaftlichen Richtigkeit. Unter dieser Instanz ist die Rolle der Wissenschaft an der Schule, insbesondere die Auswahl des Wissenswerten, jederzeit vom Geist der Schule her neu zu prüfen. Wissenschaftliche Denkungsart aber als Element der Vernunft sollte anläßlich der vorkommenden Inhalte zur verläßlichen Haltung werden.

2. Kinder sollen gemäß ihren Anlagen und Fähigkeiten erzogen werden. Die Psychologie als Wissenschaft von der menschlichen Artung, von den psycho-physischen Funktionen, von den Entwicklungsstufen, von den Abnormitäten, soll die Grundlage der pädagogischen Planung und der Entscheidungen sein. Erziehung wird zu einer psychologischen Veranstaltung. Es entsteht die Meinung, der Mensch als Forscher könne den Menschen als Realität durchschauen; was aus dem Menschen werden könne und solle, das ergebe sich aus psychologischer Erkenntnis. Dies ist ein verhängnisvoller moderner Irrtum. Es ist zwar sinnvoll, Psychologie zu treiben. In Fragen der Ermüdbarkeit, des Gedächtnisses, der Eigentümlichkeiten der Entwicklungsphasen u. a. ist manche Erkenntnis gewonnen, die man zweckmäßig anwenden kann. Die Kenntnis des Psychopathologischen kann manche unnötige Quälerei verhindern, manch schnelles Urteil korrigieren, einerseits Hoffnungen bewahren lassen, andererseits Unerbittliches anerkennen lehren. Die Psychologie wird durchwegs nur bei Mängeln zum Ratgeber. Sie hat es heute durch Testprüfungen und anderes erreicht, in Betrieben und Schulen die Reibungen zu vermindern, die äußerlichen Leistungen zu steigern, – ich wage zu behaupten: oft unter faktischer Herabsetzung des Menschen, unter Anspruch eines viel zu weit gehenden, daher sich im Urteil über den Einzelfall täuschenden Wissens. Psychologie und vor allem Psychopathologie, im Bewußtsein der Grenze ihrer Möglichkeit befragt, sind in bescheidenem Umfang nützlich. Der Psychologe aber als Instanz

ist ein ungeheuerliches Phänomen. Ein Eindringen gar der Psychoanalyse, die trotz wissenschaftlicher Elemente im Ganzen eine Glaubensbewegung in wissenschaftlichem Gewande ist, in Amerika eine schon grotesk werdende Erscheinung, scheint mir neben der Verwandlung des Menschen durch marxistische Denkungsart eine Weise der Vernichtung der Menschenwürde (darüber in meiner »Allgemeinen Psychopathologie«, 5. Aufl. 1948, und in einem kleinen Aufsatz »Kritik der Psychoanalyse« in »Rechenschaft und Ausblick«, 1951).

Gegen eine Planung der Erziehung auf Grund vermeintlicher psychologischer Erkenntnis ist hinzuweisen auf den beschränkten Umfang wirklicher psychologischer Einsicht. Man darf sagen: Psychologie als Wissenschaft ist für die Erziehung nicht entscheidend; ohne sie bliebe in der Erziehung alles Wesentliche erhalten, obgleich ihre beiläufige Mitwirkung unter der führenden Instanz des Erziehers nützlich sein kann.

3. Der Anspruch an die Schule, die Kinder auszubilden zu brauchbaren Gliedern der Gemeinschaft, bedeutet zweierlei. Erstens das Erwecken des geschichtlichen Geistes der Gemeinschaft, des Lebens in deren Symbolen. Die Kinder sollen erfüllt sein von diesen Gehalten in täglicher Selbstverständlichkeit, durch das Vorleben solcher Gemeinschaft in der Art des Umgangs, der Weise des Sprechens, der Gegenwärtigkeit der menschlichen Wirklichkeit der Erzieher. Zweitens das Lehren und Üben dessen, was für Arbeit und Beruf Voraussetzung ist. Beides ist unerläßlich. Das erste ist Sache des Geistes der Schule, je dieser Schule, ist in persönlicher Überlieferung da, unersetzlich in jeder Einmaligkeit, nicht verstandesmäßig absichtlich zu wollen, sondern nur zu schützen und zu pflegen und zum Wachsen zu bringen. Das zweite ist Sache der Absicht und des Planens. Hier hat ein Jahrhundert mit außerordentlichen didaktischen Verbesserungen, immer besseren Lehrbüchern, trefflicheren Übungsmethoden, vermehrter Anschaulichkeit viel erreicht.

Aber diese großen Erfolge hatten ihre Schatten. Die planbare Leistung wurde so sehr in den Vordergrund gerückt, daß die Verantwortung für den Geist des Ganzen schwächer wurde. Vor allem wurde unter dem Gesichtspunkt, was alles für das spätere Leben, als Vorbereitung zu Berufen, wissensnotwendig sei, immer mehr Stoff in den Unterricht aufgenommen, wurden die Fächer vermehrt, bis die Schule zerbrach in viele Schulen, die schon in Hinsicht auf die späteren Lebensberufe sich verschiedene Aufgaben stellten. Der Geist des Ganzen einer Überlieferung, der Glaube an Bildungsgemeinschaft kam immer weniger zur Geltung. Überall gab es den Kampf der Fächer um die Stundenzahl, die Herabsetzung der früheren Anforderungen, um der Vielfachheit zu genügen. Der Schulunterricht wurde im Planen ständig zerstreuter. Für das Gymnasium lag es einst so, daß die Kinder bis zu ihrem Schulabschluß an Unterrichtsgegenständen hatten: Griechisch und Lateinisch, Bibel und Mathematik, Geschichte und Geographie. Das war genug, das schuf wirklich eine geistige Grundlage. Alles sonstige Wissen und Können wurde außerhalb der Schule oder später erworben. Die Schule schuf intellektuell und geistig die Grundlage, die zur Aneignung alles anderen befähigte. Heute ist bis an die Universitäten und Technischen Hochschulen gedrungen: endlose Stundenzahl notwendiger Vorlesungen und Übungen, Versperrung des freien geistigen Weges des Studenten, Zerstreutheit vieler Fächer und Kenntnisse, nachher großes Wissen in Prüfungen, aber Erlahmen des ursprünglichen geistigen Lebens, Verlust der Fähigkeit zur Meditation, zur Einsamkeit und zu dem Immer-daran-Denken, das nur auf eine, nicht auf endlos viele Sachen sich richten kann. Hat der Pessimismus recht, der behauptet, daß die faktische Herrschaft der Durchschnittlichkeit die Abrichtung verlange statt freien geistigen Lebens, die Daseinsform in der Trennung des leeren Arbeitsbetriebes und des ebenso leeren Vergnügens? Oder ist es möglich, wieder der Freiheit geistig intensiven statt bloß lernhaft extensiven Lebens ihre Chance zu geben? Wenn das nicht möglich wäre, dann ginge der Weg trotz allen Sträubens gegen solche Konsequenz langsamer oder schneller zu Formen des Totalitären auf der ganzen Welt. –

Beibringen wissenschaftlicher Kenntnisse, Psychologie als Mittel richtiger Behandlung der Kinder, die Ausbildung zu einem brauchbaren Mitglied der Gesellschaft, – diese drei Beispiele sollten zeigen, wie aus rechten Ansätzen Irrungen entstehen können durch Verselbständigung des Planens und durch Verabsolutierung seiner Mittel. Was tun? Es ist die Grenze bewußt zu machen, wo die Antwort auf diese Frage nicht wieder durch eine rationale Anweisung erfolgen kann. Vielmehr muß deutlich werden, was paradoxerweise als Planen des Nichtplanens benannt wird.

Vergangenes läßt sich nicht wiederherstellen. Was wahr und wirklich ist, muß aus gegenwärtigen Impulsen kommen. Aber angesichts großer Vergangenheit kann die Aufgabe heller bewußt werden: die Gründung der Schule auf den geistigen Gehalt des geschichtlichen Menschen in der Verwandlung zu gegenwärtig lebendigem Geiste und die Führung allen bloßen Wissens und aller technischen Unentbehrlichkeit durch diesen Geist.

Solche Aufgabe aber ist nicht allein durch rationale Planung zu erfüllen. Gerade die Planung hat, selbständig geworden, die Zerstreuung hervorgebracht. Die Mittel, deren die Planung sich bediente, wurden

Selbstzweck. Wissenschaftliche Kenntnisse und Leistungssteigerung wurden zum Endziel und die Psychologie zur Methode des pädagogischen Planens. So wurden die Wissenschaften, die nur ein Element der Erziehung sind, zuweilen fast wie ein Vorunterricht für spätere Forschungsberufe betrieben. Die Didaktik verabsolutiert die Leistungssteigerung in Gedächtnis und Geschicklichkeiten. Die Psychologie sah, was als psychophysischer Mechanismus und verstehbare Motivation physischer Mechanismus und verstehbare Motivation ein Werkzeug der freien Menschen ist, als den Menschen selber. Aber man kann sagen: selbst wo gegen Wissenschaft, Didaktik, Psychologie verfehlt wird, ist hervorragende Erziehung möglich. Wo aber der geschichtliche Geist des führenden Ganzen verletzt wird, da ist der Kern der Erziehung in Gefahr. Ein Geschichtslehrer etwa, der unkritisch seinen Herodot erzählt und noch einiges dazu erfindet, kann der Erinnerung Bilder einprägen, die Wahrheit haben und unvergeßlich bleiben, – wenn er auch im wissenschaftlichen Leichtsinn keineswegs Vorbild ist. Der ungeschickte Schulmeister, der feierlich die geheimnisvollen Buchstaben zu schreiben beibringt, erzeugt den Widerhall einer Gesinnung, die Ehrfurcht ist, – obgleich vielleicht die Forderung bleibt, daß er die Einübung didaktisch geschickter machen soll.

Der unpsychologische Lehrer, der ganz an das Hohe und Gültige, an das Gemeinsame denkt, darin die Kinder auf dem Weg des Ernstes und der Bescheidung erzieht, richtet vielleicht einmal in psychologischer Blindheit (weil er von Psychopathologie nichts weiß) im individuellen Fall Unheil an – er ist darin kein Muster und zu korrigieren –, aber er lebt im Wesentlichen. Das heißt, er denkt nicht in erster Linie an die Kinder, sondern mit den Kindern an die Sache.

Nur durch die Sache kann die Strenge kommen, die anerkannt und frei ergriffen werden soll. Strenge durch Psychologie ist entweder Vergewaltigung, wie durch militärische Methoden, die nicht in die Schule gehören, oder Psychologie macht weich und gibt Raum der Willkür mit der Grenze der brutalen, weil selber mechanisch werdenden Entscheidungen des »Apparats« in Auslese, Prüfungen, psychologischen Gutachten.

Wohl kann man in der Erziehung überall nachsinnen und planen, aber wichtiger ist, die Grenzen dieses Planens einzusehen und mit Gewissenhaftigkeit einzuhalten. Die Instanz, die über der Planung steht, kann nicht selber geplant werden. Sie ist da oder nicht da. Daß sie heute noch da ist, darauf beruhen unsere Hoffnungen. Aber sie ist nicht da in der äußerlichen Greifbarkeit von Leistungen und Zahlen und Lehrplänen. Das Entscheidende geschieht durch den einzelnen Lehrer zwischen den vier Wänden seiner Klasse, wo er frei ist zu eigener Verantwortung. Da findet dann jenes wirkliche Leben statt, das den bürokratischen Planern und Reglementierern und Schulfürsten manchmal ein Greuel ist. Da ist Menschenfreundlichkeit eins mit der Verantwortung für die geistigen Gehalte. Hier bleibt trotz allen Planens ein Raum ursprünglicher Wirklichkeit. Hat der Planende sie vor Augen, so kann er nur denken, sie möglichst wenig zu stören. Ob sie da ist, das wissen im unreflektierten Bewußtsein die Kinder, das weiß der Lehrer in der Klarheit gewissenhafter Erfüllung seiner Aufgabe, wo immer ihm der gute Geist zu Hilfe kommt. Er darf die Ruhe haben, daß etwa schon durch die Lektüre der wunderbaren Texte mit seiner bescheidenen didaktischen Hilfe Keime in die Kinder gelegt werden, die ein Leben lang wachsen können.

Aus der führenden Instanz in der Persönlichkeit des Lehrers, gewaltig gesteigert durch die Gesinnungsgemeinschaft einer Schule, kommen alle Impulse, die Kraft und die Freude. Die Instanz spricht über den Kreis der Schule hinaus, von ihr mitbedingt, in jedem einzelnen Menschen. Sie spricht in der Geschichtlichkeit von Völkern, die, vermöge ihres sittlichen Grundes und ihres Glücks in den Gewaltsituationen der Geschichte, die Wirklichkeit ihres Lebens bewahrten. Man kann an diese Instanz rühren, sie ermutigen, wo sie nur leise spricht, sie zur Klarheit bringen im Miteinander. Wo sie spricht, da ist der Alltag nicht grau, da ist das geringste Tun in den Sinn aufgenommen, da ist schon das Lernen von Lesen und Schreiben und Rechnen nicht nur ein Erwerb technischer Fähigkeiten, sondern von vornherein Teilnahme am Geiste, in der Sorgfalt, die die Schönheit darin erfaßt und keine Bewegung der Hand, keine Operation des Verstandes nur äußerlich nimmt.

Wo aber Planen und Wissen, statt Mittel unter der umgreifenden Führung zu sein, unwillkürlich selber Zweck werden, da verwandelt sich Erziehung in Abrichtung, der Mensch in Funktion, kollabiert der mögliche Aufschwung des Menschen in einen Zustand bloß vitaler Lebensenergie, ein Prozeß, der erst im Totalitären seinen Sinn versteht und vollendet. (PuW 28–38)

Planung und Verantwortung

Allem Planen und Machen ist dort die Grenze gesetzt, wo der Mensch sich frei geben muß in seine Chance. Hier ist das, was er erreichen kann, wesentlich unberechenbar, als zweckhaft gewollt wird es gerade gestört oder zerstört. Es kommt aus der Zukunft entgegen, überraschend, einfach und überwältigend, jenseits und vor aller Technik, die Technik selber in sich schließend. (UZG 233)

In der Spannung von Berechenbarkeit und Wunder liegt die Verantwortung des Handelns vor der Transzendenz. (AZM 488 f.)

Erziehung in der Spannung der Vergangenheit, Gegenwart und Zukunft

Schicksalsloses Dasein – zeiterfülltes Selbstsein

Das *Leben* aber *als Dasein*, das verläuft in einer Summe von Augenblicken, bis es aufhört, hat *kein Schicksal*; die Zeit ist ihm nur eine Reihe, die Erinnerung gleichgültig, die Gegenwart zukunftsfrei der nur augenblickliche Daseinsgenuß und seine Störung. *Schicksal* gewinnt der Mensch nur *durch Bindungen*, nicht durch die zwangsläufigen, solange sie als fremde ihn in seiner Ohnmacht treffen, sondern durch die ergriffenen, welche die eigenen werden. Diese halten sein Dasein zusammen, daß es nicht beliebig zerrinnt, sondern Wirklichkeit seiner möglichen Existenz wird. Dann zeigt ihm Erinnerung seinen untilgbaren Grund, Zukunft den Raum, aus dem Verantwortung für sein gegenwärtiges Tun gefordert ist. Das Leben wird unbestimmbar ganz. Es hat jeweils sein Alter, seine Verwirklichung, seine Reife, seine Möglichkeit. Selbstsein ist als Leben, das ganz werden will, und als solches nur durch ihm gültige Bindung. (GSZ 186 f.)

Chance und Gefahr der Tradition und Utopie

Die Tradition formt zunächst und erfüllt absichtslos die neue Generation in ihrer Kindheit; dann wird sie bewußt durch innere Beziehung auf die Geschichte als auf das Überkommene und auf die Gestalten großer Menschen. Als das gewußte und darin angeeignete Vergangene wird Geschichte der faktische Gehalt der Gegenwart, welche nur in Kontinuität mit der Vergangenheit Zukunft schafft, und damit die Objektivität menschlichen Daseins, ohne welche ich nicht zu mir komme. (Ph 634)

Wie leben wir mit der Geschichte? – Das historische Wissen unserer Zeit und die Möglichkeit der Information in breitesten Kreisen ist so groß wie noch nie. Was immer von Menschen gedacht und getan wurde, kann, soweit sie sich mitteilten und die Texte erhalten geblieben sind, von uns verstanden, aus der Vergessenheit wieder gewonnen und zur Wirkung gebracht werden. Historisch sehen wir die Vielheit der Selbst- und Weltauffassungen, die jeweiligen Selbstverständlichkeiten, in denen der Mensch sich zu begreifen meinte.

Der moderne Mensch, der sich alle Möglichkeiten der Geschichte geistig zu eigen macht, hat die Chance einer unerhörten Souveränität. Weil jede Auffassung, die Menschen einmal von sich hatten, dem modernen Menschen zur Verfügung steht, vermag er leichter zu einem freien und wahren Wissen von sich zu gelangen.

Aber zweideutig ist wieder diese Befreiung. Der Umgang mit der Geschichte kann allem seine Wahrheit lassen, kampflos genießend zuschauen und die eine ganze Wahrheit im Zusammennehmen aller Gehalte für die Menschheit und jeden Einzelnen suchen. Das ist existentiell unmöglich. Die sogenannte Kultursynthese ist entweder eine ästhetische Vorstellung ohne Verbindlichkeit, oder nur die Gemeinsamkeit zivilisatorischer Technik, oder die nichtige Abstraktion eines Allgemeinen, das im Sichbegnügen mit den Oberflächen nur die Nivellierung bewirkt.

Der existentielle Umgang mit der Geschichte setzt die Kämpfe fort, läßt sie im eigenen gegenwärtigen Bewußtsein sich steigern durch den Spiegel der Geschichte. Er macht nun aber das Neue bewußt, für das der Spiegel ausbleibt. Er läßt unter den gegenwärtigen geistigen Voraussetzungen und materiellen Daseinsbedingungen die Forderung spüren, die ewige Existenz in neuer Erscheinung zu gründen. (PGO 467)

Zwar leben wir wesentlich in geschichtlicher Überlieferung aus dem Grunde unserer Herkunft und für eine Zukunft, der wir dienen möchten. Aber durch bloßes Festhalten und Wiederholen von Vergangenem oder gar durch bloßes verstehendes Wissen um das Vergangene und durch bloßen Dienst an der Zukunft, durch Preisgabe der Gegenwart an etwas, das war, oder an etwas, das noch nicht ist, bin ich noch nicht eigentlich. Mein Tun und Sein hat nicht erst dadurch seinen Wert, daß es von Späteren erinnert und gewußt wird. Dienst, Hingabe, Erinnerung und Nachwirkung, das alles ist selbst Erscheinung, kann wirklich und wahr sein, aber nicht als das zuletzt Begründende.

Alles Erscheinende, alles Gewußte und Bezweckte, das Vergangene und das Zukünftige wird Dimension des jeweils geschichtlich Gegenwärtigen als Sprache der Ewigkeit. Zur Gegenwart selbst gehört es als sie selbst. (W 173)

Verlust der Gegenwart – Konzentration auf das Gegenwärtige

Mein Nichtigkeitsbewußtsein will ständig die Gegenwart verlassen, um zu leben in bezug auf Anderes und für Anderes, das nicht gegenwärtig ist, so in bezug auf Vergangenheit oder auf Zukunft: Das eigentliche Sein ist *vergangen*. Gegenwärtiges Leben ist ohne eigenes Sein. Es hat einen Abglanz des Seins allein durch Erinnerung. Erinnerung ist das Wesentliche, das dem Gegenwärtigen noch möglich ist. Aber Vergangenheit verstehe ich nur und gewinne den Weg zu ihrer Aneignung nur dadurch, daß ich gegenwärtig selbst bin und hervorbringe. Ich muß gegenwärtig sein, um Vergangenheit eigentlich zu sehen. Mit der Gegenwart verschwindet mir am Ende auch die Vergangenheit.

Das eigentliche Sein ist die *Zukunft*. Gegenwärtiges Leben hat nur Sinn, wenn es der Zukunft dient. Daß diese Zukunft wird, gibt mir einen Reflex von Seinsbewußtsein aus dem, was ich zwar nie bin, was aber einst sein wird, und für dessen Werden ich lebe. Aber das, wofür ich so zu leben meine, wird in der Tat niemals sein. Ich lebe aus Illusionen einer Zukunft, die einst als Gegenwart wiederum für eine Zukunft leben wird, bis alles abreißt mit dem Untergang dieser Menschenwelt im Schweigen des Alls.

Gegen diese beiden Ableitungen steht die *Konzentration auf das Gegenwärtige*, in dem allein die Ewigkeit, das Sein selbst offenbar wird. Das carpe diem bedeutet dann nicht den beliebigen Genuß des Heute, sondern die Aufgeschlossenheit für den Augenblick, für die Gegenwärtigkeit, die die einzige Weise des Seins für uns ist.

Vergangenheit und Zukunft aber sind selber in dieser Gegenwart. Die Tiefe der Gegenwart erreiche ich in der Erfüllung aus geschichtlicher Überlieferung und aneignender Erinnerung. Und ich will so leben, daß wahres und besseres Leben möglich wird. Aus der Gegenwart suche ich die Kommunikation mit dem Gewesenen und dem Zukünftigen. Der Wille zur Gemeinschaft, das Wissen um die Hilfe, die ich erfuhr und die ich leisten möchte, drängen mich in der Gegenwart, aber nicht aus ihr heraus, zum Vergangenen und zum Kommenden. (W 173 f.)

Verantwortung und Gegenwärtigkeit

Daher muß die Haltung sein: weder dem Vergangenen anheimfallen noch dem Zukünftigen. Es kommt darauf an, ganz gegenwärtig zu sein: im Organisieren der erworbenen Wahrheit die Wege offenzuhalten, die weiterführen. (W 25)

Gegenwärtig leben, weder an Vergangenheit noch an Zukunft sich verlieren. Wenn beide die Gegenwart nicht steigern, verderben sie sie. (PGO 428)

Statt uns von Bildern der Zukunft verführen zu lassen, die in optimistischem oder pessimistischem Scheinwissen etwas vorgaukeln, werden wir uns der Verantwortung bewußt. Diese Verantwortung liegt in jedem Alltag, in unseren Impulsen und Gefühlen, in unserer Lebensführung, im Umgang mit Menschen, der Nähe und Ferne zu ihnen, dem Vorziehen und Nachsetzen, in allen den kleinen und großen Entscheidungen, die nicht nur für uns selbst, sondern auch für den Gang der Dinge wesentlich sind. In unseren Vorstellungen vom Menschen, in dem Getroffensein von Chiffern und in den Maßstäben, unter denen sie stehen, und in den letzten Richtpunkten, an denen sie orientiert sind, vollziehen wir Akte der Freiheit, für die wir verantwortlich sind. (PGO 470)

Erziehung in der Abhängigkeit vom übergreifenden Ganzen

Nicht anders als auf politischem Felde liegt es auf dem *pädagogischen.* Die Erziehung ist abhängig von dem sie *übergreifenden ursprünglichen* Leben einer *geistigen Welt.* Erziehung kann nicht aus sich selbst bestehen; sie dient der Überlieferung dieses Lebens, das in der Haltung des Menschen unmittelbar erscheint, dann seine bewußt gewordene Stellung zur Wirklichkeit von Daseinsfürsorge und Staat ist und in der Aneignung der geschaffenen geistigen Werke sich aufschwingt. Das Schicksal des Geistes in unserem Zeitalter muß den Gehalt der noch möglichen Erziehung bestimmen.

Wenn in Staat und Erziehung die Seele schwindet, der aus Unbedingtheit in der geschichtlichen Kontinuität entscheidende Wille ausbleibt, beide dem chaotischen Wechsel von Verstandesplan und unvernünftiger Gewaltsamkeit verfallen, so sind das Zeichen, daß die Wirkung aus dem übergreifenden Ganzen erloschen ist oder für eine Zeit schweigt. Wenn aber diese Wirkung dem Menschen das Bewußtsein von Halt und Sinn gibt, so zeigt sich ihr Sein in der Unvollendbarkeit und Unlösbarkeit der zeitlich bestehenden Welteinrichtung.

Der Sprung von Staat und Erziehung zu dem Ganzen von Geist, Menschsein und Transzendenz ist nicht der Sprung zu einer in der Welt umgreifenden Wirklichkeit, sondern der Sprung in eine andere, existentiell übergeordnete, in faktischer Erscheinung aber restlos abhängige Wirklichkeit, die trotzdem an den entscheidenden Ursprüngen den Lauf der Dinge als der erscheinenden Wirklichkeit bestimmt. (GSZ 110 f.)

Erziehung im geschichtlichen Wandel der Gesellschaft

Wie alle Tradition bedingt ist durch die besondere Gestalt des gesellschaftlichen Organismus, so ist auch die bewußte Erziehung abhängig von ihm. Die Erziehung wechselt mit den Gestalten, die das geschichtliche Leben der Völker annimmt. (Idee II, 47)

Die Erziehung wechselt mit den Gestalten, die das geschichtliche Leben der Völker annimmt. Die Erziehungseinheit ist durch eine gesellschaftliche Einheit gegeben, z. B. die Kirche, den Stand, die Nation. Erziehung ist die Weise, wie die besonderen gesellschaftlichen Gestalten durch die Generationen hindurch in der Überlieferung sich selbst erhalten. Darum wandelt sich mit gesellschaftlichen Umwälzungen auch die Erziehung und wenden sich Erneuerungsversuche zuerst den pädagogischen Fragen zu. Darum wird auch das Nachdenken über Erziehung bis zu Staat und Gesellschaft geführt, und Entwürfe wie Platos Staat lassen staatliche und Erziehungsorganisationen zu einer großen Einheit zusammenfallen. Die Erziehung prägt den Einzelnen zum Glied des Ganzen, und das Ganze ist Mittel der Erziehung des Einzelnen.

Die historische Wandelbarkeit ist groß. Die Inhalte des Unterrichts werden gewählt nach den Bedürfnissen der jeweiligen Gesellschaft: theologisches Wissen beim Priesterunterricht, sprachliche Kenntnisse und Fertigkeiten bei humanistischen Bedürfnissen. Heute gelten soziologische, ökonomische, technische, naturwissenschaftliche und geographische Kenntnisse betont als wichtig. Die Erziehung wechselt dazu mit den Bildungsidealen. Es gab Standesschulen, Ritterakademien, Privatunterricht der Aristokraten und Patrizier. Alle Demokratie verlangt gemeinsame Erziehung, weil nichts den Menschen so sehr einen gemeinschaftlichen Boden schafft als die gleiche Erziehung. (Idee III, 83 f.)

Substanz der Erziehung

Alle bewußte Erziehung setzt Substanz voraus. Ohne Glauben gibt es keine Erziehung, sondern bloße Unterrichtstechnik. Das Suchen nach dem Erziehungsziel ist hoffnungslos, wenn es etwas anderes ist als das Sichbewußtmachen der gegenwärtigen Substanz, des eigenen Willens. Daher die geringe Bedeutung der Schlagworte von Erziehungszielen, die man hören kann: Ausbildung der besonderen Eignung, Ertüchtigung, Weltorientierung, Charakterbildung, Nationalbewußtsein, Kraft und Selbständigkeit, Ausdrucksfähigkeit, Bildung der Persönlichkeit, Schaffung eines alle verbindenden gemeinsamen Kulturbewußtseins usw. (Idee III, 86; ähnl. II, 49 f.)

Wenn *die Substanz des Ganzen fraglos gegenwärtig* ist, dann hat die *Erziehung*, gebunden an feste Form, ihren selbstverständlichen Gehalt. Sie bedeutet den strengen Ernst, mit dem jeweils die neue Generation hineingeholt wird in den Geist des Ganzen als die Bildung, aus der gelebt, gearbeitet, gehandelt wird. Die persönliche Leistung des Erziehers ist als solche kaum bewußt. Ganz in der Sache dient er, ohne Experimente machen zu müssen, dem Strom des Menschwerdens, der in der Regelmäßigkeit einer gesicherten Kontinuität dahinfließt. (GSZ 100)

Ohne Ehrfurcht ist keine Erziehung möglich. Bestenfalls kann ein betriebsames Lernen übrigbleiben. Ehrfurcht ist die Substanz aller Erziehung. Ohne das Pathos eines Absoluten kann der Mensch nicht existieren, es würde ohne das alles sinnlos sein.

Dieses Absolute ist entweder universalistisch: der Stand, für den man erzogen wird, oder der Staat, oder eine Religion in Gestalt der Kirche; oder es ist individualistisch: Wahrhaftigkeit, Selbständigkeit, Verantwortung, Freiheit; oder es ist beides in einem. (Idee II, 49)

Krise der Erziehung

Wenn die Substanz fraglich geworden, der Glaube unbestimmt ist, so fragt man bewußt nach den Erziehungszielen. (Idee II, 49)

In dem Maße, als die Substanz fraglich wird, formalisiert[1] sich die Erziehung. Die Ehrfurcht wird künstlich hochgehalten durch bewußtes Geheimnis als Mittel der Oberen, durch Forderung persönlicher Autorität und blinden Gehorsams. Statt einer disziplinierten Arbeit in der umgreifenden Substanz bleibt leere ›Pflichterfüllung‹. Statt des Agons um die besten Leistungen entsteht der eitle Ehrgeiz, der in der Anerkennung und Zensierung das Endziel sieht. An Stelle des Hineinwachsens in ein substantielles Ganzes tritt bloßes Lernen von Dingen, die nützlich sein können. Statt Bildung unter einem Ideal bleibt der Erwerb von schnell wieder zu vergessenden Kenntnissen für ein Examen, durch welches Bildung bescheinigt wird. (Idee III, 85; ähnl. II, 49)

Wenn aber die *Substanz fragwürdig* geworden sich *in der Auflösung* befindet, so wird die Erziehung unsicher und zersplittert. Sie bringt die Kinder nicht mehr an die Größe eines alle umfassenden Ganzen heran, sondern vermittelt vielerlei.

Eine *Unruhe* bemächtigt sich der Welt; ins Bodenlose gleitend fühlt man, daß alles daran liegt, was aus der kommenden Generation werde. Man weiß, daß Erziehung das kommende Menschsein bestimmt; Verfall der Erziehung wäre der Verfall des Menschen. Aber die Erziehung verfällt, wenn die geschichtlich überkommene Substanz in den Menschen, welche in ihrer Reife die Verantwortung tragen, zerbröckelt. Die Sorge um diese Substanz wird zum Bewußtsein der Gefahr ihres absoluten

[1] formuliert (I, 22)

Verlustes. Der eine greift zurück und will, was ihm selbst schon nicht mehr unbedingt ist, den Kindern als absolut vermitteln. Der andere verwirft diese geschichtliche Überlieferung und treibt Erziehung, als ob sie zeitlos in der Schulung von technischem Können, Erwerb realen Wissens und in der Orientierung über die gegenwärtige Welt beschlossen sei. Jeder weiß, daß, wer die Jugend gewinnt, die Zukunft hat.

Symptom der Unruhe unserer Zeit um die Erziehung ist die Intensität pädagogischen Bemühens ohne Einheit einer Idee, die unabsehbare jährliche Literatur, die Steigerung didaktischer Kunst. Die persönliche Hingabe einzelner Lehrer geschieht in einem Maße, wie sie kaum jemals war und ist doch, weil nicht getragen von einem Ganzen, wie ohnmächtig. Dann wieder scheint das Charakteristische unserer Situation die Auflösung substantieller Erziehung zugunsten eines endlosen pädagogischen Probierens, einer Zersetzung in gleichgültige Möglichkeiten, einer unwahren Direktheit des Unsagbaren. Es werden Versuche gemacht und kurzatmig Inhalte, Methoden gewechselt. Es ist, als ob die Freiheit des Menschen, die errungen wurde, sich selbst aufgebe in der leeren Freiheit des Nichtigen. Ein Zeitalter, das sich selbst nicht vertraut, kümmert sich um Erziehung, als ob hier aus dem Nichts wieder etwas werden könnte.

Kennzeichnend ist die Rolle der *Jugend*. Wo aus dem Geiste eines Ganzen die Erziehung substantiell ist, ist Jugend an sich Unreife. Sie verehrt, gehorcht, vertraut und hat als Jugend keine Geltung; denn sie ist Vorbereitung und mögliches Berufensein für eine Zukunft. In der Auflösung aber gewinnt die Jugend Wert an sich selbst. Von ihr wird geradezu erwartet, was in der Welt schon verloren ist. Sie darf sich als Ursprung fühlen. Schon die Kinder sollen mitreden bei der Schulordnung. Es ist, als ob an die Jugend der Anspruch gehe, von sich aus zu schaffen, was die Lehrer nicht mehr besitzen. Wie die Staatsschulden kommenden Generationen aufgebürdet werden, so die Folgen der Vergeudung geistigen Gutes, das sie sich von neuem erwerben sollen. Jugend bekommt ein unwahres Gewicht und muß versagen, weil der Mensch nur werden kann, wenn er in der Kontinuität von Jahrzehnten wächst und in Strenge durch eine Folge von Schritten gebildet wird. (GSZ 101 ff.)

Verwischung der Generationsunterschiede

In der Auflösung zur Funktion wird das Dasein *seiner geschichtlichen Besonderheit entkleidet*; bis zu dem Extrem der Nivellierung der Lebensalter. Jugend als das Dasein der höchsten vitalen Leistungsfähigkeit und des erotischen Lebensjubels ist der erwünschte Typus des Lebens überhaupt. Wo der Mensch nur als Funktion gilt, muß er jung sein; wenn er es nicht mehr ist, wird er den Schein der Jugend herstellen. Dazu kommt, daß das Lebensalter schon ursprünglich nichts mehr gilt; das Leben des Einzelnen wird nur augenblicklich erfahren, seine zeitliche Erstreckung ist eine zufällige Dauer, wird nicht als Aufbau unwiderruflicher Entscheidungen auf dem Grunde biologischer Phasen erinnert und bewahrt. Hat der Mensch eigentlich kein Lebensalter mehr, so fängt er stets von vorn an und ist stets am Ende: er kann dies tun und auch das, und einmal dies, ein andermal jenes; alles scheint jederzeit möglich zu sein, nichts eigentlich wirklich. Der einzelne ist ein Fall von Millionen, warum sollte er seinem Tun Gewicht geben? Was geschieht, das ist bald geschehen und dann vergessen. Man benimmt sich daher, als ob alles gleich alt sei. Kinder sind so früh als möglich wie Erwachsene und reden mit aus eigenem Anspruch. Es ist keine Scheu vor dem Alter, wo das Alter selbst sich gibt, als ob es jung sei; statt zu tun, was seine Sache ist, und dadurch den Jüngeren in der Distanz möglicher Maßstab zu sein, nimmt es die Gestalt unverbindlicher Vitalität an, welche der Jugend noch gemäß, ihm aber Würdelosigkeit ist. Echte Jugend will Abstand, nicht Durcheinander, Alter will Form und Verwirklichung und die Kontinuität seines Schicksals. (GSZ 44 f.)

Zwangsläufig gebunden an die nächsten Ziele bleibt dem Menschen kein Raum für den Blick auf ein Lebensganzes. (GSZ 46)

Sinn und Auftrag der Erziehung

Mißverständnis der Erziehung

In der Verwahrlosung der demokratischen Idee wird vergessen, was Erziehung ist. Im letzten Jahrhundert ist eine Spaltung von Erziehung und Lehre der Wissenschaft eingetreten. Unter Erziehung wird die vorbereitende Nutzbarmachung der jungen Menschen verstanden. Wenn die Wissenschaft der Wirtschaft nutzt, gewinnt sie Ansehen. Man sucht sie selber und ihre Lehre in den Schulen zu fördern um dieses Nutzens willen. Forscher und Lehrer rechtfertigen dadurch ihre Forderungen an materiellen Mitteln. Dieser Nutzen aber wird aufs höchste gesteigert, wenn an der Wissenschaft das Dasein des Staats hängt. Das geschah zum erstenmal seit der modernen Technik bis zu den Atomwaffen. In Amerika ist es heute akut zum Bewußtsein gekommen durch eine plötzlich sich zeigende (im Schrecken übertriebene) Überlegenheit Rußlands. Die Wissenschaft und die Ausbildung des Nachwuchses für sie (in einem nie dagewesenen Umfang notwendig) gewinnt dadurch ein Ansehen in dem Grade, daß man gewillt ist, ihr die größten materiellen Mittel zur Verfügung zu stellen. Die Atomphysiker sind heute die kostbarsten Menschen, zuerst in Rußland, wo sie, wie es scheint, an materiellem Wohlergehen haben können, was sie wollen, und gefahrloser leben als alle anderen.

Der Augenblick heute mit der Sorge um den technischen Nachwuchs stellt eine die höchste Wachsamkeit erfordernde Aufgabe. Denn die Folge des Schreckens über den Mangel an wissenschaftlichem Nachwuchs wird zweideutig. Man ist bereit, nunmehr gewaltige Mittel für ›Erziehung‹ zwecks technischer, wirtschaftlicher und militärischer Selbstbehauptung zur Verfügung zu stellen. Aber damit ist noch keineswegs, in Rußland sowenig wie im Abendland, eine Wertschätzung der Wissenschaft und gar des Geistes verbunden. Es handelt sich nur um Technik. Diese ist ein partikulares Forschen und Können des Verstandes. Die zu ihr Herangezogenen werden zu einer Funktion höchstgelernter Arbeiter im Dienst von Zwecken. Sie haben damit noch keine Erziehung erworben. Einübung von Kenntnissen und Fertigkeiten, spezialistische Höchststeigerung ist noch nicht Bildung des Menschen, seiner wissenschaftlichen Denkungsart überhaupt, seiner Vernunft, seines geistigen Lebens, seiner Teilhabe an der geschichtlichen Überlieferung der jederzeit neu zeugenden Gehalte der Menschheit (AZM 445 f.)

Eigentliche Erziehung und Umkehr

Dieses Andere, die eigentliche Erziehung, ist aber die größere Aufgabe, weil folgenreicher auf die Dauer für den Grund, aus dem die Meisterung all des technischen und wirtschaftlichen und militärischen Unheils allein möglich ist. Besinnung auf Erziehung in ihrem ganzen Umfang ist aus dem Ursprung auf das Ziel hin gefordert. Dieses Andere wird in Rußland durch marxistischen Unterricht gebracht, der der Jugend dort schon langweilig wird. In der freien Welt ist dieses Andere die eigentliche Erziehung. Die Zukunft des Menschen hängt daran, ob diese gelingt oder nicht. Es ist viel zuwenig, wenn es heißt, es müßten neben den Naturwissenschaften auch die Geisteswissenschaften gefördert werden. Es ist zuwenig, schultechnische, psychologisch-pädagogische, didaktische Gesichtspunkte zu brauchen. Eine Erneuerung der Erziehung würde das Heranwachsen eines Erziehungsstandes, von den Lehrern an den Universitäten bis zu den Volksschulen, voraussetzen, der durch den Gehalt seines Tuns, durch die Bindung an das Große, durch den Ernst seines Lebens im Volke sichtbar wird, Ansehen erweckt und Wirkung gewinnt.

Dazu bedarf es der Geldmittel, die das Mehrfache von den heute aufgewendeten betragen. Aber durch Geld allein kann man es nicht bewirken. Auch hier ist eine Umkehr im Menschen selbst die Voraussetzung. (AZM 446)

Vorläufiger Hinweis auf drei Grundgedanken

Es ist unmöglich, an dieser Stelle auch nur den Ansatz der längst ausgesprochenen Grundgedanken der Erziehung zu entwickeln. Nur auf drei Punkte, die insbesondere der Demokratie zugehören, sei hingewiesen.

1. Die Kraft der Freiheit ist daran gebunden, daß in den Demokratien der Rang der Menschen zur Geltung kommt. Ein Beispiel: Es gibt die Hilfsklassen für Unbegabte und die gesonderte Erziehung der Idioten. Es gibt aber keine Klassen für Begabte und keine gesonderte Erziehung für Hochbegabte. Die Demokratie bedroht sich selber, wenn die Majorität sich gegen die Gerechtigkeit sträubt, die auch den Begabten zuteil werden sollte. Denn die Demokratie ist auf dem Wege, sich selbst das Grab zu graben, wenn sie die Stärke der Selbstbehauptung des Ganzen dadurch mindert, daß sie in allen Aufgaben und Lebensbereichen, in allen menschlichen Möglichkeiten nicht die Besten zur Erscheinung und Geltung kommen läßt (daß in den Schulen die unumgänglichen Ausleseverfahren große Schwierigkeiten machen und in jedem Fall zu Mißgriffen, Irrtümern und Ungerechtigkeiten führen, braucht nicht näher erörtert zu werden, weil mit jeder menschlichen Einrichtung große Mängel verknüpft sind und es auch hier auf ständige Selbstkritik und Besserung ankommt).

2. Der Gehalt der Erziehung durch Teilnahme an der antiken und biblischen Überlieferung, durch Auffassung des Grundwesens von Naturwissenschaft und Technik, durch Vergegenwärtigung des Ethos demokratischer Gemeinschaft müßte als Gegensatz schon der Jugend auch eine Orientierung über die totale Herrschaft geben. Die Kraft der Freiheit ist in den demokratischen Staaten gebunden an die Einsicht in das Wesen des Totalitären als eines im technischen Zeitalter möglichen neuen Herrschaftsprinzips. Dieses Prinzip kann sich heute überall in der freien Welt, vor seiner Verwirklichung, ausbreiten im Geist wie eine Pilzkrankheit. Der Infektionsstoff ist durch die menschliche Natur selber allgegenwärtig, die Immunität durch die Vernunft nicht absolut verläßlich, wenn nicht Klarheit durch unbefangenes Auffassen erreicht wird. Die Krankheit wird durch freie Überzeugung und vernünftige Lebenspraxis überwunden. Es wäre falsch, eine antitotalitäre, antimar-

xistische Gesinnung ohne Klarheit des Wissens zu verlangen. Der Lehrer muß in der Lage sein, in freier Diskussion Rede und Antwort zu stehen. Er muß jeden Einwand zulassen. Wo der Marxismus und Totalitarismus durch Zwangsmaßnahmen, Verfolgungen, Inquisitionen oder auch nur durch Gesinnungsdruck direkt bekämpft wird, wird er vielmehr erzeugt. Denn der mit diesen Mitteln Bekämpfende ist selber schon Repräsentant des totalitären Geistes, den er zu bekämpfen vorgibt. So sind Kommunisten und Faschisten sich zwar als Feinde gegenübergestanden, aber sie haben nicht nur faktisch sich gegenseitig geholfen. Sie verband trotz aller Gegnerschaft eine Solidarität gegen den freien Geist, den sie gemeinsam auf den Tod haßten. Hitler und Stalin verstanden und bewunderten sich gegenseitig.

3. Auf die Dauer wird die eigentliche Erziehung (zum Unterschied zu bloß spezialistischer Ausbildung) sogar für die Technik selber von Bedeutung. Die bloß spezialistische Schulung bringt Menschen als höchst brauchbare Werkzeuge hervor, aber auch in den Naturwissenschaften nicht schon Menschen mit naturwissenschaftlicher Bildung. Diese mit ihrer universalen Offenheit für die Realitäten der gesamten Natur und für alle Erkenntnismöglichkeiten, unangesehen ihrer technischen Brauchbarkeit, erzeugt aus ursprünglichem Wissenwollen den unbegrenzten Erkenntnisfortschritt, ohne den schließlich auch neue Entdekkungen ausbleiben und nur noch für eine Weile die auf dem einmal erreichten Boden möglichen technischen Erfindungen fortgehen, bis auch sie aufhören.

In der Idee der Demokratie ist die Politik selber Erziehung. Aber im Unterschied von der früheren, auf privilegierte Schichten beschränkten Politik und Erziehung (wie sie großartig von Plato gedacht wurde) handelt es sich nun um die Erziehung des gesamten Volkes. Die Erziehung ist der Grund der möglichen Politik, und umgekehrt prägt die Politik der Vernunft aus dem Überpolitischen her diese Erziehung. Die Folge wird in jedem Einzelnen wirksam. Sie durchdringt das Private zugleich mit dem Öffentlichen.

Dagegen steht die Auffassung der politischen Realisten, die sagen: Politik ist nicht Erziehung, sondern das sachkundige Handeln weniger, deren privates Dasein gleichgültig ist, und die auch das private Dasein der Menschen im Volke nichts angeht. Die Politik ist eine öffentliche Sache. Ihr hilft nicht, was in der Verborgenheit des privaten Ethos geschieht. Nicht die Stillen im Lande machen die Politik. Darum ist, was die Politik betrifft, der Appell an die Vernunft jedes Einzelnen utopisch.

Aber welcher Irrealismus steckt in diesem ›Realismus‹! Alle Politik, die nicht nur Geschicklichkeit für den Augenblick, sondern Gründung und Fortgründung, Kontinuität der Wirkung ist, also die Politik auf

Dauer, ist immer zugleich Erziehung eines Volkes. Politik ist getragen von der Wirklichkeit in der Verborgenheit aller, deren Wesen in dem, was politisch geschieht, und sei es nur in Wahlen, öffentlich wird. Die Stillen im Lande sind die Träger des sittlichen Geistes, von dem alle Politik abhängt. Sie haben ihre Existenz durch Erziehung, vor allem in der Familie, dann in den Schulen. Schwindet die sittliche Substanz, so werden alle insgesamt von der Realpolitik in den Abgrund geführt. (AZM 446 ff.)

Sinn der Erziehung

Der Mensch ist nicht allein durch biologische Vererbung, sondern wesentlich jeweils Werden durch Überlieferung. Seine Erziehung ist dieser an jedem Einzelnen zu wiederholende Prozeß. Durch die faktische geschichtliche Welt, in der der Einzelne aufwächst, darin dann durch planmäßige Erziehung seitens der Eltern und der Schule, durch frei zu nutzende Anstalten und schließlich lebenslang durch alles, was er hört und erfährt, fließt ihm zu, was, zusammengenommen in die Aktivität seines eigenen Wesens, seine *Bildung* gleichsam als seine zweite Natur erst wird.

Bildung bringt den Einzelnen durch sein eigenes Sein in die Mitwissenschaft des Ganzen. Statt unbeweglich an seinem Orte zu haften, tritt er in die Welt, so daß sein Dasein in der Enge doch von allem beseelt werden kann. Der Mensch vermag um so entschiedener er selbst zu werden, je klarer und erfüllter die Welt ist, mit der seine eigene Wirklichkeit eins wird. (GSZ 100 f.)

Aufgaben der Erziehung und die Zukunft des Volkes

Was aus einem Volk wird, liegt an seiner Erziehung durch Eltern und Schulen und des Einzelnen durch sich selbst. Es ist ein Schicksal des Volkes, welche Lehrer es hervorbringt und wie es seine Lehrer achtet, in welcher Atmosphäre, unter welchen Maßstäben und Selbstverständlichkeiten es den Alltag lebt. Ich kann nur auf wenige Punkte hinweisen, die auch von politischer Bedeutung sind.

Man ruft: Für die Bildung der Jugend sorgen! Die Politiker wollen die Jugend für die Politik gewinnen. Man bringt Geldmittel auf, große, aber nicht genug, für die Schulen.

Die Lehrer aller Stufen, von den Universitäten bis zur Volksschule, haben die Aufgabe, der zu überliefernden Welt die Ordnung und die

Form zu geben, in der sie das Interesse anspricht, den Geist erfüllt, den Menschen prägt. Dann gewinnt die disziplinierte Arbeit der Schüler für diese einen Sinn und ist nicht nur Last. Diese geistige Grundleistung, ihrerseits in Büchern niedergelegt und in der Praxis verwirklicht, ist wichtiger als alles nur Materielle. Wir besitzen ausgezeichnete fachliche Lehrbücher, für Mathematik, für Grammatik, für Naturwissenschaften. Aber fragwürdig sind die Geschichtsbücher, und es fehlen moderne Bücher der philosophischen, d. h. der geistigen und sittlichen Erziehung im Ganzen.

Es kommt vor allem an auf den Geist der Lehre und Erziehung. Die Konzentration auf das Wesentliche muß die Zerstreuung überwinden.

a) *Wissenschaft und Bildung:* Es ist, wenn von Bildungsnotstand und Wissenschaftsförderung die Rede ist, zu unterscheiden: die Schulung in Wissenschaften, die für das gesamte Leben heute technisch notwendig sind, von der Bildung, die das Leben führen und erfüllen kann. Die Wissenschaften sind spezialistisch, lehren ein bestimmtes Können. Sie haben im Dasein aller Bürger einen unerläßlichen Platz zu finden. Wir werden dadurch gelernte Arbeiter. Das spezifische Wissen und Können gehört den Menschen als Fachleuten, Sachkundigen in einem je eigenen beschränkten Gebiet. Dieses Können wird verlangt von den Daseinsaufgaben. Die wissenschaftlichen Fortschritte sind Bedingung technischer Fortschritte und Grundlage künftiger Wirtschaft. Der Erwerb des Könnens setzt den Willen voraus, mit dabei zu sein bei dem großen Gang der Menschheit in ihrer Formung und Entfaltung der das Dasein begründenden Realitäten zu unabsehbarer Steigerung der Herrschaft über die materiellen Dinge und der Befreiung von der verzehrenden Last bloßer Arbeit.

Die Bildung dagegen gehört dem Menschen als Menschen, allen Menschen (und kann heute nicht mehr als Bildung von Ständen und Klassen, sondern nur als die der Völker wirksam werden). Daß die Bildung stattfinde, setzt eine pädagogische Beschwingtheit des Volkswillens voraus, der in ihr sein Gemeinsames in unendlichen Weiten findet.

b) *Freiheit und Autorität:* Erziehung ist Hilfe zum Selbstwerden in Freiheit, nicht Dressur. Sie wendet sich an Freiheit, nicht an anthropologische Naturrealität. Sie erfüllt sich mit den in Freiheit zu eigen werdenden Gehalten. Sie versagt als autoritäre Erziehung.

Daher müssen die Kinder von früh an in ihrer Freiheit beansprucht werden, daß sie selber einsehen und aus Einsicht, nicht aus Gehorsam lernen. Sie dürfen Lehrer, die wenig taugen, verachten. Sie werden aus Freiheit die respektieren, bei denen sie etwas lernen, und diejenigen verehren und lieben, die durch ihren Charakter Autorität haben, aber nicht beanspruchen. Ist der Geist der Schule autoritär und wehrt sich der Schüler nicht, so wird ihm fast unwiderruflich solche Gesinnung in sein noch weiches und formbares Wesen eingeprägt. Solche Schüler werden dann später unbewußt in Gehorsam und Trotz, nicht aber frei leben können.

c) *Lehre und Lernen:* Die harte, gegen Neigungen, unmittelbare Daseinslust, Zerstreutheit erzwungene geistige Arbeitsdisziplin ist unumgänglich. Sie ist ein Faktor gegen die Willkür als falsche Freiheit. Die Alltäglichkeit der Erziehung fordert unablässiges Üben. Sonst entsteht nur Gerede und Betrug. Sie ist Voraussetzung dafür, daß das Große sichtbar und wirksam werde. Sie ist notwendig für Bildung so gut wie für Erwerb spezialistischen Wissens und Könnens.

d) *Die Gehalte:* Wir werden zu Menschen dadurch, daß wir verehren können, daß uns geistige Gehalte zu eigen werden, die den Raum unserer Vorstellungen, Gedanken, Antriebe erfüllen. Die Gehalte dringen durch Dichtung und Kunstwerke in eigener aktiver Aneignung durch Werke und aus Büchern zur Seele. Der Abendländer soll in griechischer und römischer Welt und in der Bibel zu Hause sein. Das ist möglich auch ohne Kenntnis der alten Sprachen, zumal bei der heute gegenüber allen früheren Zeiten unvergleichlichen Zugänglichkeit guter Übersetzungen in billigen Ausgaben. Es ist als ob wir durch die Einfachheit und Tiefe des Großen in der Antike wie in eine neue Dimension unseres Lebens gelangen, den Adel des Menschen erfahren und Maßstäbe gewinnen. Wer nicht von der Antike weiß, ist noch nicht erwacht und bleibt barbarisch. Welche Gehalte aus der Überlieferung beim Lernen von früher Kindheit an, ohne daß auf sie reflektiert werden müßte, dem Menschen zugänglich werden, prägt sein ganzes Leben. Es ist schwer nachzuholen, was gegenüber dem Kinde versäumt wurde.

e) *Die Geschichte:* Sie ist unentbehrlich als Erziehungsfaktor. Sie läßt heimisch werden in der eigenen Herkunft, in dem Leben der Völker und der Menschheit. Wir können verstehen, was Menschen getan, erfahren, gesehen und erschaffen haben. Doch dieses Verstehen kann Irrwege gehen, die von entscheidender Bedeutung auch für die politische Denkungsart werden.

Man meint im Gang der Dinge die Notwendigkeit zu begreifen. Hegel, Marx, Spengler und eine allverbreitete Sprechweise heute verführen durch ein täuschendes Wissen.

Die nachweisbare Täuschung liegt darin, daß verstehbare Zusammenhänge als kausale Notwendigkeit mißverstanden werden. Sie sind aber nur idealtypische Konstruktionen, bei denen immer zu fragen ist, wie weit die Wirklichkeit diesen in sich evidenten Verstehbarkeiten entspricht. Die aufzeigbaren historischen Kausalitäten sind je partikulare, vielfache und sind nie die Notwendigkeit des Geschehens im Ganzen.

Es wird vergessen die Zufälligkeit in dem weder voraussehbaren noch nachträglich zu begreifenden Geschehen. Es werden nicht mehr mit dem keine Antwort findenden Staunen die sprunghaften Neuschöpfungen in der Geschichte gesehen. Was mit dem Menschen, zugleich durch ihn geschieht, der Ursprung symbolischer, mystischer, sittlicher Erfahrungen, der Gottesgedanken, der heiligen Ordnungen, die schon am Anfang der Hochkulturen im vierten und dritten Jahrtausend vor Christus wie ein Wunder plötzlich da sind und sogleich einen höchsten Rang erreichen, das ist durch keine Notwendigkeit zu verstehen und bleibt ein Grund der Hoffnung für die Zukunft.

Mit dem Bewußtsein der erkennbaren Notwendigkeit verbindet sich entweder die Passivität – man kann ja diese Notwendigkeit nicht ändern – oder eine fanatische Aktivität, die mit dem notwendigen Gang der Dinge wissend eins zu sein meint. Wunschträume werden zu Wirklichkeiten; Tatsachen widerlegen nicht; man setzt alles aufs Spiel, weil man gewiß ist, durch die Notwendigkeit der Geschichte alles zu gewinnen.

Eine andere Gefahr geschichtlichen Verstehens ist der Verlust der Rangordnungen. Das verstehbare Geschichtliche stößt der Natur der Sache nach ab oder zieht an, bei verschiedenen Menschen auf verschiedene Weise. Während das Verstehen mit dem existentiellen Urteil über das Verstandene verbunden ist, gilt fälschlich alles als ›geschichtlich‹ begriffen auch schon als gerechtfertigt. Alles ist ganz gut oder weder gut noch schlecht. ›Alles verstehen heißt alles verzeihen.‹ Das unendliche, in die Tiefe der Existenz dringende, nie vollendete Verstehen kommt an das an der Grenze sprechende Nichtverstehbare. Dieses aber ist hier nicht Natur, die erkennbar, aber nicht verstehbar ist, sondern das dem Verstehen ins Unendliche Offene der Existenz.

Der Entwurf von ›großen Linien‹, von Schematen der Menschheitsgeschichte und einzelner Geschichtsfolgen hat einen jeweiligen Sinn, aber erfolgt in verschiedenen Gestalten, deren keine etwa die gültige ist. Aber sie zeigen mehr oder weniger etwas für den auf Zusammenschau gehenden Blick. Es werden Höhepunkte des Klassischen in den Vordergrund der für die Erziehung wesentlichen Themata gerückt. Das Ethos der Beispiele gibt uns nicht allgemein doktrinale, sondern in ihrer Konkretheit unendliche Maßstäbe.

Durch Geschichte sehen wir uns selbst, gleichsam an einer Stelle in der Zeit, mit dem Staunen vor der Herkunft und vor der möglichen Zukunft, ganz gegenwärtig, je heller das Vergangene und je vieldeutiger die Zukunft wird.

f) *Deutsche Geschichte:* Unsere deutsche Geschichte haben wir nach großen Einschnitten des Schicksals in neuer Gründung anzueignen.

Nicht die nackten Tatsachen ändern sich, aber ihre Akzentuierung. Das Wesentliche und Unwesentliche scheidet sich auf neue Weise für die Redlichkeit unseres Selbstbewußtseins und unseres politischen Denkens. Die Klarheit eines neuen Geschichtsbewußtseins wird entscheidend:

Heute brauchen wir vor allem eine Geschichte der Freiheit in den deutschen Gebieten im Rahmen der abendländischen Geschichte, deren Glied wir sind.

Unsere anscheinend unlösbare, weil mit unwahrhaftiger Auffassung von uns erfahrene Situation verlangt vor allem Tatsachentreue und Urteilskraft in bezug auf die nächste Vergangenheit.

Nicht Hitler ist schuld, sondern die Deutschen, die ihm folgten. (Hitler würde bei einem Gerichtsverfahren zwar nicht die freie Willensbestimmung abgesprochen, wohl aber eine »verminderte Zurechnungsfähigkeit« zugesprochen auf Grund eines psychiatrischen Gutachtens über seine bis ins zwölfte Lebensjahr zurückzuverfolgende organische Krankheit – Encephalitis lethargica mit Ausgang in Parkinsonismus. Vgl. Johann Rechtenwald, Woran hat Adolf Hitler gelitten? München und Basel 1963)

Heute droht kein Hitler und kein Auschwitz und nichts ähnliches. Aber die Deutschen scheinen durchweg noch nicht die Umkehr vollzogen zu haben aus der Denkungsart, die die Herrschaft Hitlers ermöglichte. Werden wir, wenn es uns als Produktions- und Konsumgesellschaft gut geht, so zufrieden mit dem Augenblick, so blind für Tatsachen, so phantastisch, so verantwortungslos, so verlogen bleiben? Dann gehen wir einem Verhängnis entgegen, ganz anderer Art als dem Hitlers, und dann werden wir uns so wenig verantwortlich dafür fühlen wie seinerzeit und heute noch die Mehrzahl der Deutschen der Realität des Hitlerstaates gegenüber. Um unseren sittlich-politischen Zustand zu durchschauen, dazu bedarf es der Kenntnis der Geschichte im Tatsächlichen und im Verstehbaren. Heute scheint noch wie früher das Tollste möglich. Die Geschichte erleuchtet das Gegenwärtige, indem es nicht nur zeigt, was war und nie wiederkehrt, sondern auch das, was war und noch da ist.

g) *Politische Erziehung:* Erziehung im politischen Denken ist schon für die reifer werdenden Kinder notwendig. Sie müssen mit den öffentlichen Dingen, mit den Wirklichkeiten des Staats in Berührung gebracht werden. Zur Vorbereitung auf das Leben persönlicher Mitverantwortung des mündig gewordenen Bürgers für die öffentlichen Dinge sollen sie schon auf der Schule sich üben durch das, was heute ›Schülermitverantwortung‹ heißt. Sie sollen gemeinschaftliche Aufgaben übernehmen, in Zusammenkünften diskutieren, beraten und Entschlüsse fassen in bezug auf die Dinge, die ihnen in der Schule begegnen und ihre Sache sind.

Die politische Erziehung darf nie aufhören. Die Staatsbürger brauchen maximale Information und Mitwirkung am politischen Handeln. Denn politische Erziehung erfolgt entscheidend durch die Praxis, die schon im kleinsten Umkreis gemeinsamer Erfüllung von Aufgaben erfolgt.

Politische Erziehung verlangt eine Denkungsart, die geübt werden, ein Wissen, das erworben werden muß. Sie gedeiht nicht im Gerede und in zerstreuenden Diskussionen, sondern nur in der Zucht einer Kontinuität.

Die Denkungsart ist die des Prüfens in der Bewegung von Gründen und Gegengründen. Ein offenes Denken hört, was der Gegner denkt, und kommt ihm noch zu Hilfe, um seine Gedanken konsequent und stark zu machen. Sie kann sich auf den Standpunkt des Anderen versetzen. Sie hat die Besonnenheit, die eigene zunächst eingenommene Position versuchsweise suspendieren zu können. Sie hat Geduld, um die Möglichkeiten im weitesten Umkreis zu entwickeln.

Im politischen Denken sind drei Orientierungen vor allem wichtig:

1. Wir müssen die Wirklichkeit der *Gewalt* anerkennen. Sie ist nicht schon abgeschafft durch den Willen zur Gewaltlosigkeit. Sie ist eine harte, nicht wegzuredende Wirklichkeit. Wo sie verschwunden scheint in glücklichen, friedlichen, privaten Situationen, wird vergessen, daß auch dieses Dasein sich irgendwo auf Gewalt gründet, die andere vollzogen haben oder vollziehen. Der Gewaltlose ist Nutznießer solcher Gewalt. Und sogar in der Friedlichkeit selber ist die Gewalt doch plötzlich in irgendeiner Form wieder da. Für politische Zielsetzungen ist sie zwar nicht Norm, aber einschränkender Faktor. Wer Vorstellungen von absoluter Gewaltlosigkeit hat und an sie glaubt, verfällt eines Tages erst recht an die Gewalt.

2. Wirklichkeiten rein festzustellen, ist schwer. Insbesondere sind Wirklichkeiten dahin zu unterscheiden, wie weit sie als unumgänglich bestehende gegeben, wie weit sie zu ändern sind.

3. Der eigentliche Sinn der Politik ist die Errichtung, die dauernde Befestigung, die Selbstbehauptung der *Freiheit* in einer staatlichen Gestalt. Politik in diesem Sinne will Freiheit für alle. Der freie Mensch fühlt sich selbst nur frei, wenn auch die anderen frei sind. Daher ist Politik demokratisch und liberal. Sie ist ›Partei‹, wenn man das noch so nennen will, gegen die bloße Gewalt, gegen das Autoritäre, die Diktatur, das Totalitäre. Sie weiß, daß Herrschaft notwendig ist, aber sie will nicht, daß Menschen über Menschen anders herrschen als auf Zeit, unter Kontrolle, im Auftrag durch das Volk.

Gewalt, Wirklichkeit, Freiheit treffen nie so zusammen, daß eine beständige, gleichbleibende Harmonie entsteht. Politisch bleibt alles in Bewegung. Politische Erziehung schult die Denkungsart, die, in dieser Bewegung stehend, sie erfahrend und mitvollziehend, Gewalt und Wirklichkeit nicht verleugnet, aber nach Kräften in den Dienst der eigentlichen Politik zu stellen sucht, die nur Politik der Freiheit sein kann.

Die unmittelbare Ergriffenheit von den großen, noch unbestimmten Ideen von Freiheit und Wahrheit genügt nicht. Werden sie nicht im Denken zur Klarheit gebracht, so taumeln sie und irren. Politisches Denken braucht Wissen. Die politische Erziehung verlangt das Studium von Büchern.

Der Bundesdeutsche hat zuerst das Grundgesetz zu lernen als den Eckstein unseres freien staatlichen Daseins, als den einzigen festen, unantastbaren Halt.

Dann aber sollen die Hauptwerke politischen Denkens studiert werden, z. B. Plato, Aristoteles, Cicero, Machiavelli, Hobbes, Spinoza, Kant, Tocqueville, Max Weber. Man wird jeweils eine Auswahl treffen. Es kommt auf gründliche Behandlung an, nicht auf zerstreuende Vielwisserei, die nur Formeln und Schlagworte kennt, aber nicht denkend begriffen hat. Ohne Kenntnis und Übung im Studium der großen politischen Denker bleibt der eigene politische Horizont eng. Um die Weite in der gegenwärtigen Weltsituation zu erfassen als etwas in der Tat Neues, das unser aller Schicksal wird, ist die Weite des überlieferten politischen Denkens, wie es in den wenigen politischen Denkern sich zeigt, unerläßlich.

In der politischen Erziehung sollen die Tagesfragen behandelt werden. Nur hier ist das konkret Gegenwärtige, das unmittelbar Interessierende, das Erregende, für dessen Auffassung jenes Bücherstudium dient.

In der politischen Erziehung sollte auch eine Analyse der Reden und Handlungen der zeitgenössischen Politiker erfolgen. Der Jugend soll ohne Rücksicht das, was ist und geschieht, offenbar werden. Vor allem aber soll erweckt werden der Respekt vor dem Menschen und vor dem Rang Einzelner ohne Vergötterung. Denn auch vor dem Größten bleibt der kritische Vorbehalt und die Erfahrung der Grenzen eines jeden Menschen.

Die politische Erziehung soll schließlich die Erfahrung und Einsicht bewirken, daß in Kampfsituationen eine Gefolgschaft notwendig ist. In kleinsten Gruppen schon zeigen sich die Führernaturen, die Zuneigung und Anerkennung finden. Im Großen wird es zum Schicksal, wenn in den entscheidenden Entschlüssen die Zuverlässigkeit des Führers, die persönliche Anhänglichkeit und die gegenseitige Treue maßgebend sein müssen. Nur dann wird Dauerndes geschaffen, das zu verbinden vermag und schöpferisch fortwirkt.

Wie soll diese Erziehung stattfinden? Man wird die skeptischen Fragen stellen: Woher solche Erzieher? Gibt es sie überhaupt? Welche Art von Gemeinschaften sollen der Ort dieser Erziehung sein? Wie ist das Interesse an Politik bei den Jüngeren, bei den Gleichgültigen zu wekken?

Politische Erziehung kann keineswegs sachgemäß von den Parteien geleistet werden, denn diese werden zumeist voller Vorurteile in einem durch die Partei bestimmten Sinn einwirken. Die Erziehung wird nicht gut im Dienste der Parteien, sondern in dem Dienste des Staates im Ganzen. Daher müßte sie erfolgen außerhalb der Parteien durch den freien Geist, durch Schulen, Universitäten. Vor allem vermöchten Gemeinschaften aus freier Initiative, deren Möglichkeit wir geschildert haben, solche Erziehung zu leisten.

Es muß ein Raum des politischen Denkens aller Bürger entstehen, in dem auch die Parteien und Weltanschauungen sich treffen. Das politische Denken, das erzogen ist, wird unabhängig. Während die Parteien Organe des Volkes sein sollen, durch die die Besten des Volkes zu seinen Vertretern werden im Kampf miteinander, soll das politische Denken als öffentliche Erziehung durch das Gemeinsame stattfinden, in dem alle sich treffen können, die die Freiheit wollen, um dann in politischer Tätigkeit durch die Parteien zur Wirksamkeit zu gelangen. Auch der Parteipolitiker soll gelernt haben und immer von neuem lernen, von seiner Partei im Letzten unabhängig zu bleiben. Er kann die Partei wechseln. Keine »Weltanschauung« darf maßgebend sein als nur die des Willens zur Vernunft, zur Wahrheit, zur Tatsächlichkeit. (BRD 201–208)

Möglichkeiten und Grenzen der Erziehung

Vertrauen zum Menschen als Grundbedingung

Für uns ist das Grundvertrauen zum Menschen, zum Volke, Bedingung sinnvollen Lebens. Dieses Vertrauen wird nicht dem Menschen geschenkt, wie er ist, sondern dem, was er werden kann durch sich selbst. Es ist nicht als richtig zu beweisen, eher zu widerlegen. Wer es nicht hat, kann wenigstens wahrhaftig sein und die Alternative sehen. Das Mißtrauen, aufs höchste getrieben, hat zur Folge: Das Menschendasein ist eine Episode, ein Prozeß der Selbstzerstörung, der vielleicht schon bald sein Ende erreicht hat. (A 128)

Das Studium der Charaktere und Begabungen ist von hohem Interesse, aber am Ende steht das klare Nichtwissen, das den Raum frei hält für eigentliche Erziehung a) und für den Anspruch des Menschen an sich selbst b):

a) Erziehung trifft sinnvoll auf den Menschen, der keineswegs eindeutig ist, was er ist. Es kommt darauf an, wie er von Jugend auf geprägt wird. Nicht allein eine nachweisbare unveränderliche Bestimmtheit der Anlage entscheidet, sondern von vornherein nicht übersehbare Möglichkeiten, mit deren Verwirklichung immer zugleich andere Möglichkeiten vernichtet werden. Ein Geist des Hauses, der Anstalt, der Gemeinschaft, der Öffentlichkeit formt durch die Weisen des darin gewohnten und von selber sich aufzwingenden Benehmens und Sprechens, der unwillkürlich anerkannten Symbole und Worte, durch Ansprüche und Formen. Nach dem Erscheinungsbild einer Menschengruppe zu urteilen, was diese Menschen ihrem Wesen nach seien, ist immer ungerecht, wenn man nicht die ihnen zuteil gewordene und täglich zuteilwerdende Erziehung vergegenwärtigt. Man müßte sehen, was aus ihnen unter einer anderen Erziehung würde, um weiter zu erfahren und doch nie endgültig zu wissen, was sie sein können. Der Mut zur Erziehung beruht auf dem Vertrauen in schlummernden Möglichkeiten.

b) Kein Mensch kann von sich wissen, was er ist und wozu er fähig ist. Er muß es versuchen. Nur der Ernst des Entschlusses, für den das Gewissen nur im einzelnen Selbst spricht, und für den kein Urteil von außen die Verantwortung übernehmen darf, entscheidet über den zu versuchenden Weg. Was durch Arbeit und inneres Handeln aus mir werden kann, kann ich nicht vorher wissen. Wer in die Lage gekommen ist, zu studieren, soll sich als berufen betrachten, denn man soll in jeder Lage tun, was in dieser Lage geschehen muß. Wer einmal in die Situation gestellt ist, geistig werden zu dürfen, der soll daraus keinerlei Anspruch nach außen, aber Verpflichtung für sich herleiten.

Alles in allem: Die Menschen sind nicht feststehende Artungen, die unveränderlich wie Tiere, sei es zu verwenden, sei es nicht zu brauchen, sind, sondern sie bleiben im Werden als je so Gewordene voll verborgener Möglichkeiten. (Idee III, 131 f., ähnl. II, 96 f.)

Jenseits der törichten Alternative ›Ohnmacht oder Allmacht der Erziehung‹

Die offenbar große Bedeutung der Situationen und gesellschaftlichen Zustände für das Seelenleben, die therapeutische Nutzung dieser Möglichkeit läßt die alte Frage nach der Bedeutung und den Grenzen der Erziehung immer wieder lebendig werden. Es ist kein Zweifel, daß das seelische Bild eines Zeitalters und der Menschen einer Bevölkerung weitgehend durch die Erziehung bestimmt wird, die jeweils stattgefunden hat. Seit alters haben sich angesichts dieses nur allgemein formulierbaren Tatbestands die beiden extremen und falschen Positionen gegenübergestanden: »Alles ist durch die Erziehung« und: »Alles ist angeboren« – oder: Man kann aus dem Menschen alles machen durch Erziehung, und: man kann aus dem Menschen etwas anderes nur machen durch Lenkung der Vererbung in der Folge der Generationen. – »Gebt uns die Erziehung« – sagt Lessing – »und wir werden in weniger als einem Jahrhundert den Charakter Europas ändern«. Dagegen steht die Anschauung, daß das Angeborene unveränderlich ist, die Erziehung könne nur verschleiern. – Jedoch ist offenbar das Rechte auf keiner der beiden Seiten. Die Erziehung kann gewiß nur entwickeln, was in der Anlage der Möglichkeit nach da ist, sie kann das angeborene Wesen nicht verändern. Aber niemand kennt die in der Anlage schlummernden Möglichkeiten des Menschen. Daher kann eine Erziehung herausholen, was vorher niemand ahnte. Die Wirkung einer jeden neuen Erziehung ist daher unvoraussehbar. Sie wird immer auch solche Wirkungen haben, an die vorher niemand dachte. Das Grundfaktum, daß der Mensch das, was er ist, durch Überlieferung jeweils wird, und daß die vermutungsweise gleiche Anlage in wenigen Jahrhunderten durch die Weise des Bewußtseins sich in der Erscheinung außerordentlich wandeln kann, daß damit ganze Völker ihren Charakter zu ändern scheinen, läßt der Erziehung eine hohe Bedeutung. Die Grenzen der Erziehung sind im ganzen nicht vorher abzustecken, sondern in concreto jeweils zu beobachten. (APs 603 f.)

Unberechenbarkeit des Entgegenkommens

Man kann Möglichkeiten darbieten, wie in der Pflege eines Gartens. Aber es handelt sich nicht um Bäume und Pflanzen, sondern um Menschen: und der Mensch kann sich nicht gleicherweise wie pflegend über anderes Leben, so als Mensch über die Menschen stellen. Alle Pädagogik hat die Grenze ihres Planens dadurch: daß der Mensch dem Menschen entgegenkommen muß auf eine unberechenbare Weise. (AZM 245)

Die Grenzen im technischen Machen und Erziehen

Grenzen zweckhaften Handelns in der Welt.

Das zweckhafte, auf einen Erfolg in der Welt gehende Handeln orientiert sich am Gegebenen als Bestehenden und Möglichen . . . (Ph. 99)

Wir orientieren uns am Unveränderlichen, um klar das Mögliche zu ergreifen. (Ph. 99)

Das zweckhafte Handeln in der Welt ist individuell begrenzt durch die Situation des Einzelnen; die Grenze ist wandelbar. Aber auch die äußerste Machterweiterung . . . stößt an die prinzipiellen Grenzen, welche schlechthin unwandelbar bestehen und jedem Handeln in der Welt gezogen sind.

I. Die Grenzen im technischen Machen, im Pflegen und Erziehen, im politischen Handeln. (Ph. 99)

Verändern der Welt ist nicht nur technisches Hervorbringen, sondern die sich verwandelnde Selbsterzeugung des Menschen. (Ph. 100)

Die *Grenzen* der Technik sind:

a) Es muß gegeben sein, woraus ich etwas mache. Es ist keine Herstellung aus nichts und kein perpetuum mobile möglich.

b) Es gibt quantitative Grenzen, die nicht überschreitbar sind, z. B. die Lichtgeschwindigkeit, die Quantität der gegebenen Stoffe und Energien, die Größe der aus bestimmtem Material nach bestimmtem Modell zu bauenden Maschinen.

c) Ich bin in meinem Dasein an die Grenzen des Lebens als der biologischen Wirklichkeit gebunden, an Grenzen der Temperatur, der Nahrungs- und Sauerstoffzufuhr, des Druckes der Atmosphäre, der Schlafmöglichkeit. Daher muß ich bei allem technischen Handeln mir diese Lebensmöglichkeiten bewahren oder in einer Welt, die sich nicht mehr natürlich darbietet, sie mir als Daseinsbedingung meiner kleinen Welt herstellen. (Ph. 100 f.)

Das technische Tun im Sinne des Machenkönnens hat seine Grenze gegenüber den Wirklichkeiten von Leben, Seele und Geist. Machen läßt sich nur, was als Mechanismus durchschaubar und durch sein bloßes Material an sich als ein schlechthin anderes gleichgültig ist, dagegen lassen sich Leben, Seele und Geist zwar nicht technisch machen, aber unter Bedingungen beeinflussen. Darum ist es wesentlich, die Trennung festzuhalten zwischen dem Apparat schlechthin und dem, wofür er ist. Die Grenze dessen, was ich überhaupt im Apparat verwandeln und durch ihn verwirklichen kann, ist zwar die Grenze technischen Machens, aber noch nicht die Grenze des Handelns überhaupt.

Zwischen dem technischen Beherrschen der Dinge und der freien Kommunikation von Existenzen liegt noch das Feld des *Pflegens* und *Erziehens:* das Andere wird zwar noch als Objekt behandelt, aber zugleich in seinem Eigenwesen anerkannt. In Pflege und Erziehung wartet man auf eine Ursprünglichkeit im Anderen, tritt dem Gepflegten (Pflanze, Tier) gegenüber in eine Art von Umgang, der ohne Sprache ein Analogon von Frage und Antwort ist; dem Erzogenen gegenüber erwachsen Ziele und Methoden durch ein Hinhorchen und Sichleitenlassen von ihm, ohne daß er es weiß.

Die *Grenze* dieses Handelns ist in seinem Prinzip mitgesetzt: Die Eigenständigkeit des Anderen bleibt Bedingung des zweckhaften Zielsetzens seitens dessen, der pflegt oder erzieht. In der Folge seines Tuns kann er nicht nur die Methode, sondern durch neues Offenbarwerden der Eigenständigkeit seines Gegenstandes selbst sein Ziel ändern.

Es bleibt aber möglich, als mechanisch verwertbares Material zu behandeln, was an sich Leben, Seele, Geist ist. Dann wird die spezifische Grenze durch die Inadäquatheit von Methode und Material offenbar in typischen Erwartungstäuschungen (der Erzogene revoltiert) und in Zerstörungen der Eigenständigkeiten (das Leben geht zugrunde, der Erzogene wird nur dressiert). Wohl gibt es begrenzte Gewißheit, daß nachzumachende Verfahren einen bestimmten Erfolg haben, am meisten in der Biologie; bei Pflanzen- und Tierzüchtern kommt das Tun dem technischen Handeln nahe, doch bleibt es auch dann durch die spezifische Begabung des Züchters vom nur technischen geschieden; die Gewißheit ist am geringsten dem Menschen gegenüber, der als geschichtliches Wesen sich mit jeder Erfahrung, die er macht, und deren er sich bewußt wird, auch selbst handelt, darum sich selbst kein festes Objekt wird; in seinem Wesen liegt, daß seine Erkenntnis es in unberechenbarer Weise ändert. – (Ph 101 f.)

Wir nennen *politisch* das *Handeln* in bezug auf den Willen anderer Menschen, sofern deren Tun an der Hervorbringung unserer Welt relevant beteiligt ist. In diesem Handeln wird der Wille der Mitwirkenden erweckt und gebildet, und einem Gegner, d. h. einem Widerstand, der in einem Willen besteht, entgegengewirkt. (Ph 102)

Das Staat und Erziehung Übergreifende

Sofern bewußter Wille mitspricht, hängt alle Zukunft vom politischen und pädagogischen Tun ab. In der Ohnmacht vor dem Gang der Dinge doch den Willen anspannen, auf sie zu wirken, ist der Mut des Selbstseins im politisch handelnden Menschen; in der Ohnmacht vor der Artung des Menschen doch alles tun, um ihn durch Vermittlung des tiefsten Gehalts der Überlieferung zu seinem Adel zu bringen, die Kraft des Erziehers.

Das Ganze jedoch ist nie das schlechthin Ganze. Wohin auch als an die letzte Instanz in der Welt der Mensch vordringt, am entscheidenden Ursprung trifft er auf etwas, das Staat und Erziehung übergreift. (GSZ 81 f.)

Notwendigkeit und Bedeutung der Erziehung

Sicherheit und sittlich-geistige Zukunft des Volkes

Alle Aspekte weisen auf die Wünschbarkeit einer Verminderung der Bundeswehr. Diese kann für das Schicksal der Bundesrepublik entscheidend sein.

Damit aber könnte etwas ganz Anderes verknüpft werden: die Verwendung der ersparten Kosten für etwas, das für unsere Zukunft unermeßlich viel wichtiger ist als die Bundeswehr, nämlich für die Erziehung. Unsere Sicherheit liegt in jedem Fall doch in den Händen der Atommächte. Aber unsere sittlich-politische und unsere geistige Zukunft, unser Wert als Volk in der Geschichte, liegt an uns selbst. Was hier vom Staat her getan werden kann, und was durch seinen Erfolg dann auch die größte politische Bedeutung hätte, ist die Erziehung. (A 98)

Sicherung von Demokratie, Freiheit und Vernunft

Wie die Vernunft im einzelnen Menschen die Offenheit in ständiger Bewegung bewahrt, so das vernünftige Leben der freien Welt in Selbsterhellung, Selbstkritik, Selbstanklage. Dieser Weg führt über die Denkungsart aller einzelnen Menschen zu der Selbsterziehung der Völker, aus der der Sinn der *Erziehung der nachfolgenden Generationen* folgt. Es gibt für die Demokratie zur Gründung der Dauer dieses Selbsterziehungsprozesses nichts Wichtigeres als Jugenderziehung, und zwar als Erziehung des gesamten Volkes. An dieser Erziehung hängt die Demokratie und die Freiheit und die Vernunft. Nur durch diese Erziehung kann der geschichtliche Gehalt unseres Daseins bewahrt werden und als fortzeugende Kraft unser Leben in der neuen Weltsituation erfüllen. (AZM 444)

Der vernünftige Staatsmann weiß, daß der Kampf um Freiheit und totale Herrschaft vordergründige, aber als je augenblickliche zwingende Realität, seine militärische und politische Seite hat, und erwägt täglich, was zur Selbstbehauptung zu tun ist. Aber er weiß auch, daß im Grunde geistig-sittlich gekämpft und auf die Dauer entschieden wird. Mit diesem Wissen sieht er die Erziehung. In ihr ist organisatorisch das Größte zu leisten. An ihr liegt nicht nur der geistige Rang der kommenden Generationen, sondern heute die Entscheidung zwischen Freiheit und totaler Herrschaft, und am Ende das Dasein der Menschheit überhaupt.

Man darf nicht verwechseln die Ausbildung zum Zwecke technischen Könnens und die Erweckung zum eigentlichen Menschen. Beides ist notwendig, aber so, daß die zweckhafte Ausbildung unter Führung des Menschen bleibt oder wieder unter sie gelangt.

Da militärisch die Waffentechnik entscheidend ist, wird im Westen mit Schrecken konstatiert, daß in Rußland der Vorsprung in einigen Punkten gewaltig ist, daß dort fast unbegrenzte Mittel für die technisch brauchbare Forschung aufgewendet werden, die Arbeit in der Konzentration der Gemeinschaft der Köpfe stattfindet, die Forscher als Kostbarkeiten ersten Ranges gepflegt und privilegiert werden, ein Nachwuchs in einer Breite herangezogen wird, hinter dem der westliche Nachwuchs an Naturforschern und Technikern zurückbleibt. Die Verwandlung des russischen Volkes aus einem in der Masse analphabetischen unter dem Zaren in ein schulmäßig gelerntes heute ist von großen Folgen. Demgegenüber steht die Vernachlässigung der Erziehung im Westen. In Deutschland ist der Aufwand an Mitteln geringfügig im Vergleich zum Aufwand für alle anderen Interessen. Das Wichtigste sinkt in die Hand der parteibedingten und konfessionell gerichteten, oft nur sachkundigen Menschen. Der Lehrerberuf hat seine Anziehungskraft verloren. Die begabtesten und die persönlich unabhängigen Männer haben keine Lust mehr zu dem Professorenberuf, wie er heute geworden ist. Es fehlt noch mehr der große Zug eines erzieherischen Aufschwungs, der mit der Umkehr verbunden sein würde. In Amerika ist auf Grund der verderblichen Grundsätze Deweys das Schulwesen verwahrlost. Die Kinder schon fangen an, sich zu empören, weil sie zuwenig lernen. Die Universitäten klagen über die unzureichende Vorbildung. Aber der große Schrecken kommt hier – wie in Deutschland – nicht von dem Ungenügen der Erziehungsgrundlage, sondern nur von dem einen Punkt her, daß der technische und industriell notwendige Nachwuchs nicht ausreicht, nicht an Zahl und nicht an Qualität.

Hier liegt der Ansatz für die Zukunft. Hier zeigt sich das Versagen der Staatsführung nicht unmittelbar, sondern erst in Jahren, wenn die Verantwortlichen längst durch andere ersetzt sind. Der Ansatz wird versäumt durch die Unlust der Politiker, die, was sie tun, nur von Tag zu Tag und für die nächsten Wahlen bedenken. Dies Unterlassen aber ist bedrohlich für die fernere Zukunft wie kaum etwas anderes.

Der Wettbewerb im Technischen und in der Wirtschaftsproduktivität ist zwar keineswegs gleichgültig. Er könnte durch Waffentechnik zum Siege des Totalitarismus ohne Krieg führen. Aber entscheidend ist der Wettbewerb zwischen der totalitären und der freien Welt im Gehalt des Lebens, der durch Erziehung begründet wird. Die totale Herrschaft will nur Techniker und leistet in der Erziehung darüber hinaus die marxistische intellektuelle, unfreie Dressur, die die Jugend dort – wenn die Berichte zutreffen – schon langweilt, von ihr nicht einmal bekämpft, sondern möglichst vernachlässigt wird. Die freie Welt aber kann ihre Umkehr nur erreichen, wenn die Substanz der Erziehung aus den geistigen Engen der technisch zweckhaften und konfessionellen Beschränktheiten herauskommt. Es gibt in Amerika treffliche Privatschulen und überall vereinzelte Erziehungsleistungen hohen Ranges, in Deutschland die hervorragenden Lehrer, die als Einzelne trotz allem ihre Sache gut gestalten. Aber bis heute ist der Schwung der Wende nicht da. Wenn der vernünftige Staatsmann, was seinem Wesen entspricht, der große Erzieher ist, wenn er in Einmütigkeit mit den geistigen Kräften und den pädagogischen Begabungen handelt unter Aufwand von Geldmitteln, die die heute zur Verfügung stehenden um das Vielfache übertreffen, dann ist jene langsame Bewegung im Werden der neuen Generationen möglich, die in der zum Abgrund drängenden Zeit den Grund der Zukunft legen kann. Das wird heute nicht gelingen ohne die großen vernünftigen Staatsmänner, die, getragen vom Willen der Bevölkerung, der durch sie selber zur Klarheit gebracht wird, das hervorbringen, was nicht sogleich sich zeigt wie die Wirtschaftswunder, sondern langsam die Menschen selber verwandelt. Das braucht im Ganzen Zeit, während es in Einzelnen schon sichtbar leuchten kann. In der Erziehung wird wahrscheinlich der Kampf zwischen Freiheit und totaler Herrschaft entschieden, unmerklich, still und dauerhaft.

Auf der Ebene der Technik geht es um die Wirtschaftsproduktivität und militärische Stärke, auf der Ebene des Geistes um die Wandlung des Menschen. Jene für sich erzeugt nur Apparate und führt ins Unheil der Funktionalisierung des Menschen und der Vernichtung durch die Bombe. Diese ermöglicht die Umkehr und das Werden zum eigentlichen Menschen und die Rettung des Daseins, wenn durch sie Wirtschaftsproduktivität und Waffentechnik in die Hand des Menschen selbst gelangen, statt ihn zu erschlagen. (AZM 337 ff.)

Liebe als Grundkraft der Erziehung

Nur moderne Psychologen meinen, über einen Menschen Bescheid zu wissen, wenn sie ein Gutachten über ihn machen. Was ein Mensch ist, leuchtet auf im Auge dessen, der ihn liebt; denn echte Liebe ist hellsichtig, nicht blind. Was Plato in Sokrates sah, das war Sokrates wirklich – der Idee nach, in sichtbaren Verwirklichungen und in dem, was äußerlich auch so aussehen konnte, wie Xenophon es wiedergibt. (GP 244 f.)

Dimensionen der Liebe

Liebe zieht hinauf zum eigentlichen Sein; sie ist Anschauen des Übersinnlichen.

Liebe drängt zur Verwirklichung in der Welt, im Erziehen, in dem Versuch, das geschaute Wesensbild einzuprägen in das Dasein; sie ist nach Platos Wort Zeugen im Schönen.

Liebe trifft auf gleicher Ebene als Selbst auf Selbst, um die höchste Möglichkeit des Menschen zu vollziehen; sie ist Selbstwerden mit dem anderen Selbst in Kommunikation.

Diese drei Richtungen der Liebe, der Aufschwung, das Verwirklichen, das Selbstwerden, sind ineins verbunden unerläßliche Momente der einen sich verwirklichenden Liebe. (W 1008 f.)

Die Hinwendung der Liebe etwa in der Erziehung zu den Jüngeren ist nicht Abstieg – es sei denn im Verlieren an Herrschenwollen und an nützendes Zurechtformen für endliche Zwecke –, sondern ist Selbstaufschwung des Liebenden in Mitteilung des Aufschwungs. (W 1009)

Liebe verwirklicht sich im Miteinandersein. Selbstsein verbindet sich mit Selbstsein, so daß in der Bewegung ihrer Liebe erst alles, was ist, aufleuchtet in dem Glanze seines Seins. (W 1009)

Die liebende Kommunikation von Selbst zu Selbst schließt in sich alle Liebe zu Sachen, zu Welt und Gott. In dem Maße, als Kommunikation diese Inhalte als gemeinschaftliche in sich aufnimmt, entfaltet sie sich selber. Nur durch sachliche Inhalte ist Kommunikation erfüllbar. Nur durch liebende Menschen wird Sachliches wesentlich. (W 1011)

Wahre Autorität als Quelle echter Erziehung

Unterscheidung von Autorität, Macht und Gewalt

Autorität, Macht und Gewalt: Autorität bezwingt als wahre Autorität innerlich. Hört diese Innerlichkeit auf, so schwindet auch die äußere Autorität. In ihrer Gefährdung greift sie zur Gewalt.

Autorität ist in ihrem Gehalte mehr als irgendein Einzelner will und weiß. Autorität umgreift, ist nicht partikular, sondern total. Sie spricht geschichtlich in jeweils bestimmten Erscheinungsformen. Ihre Fülle übergreift den Befehlenden und den Gehorchenden, denn auch der jeweils Befehlende fühlt sich ihr unterworfen. Sie bindet ein innerlich freies, ihr entgegenwachsendes Tun der Menschen.

Autorität gewinnt aber Dauer in der Zeit durch Gewalt, die entweder innerlich zwingt durch Druck auf die Seele oder äußerlich durch physische Gewalt. Ohne Bund mit der Gewalt würde die Autorität nur Auserlesene umfassen. Sollen alle in der Kontinuität ihres Daseins (nicht nur in verschwindenden, hohen Augenblicken) ergriffen werden, so bedarf die Autorität auch der Mittel des Zwangs.

Autorität, die sich behauptet, ist daher die Vereinigung des Freiwilligen mit dem Zwang. Die Freiwilligkeit weiß sich innerlich gebunden gegenüber ungeschriebenen Gesetzen, gegenüber den Gestalten der Wahrheit in geistigen Gebilden, gegenüber ehrfurchtgebietenden Ordnungen, Ämtern, Formen. Der Zwang kontrolliert, steht schweigend im Hintergrund und setzt sich im Grenzfall mit Gewalt durch. Daher liegt in der Autorität eine Spannung durch die zu ihr gehörende Freiheit. Das konkrete Tun, das seinem Sinne nach frei ist, folgt damit der Autorität.

Die Einheit von Autorität und Macht, die über Gewalt verfügt, ist das Lebensproblem der Völker. Der Gehalt der Autorität gibt ihnen den Rang, die Macht gibt ihnen die Dauer.

Autorität ist geschichtlich erwachsen. Sie läßt sich nicht absichtlich machen, sondern nur finden und erneuern aus der Tiefe der Überlieferung, die aus gegenwärtigem Ursprung sich in gewandelter Gestalt wiedererkennt.

Bloße Autorität, im Sinne einer reinen Idealität, ist eine Macht für den Einzelnen, der aber durch sie allein noch nicht in der Gemeinschaft aller ist; sie geht verloren, weil die Ohnmacht des Einzelnen sie vergeblich bewahrt. Bloße Macht ist Despotie, die die Autorität ihres Gehaltes beraubt, daher keine durch die innere Verfassung der Menschen getragene Dauer haben kann. Trennen sich also Autorität und Macht, so gehen beide zugleich verloren. (PGO 88 f.) [vgl. auch Autorität und Freiheit, S. 330 ff.]

Unumgänglichkeit und Geschichtlichkeit der Autorität

Das Prinzip der Autorität ist eine Sache größten Gewichts, wirksam in allen Zeiten, unbestimmt in der Gestalt, ob es als Moment in der Bewegung oder ob als absolute Starrheit eines Bestandes, ob als lebendige

Ergriffenheit oder als Gewohnheit der Tradition, ob als geistige Macht oder als inappellable Instanz, die kraft ihrer Gewalt entscheidet und die Durchführung der Entscheidung erzwingt, ob als Mysterium einer Kirche oder eines Weltreiches (der Staufe Friedrich II.), ob als Dogmatik einer Glaubenswelt oder ob als Prinzip der Legalität der Daseinsordnung. Die Geschichte lehrt, wie Autorität mit anderer Autorität in Kampf gerät, vor allem und maßlos in den christlichen Ländern der Erde. Man sieht, wie Glaubenskämpfer nicht miteinander reden können.

Ohne Autorität ist nicht möglich: ein gemeinschaftliches Leben, ein verbindender Geist, die Erziehung, die militärische Ordnung, der Rechtsstaat und die Geltung der Gesetze. Autorität ist unumgänglich. Ihr Verlust hat zur Folge die Entwertung der Menschen und ihre gewaltsame Ordnung durch den Terror des Nichts. Autorität ist durchbrechbar, während sie zugleich bewahrt und verwandelt wird, aber nur in der Reife des Einzelnen, der den Gehalt der Geschichte in sich zur Wirksamkeit hat kommen lassen. Entartete Autorität erzeugt Aufruhr, in dessen Chaos die Gründung neuer Autorität selten gelingt. (GP 376 f.)

Der Mensch kann jederzeit nur leben unter Autorität. Will er dies nicht, so wird er nur einer um so äußerlicheren Gewalt verfallen. Die Täuschung, frei von aller Autorität zu sein, läßt in den absurdesten und vernichtendsten Gehorsam stürzen. Der Anspruch der total freien Meinung jedes Einzelnen macht dumm und bewirkt irgendeine totale Unterwerfung. Der Mensch hat nur die Wahl, welche Autorität er zu ergreifen vermag, das heißt welcher Gehalt ihm der Grund seines Lebens wird. Es gibt keinen Standpunkt, von dem aus alle Autorität zu überblicken wäre, als ob man außerhalb stehe. Außerhalb stehen bedeutet: im Nichts stehen und blind sein. Die Wahl der Autorität aber geschieht nicht durch Absicht, sondern durch Bewußtwerden und Läuterung der Autorität, in der ich faktisch schon lebe, durch Erwecken der verschleierten Autorität, durch Erinnerung des Grundes, aus dem ich bin. Ich kann diesen Grund nicht tief genug suchen, wenn ich mich dessen vergewissere, was mir unbedingt gilt. (GP 749 f.)

Ein Mensch allein kann nicht leben. In Gemeinschaft aber ist er nie ohne eine verbindende Autorität, der der Einzelne, es nicht wissend, folgt, ohne sich darum unfrei zu fühlen. Es gibt Maßstäbe, die faktisch anerkannt werden, ohne bestimmt gedacht zu sein. Ein Substanzgefühl, der gemeinschaftliche Boden, begründet die Zusammengehörigkeit und eine Ordnung des Daseins.

a) Diese Autorität ist die Lebenswirklichkeit in China, in Indien, in der Antike, im abendländischen Mittelalter gewesen. Sie kam dem Einzelnen vom Erwachen seines Bewußtseins an als eine bestehende, bleibende, ihn bergende Welt entgegen. Die Vorstellungen, Symbole, Handlungsweisen, Gewohnheiten deuten und rechtfertigen alle Dinge. Es herrscht die Selbstverständlichkeit, ohne zu fragen in Gemeinschaft am Gemeinsamen teilzunehmen. (PGO 64 f.)

Das Vergangene, mythisch geworden, ist gegenwärtig in Sitten und Bräuchen, in Sprechweisen und Einrichtungen, Revolutionen können stattfinden, einzelne Autoritäten bedroht werden, aber das geschieht innerhalb der bleibenden, unerschütterlichen Autorität des Ganzen der Welt, die als unveränderlich bewußt ist. (PGO 65)

Das Menschenleben vollzieht sich in dieser allumfassenden vielgestaltigen Autorität, die wie die Luft ist, die alle atmen. (PGO 65)

Krise und Wandel der Autorität

Der Verfall hat einen geistigen Grund. *Autorität* war die Form der Bindung im Vertrauen; sie gab Gesetz für Ungewißheit und verband den Einzelnen mit dem Seinsbewußtsein. Diese Form ist im 19. Jahrhundert im Feuer der Kritik endgültig zerschmolzen. Das Resultat ist einerseits der dem modernen Dasein eigene Zynismus; man zuckt die Achseln gegenüber dem Gemeinen, das im Großen wie im Kleinen geschieht und kachiert wird. Andererseits ist Härte der Verpflichtung in sich bindender Treue wie verschwunden; weichliche Humanität, in der die Humanitas verloren ist, rechtfertigt mit blutleeren Idealen das Elendeste und Zufälligste. Nach der Entzauberung durch die Wissenschaft werden wir der Entgötterung der Welt darin eigentlich bewußt, daß kein Gesetz der Freiheit mehr als unerbittlich gekannt wird, an seiner Stelle nur Ordnung, Mitmachen, Nichtstören bleibt. Kein Wollen aber kann wahrhaftige Autorität wieder herstellen. Nur unfreie Gewaltsamkeit würde an ihre Stelle treten. Was sie ersetzen könnte, mußte aus neuem Ursprung wirklich werden. Die *Kritik* bleibt nunmehr Bedingung dessen, was werden könnte, aber sie vermag nicht zu schaffen. Einst eine positive Lebensmacht, ist sie heute in die Zerstreutheit gegangen und zerfallen; sie richtet sich sogar gegen sich selbst und führt in die Bodenlosigkeit des Beliebigen. Ihr Sinn kann nicht mehr sein, nach gültigen Normen zu beurteilen und zu richten, sondern ihre wahre Aufgabe ist, den Sachen nahe zu kommen und zu sagen, was ist. Dies aber vermag sie nur, wenn sie schon wieder beseelt ist von echtem Gehalt und der Möglichkeit einer sich hervorbringenden Welt. (GSZ 78 f.)

Erst das technische Zeitalter, allein dieses, hat den Einbruch in diese gesamte Welt von Autorität gebracht. Es ist so eingreifend, wie man sich nur den Anfang des Menschseins im ›prometheischen Zeitalter‹

vorstellen mag. Wir stehen mitten darin. Noch gibt es bei uns wie auf der ganzen Erde die immer noch starken, aber immer schwächer werdenden und für den Gang der Dinge fast gleichgültigen Reste der alten autoritären Welten. Die ursprüngliche Technik, die zum Menschsein gehört und doch vor Jahrtausenden schon mit Staunen und Schrecken gesehen wurde, hat einer grundsätzlich anderen, neuen Technik Platz gemacht. Diese auf die Naturwissenschaft gegründete, alles in ihren Bereich ziehende, ständig fortschreitende und ruhelos verwandelnde Technik hat mit ihrer Beherrschung des Lebens den Einbruch in alle bisherige Autorität zur Folge gehabt.

Unverändert aber bleibt das Grundphänomen: Der Mensch braucht eine im Ganzen ihn lenkende autoritäre Lebenswelt. Ist diese auch in der technischen Welt möglich? Ist ein Unterschied dieser neuen bezwingenden Welt von allen früheren? (PGO 65 f.)

Wird an die Stelle früherer lebendiger Autorität nunmehr eine erst durch Technik mögliche leblose totale Autorität treten? Wird statt einer die Freiheit sichernden organisierten Arbeitswelt eine durch Gewalt und Terror gelenkte entstehen? Wird aus der Kontinuität der geistig-sittlichen, frommen Überlieferung eine neue gehaltvolle Autorität sich gründen, die die Arbeitswelt im Sinne der Menschenwürde lenkt? (PGO 69)

Wie in der politisch freien Welt die Autorität, die die Freiheit in sich schließt, als die Gemeinschaft des Glaubens an die Möglichkeit menschlicher Daseinsordnung wirksam wird, das ist die Schicksalsfrage nicht nur der freien Welt selbst, sondern der Menschheit. Diese Autorität kann nicht der Offenbarungsglaube sein, weil nur eine kleine Minderheit der Abendländer (und diese wiederum sind nur ein Bruchteil der Menschenmilliarden) sich wirklich zu ihm bekennt.

Gegen jede bestimmte Autorität traten Mächte auf. Geschichtlich geschah es aus der Tiefe des Grundes, der diese Autorität selber entsprungen war. Sie wandten sich gegen sie, wenn sie verknöcherte, nicht mehr aus Glauben gelebt, schließlich durch bloße Gewalt gehalten wurde. Jederzeit aber kam die Gegenmacht aus der Vernunft gegen die Autorität, wenn diese die Vernunft nicht in sich barg, sondern gegen sie stand, sie nicht zum Wachsen ermutigte, sondern einengte. Dann erzwang die Autorität die innere Gewaltsamkeit des sacrificium intellectus.

Die ursprüngliche Autorität bewahrt die Freiheit im Gehorsam durch die Erfahrung der Einheit des eigenen Willens mit der Fülle des umgreifenden Ganzen. Später aber verfestigt sich Autorität in Formen ihrer Wirkung, begrenzt sich durch Ausschluß derer, die sich nicht fügen. Sie sichert sich durch Zwang gegen Abweichungen und gegen neue lebendige Kräfte. Sie stirbt geistig ab. (PGO 69 f.)

Jede Autorität ist eine Weise der Überlieferung. (W 783)

Autorität und Umgreifendes

Autorität kommt von außen, aber so, daß sie zugleich von innen in mir spricht. Fehlt das von außen, so bin ich meine eigene Autorität, was ein Widersinn ist; fehlt das von innen, als das ich mich selbst vor der Autorität finde, so ist sie bloß eine Zwangsgewalt. Sofern die Autorität von außen kommt, entspringt sie immer Menschen. (W 782)

Die Autorität eines Menschen ist nur dann möglich, wenn die persönliche Autorität das Umgreifende zur Geltung kommen läßt, dem auch der jeweils Befehlende gehorcht. (W 782)

Autorität ist aus dem Grunde aller Weisen des Umgreifenden – daher nicht ohne Transzendenz, von der sie zeugt, nicht ohne Daseinsmacht, als die sie real ist, nicht ohne Ideen, in denen sie sich geistig gestaltet, nicht ohne den Raum des Wissens, in dem sie ihre Weltorientierung vollzieht, nicht ohne die Existenzen, die sie tragen und in ihr sich finden. (W 782)

Autorität als Quelle des Vertrauens

Im Bewahren der Autoritäten macht Philosophie den Vorbehalt der *Erhellung durch die allumgreifende Vernunft.* Vernunft prüft sich selbst und macht sich offen für alles andere. Es gibt kein Kriterium außerhalb, auch nicht das der Autorität. Alles muß in die Bewegung der Vernunft gezogen werden.

Und doch muß selbst für den Philosophierenden Autorität irgendwo ohne Absicht den *undurchschauten Vorrang* haben. Der sich selbst unbegreifliche philosophische Glaube fordert an einem Punkte die unbegriffene Autorität – die aber in ihrer weltlichen Erscheinung nicht ausschließend wird, sondern in der Zustimmung zugleich der verwandelnden Prüfung untersteht. Autorität muß bleiben als eine unüberschreitbare Quelle des Vertrauens, wenn sie nicht aufhören soll, Autorität zu sein, und wenn sie nicht entarten soll zu einer bloßen Daseinsnotwendigkeit und einem bloßen Erziehungsmittel. (W 866)

Wahrhaft kann in der Welt nur bleiben, wer aus einem Positiven lebt, das er in jedem Falle nur durch Bindung hat. Revolte gegen äußere Bindungen ist daher als bloßes Nein unwahr, endigt im inneren Chaos und überdauert wohl noch, wenn der Gegenstand der Revolte gar nicht mehr ist; sie ist wahr nur als Kampf der Freiheit um ihren Raum, welche ihr Recht hat allein aus der *Kraft, sich selbst zu binden.* (GSZ 187 f.)

Die *Kraft der Ehrfurcht* hält im Blick auf geschichtliche Gestalten menschlicher Größe das Maß fest dessen, was der Mensch ist und vermag. Sie läßt nicht zu, daß zerschlagen werde, was sie sah. Sie ist dem treu, was in ihrem Selbstwerden als Überlieferung wirksam war; sie ergreift, woraus ihr Sein erwuchs, in den besonderen Menschen, in deren Schatten sie zum Bewußtsein kam; sie bewahrt noch als Pietät, welche nie aufgibt. Ihr bleibt als absoluter Anspruch durch Erinnerung gegenwärtig, was in der Welt keine Wirklichkeit mehr hat. (GSZ 189)

Polarität von Freiheit und Autorität

In Anselm erblicken wir die Bindung an Autorität und die Freiheit der Vernunft zu ihrer Aneignung. Er weiß, daß der leere Verstand zu nichts kommt. Aber er weiß auch, daß der Glaube nicht genügt: »Es scheint mir Nachlässigkeit zu sein, wenn wir, nachdem wir im Glauben befestigt sind, nicht auch trachten, das Geglaubte zu verstehen«. (GP 750)

Freiheit ist – im Unterschied von Willkür – nur durch Autorität. Substantielle Autorität ist nur durch Freiheit in der Bindung.

Kann Autorität aus Einsicht in ihre Notwendigkeit konstituiert werden? Eine rational geplante, gemachte, nicht geschichtliche Autorität kann immer nur gewaltsam sein. Sie bleibt ohne Gehalt. Partikularer Gehorsam als Befolgung von bestimmten Weisungen (berechtigt und unumgänglich bei gemeinsamen, zweckhaften Unternehmungen) macht den Menschen nicht unfrei; dieser Gehorsam wird als ein begrenzter in Freiheit für das gemeinsam gewollte Ziel beschlossen. Dagegen macht der totale Gehorsam unfrei, weil durch ihn der Mensch aufhört, er selbst zu werden; jede gemachte Autorität verlangt diesen totalen Gehorsam.

Mit dem Verlust der geschichtlichen Autorität aber wird auch die Freiheit verloren. Denn Freiheit ist nicht aus dem Nichts. Angewiesen auf das Nichts kann sie ihren Gehalt und damit sich selbst nicht finden. Sie bleibt Willkür, und diese ist bei objektiv psychologischer Betrachtung den Notwendigkeiten unterworfen, durch die ihr der Weg zur Freiheit genommen wird.

Die Einheit von Freiheit und Autorität, im Ursprung als Ideal vorgestellt, kann nicht bleiben. Freiheit und Autorität spalten sich. Dann kämpfen sie miteinander, behaupten sich als je selbständige gegeneinander, während sie doch nur miteinander auch beide wahrhaftig sein können. Der Wille zur Autorität als Gewalt zerstört mit der Freiheit sich selber. Der Wille zur Freiheit als Willkür zerstört auch die Freiheit.

Der Kampf in der Spaltung von Autorität und Freiheit stellt sich immer wieder her. Ihre anscheinend vollendete Einheit sind historisch Augenblicke der Höhe und des Übergangs. (PGO 71 f.)

Durch jede Unbedingtheit wird der Mensch gleichsam *unnatürlich* in einer *Härte* gegen sich; denn die Echtheit eines Seins in geschichtlicher Unvertretbarkeit ist gebunden an ein unbegründbares Nichtzulassen, *Nichtwollen* und Sichzusammenhalten. Nur mit einer *Gewaltsamkeit* gegen sich, welche ihr Pathos hat durch die Möglichkeit der eigentlichen Erfüllung, geht der Weg des Menschen, einst nur durch die zwingende Macht allgemeiner Autoritäten, nunmehr durch die ihm selbst als seine Verantwortung auferlegte Freiheit.

Diese Freiheit in geschichtlicher Einsenkung, sich selbst unbedingt, ist in der Wirklichkeit der Massen gebunden an den Bestand der Autorität geistiger Mächte. Die Spannung zwischen Freiheit und Autorität ist von der Art, daß sie ohne einander sich selbst verlören; Freiheit würde zum Chaos, Autorität zur Despotie. Selbstsein will daher die konservativen Mächte, gegen die es erst jeweils als Einzelnes zu sich kommen muß. Es will die Überlieferung, die für alles geistige Leben nur in den autoritativen Gestalten soliden Bestand hat. (GSZ 190 f.)

Freiheit bedarf, um sich zu halten, selber der Autorität. Autorität ist, auch wenn sie sonst verworfen würde, doch notwendig als Widerstand. Freiheit ist nur dort, wo sie erobert werden muß. Autorität ist die Polarität zur Freiheit. Beide fordern einander, um Anarchie und Tyrannei zu verhindern. (W 807)

Freiwerden in der Autorität

Geglaubte Autorität ist zunächst die *einzige Quelle einer echten das Wesen selbst treffenden Erziehung.* Der einzelne Mensch beginnt in seiner Endlichkeit von vorn. Im Werden ist er für die Aneignung des überlieferten Gehalts gebunden an Autorität. In ihr erwachsend öffnet sich ihm der Raum, in dem überall das Sein ihm entgegenkommt. Ohne Autorität erwachsend kommt er zwar in den Besitz von Kenntnissen, wird er zwar Herr des Sprechens und Denkens, bleibt er aber preisgegeben den leeren Möglichkeiten des Raumes, in dem das Nichts ihn anstarrt.

Im Reifen wird dann dem Einzelnen der eigene Ursprung im Selbstdenken, in der Selbsterfahrung gegenwärtig. Die Gehalte der Autorität werden lebendig, soweit sie seine eigenen geworden sind. Wo sie diese nicht werden, bleiben sie fremd; gegen sie tritt die Freiheit, die nur zuläßt, was *in das Selbstsein verwandelt wird.* Freiheit, die wurde, indem sie Autorität ergriff, kann sich dann der Autorität (in bestimmten Erscheinungen) erwehren. Durch Autorität zu sich gekommen wächst der Einzelne aus der Autorität heraus. Es wird die *Grenzvorstellung* eines

Menschen möglich, der, reif geworden, ganz auf sich steht, des stets erinnernden, nichts vergessenden, aus tiefstem Ursprung lebenden Menschen, der doch in weitester Sicht entscheidungsgewiß zu handeln und tätig zu werden vermag, und der auf dem Grunde der Autorität, die ihn hervorbrachte, sich selbst treu ist. In seiner Entwicklung brauchte er den Halt; er lebte aus der Ehrfurcht und durch Bindungen; er stützte sich auf Entscheidungen anderer für ihn dort, wo er noch nicht aus seinem Ursprung selbst entscheiden konnte. In der Stufenfolge der Befreiung erwuchs ihm der Ursprung im eigenen Inneren zu entschiedener Kraft und Helligkeit, bis er mit voller Bestimmtheit in sich die Wahrheit hörte, die er nun in Freiheit selbst ergriffen auch gegen die von außen fordernde Autorität. Freiheit ist ihm die selbst ergriffene Notwendigkeit des Wahren geworden, Willkür überwunden; die Autorität ist in seinem Inneren die Transzendenz, die durch sein Selbstsein spricht. (ähnl. W 797 f.)

Aber diese Grenze des ganz allein auf sich stehenden, absolut freien Menschen ist nicht endgültig zu erreichen. *Jeder Einzelne* versagt irgendwann, wird nie der ganze Mensch. Daher kann der redliche Einzelne, welche Stufe der reifgewordenen Freiheit er auch erklimmen mag, die Spannung seiner Freiheit zur Autorität nicht entbehren, ohne auch den eigenen Weg ungewiß und schwankend zu fühlen. Die eigenen Freiheitsgehalte drängen auf Bestätigung durch Autorität, oder sie drängen zum Widerstand an der Autorität, an dem sich zu bewähren erst ein Zeichen ihrer möglichen Wahrheit wird, ohne das sie von beliebigen und zufälligen Antrieben nicht unterschieden wären. Die Autorität gibt entweder befestigende Kraft, oder sie gibt durch Widerstand Form und Halt und verwehrt die Beliebigkeit. Grade wer sich selbst helfen kann, will, daß Autorität in der Welt sei.

Und selbst dann, wenn viele Einzelne die echte Freiheit in Gemeinschaft erwerben könnten, würde die überwältigende *Mehrzahl* bleiben, die auf diesem Wege der Freiheit doch nur der Ordnungslosigkeit und der Willkür ihrer Daseinsantriebe anheim fallen würde. Daher bleibt in der Wirklichkeit der alle umfassenden Gemeinschaft notwendig die Autorität als die Gestalt der Wahrheit, die alle Wahrheit zu tragen beansprucht; oder die Autorität stellt sich, wenn sie verlorenging, aus dem entstandenen Chaos in einer schicksalhaften Gestalt wieder her. – (ähnl. W. 799)

Die Vergegenwärtigung dieser Bewegungen aus der stets bleibenden Spannung führt uns zurück zur *umgreifenden Autorität.* Autorität ist das gestaltgewordene Rätsel der Einheit der Wahrheit in der geschichtlichen Wirklichkeit. Das Zusammentreffen der Wahrheit aus allen Weisen des Umgreifenden mit der Macht in der Welt und mit der Höhe menschlichen Ranges, der diese Wahrheiten trägt und diese Macht hat, ist das Wesen der wahren Autorität.

Ich kenne Autorität, sofern ich in ihr erwachsen bin. Ich kann aus ihr leben, sie aber nicht ableiten und einordnen. Ich kann in sie geschichtlich eindringen, sie aber nicht von außen begreifen.

Diese Autorität ist nicht zu überblicken. Ich trete ihr nicht als einem Anderen im Ganzen gegenüber. Die Autorität aber, die ich nur von außen sehe, und in der ich nicht gelebt habe, erblicke ich auch niemals in ihrem Gehalt; ich werde ihrer als Autorität gar nicht ansichtig.

Es gehört zu meinem transzendent begründeten Schicksal, welcher Autorität ich mein Reifen zum Selbstsein verdanke, und welche ich, in ihren Resten vielleicht, noch ergriff, um mich ihr hinzugeben. Es ist aber nicht möglich, Autoritäten bewußt zu vergleichen, zu prüfen und nachträglich zu wählen, welche ich für wahr oder für die beste halte. Indem ich die Autorität als solche sehe, habe ich sie schon gewählt. Es ist auch nicht möglich, die wahre Autorität – aus philosophischer Einsicht – in der Kontinuität vom Ursprung her zu suchen, wie einen Zweck zu wollen und zu machen.

Wohl aber kann ich philosophierend den *Verfall* der Autorität durch *Abgleitung* verständlich machen: sie wird unwahr, wenn jenes Zusammengehörende sich trennt; wenn einzelne Wahrheitsweisen – ob Dasein, zwingende Gewißheit oder Geist – autonom sich auf sich selbst stellen und sich Autorität anmaßen wollen; wenn sie zur bloßen Daseinsmacht wird ohne Lebendigkeit aller Ursprünge der Wahrheit; wenn sie als bloßer Rang einzelner Menschen sich halten möchte, die nicht Macht in der Welt haben und nicht die Opfer bringen und die Wagnisse eingehen, sie zu erringen und zu behaupten; wenn ich die Freiheit des Selbstseins aufgebe und ›aus Freiheit‹ vermöge einer vermeintlichen Einsicht ›die Freiheit preisgebe‹; wenn ich gedankenlosen Gehorsam statt Hingabe an die Tiefe der Autorität vollziehe. (EP 41–44)

Max Weber war die Autorität gewesen, die nie verkündigte, nicht die Verantwortung abnahm, aber ermutigte, was in der Strenge und Helligkeit seines menschlichen Denkens sich der Zustimmung vergewissert hatte. (PuW 310)

Denn jeder Mensch soll er selbst werden auch gegenüber dem Größten. Die Autorität ist wahr, aber nicht absolut. (PuW 389)

Menschwerden durch Überlieferung der Sprache

Der Einzelne wird Mensch durch Überlieferung der Sprache. Allein durch die Sprache überkommt uns das geistige Erbe. Nicht unterrichtete Taubstumme bleiben schwachsinnig. Unterrichtete beweisen die bis zu einem gewissen Grade mögliche Übertragbarkeit des sprachlichen Gehalts aus der akustischen in andere Sinnesformen. Aber es bleiben unüberwindbare Mängel des Denkens und Auffassens der Taubstummen, und bei dieser Übertragung in stumme Gebärden scheint die Sprache ihr geistig schaffendes Leben einzubüßen.

Die Aneignung der Sprache macht den Reichtum des individuellen Geistes aus, der ihm unbewußt zugeflossen ist. Man sagt treffend: die Sprache denkt für mich. Daher gilt, daß für unsere Geistigkeit die Aneignung der vollen Sprache durch die Schriften der sprachschöpferischen Denker und Dichter schlechthin begründend ist, während die sprachliche Armut viele Fachwissenschaften auch bei großer, auf ihren Bereich beschränkter Lektüre zu geringer oder gar keiner Bildung führt. Leicht liest man auch in schlecht gekannten, fremden Sprachen fachwissenschaftliche Bücher und das Alltagsgerede der Zeitungen, während erst das Eindringen in die nicht klischeeartigen Anstrengungen schaffender Geister die Denkmöglichkeiten erweitert.

Die volle Aneignung aus der Tiefe geschieht wie alles nur einmal für den Einzelnen, so hier die Aneignung der Sprachmöglichkeiten durch die Muttersprache. Aber jede Geschichtlichkeit, obgleich existentiell begründet, wird eine Verengung, wenn Offenheit und Aneignungsbereitschaft nicht darüber hinausgehen. Gewollte Exklusivität in der Sprache macht beschränkt. Die Überwindung der durch jede Sprache bedingten geistigen Grenzen spricht der Satz Karls V. aus: »So viele Sprachen ich kenne, so oft bin ich Mensch.« Die Vervielfachung des Menschseins wurzelt zwar in dem einen geschichtlich begründeten Menschsein, von dem aus die Vielen getragen werden. In diesem sie alle umfassenden Grunde suchen sie sich zu verstehen, zu ihm hin sich zu verwandeln in der Kommunikation, die das unfaßliche Eine will.

Aber nur Eines im Vielen kann der Mensch ganz und aus seinem Grunde sein. Daher lebt er auch entscheidend in einer Sprache allein. Erst aus seinem geschichtlichen Grunde und durch ihn nimmt er teil am Wege zum Einen. (W 417 f.)

Schaffende Aneignung der Sprache durch die Kinder

Ihre jeweils neue Aneignung durch die Kinder ist zu beobachten und die so wunderbare Sprachentwicklung der ersten drei Lebensjahre zu beschreiben – dieses Naturgeschehen, das zugleich geschichtliche Aneignung der Überlieferung ist und durch die Art, wie es ermöglicht wird und geschieht, das ganze spätere Leben bestimmt. (W 395 f.)

Was wir an *Kindern* in den ersten drei Jahren beobachten, ist zwar immer wieder das geheimnisvolle Menschwerden, ist eine Ursprünglichkeit und Genialität, die dem Menschen als Menschen in diesen Jahren zukommt, und die er später nur noch hat, insoweit er Kind zu bleiben vermag. Aber doch steht diese Originalität des Kindes von vornherein in Wechselwirkung mit den Menschen, die ihm die Muttersprache bringen, geschieht seine Sprachentwicklung in Wechselwirkung und Aneignung und unter Abwerfen der originalen Hervorbringungen, die sich als untauglich erweisen und nur als Spiel- und Spitzworte und von den Erwachsenen mit übernommenen, gemeinschaftlichen Wendungen für eine Weile sich halten. Bedeutungen sind an Überlieferung, Gemeinschaft, wiederholenden Austausch von Hören und Verstehen gebunden. Das ungeheure Phänomen der Sprache wird um so deutlicher, je klarer man sieht, wie alle Originalität des einzelnen Kindes an ihr abprallt. Schaffende Aneignung, nicht originale Schöpfung ist der Grundzug der kindlichen Sprachentwicklung. (W 444)

Sprache und Sache

Die natürliche Haltung zur Sprache bleibt in der *Polarität von Wissen und Unbewußtsein.* Im Denken der Sache vertraue ich der Sprache, daß sie sich einstellt, ohne daß ich an sie denke. Hegel, der naiv schöpferisch in der Sprache war, ohne Manier und Absicht, konnte dies sein, ohne eine Sprachphilosophie zu besitzen, ja mit der Meinung, Sprache sei nur eine Summe von Zeichen. Sprache ist nur dann echt, wenn wir sie nicht geradezu wollen. Aber sie ist doch nur dann rein, wenn etwas in uns, bewußt oder unbewußt, eine ständige Disziplin übt. Die kräftigste, wahrste, täuschungsloseste Sprache ist die unwillkürliche, die sich ergibt, wenn wir ganz wir selbst und ganz bei der Sache sind. (W 439)

Jeder muß sich die Sprache aneignen. Aber wesentlich ist die indirekte Aneignung der Sprache durch die Beschäftigung mit den Sachen in den sprachlich niedergelegten Werken.

Dabei ist die Art der Sache gekennzeichnet durch die Art der zu ihr gehörenden Sprache. Es ist eine Entsprechung zwischen Höhe der Einsicht und Höhe der Sprache. (W 440)

Täuschung durch Sprache

Totale Verkehrung des Menschen in der Sprache durch die Sprache. Mit der Sprache gewinnt der Mensch eine Welt, die Sprache aber stellt sich in der Folge wie eine eigene Welt zwischen den Menschen und das Sein. Was der Mensch einmal in hartem Bemühen durch die Sprache sich faßlich machte, bleibt dann bequeme Redeweise als Wort und Satz im Munde der Nachfolgenden, die nicht mehr verstehen. Was Ausdruck der Tiefe war, wird Nutzbarkeit. Eine Unsumme entleerter und verkehrter Sprache bemächtigt sich der Menschen: sie lassen sich lenken durch solche Sprache, statt durch das, was ist und was sie sind; sie gewinnen ihre Bildung als Sprechenkönnen statt als sachliches Können, als einen Haufen von Redeweisen statt als Formung ihres Wesens. Eine rohe, unerhellte Wirklichkeitsmasse ihres Daseins verschleiert sich in den Redeweisen, statt sich gestalten zu lassen. Diese Täuschung durch Sprache als ein unwirklich Gewordenes läßt die noch bleibende Wirklichkeit ratlos in ein Chaos zerfallen. (W 428 f.)

Erziehung durch Erfahrung

Der Einzelne erwirbt sich durch Selbsterziehung im Denken die überlieferten Forschungsergebnisse. Diese können nicht einfach als fest bestehender Erwerb gelernt werden. Lernen ist nur ein Moment der jeweils individuellen Aneignung zur Teilnahme am Erkenntnisprozesse, der sich wahr nur in der eigenen Erfahrung in eins mit der Vertiefung des eigenen Denkens vollzieht. Es gibt nicht das Dasein einer bestehenden Welt, die einfach gelernt werden und damit als erkannt in Besitz genommen werden könnte.

Weil alle Erkenntnis nur in dem Einswerden von Erfahrung und Denken sich verwirklicht, so bleibt eines ohne das andere unfruchtbar. Die Weite der Erkenntnis ist bedingt durch die Weite des Erfahrens, aber ebenso bedingt durch das Maß, in dem dieses Erfahren befragt und durchdacht wird. (W 263)

Neue Erfahrung ist nur möglich durch schon investierte Erkenntnis. Erfahren als Anschauen hat jederzeit schon Struktur. Dem gänzlich Unwissenden, daher auch im Sehen Ungebildeten, läßt sich nicht einmal der Gegenstand, der in einer Erkenntnis gemeint ist, klar ›zeigen‹. (W 262 f.)

Lernen als Weg zur Wahrheit (nach Konfuzius)

Wenn das Wahre in der Vergangenheit offenbar war, so ist der Weg zum Wahren die Erforschung dieser Vergangenheit, aber mit der Unterscheidung des Wahren und Falschen in ihr selber. Der Weg ist Lernen, nicht des bloßen Wissens von etwas, sondern als Aneignung. Die Wahrheit, die schon da ist, ist nicht auswendig zu lernen, sondern innerlich und damit auch äußerlich zu verwirklichen. (GP 159)

Lernen als Bewährung der Sittlichkeit (nach Konfuzius)

Was Konfuzius unter Lernen versteht, ist nicht erreichbar ohne die *Voraussetzung des sittlichen Lebens* beim Schüler. Der Jüngling soll Eltern und Brüder lieben. Er soll wahrhaftig und pünktlich sein. Wer sich schlecht benimmt, wird im Lernen nie das Wesentliche treffen. Als ein Schüler sich auf den Platz eines Älteren setzt, heißt es: »Er strebt nicht danach, Fortschritte zu machen, er will es rasch zu etwas bringen.« Im sittlichen Wandel soll er die Künste erlernen: Riten, Musik, Bogenschießen, Wagenlenken, Schreiben und Rechnen. Erst auf diesem Grunde gedeihen die literarischen Studien.

Sinnvolles Studium weiß *die Schwierigkeiten* und erträgt sie in dem Ringen, das nie ans Ende kommt. Ein das Lernen Liebender weiß täglich, was ihm fehlt; er vergißt nicht, was er kann; denn er gibt sich ständig Rechenschaft. Der Weg ist schwer: »Wer lernt, dringt darum noch nicht zur Wahrheit vor; wer zur Wahrheit vordringt, ist noch nicht imstande, sie zu festigen; wer sie festigt, kann darum noch nicht sie im Einzelfall abwägen.« Darum muß der Jüngling lernen, als gäbe es nimmer ein Zum-Ziele-Kommen, und als hätte er zu fürchten, es noch zu verlieren. Aber einen Schüler, der meint, seine Kraft reiche nicht aus, ermutigt Konfuzius: »Wem seine Kraft nicht ausreicht, der bleibt auf halbem Wege liegen; aber du beschränkst dich ja von vornherein selber.« Fehler dürfen nicht lähmen: »Einen Fehler begehen und ihn nicht wieder gutmachen (sich nicht ändern), erst das heißt fehlen.« Sein Lieblingsschüler wird gerühmt: »Er machte keinen Fehler zum zweitenmal.«

Konfuzius spricht von seinem *Verhältnis zu den Schülern.* »Wem es nicht ernstlich darum zu tun ist, etwas zu lernen, dem erteile ich nicht meinen Unterricht; wer sich nicht wirklich bemüht, sich auszudrücken, dem helfe ich nicht nach. Habe ich eine Ecke gezeigt, und er kann nicht von sich selber auf die drei anderen kommen, so ist es bei mir vorbei mit dem Erklären.« Aber die Weise der Bewährung liegt nicht in der sofortigen Antwort: »Ich redete mit Hui den ganzen Tag; er erwiderte nichts wie ein Tor. Ich beobachtete ihn beim Alleinsein; da war er imstande, meine Lehre zu entwickeln. Er ist kein Tor.« Konfuzius lobt nicht über Gebühr. »Spende ich einem Lob, so ist es, weil ich ihn erprobt habe.«

Seine eigenen Studien beschreibt Konfuzius. Nicht von Geburt habe er das Wissen, erst als Liebhaber des Altertums sei er ernstlich darauf aus, es zu gewinnen. Er achte auf seine Weggenossen, dem einen abzusehen, was Gutes an ihm sei, und es zu befolgen, dem andern sein Nichtgutes, um es selber anders zu machen. Ihm sei das ursprüngliche Wissen versagt. »Vieles hören, das Gute davon auswählen und ihm folgen, vieles sehen und es sich merken, das ist wenigstens die zweite Stufe der Weisheit.« Langsam im Gange der Lebensalter vollzog sich sein Fortschritt: »Ich war fünfzehn, und mein Wille stand aufs Lernen, mit dreißig stand ich fest, mit vierzig hatte ich keine Zweifel mehr, mit fünfzig war mir das Gesetz des Himmels kund, mit sechzig war mein Ohr aufgetan; mit siebzig konnte ich meines Herzens Wünschen folgen, ohne das Maß zu überschreiten.«

Der Sinn alles Lernens ist die *Praxis.* »Wenn einer alle dreihundert Stücke des Liederbuches auswendig hersagen kann, und er versteht es nicht, mit der Regierung beauftragt, (seinen Posten) auszufüllen oder kann nicht selbständig antworten, wenn er als Gesandter ins Ausland geschickt wird: wozu ist (einem solchen Menschen) alle seine viele Gelehrsamkeit nütze?«

Beim Lernen kommt es auf die *innerliche Formung* an. »Warum doch, Kinder, studiert ihr nicht die Lieder? An den Liedern kann man sich aufrichten, an ihnen kann man sich selbst prüfen, an ihnen Geselligkeit lernen, an ihnen hassen lernen und lernen, zu Hause dem Vater und draußen dem Fürsten zu dienen.« »Des Liederbuchs drei Hundert sind befaßt in dem einen Worte: Keine schlimmen Gedanken hegen.«

Ohne Lernen sind andererseits alle anderen Tugenden in der Umnebelung und entarten sogleich: Ohne Lernen wird Geradheit zu Grobheit, Tapferkeit zu Ungehorsam, Festigkeit zu Schrullenhaftigkeit, wird Humanität zu Dummheit, Weisheit zu Zerfahrenheit, Wahrhaftigkeit zum Ruin. (GP 159 f.)

Erziehung durch Lebensordnungen

Li: Die Ordnung wird durch Sitten, (li, Gebote des Benehmens) erhalten. »Ein Volk kann nur durch Sitte, nicht durch Wissen geleitet werden.« Die Sitten schaffen den Geist des Ganzen und werden wiederum von ihm beseelt. Der Einzelne wird nur durch die Tugenden der Gemeinschaft zum Menschen. Die li bedeuten die ständige Erziehung aller. Sie sind die Formen, durch die in allen Daseinssphären die gehörige Stimmung entsteht, die ernsthafte Teilnahme an den Sachen, das Vertrauen, die Achtung. Sie lenken den Menschen durch etwas Allgemeines, das durch Erziehung erworben und zur zweiten Natur wird, so daß das Allgemeine als das eigene Wesen, nicht als aus Zwang empfunden und gelebt wird. Dem Einzelnen geben die Formen Festigkeit und Sicherheit und Freiheit. (GP 161)

Konfuzius hat die li in ihrer Gesamtheit zum Bewußtsein gebracht, sie beobachtet, gesammelt, ausgesprochen und geordnet. Die ganze Welt chinesischer Sitten steht ihm vor Augen: der Anstand, mit dem man geht, grüßt, sich gesellig verhält und dies je nach Situation in besonderer Form; die Weisen der Opfer, der Feiern, der Feste; die Riten bei Hochzeit, Geburt, Tod und Begräbnis; Regeln der Verwaltung; die Ordnungen der Arbeit, des Krieges, des Tageslaufs, der Jahreszeiten, der Lebensstufen, der Familie, der Behandlung der Gäste; die Funktionen des Hausvaters, des Priesters; die Formen des Lebens am Hofe, der Beamten. Die berühmte und vielgeschmähte chinesische Lebensordnung in Formen hat durch Jahrtausende einen Bestand gehabt, beherrscht von einem alles durchdringenden Ordnungszweck, aus dem der Mensch keinen Augenblick herausfallen kann, ohne Schaden zu nehmen.

Bei Konfuzius nun haben die li keineswegs einen absoluten Charakter. »Geweckt wird man durch die Lieder, gefestigt durch die li, vollendet durch Musik.« Die bloße Form hat wie das bloße Wissen keinen Wert ohne Ursprünglichkeit, die sie erfüllt, ohne die Menschlichkeit, die sich in ihr auswirkt. (GP 161)

»Ein Mensch ohne Menschenliebe, was helfen dem die li?« »Hervorragende Stellung ohne große Artung, Kultus ohne Ehrfurcht, Beerdigungsgebräuche ohne Herzenstrauer: solche Zustände kann ich nicht mit ansehen.« Wer bei der Darbringung eines Opfers nicht innerlich anwesend ist, bei dem ist es, als habe er gar nicht geopfert. (GP 162)

Erziehung durch Kunst

Kunst hat in vergangenen Zeiten als *bildende Kunst, Musik und Dichtung* den Menschen in seiner Totalität ergriffen, so daß er durch sie sich selbst in seiner Transzendenz gegenwärtig wurde. Ist die Welt zerbrochen, als deren Verklärung Kunst ihre Gestalt hatte, so ist die Frage, wo der Schaffende das eigentliche Sein entdeckt, das schlummert, aber durch ihn zum Bewußtsein und zur Entfaltung kommt. Die Künste scheinen heute wie durch das Dasein gepeitscht; es ist kein Altar, an dem sie Ruhe finden, zu sich zu kommen, wo ihr Gehalt sie erfüllt. War in vorigen Jahrzehnten im Impressionismus noch die Ruhe des Anschauens, wurde im Naturalismus das Gegenwärtige wenigstens als Stoff für ein mögliches Kunstschaffen erobert, so scheint heute die Welt im Fluß des Geschehens ihr Wesen dem Blick schaffenden Verweilens vollends entzogen zu haben. Es ist nicht der Geist als die Welt einer Gemeinschaft fühlbar, die in der Kunst sich spiegeln könnte; aber es ist eine übermächtig gewordene Wirklichkeit als das noch sprachlose Dunkel. Es scheint, als verginge vor ihr das Lachen wie das Weinen, selbst der Satire scheint das Wort steckenzubleiben. Sich naturalistisch an dieser Wirklichkeit zu vergreifen, verschlingt dies Unterfangen selbst. Die Qual des Einzelnen zu schildern, die Gegenwart in ihren Besonderheiten prägnant zu fassen, Tatsachen im Roman zu berichten, das ist zwar alles eine Leistung, aber noch nicht Kunst. Das heute vor dem Zeitgeschehen anscheinend noch Ungemäße menschlicher Monumentalität hat der Plastik wie der Tragödie ihre Möglichkeit genommen.

Kunst müßte heute wie von jeher ungewollt die Transzendenz fühlbar machen, jeweils in der Gestalt, die jetzt wirklich geglaubt wird. Es kann wohl scheinen, als ob der Augenblick näherrücke, wo dem Menschen von der Kunst wieder gesagt werden wird, was sein Gott und was er selbst sei. Solange wir, als ob dies noch nicht geschehe, auf die Tragik des Menschen, den Glanz des eigentlichen Seins in den Gestalten längst vergangener Welt sehen müssen, nicht weil dort die bessere Kunst, sondern die auch heute noch gegenwärtige Wahrheit ist, nehmen wir zwar teil an dem echten Mühen der Zeitgenossen als unserer Situation, doch mit dem Bewußtsein des Mangels, unsere eigene Welt nicht durchdrungen zu haben. (GSZ 129 f.)

Das Kunstschöne gewinnt schließlich aber selbst die Bedeutung, daß »das Schöne Symbol der Sittlichkeit« ist. Die exemplarischen Schöpfungen des Genies sind unersetzlich. Denn durch die Kunst erwächst die Liberalität der Denkungsart, geschieht die Erziehung zur Gemeinschaft vermöge der Mitteilbarkeit der schönen Form, bereitet das Bewußtsein des übersinnlichen Substrats vor zur Aufnahme sittlicher Ideen. (GP 50 f.)

In der Gestalt aber einer sich zum Bilde vollendenden Anschauung wird durch die *Kunst* im Sprung die Erfüllung erreicht. Das Aneignen der Kunst im Genuß ihrer Werke bringt Erschütterung, Auflockerung, Erheiterung, Getröstetsein. In dieser rational schlechthin unzugänglichen, als Sprache der Anschauung ganz gegenwärtigen Vollendung ist kein Mangel mehr. (Ph 285)

Die Tragödie will mehr: die Katharsis der Seele. Was zwar diese Katharsis sei, wird auch durch Aristoteles nicht klar. Jedenfalls aber ist sie ein Ereignis, das das Selbstsein des Menschen angeht. Es ist ein aus dem Erleben nicht bloß des Zuschauens, sondern des Betroffenseins hervorgehendes Offenwerden für das Sein, eine Aneignung des Wahren durch Reinigung von dem Verschleiernden, Trübenden, Vordergründigen unserer uns verengenden und blind machenden Daseinserfahrungen. (W 923)

Mein Vater mochte keine Musik hören, sang nie und erzählte doch, sich selbst ironisierend, daß er als Junge im öffentlichen Konzert als Engel einmal habe Sopransolo singen müssen und es auch richtig fertig gebracht habe. Aber meine Mutter war eine glückliche Natur. Durch meine Kindheit klingt ihr Gesang, ihr Klavierspiel, mit dem sie, um meinen Vater nicht zu stören, gern aufhörte, wenn er nach Hause kam. Mein Vater freute sich ihrer Freude, mochte aber keinen Anteil daran nehmen. (SW 46)

In der Musik sah Konfuzius mit den li den Erziehungsfaktor ersten Ranges. Der Geist der Gemeinschaft wird bestimmt durch die Musik, die gehört wird; der Geist des Einzelnen findet hier die Motive, die sein Leben ordnen. Daher hat die Regierung Musik zu fördern und zu verbieten: »Man nehme die Schan-Musik mit ihren Rhythmen, man verbiete die Dschong-Musik, denn der Klang der Dschong ist ausschweifend.« (GP 162)

»Wer Musik versteht, erreicht dadurch die Geheimnisse der Sitte.« »Die höchste Musik ist stets leicht und höchste Sitte stets einfach; die höchste Musik entfernt den Groll, die höchste Sitte entfernt den Streit.«

Aber auch die Musik ist, wie die li, nicht an sich absolut: »Ein Mensch ohne Menschenliebe, was hilft dem die Musik?« (GP 162)

Erziehung durch Religion

Unersetzlich sind daher die Überlieferungen der Chiffernsprache durch die kirchlichen Religionen. Die kultischen Erfahrungen und die Denkfiguren der Dogmen sind Gefäße einer transzendenten Substanz. Das Kind schon wird eingeweiht in Wirklichkeit, die es erlebt, wenn auch nicht versteht. In Bildern und Gleichnissen, in Stimmungen und Feiern wird ihm das Unvordenkliche zugänglich. Das alles zu verstehen, vermag auch keine lebenwährende Verstandesarbeit. (AZM 348)

Antike und Bibel, dem Kinde vermittelt, wurden nun erst bewußt als der Grund unseres abendländischen geschichtlichen Lebens ernst genommen, nicht als Autoritäten, sondern als die Aufgabe, sie zu hören und sie in Gegenwärtigkeit zu übersetzen. (PuW 389)

In der Schule gab es Religionsunterricht, biblische Geschichte, Katechismus, Kirchengeschichte. Unwillkürlich wurden Vorstellungen in das Gemüt des Kindes gelegt, die obgleich ohne sonderliche augenblickliche Wirkung, doch nicht vergessen wurden. (PuW 374)

Bildung als Prozeß

Wahrheitsbewußtsein ist nicht einfach da in vitaler Unmittelbarkeit. Vielmehr muß es jeweils im Zeitalter und seinen Menschen von neuem erwachsen. Es erwächst durch Überlieferung aus dem angeeigneten Bildungsprozeß der Menschheit, der für unsere Erinnerung mit den Griechen beginnt, in Asien und in dem an Geheimnissen reichen Dunkel der Vorgeschichte seinen Hintergrund hat, und es erwächst aus der Erfahrung der Welt durch inneres Handeln des Einzelnen in seiner Gemeinschaft. (W 2)

Die von uns unterschiedenen Weisen des Umgreifenden sind in ihrem Gedachtsein geschichtlich, das *Resultat unseres abendländischen Bildungsprozesses:* In ihren Räumen haben unsere Ahnen gelebt und gedacht. Diese Weisen sind von ihrem Denken bewußt ergriffen worden. Wir sind in diesen Räumen erwacht. Durch sie haben wir die uns zugänglichen Ursprünge erfahren. Durch unser Denken der Weisen des Umgreifenden ist das schon Gedachte in seiner Wahrheit zu bewahren und in Eins zu fassen. (W 125)

Die Wahrheit wird in substantieller Erfüllung niemals allein durch philosophisches Denken hervorgebracht, sondern durch den Erziehungs- und Selbsterziehungsprozeß in einer sich bildenden Welt. Was Wahrheit sei, kann jedoch aus dem Mitleben dieses Schicksals im Blick darauf philosophierend zur Klarheit gebracht werden. Dies zu tun, ist der Sinn der philosophischen Logik. (W 3)

Die Logik als Organon der Vernunft wird zum Bildungsprozeß des je Einzelnen. Ich selbst muß ganz beteiligt sein, wenn solche Logik gelingen soll. Der Wille zur Klarheit, Offenheit, Gerechtigkeit ist mehr als der Wille zu irgendeinem Einzelwissen oder auch zu der gesamten gegenständlichen Erkenntnis; es ist ein Wille meines Wesens, unbedingt, keinem andern untergeordnet, vielmehr allem andern in mir Raum und Weg zeigend.

Man könnte meinen, die Logik solle bei solchen Forderungen einen subjektiven, romantischen Charakter gewinnen. Keineswegs. Der Bildungsprozeß der Vernunft gewinnt im persönlichen Zu-sich-selberkommen die ganze Weite der Seinsobjektivität oder umgekehrt: er bringt durch Aufschließung jeder Seinsweise in der Geschichtlichkeit des

Menschseins dieses selbst in seiner Tiefe grenzenlos zur Offenbarkeit. Der Einzelne findet sich in den klaren Gültigkeiten des Seins; diese sind unverkehrt und rein sichtbar, aber nur für den, der sich selbst zur Reinheit des Blickens erzogen hat. Sie kommen zu unverstellter Gegenwart nur in dem, der seine Aneignungsweise täuschungslos, sich selber treu bis in die Ausläufer seines Wesens gestalten konnte zur Bereitschaft für den Grund des Seins. Die Logik soll nicht subjektivieren, aber sie soll existentiellen Charakter gewinnen, den sie immer hatte, wo sie philosophisch war. (W 10)

Bildungsprozeß unseres Denkens

a) Die Grundfrage wird Ursprung, aber liegt nicht am Anfang. In unserem Bildungsprozeß gehen wir zunächst auf das Sehen, Erfahren und Begreifen von Dingen in der Welt und nehmen die Überlieferung des konkreten Wissens in uns auf. Damit ergibt sich für den suchenden Menschen eine Unruhe in der Zerstreuung der vielerlei Ziele, in der Endlichkeit dieser Ziele, die der absoluten Begründung entbehren, in den endlosen Wißbarkeiten. Dann verwundert er sich über Widersprüche im verbreiteten Wissen, über das vielerlei Reden, das er hört und selbst vollzieht. Er sucht, was das Eine in Allem ist, das Endziel, den Urgrund, das Weltganze, die Gottheit.

b) Wenn jener Bildungsweg am Ende zu einer Grundfrage führt, so ist keine Antwort zu erwarten wie auf Fragen von Dingen in der Welt. Die überlieferten religiösen und metaphysischen Antworten als der geschichtliche Gehalt menschlicher Existenz stehen an der Grenze allen Wissens (wenn sie nicht gewaltsame, ungläubige Verabsolutierungen von Dingen in der Welt, sondern im Glauben und Innewerden vollzogene Berührungen mit dem Sein selbst waren). Diese Antworten werden vorgefunden als die großen geschichtlichen Symbole in heiligen Büchern und als Gedanken in einsamen Philosophien. Sie sind als etwas Eigenständiges zu verstehen. Ihre Wahrheit ist im eigenen Wesen anzueignen. Es ist der Raum der Ursprünge zu erhellen, aus denen das Seinsbewußtsein sich erfüllte, dessen Ausdruck jene Antworten sind. Dieses Seinsbewußtsein wurde bewährt im menschlichen Wissen, Wollen und Tun und wurde durch dieses Bewähren aus dem Dunkel zur Entfaltung gebracht.

c) Das rechte Verständnis der Frage kann sich erst in der Antwort zeigen. Und diese zeigt ihre Wahrheit in dem Maße, als von ihr aus die schon vorliegenden geschichtlichen Gestalten der Frage und die gegebenen Antworten verstanden, durch einen begründenden Sinnzusammenhang in ihrer Wahrheit angeeignet, in ihrem Irren verworfen werden. Dies zu erreichen, kann nach den ungeheuren Entwürfen und Katastrophen des Philosophierens weder durch zusammenstellende Sammlung aller Gedanken gelingen noch durch gewaltsame Beschränkung auf einen vermeintlichen Grundzug, dem sich alles fügen soll. Voraussetzung für das reine Erfassen der Grundfrage ist vielmehr eine philosophische Haltung, deren Leidenschaft für die Wahrheit in ständiger Selbstergriffenheit der eigenen Existenz doch die Besonnenheit der Vernunft gewinnt. Erst diese Besonnenheit vermag durch unablässig wiederholte Infragestellung versuchter Positionen, Gedanken, Symbole die Weite zu erblicken, in der am Ende die Einfachheit des Ursprungs wahrhaftig sich zu erkennen geben kann. (W 36)

Bildung des Bewußtseins durch Vernunft

Die Bewußtseinsbildung durch Vernunft geht den Weg des Wahrwerdens im unvollendbaren Ganzen. Es kommt auf die Bildung unseres Bewußtseins an, daß es frei werde für die Einheit des Wahren. Das geschieht durch die ständige Erweiterung der Wahrheitskreise und damit zugleich der Mitteilbarkeitskreise, an denen ich teilhabe.

Während das enge Bewußtsein in fixierten Wahrheiten Boden und Stärke hat, lockert sich das erweiterte Bewußtsein zur Teilnahme an allen Reichen möglichen Wahrseins. Diese Lockerung aber geht nicht zur Anarchie hin, sondern zur eigentlichen Ordnung, in der alles Wahre zugleich seine Grenze hat, wo der Boden und die Kraft in dem gegenständlich unfaßbaren Einen liegen, das als Führung um so reiner sein kann, je gegenwärtiger dem heraufgebildeten Bewußtsein in konkreter Erfüllung die umfassenden Weisen des Wahrseins sind. Diese Verwandlung des engen in das gebildete und damit aufgeschlossene Bewußtsein ist zu charakterisieren:

1. Wir sprechen, als ob wir jeden Augenblick gemeinsam im Medium des Bewußtseins überhaupt die eine und selbe Wahrheit meinten. Wir setzen dabei voraus, daß es *die eine Fläche der überall artgleichen einen Wahrheit* gebe.

Aber die auflockernde und zugleich durch Ordnung befestigende Bildung des erweiterten Bewußtseins will bei jedem Satz wissen: in welchem Bezirk, in welchem Sinn, aus welchem Ursprung, mit welchen Grenzen und Voraussetzungen diese Wahrheit gilt.

2. Wir sprechen ständig, als ob wir einer *mit sich einigen identischen Gemeinschaft* der Gefühle, Antriebe, der Werturteile und moralischen Maßstäbe angehörten. Diese treten jeweils selbstverständlich, bedin-

gungslos – und zugleich doch nur im allgemeinen und in der Wurzel unbestimmt auf. Bei Bedrohung verbinden sie sich mit heftigen Affekten.

Aber die Bildung des erweiterten Bewußtseins erwächst aus der alloffenen Vernunft. Ihr werden die Ursprünge und damit die eigentliche Unbedingtheit hell. Der Fanatismus wird eingeschmolzen. Die Kraft des Selbstseins wird erweckt, um einzudringen in den geschichtlichen Grund und klar zu verwirklichen, woher ich komme und wo ich stehe, und um mich der eigentlichen Kommunikation offenzuhalten.

3. Wir neigen zum bestimmten *Wissen als endgültigem*, das als Besitz bereit liegt.

Bildung der Vernunft aber ist die Disziplin methodischen Fürwahrhaltens. Alles Fixierte ist, obgleich unerläßlich, zugleich in der Schwebe. Dies erweiterte Bewußtsein gewinnt seine Bildung durch eine Schulung qualitativer Art. Die Denkweisen und Haltungen werden erworben, nicht nur das inhaltliche Wissen. (W 689)

Dasein und geistige Welt

Da der Mensch in der Verwirklichung eines Daseinsganzen keine Vollendung findet, baut er sich im Fluge über das Dasein hinaus in dem Raum, worin er sich in allgemeiner Gestalt seines Seins kommunikativ gewiß wird, eine zweite Welt, die des *Geistes*. Zwar ist er auch als geistiges Sein gebunden an seine Daseinswirklichkeit, aber in seinem Aufschwung übergreift er diese; sich einen Augenblick loslösend von der bloßen Wirklichkeit, kehrt er in sie zurück als das Sein, das er im Sehen und Schaffen des Geistes geworden ist.

Aus solchem Ursprung wird die zweite Welt in der ersten hervorgebracht und gefunden: Der Mensch kommt mit dem *Wissen seines Seins* über sein nur gegebenes Dasein hinaus. Im Medium seiner Bildung vollzieht er den geistigen Prozeß, zu dem auch die jeweils bestimmte Tätigkeit der Daseinssorge vermöge des Sinns der sie durchdringenden Idee wird. In den Werken der Kunst, Wissenschaft und Philosophie schafft sich der Geist seine Sprache.

Das Schicksal des Geistes steht in der Polarität von *Daseinsabhängigkeit* und *Ursprünglichkeit*. Er wird verloren sowohl in bloßer Abhängigkeit wie in imaginärer Unwirklichkeit. Ist er in den Daseinswirklichkeiten deren Idee gewesen, so kann diese sterben und, was Geist war, in Residuen als Hülse, Maske und bloßer Reiz fortbestehen.

In unserem Zeitalter der Massenordnung, Technik, Ökonomik ist, wenn diese Unausweichlichkeiten verabsolutiert werden, mit dem

Menschsein der Geist in der Gefahr, in seinem Grunde zerstört zu werden: Wie der Staat als Bundesgenosse des Menschen erlahmen kann, so auch der Geist, wenn er nicht mehr aus eigenem Ursprung ein wahrhaftiges, sondern im Dienst der Massen in endlicher Zweckhaftigkeit ein für diese verfälschtes Leben lebt. (GSZ 112 f.)

Bildung als Lebensform

Bildung ist *Lebensform;* diese hat zu ihrem Rückgrat Disziplin als *Denkenkönnen* und zu ihrem Raum geordnetes *Wissen.* Anschauung von Gestalten des Gewesenen, Erkenntnis als zwingend gültige Einsichten, Kenntnis von Sachen und Zuhausesein in Sprachen sind ihr Stoff. (GSZ 113 f.)

Bildung als Formung nach einem festen Ideal ohne ständige Bewegung der Vernunft durch Wissenschaften verfestigt und beschränkt. Bildung als Formung der Haltung, in Vernunft jeden Weg zu versuchen, die Bewegungen des Geistes allseitig zu vollziehen, öffnet dem Menschen den weitesten Raum. (Idee II, 34)

Ein Element der Kultur des Menschen ist seine Bildung als die Weise seines geschichtlichen Wissens. Sie ist lebendig als je einmalige Sprache einer geschichtlichen Wirklichkeit in Welt und Religion, für die sie Medium der Kommunikation, des Erweckens und des Erfüllens ist. Der Anspruch der Wißbarkeit von Vergangenem, angeeignet zu werden, ist der Anspruch an den Menschen, aus den erworbenen Möglichkeiten eigentlich er selbst zu werden. (Ph 635)

Bildendes Denken vollzieht sich in Tätigkeiten, deren Ziel ist, den Menschen im Ganzen zu formen, sein Wesen auszuprägen, und zwar mit dem Sinn dieser Bildung als eines Selbstzwecks. Diese Tätigkeiten gleichen dem Spiel, weil sie nichts außer sich wollen. Sie sind von ihm unterschieden durch den Ernst der Idee des Menschseins. Diese Idee erwirkt eine Kontinuität derart, daß bildende Tätigkeit selber Ausdruck der schon erworbenen Bildung und Weg zu weiterer Bildung ist.

Nicht der Besitz von Kenntnissen ist Bildung, sondern die Aneignung geistiger Gehalte. Mit dieser Aneignung erwächst zwar auch ein Wissen. Aber in diesem Wissen kommt eine erworbene Form des Denkens, Tuns und Sehens zur Erscheinung, wenn das Wissen ein Element der Bildung ist. Wissen als solches ist nicht Bildung. Bloße Kenntnisse sind Mittel zu einem Zweck, man kann sie anwenden, aber sie bleiben dem Menschen ein äußeres Gut. Bildendes Wissen jedoch verändert den Menschen, wird zu seinem Wesen. In bezug auf die Geschichte etwa hat nach Burckhardt das Wissen nicht den Sinn, klug für ein andermal, sondern weise für immer zu werden. Anwendbare Kenntnisse erlauben eine Berechenbarkeit durch genaue Angabe ihrer Wirksamkeit; bildendes Wissen ist wirksam, aber ohne Berechenbarkeit.

Bildung entwickelt sich nicht aus angeborenen Eigenschaften von selber, sondern wird geschichtlich erworben. Natürlich gegeben ist etwa die Erfüllung mit Vorstellungen und Phantasien. Bildung aber ist die Erfüllung der Seele mit Gestalten der Größe, mit der Anschauung der Tiefe der Bilder. Bildung ist die in klaren Rangverhältnissen geordnete Gegenwärtigkeit der überlieferten Anschauungen.

Natürlich gegeben ist die Individualität des Einzelnen. Bildung aber heißt, in der Prägung und Entfaltung dieses natürlich Gegebenen sich durch die Form seines Tuns und Sichbewegens, seines Bewußtseins und seiner Welt einem Allgemeinen zu nähern, so daß dieses Allgemeine in persönlicher Gestalt als diese einmalige Individualität zur wirklichen Erscheinung kommt.

Bildung wird gleichsam eine zweite Natur. Weil diese nicht angeboren ist, ist sie gebunden an Überlieferung, an Erziehung, an Ahnen und Familie, an die Substanz der Gemeinschaft, in der ich erwachte. Der geistige Rang eines Volkes ist durch die Art seiner Bildung bestimmt: welchen seiner großen Menschen es folgt, welchen es mit Ehrfurcht begegnet, wie es ihr Wesen erblickt und als Maßstab wirken läßt.

Das bildende Tun ist ein denkendes Tun, mit dem ich durch den Gang aller Tage hindurch meine Aktivität unter ein Gesetz stelle, dessen Sinn leichter negativ als positiv zu umschreiben ist, zum Beispiel: Im geistigen Tun gilt die Frage, ob ich zu diesem und ob in diesem Augenblick und dieser Verfassung ein Recht habe, – sie wird beantwortet aus dem Gehalt des Antriebs, der verbietet, zur bloßen Ausfüllung von Langeweile und nicht aus schon entgegenkommender Bereitschaft sich etwa im Theater den Hamlet anzusehen. Es ist in der Bildung eine Disziplin jedes Tages gefordert, aber aus der Kontinuität des Ernstes der Gehalte, nicht als bloße Form und Ordnung. Auch diese Ordnung hat ihre Geltung und bleibt noch, wenn in matten Zeiten die Seele vorübergehend erlischt. Ich darf weder die eigene Seele noch das geistige Werk mißhandeln, beide müssen zueinander gehören, und nur das augenblicklich klare Gewissen des gebildeten Wesens entscheidet ohne Gründe. (W 353 f.)

Gestalten der Bildung

Bildung als Wert und Versagen. – Bildung heißt die Weltorientierung des Einzelnen, die er durch Aufnahme der überlieferten Kategorien und

Methoden des Forschens, von Wissensinhalten und gestalteten Bildern des Seins erworben hat. Positivismus und Idealismus bedeuten als die Pole der Weltorientierung den jeweils möglichen Umfang der Bildung. Die Welt ist nicht zu überspringen, weil ich erst durch sie wirklich werde. Wenn auch der größte Umfang der Bildung den Einzelnen nicht zur Existenz macht, sondern nur Bedingungen für ihre Verwirklichung schafft, so bedeutet doch geringe Bildung einen entsprechend engen Daseinsumfang der Existenz.

Bildung ist zu wirklichem Dasein gewordenes Bewußtsein überhaupt. Der gebildete Mensch sieht Welt und Dinge nicht chaotisch und nicht isoliert, sondern in bestimmt gegliederten Perspektiven. Er handelt nicht nach mechanischen Verstandesprinzipien, sondern aus der Substanz einer unpersönlichen Idee.

Bildung ist *theoretische* als Erworbenhaben von Denkformen und Wissensmöglichkeiten, sie ist *praktische* als die zweite Natur der Haltung und des Tuns entsprechend dem Typus eines geschichtlich geltenden Ideals:

Als *positivistische* ist Bildung das Wissen von Realitäten, aber in der Form begründeten Wissens, in dem ich weiß, wie und warum ich weiß, und was ich nicht weiß. Bildung erweist sich im Fragenkönnen, das im konkreten Fall mit Hilfe des bis dahin erworbenen Wissens auf den Grund der Sache zu dringen vermag. In ihr ist der Sinn für das Zwingende, die Positivität des Faktischen, die Möglichkeit des Herstellbaren. Als *idealistische* ist Bildung das Erfülltsein von Gestalten und Bildern als Teilhaben an Ganzheiten. In ihr ist der Sinn für die empirisch unerweislichen Ideen und das Vermögen, aus ihnen anschauliche Entwürfe in der Welt zu gestalten. Sie ermöglicht eine Kommunikation zwischen den Gebildeten, die über das Zwingende hinaus in dem Gehalt eines Weltdaseins sich vollzieht. – Am *positivistischen* Pol bedeutet Bildung das technische Können als die zweckhafte Beherrschung der mir vorkommenden Dinge, und das philologische Können, welches Bedingung eigentlichen Verstehens ist. Am *idealistischen* Pol erfüllt sich dieses Verstehen zu einer inneren geistigen Welt und wird ein schöpferisches Können von der Kunst einer ärztlichen Therapie bis zum Gestalten von Werken und zum sacherfüllten Handeln. (Ph 203 f.)

Geschichtlichkeit der Bildung

Historischer Rückblick. Gebildet heißt der Mensch, der nach einem bestimmten geschichtlichen Ideal geprägt ist. Ihm ist ein Ganzes von Vorstellungsweisen, Bewegungen, Wertungen, Sprechweisen und Fähigkeiten zur zweiten Natur geworden. Gebildet ist der Grieche in seiner Kalokagathie, der Römer in seiner Dignitas, die das decorum und honestum wahrt, der Engländer als Gentleman. Die Bildungsideale hatten ihre Weise nach dem Stande, aus dem sie kamen (Ritter, Priester, Mönch, Bürger), nach der geistigen Sphäre, die bestimmend wurde (Weltmann, Künstler und Dichter, Forscher), nach dem herrschenden Sachgebiet (das musisch-gymnasische Geprägtsein, das scholastische Wissen und Können, die sprachlich-literarische Bildung, das technisch-naturwissenschaftliche Können), schließlich nach der Institution, in der die Bildung erworben wurde (Gymnasium, öffentliches Leben der Agora, Fürstenhof, Salon, Universität). Gemeinsam ist in den Bildungsidealen der Sinn für Form und Selbstbeherrschung, auch der Sinn dafür, daß durch Übung die Bildung zur zweiten Natur werden müsse, als ob alles angeboren und nicht erworben sei.

Zuweilen hat ein ganzes Volk das Bildungsideal eines Standes als das seine empfunden und zum allgemeinen gemacht. So wurde der geprägte und einheitliche Habitus des englischen Gentleman und des Franzosen möglich, während in Deutschland kein Stand ein Bildungsideal mit suggestiver Kraft entwickelt hat, darum der Deutsche als solcher ungebildet, Barbar, seine Bildung eine persönliche des Einzelnen ist.

Nicht Bildung, sondern eine Folge der Bildung ist die Berechtigung, die soziologisch privilegiert. Im hellenistischen Ägypten machte die Ausbildung als Ephebe im Gymnasium zum Griechen, der allein berechtigt war zu kommunalen Ämtern, man führte Listen über die gymnasisch Gebildeten. Der Chinese gewann durch Examina das Vorrecht, der Literatenschicht anzugehören und Mandarin zu werden. Bei uns heißt gebildet, wer die Zeugnisse der höheren Schulen, früher nur des humanistischen Gymnasiums, besitzt. Ohne dies Abiturientenzeugnis ist die akademische Bildung nicht zugänglich, die ihrerseits die Berechtigung zu bestimmten Berufen verleiht. (Idee III, 78 f.; ähnl. II, 33 f.)

Bildung und Antike

Bildung und Antike. – Bildung ist im Abendlande für breitere Schichten, in Distanz zur Masse, bis heute nur auf dem einzigen Wege des Humanismus geglückt, während für einzelne auch andere Wege möglich gewesen sind. Wer in der Jugend Griechisch und Lateinisch lernte und die antiken Dichter, Philosophen, Geschichtsschreiber las, wer Mathematik in sich aufnahm, die Bibel und wenige der großen Dichter der eigenen Nation kennenlernte, ist erfüllt von einer Welt, die ihm in ihrer unendlichen Beweglichkeit und Offenheit einen unverlierbaren

Gehalt gibt und die Zugänglichkeit alles anderen möglich macht. Aber diese Erziehung ist durch ihre Verwirklichung sogleich eine Auslese. Nicht jeder kommt in ihr zu dem, worauf es ankommt, viele versagen und haben in ihr nur äußerlich gelernt. Nicht spezifische Begabung für Sprachen oder für mathematisches Denken oder für Realien entscheidet, sondern die Bereitschaft, geistig ergriffen zu werden. Humanistische Erziehung ist jeweils die des Einzelnen, welcher sich durch sein Sein im Werden mit ihr selbst ausliest. Nur diese Erziehung hat daher die wunderbare Eigenschaft, daß auch schlechte Lehrer allenfalls ein Ergebnis erreichen können. Wer als Schüler die Antigone liest und nur von Grammatik und Metrik hört und sich gegen diesen Unterricht sträubt, kann doch ergriffen sein, weil der Text selbst vor ihm liegt.

Fragt man, warum denn dieser eine Weg solchen Vorzug haben soll, so ist die Antwort nur geschichtlich zu geben, nicht durch irgendeine rational einleuchtende Zweckhaftigkeit. Die Antike hat faktisch begründet, was wir im Abendlande als Menschen sein können. In Griechenland ist der Bildungsgedanke zum erstenmal so verwirklicht und begriffen, wie er seitdem für jeden, der ihn versteht, gültig ist. Jeder große Aufschwung des Menschseins ist im Abendland durch eine neue Berührung und Auseinandersetzung mit der Antike geschehen. Wo sie vergessen wurde, trat Barbarei ein. Wenn haltlos schwanken muß, was sich von seinem Grunde löst, so wir, wenn wir die Antike verlieren. Unser wenn auch stets verwandelter Grund ist das Altertum, erst in zweiter Linie und ohne autonome Bildungskraft die Vergangenheit des eigenen Volkes. Wir sind Abendländer in der jeweiligen Zugehörigkeit zu einem Volkstum, welches durch eine spezifische Aneignung des Altertums so geworden ist. Diese Bildung ist heute von dem Massenwillen bestenfalls nur noch zugelassen. Die Zahl der Menschen, denen sie etwas bedeutet, wird immer geringer. (GSZ 114 f.)

Lassen wir uns nicht einschüchtern durch die übermütigen Behauptungen, daß unser Zeitalter den Humanismus überwunden habe, daß er zu den Resten dekadenten Bürgertums gehöre. Solche Scheinerkenntnis gewinnt nur dann an Geltung, wenn eine despotische Gewalt gegen die wirklichen geistigen Ansprüche des Menschen ausmerzt, was ihr nicht gefällt.

Der Humanismus ist wesentlich eine Erziehungsfrage. Er bringt der Jugend die tiefsten menschlichen Gehalte in reinster Form und in einfachster Fassung. Es ist gar nicht unzeitgemäß, die humanistischen Gymnasien zu pflegen und den dazu begabten Kindern das Beste durch die alten Sprachen zukommen zu lassen, was auch heute nur auf diesem Wege zu geben möglich ist. Alle Kinder des Abendlandes aber sollten außer mit der Bibel auch mit der Geschichte des Altertums und mit

Schriften der Antike in Übersetzungen und mit der Kunst jener einzigen Zeiten vertraut werden.

Doch die Propaganda für den Humanismus ist heute nicht selten irreführend. (RA 332)

Ein neuer Humanismus aus einer leeren Idee des Menschen als solchen ohne Geschichtlichkeit ist unmöglich.

Wohl aber ist ein kommender Humanismus denkbar, der die chinesischen und indischen Grundlagen des Humanen abendländisch aneignet und zu einem gemeinschaftlichen menschlichen Humanismus aller Erdbewohner in der Mannigfaltigkeit seiner geschichtlichen Erscheinungen wird, die besser sie selbst sind, weil sie um einander wissen.

b) Nun aber das Entscheidende. Der Humanismus ist nicht das Endziel. Er schafft nur den geistigen Raum, in dem jeder um seine *Unabhängigkeit* ringen kann und muß. (RA 334)

Wissenschaftlichkeit als Bildung

Soweit an der Universität eine eigentümliche Bildung entsteht, ist sie *wissenschaftliche Bildung*. Diese ist bestimmt durch die *Haltung der Wissenschaftlichkeit* überhaupt. Sie ist die Fähigkeit, zugunsten objektiver Erkenntnis die eigenen Wertungen für je einen Augenblick zu suspendieren, von der eigenen Partei, dem eigenen gegenwärtigen Willen absehen zu können zugunsten unbefangener Analyse der Tatsachen. Wissenschaftlichkeit ist Sachlichkeit, Hingabe an den Gegenstand, besonnenes Abwägen, Aufsuchen der entgegengesetzten Möglichkeiten. Selbstkritik. Sie erlaubt nicht, nach Bedarf des Augenblicks dieses oder jenes zu denken, und das andere zu vergessen. Ihr eignet das Skeptische und Fragende, die Vorsicht im endgültigen Behaupten, das Prüfen der Grenzen und der Art der Geltung unserer Behauptungen.

Forschung und Fachschulung haben also bildende Wirkung, weil sie nicht nur Kenntnisse und Können vermitteln, sondern Haltung der Wissenschaftlichkeit entwickeln. Damit aber wird mehr erreicht, wird nicht nur sachlich freie Erkenntnis erworben, sondern auch die Erfahrung des eigenen Parteiseins verwandelt. Es werden Fanatismus und Blindheit aufgehoben. Die Erfahrung, selber nicht alles zu sein, macht echte Unbedingtheit möglich. Das Unlösbare, die Erfahrung von der Ungeschlossenheit der Welt wird zum Sprungbrett des Transzendierens. Die wissenschaftliche Haltung ist mehr als Förderung endlichen Erkennens. Sie ist eine Bildung zur Vernunft.

Das Ergriffensein von dem grenzenlosen Willen zum Forschen und Klären fördert die Humanitas, d. h. das Hören auf Gründe, das Verstehen, das Mitdenken auf dem Standpunkt eines jeden anderen, die Redlichkeit, die Disziplinierung und Kontinuität des Lebens.

Aber diese Bildung ist natürlicher Erfolg, nicht planbares Ziel. Durch die Aufstellung der Bildung zu einem besonderen, in Loslösung von den Wissenschaften erreichbaren Ziel, wird gerade solche Bildung verloren. Mag man an eine dünne ›humanistische‹ Bildung denken, die statt philologisch-methodischer Schulung anschaubare schöne Dinge zum Genusse und müßigen Gerede darbieten würde, oder mag man an religiöse Bedürfnisse denken, die in der Lehre der Universität eine kümmerliche Befriedigung finden sollten, – das alles ist Täuschung. Die Universität ist keine Kirche, kein Mysterium, nicht der Ort für Wirksamkeit von Propheten. Ihr Grundsatz ist: denkend alle Werkzeuge und Möglichkeiten zu entwickeln, an die Grenzen zu führen, den Lernenden aber in allem Entscheidenden des Handelns und Glaubens auf sich selbst zu verweisen, auf seine Verantwortung, die durch das Erkennen in das hellste Bewußtsein der Bedeutung gebracht wird. Die Universität stellt die Anforderung rücksichtslosen Erkennenwollens. Da Erkennen nur in selbständiger Initiative möglich ist, ist ihr Ziel diese Selbständigkeit des Einzelnen. Sie kennt innerhalb ihrer Sphäre keine Autorität, sie respektiert nur die Wahrheit, in ihren unendlichen Gestalten, diese Wahrheit, die alle suchen, die aber niemand endgültig und fertig besitzt.

Diese Bildung durch die Universitätsidee ist wesentlich gegründet in dem ursprünglichen Wissenwollen. Ihm ist das Erkennen Selbstzweck. Das in solcher Bildung erwachsene Menschsein ist unbeirrbar und zugleich unendlich bescheiden. Was der Zweck des Daseins, das Endziel sei, ist durch keine bloße Erkenntnis zu entscheiden. Hier ist jedenfalls *ein* Endzweck: die Welt will erkannt werden. (Idee III, 79 ff.; ähnl. II, 50 f.)

Bildung durch den Gehalt der Wissenschaften

Der Bildungswert der Naturwissenschaften und der Geisteswissenschaften hat einen sehr verschiedenen Charakter. Naturwissenschaftlicher Realismus und Humanismus scheinen zwei Bildungsideale. Beide beruhen auf wissenschaftlicher Forschung, das eine auf dem Umgang mit den Realitäten der Natur durch Beobachtung und Experiment, das andere auf dem Umgang mit Büchern und Werken des Menschen durch Verstehen.

In den Geisteswissenschaften bleiben wir im Element des Verstehbaren und berühren nur als Grenze und als das Fremde, die unverstehbaren Daseinsbedingungen allen Geistes, etwa in geographischen Gegebenheiten, Rassen, Naturkatastrophen. Aber unser Dasein ist bestimmt von diesem Unverstehbaren, das die Naturwissenschaft zu erkennen und zu erklären sucht.

Geisteswissenschaften und Naturwissenschaften haben die Tendenz, je sich selber den Vorrang zu geben und zur eigentlichen Wissenschaft zu machen. Ein Bildungsideal, in dem Humanismus und Realismus miteinander verbunden wären zu gegenseitiger Erleuchtung und Durchdringung, besteht bis heute nicht, außer in persönlichen Einzelgestalten wie Alexander von Humboldt, K. E. von Baer u. a.

Der Bildungswert der Geisteswissenschaft ist die Teilnahme an der menschlichen Vergangenheit, das Wissen in der Weite der menschlichen Möglichkeiten. Auch wo der Weg der Erkenntnis (der in der Philologie beschritten wird) vergessen ist, bleibt das Ergebnis als solches bedeutsam. Die Erfüllung der Seele mit den Gehalten der Mythen, Bilder, Werke, der menschlichen Wirklichkeit als solcher hat schon den großen Bildungswert.

Der Bildungswert der Naturwissenschaften dagegen liegt in der Übung exakt-realistischer Auffassung. Sehr viel weniger als bei den Geisteswissenschaften bilden die Inhalte als solche. In der Physik und Chemie sind die Ergebnisse verhältnismäßig gleichgültig, während der Weg, auf dem sie gewonnen sind (die Methode), den Bildungswert hat. Wer hier nur Ergebnisse kennt, hat ein im Grunde totes Wissen. Die bloße Aneignung der Ergebnisse schafft daher hier das Gegenteil von geistiger Bildung. Es entsteht eine abergläubische Dogmatik der zur Autorität erhobenen Wissenschaft. Am wenigsten Bildungswert hat, was bei der Menge im Vordergrund steht, die Dogmatisierung zum Weltbild. Ein Wissen, dessen Begründung ich nicht selbständig einsehen kann, wirkt hier ruinös. Die doch im Prinzip immer falschen Weltbilder gelten wie früher die Mythen. Ein entseeltes Weltbild tritt an die Stelle der mythischen Welt; ein reiches, gehaltvolles Ganzes wird ersetzt durch ein unendlich armes. Leere naturwissenschaftliche Ansichten treten an Stelle lebendigen, anschauenden Verkehrs mit der Natur. Nicht durch die Naturwissenschaften, sondern durch die falsche Auffassung von ihnen, in der ihre Ergebnisse dogmatisch und von abergläubischem Charakter werden, entsteht die in der modernen Zeit verbreitete »Entzauberung« der Welt. Dieser Dogmatik wäre eine Dogmatik der mythischen Welt voller Wunder und Zauber als Bildungsfaktor vorzuziehen.

Das Gesagte gilt vor allem von den exakten Naturwissenschaften. Sie leisten das Höchste an wissenschaftlicher Präzision und Sauberkeit, lassen die größte Klarheit über die Voraussetzungen der eigenen Erkenntnisakte entstehen. Sie bestätigen das Wort Kants, Wissenschaft gebe es nur, soweit Mathematik anwendbar sei. Darum ist aber auch in diesem Falle alles am Begreifen der Erkenntnisschritte und fast nichts am Hinnehmen der Resultate gelegen. Die Naturwissenschaften umfassen jedoch ein weiteres Feld. Schon im Unlebendigen gibt es die unendliche Gestaltenfülle der Minerale. Und das Leben zeigt uns eine Realität, rätselhafter noch und undurchdringlicher als die bloße Materie. Kant schrieb, was noch heute gültig ist: »Es ist ganz gewiß, daß wir die organisierten Wesen und deren innere Möglichkeit nach bloß mechanischen Prinzipien der Natur nicht einmal hinreichend kennenlernen, viel weniger uns erklären können, und zwar so gewiß, daß man dreist sagen kann, es ist für Menschen ungereimt, auch nur einen solchen Anschlag zu fassen, oder zu hoffen, daß noch etwa dereinst ein Newton aufstehen könne, der auch nur die Erzeugung eines Grashalms nach Naturgesetzen, die keine Absicht geordnet hat, begreiflich machen werde«. Heute haben die Wissenschaften vom Leben einen außerordentlichen Aufschwung genommen. Und hier hat der bloße Inhalt als solcher schon eher einen Bildungswert. Die unendlichen Gestalten des Lebens eröffnen eine Welt, die den vertrauten Umgang mit der Natur, wie ihn jeder Mensch für sich hat, sinnvoll erweitert, klärt, vertieft. Der Bildungswert hängt aber davon ab, wieweit das naturwissenschaftliche Wissen sich umsetzt in lebendiges Beobachten, Anschauen, Zueigenmachen der Umwelt. (Idee III, 81 ff., ähnl. II, 35 ff.)

Die Aufgabe der psychopathologischen Bildung. Eine Gesamtdarstellung arbeitet an etwas, das, mehr als bloßes Wissen, die Bildung des Psychopathologen ist. Sie will in gegliedertem Wissen, in disziplinierter Anschauung, in methodischer Erfahrung das psychopathologische Denken üben. Eine große Tradition bewahrend, will sie dieser Tradition, sie formend, dienen. Wissen als solches ist erst relevant, wenn es zur Bildung des Sehens und Denkens wird.

Mein Buch möchte dem Leser helfen, eine psychopathologische Bildung sich zu erwerben. Es ist zwar einfacher, bloß ein Schema zu lernen und mit ein paar Schlagwörtern scheinbar allem gewachsen zu sein. Bildung erwächst aus dem Wissen der Grenzen im geordneten Wissen und im anschaulichen Denkenkönnen, das sich in allen Richtungen zu bewegen vermag. Zur psychiatrischen Bildung gehört die eigene Erfahrung mit jederzeit bereitem Besitz der Anschauung – das vermag kein Buch zu geben –, und dann die begriffliche Klarheit und vielseitige Beweglichkeit der Auffassung, – das letztere möchte mein Buch fördern. (APs 44)

Denn es kommt nicht darauf an, viel oder alles zu wissen, sondern die Grundsätze des Wissens, die Grundsätze der Wirklichkeit sich in jedem Gebiet zur Klarheit zu bringen und sie sich zugleich in einem konkreten Detail zu vergegenwärtigen. (SW 35)

Forderung der Erwachsenenbildung

Wenn nach solcher Erziehung, im Durcheinander von Gleichgültigem und Zufälligem, der Erwachsene noch nicht in eine Welt aufgenommen ist, sondern verlassen bleibt und dessen sich bewußt wird, ist die Forderung der *Erwachsenenbildung* ein Zeichen der Zeit. Früher handelte es sich dem Erwachsenen gegenüber nur um ein Vermitteln von Wissen für breitere Kreise; Problem war die Möglichkeit des Popularisierens. Heute ist die Frage gestellt, wie aus dem Ursprung gegenwärtigen Daseins in der Gemeinschaft von Volksbildnern, Arbeitern, Angestellten, Bauern neue Bildung geschaffen, nicht alte verwässert werde. Der Mensch in seiner Verlassenheit soll sich nicht nur in der Wirklichkeit begreifend zurechtfinden, sondern wieder einer Gemeinschaft angehören, welche über Berufsangehörigkeit und Parteigemeinschaft hinaus den Menschen mit dem Menschen als solchen zusammenbringt; es soll wieder ein Volk werden. Die Fragwürdigkeit von allem, was mit der Erwachsenenbildung in diesem Sinn erreicht wurde, kann nicht hindern, den Ernst der gestellten Aufgabe zu fassen. Wenn alles, was Idee war, an der Wirklichkeit der Zeit zerschellt, so wird der Aufschwung in der Situation zu einem vielleicht unerfüllbaren Anspruch, aber als Anspruch der gebliebene Rest von Menschenwürde. Wenn es kein Volk mehr gibt, in dem der einzelne eine selbstverständliche Zugehörigkeit fühlt – oder dieses Volk doch nur in Trümmern da ist –, wenn alles Masse wird in dem unerbittlichen Auflösungsprozeß, so mag das Werden eines neuen Volkes utopischer Inhalt romantischen Sehnens sein. Aber der Antrieb behält sein Recht. Vorläufig gibt es jedoch nur Kameradschaft von Freunden, die sichtbare Wirklichkeit einzelner Menschen, den Willen zur Kommunikation mit dem Fremden, ursprünglich anders Gesinnten. Daher ist die Erwachsenenbildung in dem heute ergriffenen Sinn nicht Wirklichkeit, sondern als Forderung zugleich ein Symptom der Verlorenheit des Menschen in der Bildungszertrümmerung des Zeitalters, dessen Erziehung versagte. (GSZ 103 f.)

Gefährdung der Bildung durch Nivellierung

Nivellierte Bildung und spezialistisches Können. – Im Dasein der Massenordnung nähert sich die Bildung aller den *Ansprüchen des durch-*

schnittlichen Menschen. Geistigkeit verfällt durch Ausbreitung in der Masse, wenn eine Rationalisierung bis zur platten augenblicklichen Zugänglichkeit für den bloßen Verstand den Verarmungsprozeß in jede Weise des Wissens bringt. Mit der nivellierenden Massenordnung *verschwindet die Bildungsschicht,* welche auf Grund kontinuierlicher Schulung eine Disziplin des Denkens und Fühlens entwickelt hat, aus der sie Widerhall für geistige Schöpfungen sein konnte. Der Massenmensch hat wenig Zeit, lebt kein Leben aus einem Ganzen, will nicht mehr die Vorbereitung und Anstrengung ohne den konkreten Zweck, der sie in Nutzen umsetzt; er will nicht warten und reifen lassen; alles muß sogleich gegenwärtige Befriedigung sein; Geistiges ist zu den jeweils augenblicklichen Vergnügungen geworden. Daher ist der Essay die geeignete Literaturform für alles, tritt Zeitung an die Stelle des Buches, eine stets andere Lektüre an die Stelle der das Leben begleitenden Werke. Man liest schnell. Man will Kürze, doch nicht die, welche Gegenstand erinnernder Meditation werden kann, sondern die, welche schnell vermittelt, was man wissen will und sogleich wieder vergessen darf. Man kann nicht mehr eigentlich lesen in geistiger Einung mit dem Gehalt.

Nunmehr bedeutet Bildung etwas, das *nie eine Form* gewinnt, sondern in außerordentlicher *Intensität aus einer Leere herauskommen* möchte, in die man stets *zurückfällt.* Es treten *typische Wertschätzungen* auf. Man ist übersättigt schon von dem, was man eben gehört hat; daher ist das Neue gesucht, das schon allein durch Neuheit besticht. In ihm begrüßt man das Ursprüngliche, auf das man wartet, und läßt es doch bald wieder fahren, da man es nur als Sensation zu behandeln vermag. Aus dem begründeten Bewußtsein in einem Zeitalter zu stehen, das als eine neue Welt erwächst, in der Vergangenes nicht mehr ausreicht, gibt man gern den Namen des Neuen, um etwas wirksam zu machen; das neue Denken, das neue Lebensgefühl, die neue Körperkultur, die neue Sachlichkeit, die neue Wirtschaftsführung usw. Etwas sei *neu,* wird ein positives, es sei nicht neu, ein abschätziges Werturteil. – Hat man auch nichts zu sagen, so hat man doch Verstand und kann diesen an schwierigen Aufgaben als bloßen Widerstand beschäftigen; daß einer *intelligent* sei, wird eine Bewertung, die jetzt das Geistsein möglicher Existenz vertreten muß. – Man hat keine Nähe zum Menschen, kann nicht lieben, sondern nur nutzen, Genossen und Feinde in abstrakter Theorie oder in handgreiflichen Daseinszwecken haben; der Einzelne aber wird geschätzt als *interessant;* nicht als er selbst, sondern als Reiz ist er da; der Reiz hört auf, wenn er nicht mehr überrascht. – *Gebildet* heißt, wer die Fähigkeit zu diesem allem hat, neu, intelligent und interessant erscheint. Das Feld dieser Bildung ist die *Diskussion,* welche heute Massenerscheinung geworden ist. Jedoch könnte Diskussion statt des Vergnügens, das in jenen drei Wertschätzungen ausgesprochen wird, nur dann wahre Befriedigung gewähren, wenn sie auch echte Kommunikation als Ausdruck eines Glaubenskampfes oder als Mitteilung von Erfahrungen und Erkenntnissen ist, welche einer gemeinschaftlich konstituierten Welt angehören.

Die Massenverbreitung des Wissens und seines Ausdrucks führt zur *Abnutzung* der Worte und Sätze. In dem Bildungschaos läßt sich alles sagen, aber so, daß nichts mehr eigentlich gemeint wird. Die Unbestimmtheit des Wortsinns, ja der Verzicht auf die Begrifflichkeit, die erst Geist mit Geist verbindet, macht eine wesenhafte Verständigung unmöglich. Wenn der Halt an echten Inhalten verlorengegangen ist, wird schließlich bewußt die *Sprache als Sprache* ergriffen und zum Gegenstand der Absicht gemacht. Wenn ich eine Landschaft sehe durch eine Scheibe und diese trübe wird, so sehe ich zwar immer noch, aber gar nicht mehr, wenn ich die Scheibe selbst ins Auge fasse. Heute wird gemieden, durch die Sprache auf das Sein zu blicken, vielmehr das Sein mit der Sprache vertauscht. Das Sein soll ›ursprünglich‹ sein, also meidet man jedes gewohnte Wort, zumal die hohen Worte, welche Träger von Gehalten waren und sein könnten. Das ungewohnte Wort und die ungewohnte Wortstellung müssen ursprüngliche Wahrheit vortäuschen, neu in den Worten zu sein, Tiefe. Geist scheint im Umbenennen zu bestehen. Man ist für einen Augenblick durch das Überraschende einer Sprache gefesselt, bis auch sie schnell abgenutzt ist oder sich als Larve erweist. Die Reduktion auf die Sprache ist wie krampfhafte Anspannung, um im Bildungschaos Form zu finden. So wird heute die Erscheinung der Bildung entweder das unverstandene *verwässerte Sprechen* mit beliebigen Worten oder dann, Sprachlichkeit an die Stelle der Wirklichkeit setzend, eine *Sprechmanier*. Die zentrale Bedeutung der Sprache für das Menschsein ist durch Verkehrung der Aufmerksamkeit zum Phantom verwandelt.

In dieser unaufhaltsamen Zersetzung verstärken sich Bildungswirklichkeiten, die Wege des *Aufstiegs* zeigen: wo es sich um *Berufswissen* handelt, ist eine exakte *Fachlichkeit* selbstverständlich geworden. Es ist ein spezialistisches Können verbreitet; das dazu gehörende Wissen ist durch sachnahes Eintreten in die Methoden erwerbbar und auf die einfachste Form in Resultaten gebracht. Überall sind die Oasen in dem Chaos, wo Menschen sachkundig etwas vermögen. Aber diese Sachkunde ist zerstreut; der Einzelne kann nur ein Einzelnes, und dieses Können ist oft wie eine begrenzte Sphäre, die er nur besitzt, aber nicht mit seinem Wesen und nicht mit dem übergreifenden Ganzen eines gebildeten Bewußtseins zur Einheit bringt. (GSZ 115–118)

Presse und Bildung der Massen

Presse. – Die Zeitung ist das geistige Dasein unseres Zeitalters als das Bewußtsein, wie es in den Massen sich verwirklicht. Anfänglich Dienerin durch Vermittlung von Nachrichten ist sie Herrscherin geworden. Sie schafft ein Lebenswissen in allgemein zugänglicher Bestimmtheit im Unterschied von Fachwissen, das seine nur für den Kenner erfaßbare Deutlichkeit in einer den anderen unzugänglichen Terminologie hat. Die Artikulation dieses Lebenswissens, jeweils als Bericht entstehend, das Studium fachlichen Wissens als Durchgangspunkt hinter sich lassend, wird als die anonyme noch werdende Bildung des Zeitalters geschaffen. Zeitung als Idee wird zur Möglichkeit einer großartigen Verwirklichung der Bildung der Massen. Sie meidet leere Allgemeinheiten, das bloße Aggregat des Äußerlichen, um zur anschaulichen, unmerklich konstruktiven, prägnanten Vergegenwärtigung der Tatbestände zu kommen. Sie umgreift, was überhaupt geistig entsteht, bis in entlegenste esoterische Spezialwissenschaft und sublimste persönliche Schöpfung. Sie scheint noch einmal zu schaffen, indem sie aus eigener Sachnähe in das Bewußtsein der Zeit bringt, was sonst wirkungsloser Besitz einzelner bliebe. Sie macht verständlich in der Umprägung, welche das Fachliche dem von jedermann selbst zu Sehenden vermählt. Die antike Literatur, welche eine im Vergleich zu der unseren kleine, durchsichtige und einfache Welt für diese selbst plastisch und ausdrücklich machte, könnte Vorbild sein und ist es für einzelne gewesen. Eine Humanitas, welche, nach allen Seiten aufgeschlossen, unmittelbar selbst die Dinge sehen kann, ist ihr Wesen. Der Anspruch der Welt, die erkannt sein will, ist aber heute ein vermöge der unermeßlichen Verwicklung des Tatsächlichen radikal anderer.

Im Schutt des täglich Gedruckten den Edelsteinen einer zur wunderbarsten Kürze geschliffenen Einsicht in der vollendeten Sprache schlichten Berichtes zu begegnen, ist eine hohe, wenn auch nicht häufige Befriedigung des modernen Menschen. Sie sind das Ergebnis der geistigen Disziplin, die sich hier auswirkt und unmerklich am Bewußtsein des gegenwärtigen Menschen arbeitet. Die Achtung vor dem Journalisten wächst, wenn man sich den Sinn des Sagens für den Tag klar macht. Was gegenwärtig geschieht, soll nicht nur mit Geistesgegenwart aufgefaßt werden; es kommt darauf an, es auszusprechen für Hunderttausende. Das dem Augenblick entsprungene Wort hat Wirkung. Es ist die lebensnächste Leistung, die den Lauf der Dinge zu ihrem Teil in der Hand hat, weil sie in den Vorstellungen, die die Menschen als

Masse haben, ansetzt. Was wohl beklagt wird, sofern man ein Druckwerk nach dem Umkreis und der Dauer seiner Wirkung auf den Leser mißt, das Arbeiten für den Tag, kann heute grade die aktive Teilnahme auch an der eigentlichen Wirklichkeit sein. Daher gibt es die eigentümliche Verantwortung des Journalisten, die ihm Selbstgefühl und Ehre in seiner Verborgenheit gibt. Er weiß seine Macht, inmitten der Ereignisse das Hebelwerk in den Köpfen der Menschen zu meistern. Er wird Mitschöpfer des Augenblicks, indem er das *jetzt* zu Sagende findet.

Seine höchste Möglichkeit aber kann sich zur Verkommenheit wandeln. Zwar gibt es keine Krise der Presse. Ihr Reich ist gesichert. Kampf ist in diesem Reiche nicht um den Bestand seiner Herrschaft, nicht der gegen den jeweiligen Gegner, sondern um die Entscheidung, ob die Macht eines unabhängig gegenwärtigen Geistes noch wird leben dürfen oder versinken muß. Daß von der Geistesgegenwart des Augenblicks manchmal nur eine gewandte Schnellschreiberei übrigbleibt, ist begreiflich und als unvermeidlich hinzunehmen. Das Furchtbare der Zeitsituation ist vielmehr, daß die mögliche Verantwortung und das geistige Schöpfertum im Journalismus durch seine Abhängigkeit von Massenbedürfnissen und politisch-ökonomischen Mächten in Frage gestellt sind. Man hört das Wort, in der Presse sei es nicht möglich, geistig anständig zu bleiben. Um Absatz zu finden, muß der Instinkt der Millionen auf seine Kosten kommen; Sensation, Plattheit für den Verstand, Meiden jeden Anspruchs an den Leser führt zu einer Trivialisierung und Brutalisierung von allem. Um leben zu können, muß die Presse sich immer mehr in den Dienst politischer und ökonomischer Mächte stellen. In der Hand dieser Mächte lernt sie die Kunst bewußter Lüge und der Propaganda für geistfremde Kräfte. Sie muß sich Inhalt und Gesinnung bestimmen lassen. Nur wenn eine Daseinsmacht selbst von einer Idee getragen wäre, der Journalist in seinem Wesen eins werden könnte mit dieser Macht, wäre er auf dem Wege zu seiner Wahrheit.

Die Entstehung eines Standes mit eigenem Ethos, der faktisch die geistige Weltherrschaft ausübt, ist das Kennzeichen unseres Zeitalters. Sein Schicksal ist mit dem der Welt eins. Ohne Presse kann diese Welt nicht leben. Was aus ihr wird, liegt nicht allein bei dem Leser und den faktischen Mächten, sondern an dem ursprünglichen Willen der Menschen, die durch ihr geistiges Tun den Stand prägen. Es ist die Frage, ob die Masseneigenschaften restlos alles ruinieren, was dem Menschen zu werden hier möglich wäre.

Der Journalist kann eine Idee des modernen universalen Menschen verwirklichen. Er läßt sich ganz hineinnehmen in die Spannung und Wirklichkeit des Tages und vermag darin an sich zu halten zur Besinnung. Er sucht den Punkt, gleichsam im Innersten dabei zu sein, wo die

Seele der Zeit einen Schritt tut. Sein Schicksal verflicht er bewußt in das der Zeit. Er erschrickt, leidet und versagt, wo er ins Nichts stößt. Er wird unwahrhaftig, wo er zur Zufriedenheit der meisten das, was ist, gut findet. Er nimmt seinen eigentlichen Schwung, wo er wahrhaftig in der Gegenwart das Sein erfühlt. (GSZ 122–125)

Das Elementare und die Bildung der Massen

Eine ganz andere Aufgabe ist der Philosophie heute durch den neuen gesellschaftlichen Zustand in der freien Welt gegeben, durch den Tatbestand, daß heute die Massen nicht bloß durch Eingesetztwerden ihrer Kräfte seitens eines ihnen fremden Willens, sondern durch ihr eigenes Wissen und Wollen eine in den Abstimmungen entscheidende Rolle spielen. Die Wirkung der philosophischen Gedanken in der Welt ist heute nur möglich, wenn sie die Mehrheit der Einzelnen erreicht. Denn gegenwärtig ist der Zustand: die Massen der Bevölkerung können lesen und schreiben, ohne doch den vollen Umfang abendländischer Bildung zu gewinnen. Aber sie sind die Mitwissenden und Mitdenkenden und Mithandelnden. Sie können dieser neuen Chance um so mehr genügen, je mehr sie in den vollen Umfang der hohen Anschauungen und der kritischen Unterscheidungen gelangen. Es ist für die Stunden der Besinnlichkeit aller Menschen daher notwendig, das Wesentliche so einfach, so klar wie möglich, ohne Einbuße an Tiefe, mitteilbar zu machen. Heute ist es noch so, daß viele Menschen nicht eigentlich wissen, was sie wollen. Die Propaganda bemächtigt sich durch Interessen und Mächte ohne Rücksicht auf Wahr und Falsch der nicht selbst denkenden, widerstandsarmen Seelen. Es ist unausweichlich, daß das Wahre selber heute in die Gestalt der Propaganda gelangen muß, um die Ohren der Menschen zu erreichen. Die große Aufgabe schaffenden Denkens ist daher die Erarbeitung der einfachen Gestalten des Wahren, damit es Widerhall findet in der jedem Menschen ursprünglich eigenen Vernunft. Wesentlich sind die einfachen Gedanken, die den Nachvollziehenden mit der Klarheit der Operation an jenem Punkte treffen, wo er nicht nur weiß, sondern innerlich handelt, das heißt, wo die Vernunft im ganzen wach wird. (PuW 19 f.)

Verkehrung in die ›Bildungswelt‹

Unsere klassische Zeit war allem in der Welt, was groß und wahr und schön ist, zugewandt. Es ist erstaunlich, wie diese geistig hoch entwickelten Deutschen an allen Herrlichkeiten, die die Menschheit hervorgebracht hat, sich freuten, sie liebten, sie überall suchten und sich aneigneten. Nach dieser Seite war unser klassisches Zeitalter ein verstehendes Zeitalter, etwas höchst Merkwürdiges, das es vorher nicht gegeben hat. Das grenzenlose Verstehen macht weit durch die Horizonte, das ist seine Stärke. Es macht zugleich begrenzt durch die Art dieser Menschen und ihrer Werke, das ist seine Schwäche. Das Zeitalter lebte in einem unermeßlichen geistigen Reichtum. Aber daß dieser Reichtum zu so großem Teil nur in der Haltung des Verstehens, nicht in der Existenz des Menschen selbst wirklich wurde, konnte verführen, seine Befriedigung im Verstehen des Anderen an die Stelle der Verwirklichung eigener Existenz zu setzen. (A 76)

Das Verhängnis des klassischen Zeitalters, seine Verwandlung in die Bildungswelt, war in ihm angelegt. Es bedurfte einer scheinbar kleinen und fast unbemerkten Verkehrung, um den Ernst fortzunehmen und eine humanistische Pathetik an seine Stelle zu setzen.

Als mit der Reichsgründung in Deutschland 1871 kulturell es weiter schnell bergab ging, wurde doch der Besitz der Bildungswelt als ein gewaltiges Kapital behandelt, das uns vom klassischen Zeitalter vererbt war. (A 78)

Diese Bildung kann in scheinbarem Allverstehen, statt in der Aneignung Wirklichkeit des Menschen zu werden, vielmehr im Wissen stehenbleiben. Solche Bildung blüht wie Blumen, die von ihrer Wurzel gelöst sind; sie ist nicht mehr das Licht der eigenen Möglichkeiten. Umgekehrt bleibt der im Abstand von einem nicht mehr selbst darin stehenden Dasein festgewordene Bestand eines Allgemeinen in seiner objektiven Fülle doch noch wahr als Moment eines in der Kontemplation sein Selbstsein gewinnenden Existierens, das der Weite der für Andere möglichen Geschichtlichkeit inne wird durch den Eintritt in vergangene Wirklichkeit. (Ph 635)

Die ›Religion der Bildung‹, diese Verkehrung war die öffentliche Unwahrheit, die Kierkegaard und Nietzsche beschwörend offenbar machten, aber ohne sie besiegen zu können. Sie hat standgehalten bis heute. Sie verhindert den geistigen Ernst.

So verhalten wir uns zweideutig zu unserem klassischen Zeitalter: Wir sind Deutsche durch den Bezug auf unsere klassische Zeit. Verlieren wir ihn, so werden wir Barbaren. Aber wir stehen in Wahrhaftigkeit auf dem gemeinsamen Boden dieses Zeitalters nur dann, wenn wir es kritisch sehen und wenn wir die verfälschte Bildungswelt abwerfen. Unser ›Bildungsnotstand‹ ist, daß die verkehrte Bildung immer noch da ist und von einer ›Elite‹ propagiert wird. (A 78)

Wir aber in unserer Jugend sahen Deutschland aus eigener Erfahrung. Nietzsche öffnete uns die Augen. Die kurzfristige Größe unserer klassischen Zeit (1770–1830) hatte sich in ›Bildung‹ verkehrt. Man hatte die Fähigkeit erworben, geistreich zu sprechen. Ein immenses historisches Wissen und Verstehen verwechselte sich mit eigener Wirklichkeit. Alles wurde Kulisse, alles wie Theater. Und das Theater selbst, eine Stätte dieser Bildung, war weder Gottesdienst noch das Selbstbewußtsein eines sich darin erziehenden Volkes, sondern Anlaß zu billigen Emotionen und zeitvertreibender Unterhaltung und Stoff zu Gesprächen einer faktisch schon bodenlosen Gesellschaft. Die politische Wirklichkeit wurde nicht ernst genommen. Sie war weder Sache des Volkes noch der gebildeten Gesellschaft. (HS 352 f.)

Geist verfestigt sich als Bildungswelt, bewegt sich, diese Welt verwandelnd durch wirkende Ideen, die ihn verläßlich tragen, bis sie sich im Reichtum einer solchen Bildungswelt vollendet ausgelebt haben und von neuen Ideen wieder eingeschmolzen werden. Wenn der Geist sich absolut setzt, scheitert er. Denn seine Geschlossenheit ist unzureichend für die Mächte der Existenz und Transzendenz, die die Gestalten des Geistes zerstören und wieder neu erregen. (W 721)

Die großen Dichter waren Erzieher ihres Volkes, Propheten ihres Ethos. Die Hörer wurden nicht nur ergriffen, sondern verwandelt zu sich selbst.

Aber immer gleiten alsbald Dichtung und Zuschauen ab zu bloßem Schauspiel. Es wird unverbindlich. Der ursprüngliche Ernst war eine Weise der ›Erlösung‹ im tragischen Wissen, es geschah etwas im Menschen, der das Spiel schaute. Aber in der Abgleitung zu einem allgemeinmenschlichen Sichunterhaltenlassen wird er unernst als Genuß des Sicherregenlassens.

Es ist wesentlich, daß ich nicht nur betrachte, »ästhetisch« mich erbaue, sondern daß ich als ich selbst beteiligt werde, das in der Darstellung sich zeigende Wissen als mich betreffend vollziehe. Der Gehalt ist verloren, wenn ich mich in Sicherheit glaube, und nur zusehe wie einem Fremden, oder wie einem, das mir hätte geschehen können, dem ich aber endgültig entronnen bin. Dann blicke ich aus sicherem Hafen auf die Welt, als ob ich nicht mehr mit meinem Geschick in ihr auf ungewissem Schiffe das Ziel suchte. Ich sehe sie in den großartig-tragischen Interpretationen: die Welt ist angelegt auf den Untergang des Großen, und daß dies geschieht, ist da zum Genuß der unbetroffenen Zuschauer.

Die Folge ist eine Lähmung der existentiellen Aktivität. Was an Unheil in der Welt ist, weckt nicht, sondern veranlaßt zu der inneren Haltung: es ist nun einmal so; weil es so ist, kann ich es nicht ändern und muß froh sein, nicht beteiligt zu werden. Aber in der Distanz begehre ich es zu sehen: anderswo mag es geschehen, wenn ich selbst nur in Ruhe bin. Im Zuschauen empfinde ich die Sensation, vollziehe eine Erbauung in vermeintlicher Größe meiner Gefühle, ergreife Partei, urteile, entsetze mich, und halte mich in Wirklichkeit fern.

Die Verwandlung des tragischen Wissens in ein ästhetisches Bildungsphänomen vollzog sich schon in der späteren Antike (in der Wiederholung der alten Dramen) und dann wieder in den neueren Zeiten. Nicht nur die Zuschauer, auch die Dichter verlassen den ursprünglichen Ernst. (W 952)

Eine Diskrepanz zwischen Mensch und Werk läßt in dieser abgeleiteten Bildungswelt zumeist blutleere Gebilde entstehen, in denen die Heftigkeit der Gefühlserregungen, die Dramatik der Ereignisse, die Geschicklichkeit der Bühneneffekte nicht ersetzen können, was in der unendlichen Tiefe der griechischen Dramen und Shakespeares spricht. Jetzt bleibt das Gedachte, das Sentimentale, das Pathetische, oder auch das vielleicht wahrhaft Eingesehene, aber nicht mehr Gestaltete. Der Ernst der Bildung statt des Ernstes der Existenz erzeugt in Dichtern wie Hebbel und Grillparzer – um einige der besten zu nennen – Gestalten, die zuletzt hohl klingen, wenn man sie auf ihre Wahrheit beklopft. (W 953)

Dies wird besonders fühlbar, wo der Idealismus von seinem Ursprung – in dem er noch die Härte und den Realismus des Heroischen hatte und jene Vernichtung des Restes noch wirkliche Überwindung war – sich löst und Bildungsform wird. Hierzu ist er durch Reichtum und Nüanciertheit seines Denkens, dem eine großartige, in sich gegliederte harmonische Welt vor Augen liegt, wie durch die Weite einer ursprünglich echten Weltanschauung geeignet. Aber in der Verdünnung zur Bildungsform wird er weich und unwahrhaftig, da ihm in der Wirklichkeit der durch ihn gebildeten Menschen die eigentliche Überwindung als selbst erfahrener Grund fehlt. Der Mensch besitzt in ihm eine gestaltete und sichtbare Rundung seiner Welt. Er hat Formeln für jede Gelegenheit, ist aber selbst ein nebenher gehendes Wesen, das, je nach zufälliger psychologischer Charakterveranlagung mehr oder weniger ausweichend, auf Sicherung besorgt, nervös, im wirklichen Leben von seiner Philosophie verlassen ist. (W 620)

Wir haben von Jugend auf gelebt in der inneren Revolte gegen die Bürgerlichkeit, d. h. gegen die Lüge der Konventionen, gegen den Unernst des alles verschleiernden Zustands, aus dem keine Größe des Menschen und nichts Verehrungswürdiges sprach, gegen die landläufige humanistische Bildung, die im selbstzufriedenen Nichteingreifen und ängstlichen Schweigen und billigen Verwerfen eine substanzlose Oberfläche schien. Wir wollten Wahrheit. Aber wir machten die Erfahrung, daß wir selber sie nicht kannten. Es bedurfte des eindringendsten selbstkritischen Bemühens, um auch nur auf den Weg der Wahrhaftigkeit zu gelangen. (PGO 440)

In Betrachtung der Geschichte zu verharren, Freude am Schönen und Großen, Antipathie gegen das Gemeine und Kleine zu erfahren, das öffnet noch nicht den Grund, sondern nur eine humanistische Bildungswelt, eine zweite Welt, schwebend in der wirklichen. Der humanistische Umgang ist uns willkommen als freies, nur an Texte und Monumente sich bindendes Spiel im Betrachten, als Grund und Weg zur Erforschung des Tatsächlichen, als Genuß des Verstehens. Aber wir spüren Gefahr in der inneren Verfassung, die, dem Reichtum des Herrlichen und Schrecklichen zugewandt, unwillkürlich in sich verharrt.

Diese Verfassung, ehrfürchtig vor dem, was sie jeweils für groß hält, tut doch den Menschen als Menschen Unrecht. Sie stellt sie in einer Objektivierung vor sich hin und beurteilt sie in solcher Gestalt als vermeintliche Instanz, die die Weltgeschichte sieht und richtet.

Dann aber: Wir sollen in Berührung kommen mit dem Wesentlichen. Das kann erst geschehen, wenn wir durch die Erscheinungen hindurch übergeschichtlich mit dem in Kommunikation kommen, was als Ernst der Menschen so zu uns spricht, daß wir selber anders werden. Wo wir diese Sprache hören, ändert sich der Umgang mit den historischen Erscheinungen. Dann verzichten wir auf die Unendlichkeit des uns gleichgültig werdenden Nur-historischen, wissend, daß zwar überall Götter sind, wir aber nicht als übermenschliche Wesen die Fähigkeit haben, uns von allem ansprechen zu lassen. Wir folgen nicht mehr nur den Emotionen des Zuschauens, sondern dem, was uns bewegt zum Selbstwerden im inneren und äußeren Handeln. Wir wissen, ein jeder in seiner Weise, die Beschränktheit in unseren Möglichkeiten des Existierens, aber wir wissen nicht, wie weit unsere Offenheit uns wird gelangen lassen. (PGO 93)

Aber die Objektivitäten von Staat, Religion und Kultur *zerfallen,* wenn sie sich voneinander lösen. Staat würde seelenloser Mechanismus einer bloßen Dauer, Religion Aberglaube angstvollen Daseins, Kultur

Bildungsgenuß ohnmächtiger Existenzvergeßlichkeit. Denn es gibt keine auf sich selbst ruhenden Objektivitäten als sich genügendes Sein. (Ph 597)

Kultur lebt nicht aus sich und wird als Bildung schließlich nichtig: getragen von Existenz lebt sie aus dem Blute der Staatswirklichkeit und religiösen Substanz. (Ph 597)

Die Bildung war zu bewahren vor einem ästhetischen Idealismus der reichen und unverbindlichen Geistigkeit der oberen Schicht einer wohlhabenden Welt. (PA 242)

Bildung und Existenz

Bildung ist der Boden, den jeder Einzelne zu erwerben und neu zu bestellen hat. Seine prägnante Ordnung ist Bedingung für die Klarheit der Existenz. Er ist das Feld der Arbeit des Alltags. Aber Bildung wäre das letzte nur, wenn die Welt als Dasein das letzte wäre. Wenn nicht, dann ist sie nicht das mich Umgreifende, sondern ist zu beherrschen.

Bildung wird ursprünglich geschaffen, dann getragen, zuletzt durchbrochen von der Existenz. Diese vergeht, wenn Bildung sich auf sich selbst stellt. Nur in der Verlorenheit der Existenz gewinnt die Welt absolutes Sein. Dann kann ein *eigenes Leben der Bildung an sich* entstehen, ästhetisch unverbindlich in dem Sinne, daß es in ihm nur auf die Anschauung der stets neuen Fülle des gegenständlichen Seins ankommt, daß Formwerden und Sichrunden von allem den Vorrang hat, und das Selbstsein erlischt. Was dieser Bildung ins Gesicht schlägt, das Zuspitzen einer Entscheidung, das Zerschlagen der Form, die gewaltsame Kontinuität eines Einzelnen, die Infragestellung jeder Art von Objektivität, die Ausnahme, der Zufall und die Willkür, das wird mögliche Erscheinungsform der Existenz, kann jedoch nichtige, nur negative Wendung des elementaren Eigendaseins eines Individuums bleiben.

Im philosophischen Leben gilt Bildung als ein zu mehrendes Gut. In ihr ist das Ganze der Maßstäbe für die Kommunikation des Bewußtseins überhaupt gegenwärtig. Trotz allem wird sie relativiert im Sinne der Grenzsetzung, durch die Existenz sie übergreift. Zwar je reicher sie ist, desto weiter ist die existentielle Möglichkeit. Aber existentielle Wirklichkeit ist nur, wo Bildung in jedem ihrer Glieder mehr als Bildung ist, transparent wird als Gehalt der Existenz. Die Spannung der Existenz wächst mit dem Umfang der Bildung. Während in der Primitivität sich eine unreflektierte Existenz in natürlicher Sicherheit halten kann, liegt in hoher Bildung zwar die Tendenz zur Auflösung der Existenz, aber zugleich die Bedingung ihrer Steigerung zu klarster Entschiedenheit. (Ph 204 f.)

Menschlichkeit als Segen des Hauses

Das Leben des Hauses. – Das Haus, als die Gemeinschaft der Familie, erwächst aus der Liebe, durch die der Einzelne in unbedingter Treue lebenslänglich an den Anderen sich bindet; sie will die Kinder als die eigenen in der Substanz der Überlieferung erziehen, und die unablässige Kommunikation ermöglichen, welche erst in der Schwierigkeit des Alltags zur eigentlich rückhaltlosen Verwirklichung in der Offenheit kommen kann.

Hier ist die gewisseste, alle andere fundierende Menschlichkeit anzutreffen. In der Masse ist ungekannt diese ursprüngliche Menschlichkeit überall zerstreut, ganz auf sich angewiesen, gebunden je an ihre kleine Welt und deren Schicksal. Darum ist heute die Ehe wesentlicher und mehr als früher; als die Substanz des öffentlichen Geistes höher stand und Halt bedeutete, war die Ehe weniger. Heute ist der Mensch wie auf den engsten Raum seines Ursprungs zurückgefallen, um hier zu entscheiden, ob er Mensch bleiben will.

Die Familie braucht ihr Zuhause, ihre Lebensordnung, die Solidarität und die Pietät, eine Verläßlichkeit aller, die sich gegenseitig im Ganzen der Familie ein Halt sind. (GSZ 53)

Die *Ausschließlichkeit in der Liebe der Geschlechter* bindet zwei Menschen ohne Bedingung für jede Zukunft. Sie wurzelt unbegründbar in der Entscheidung, welche das Selbst im Augenblick, wo es eigentlich zu sich kam durch den Anderen, an diese Treue band. Das Negative, sich die polygame Erotik zu versagen, ist die Folge eines Positiven, das als gegenwärtige Liebe nur wahr ist, wenn es das ganze Leben einschließt; das Negative, sich nicht zu vergeuden, ist Folge der kompromißlosen Bereitschaft eines möglichen Selbstseins zu dieser Treue. Ohne Strenge der Erotik ist kein Selbstsein; menschlich erfüllt aber wird Erotik erst durch die Ausschließlichkeit unbedingter Bindung. (GSZ 189 f.)

Erste Eindrücke von Menschen, Stimmungen und Welt

Früheste Erinnerungen.

Was als Frühestes im Gedächtnis bewahrt wird, das sind oft zufällige

Trümmer von Alltagsvorkommnissen, manchmal auch daseinswesentliche Situationen.

Aus der Zeit vor der Schule (also aus den ersten sechs Jahren) ist mir nur sehr dürftige Erinnerung geblieben. Ich sehe noch leibhaftig vor mir meinen Großvater Jaspers (der starb, als ich gerade drei Jahre alt war), einen kleinen Mann mit großem Kopf und spärlichem, weißem Haar, in seinem noblen Eckzimmer mit Mahagonimöbeln (Bücherschrank, Sekretär, Sofa, Klapptisch). In diesem Klapptisch waren zwei niedrige Auszüge, in denen Schokoladentafeln – für meine Erinnerung eine Unmenge – lagerten. Von Zeit zu Zeit wurde ein Auszug vor meinen Augen geöffnet und mir eine Tafel geschenkt.

Ich sehe ferner noch anschaulich im Eßzimmer nach der Gartenseite des Hauses meinen Vater beim Frühstück sitzend, wie er mir, der ich mich emporrecke, das in Kaffee getauchte Brötchen zum Abbeißen an den Mund reicht; – ferner wie dort eine große Staffelei stand, an der mein Vater morgens früh stehend Aquarelle malte.

Dann erinnere ich mich einer großen Angst: Mir wurde im Eßzimmer plötzlich bewußt, daß ich wohl eines Tages zur Schule gehen müßte. Ich stürzte in das Vorzimmer, wo mein Vater mit Besuch saß und beschwor ihn: »Ich brauche doch niemals in die Schule gehen! Niemals!«

Sonderbar ist, daß frühe Erinnerungen selbst schon Erinnerung sein können. Ich war zehn Jahre alt und Quintaner, als ich die schmerzvolle, gleichsam totale Erinnerung des unergründlichen Gelebthabens beim Lesen eines Rückert'schen Gedichtes im deutschen Lesebuch kennenlernte:

»Aus der Jugendzeit, aus der Jugendzeit
Klingt ein Lied mir immerdar,
Ach wie liegt so weit, ach wie liegt so weit,
Was mein einst war ...«

Mich ergriff eine hinreißende Sehnsucht, obgleich ich noch Kind war. Es war wie ein Verlorenhaben, im gleichzeitigen Ahnen unendlicher Fülle dessen, was mir schon einmal gegeben war. Diese Stimmung der Ferne in eins mit einer Seligkeit des mir Unerreichbaren und mir doch Angehörenden machte die Seele weit, indem sie zugleich das Herz brechen wollte.

Die Tiefe des Vergangenen hatte ich längst gefühlt, zumal am Meer. Es ist mir unvergeßlich, wie ich das Meer mit 8 oder 9 Jahren zum erstenmal bewußt sah. Wir waren nach Norderney gefahren. Am ersten Abend, nachdem wir uns eingerichtet hatten, ging mein Vater vor Sonnenuntergang mit mir an den Strand. Es war tiefe Ebbe. Wir gingen über den Strand abwärts an das Wasser. Der Strand war breit; eine unerwartet lange, immer längere Strecke war es, bis wir das Wasser erreichten. Näher kommend sahen wir die feuchten Sandflächen im Lichte glänzen. Die Bahn des Sonnenlichtes auf dem Meer und dann vor den Füßen in zahlloser Menge die kostbaren, nie gesehenen Muscheln, die Quallen, den Tang am Strande: Alles war wie eine magische Gegenwart aus unendlicher Ferne. Mein Vater erzählte mir von den Dingen, die wir aufhoben; dann stand er wieder mit mir, wir beide schweigend über das Meer blickend. Ich fühle mich an seiner Hand noch als den kleinen Jungen neben dem großen Manne. Nie wieder sind mir Strand und Meer so wunderdurchdrungen erschienen wie an diesem Abend, nie wieder der Strand so breit, der Sand so rein. Gemessen an dieser Erinnerung war mir bei späteren Reisen jedes neue Betrachten des Meeresstrandes mit einer leisen Enttäuschung verbunden.

Schon früher war ich mit den Eltern an der Nordsee gewesen, auf Spiekeroog. Aus der Zeit erinnere ich nur ein heimliches Wäldchen (das Friederikental), ein Aquarium und einen Mann in Hemdsärmeln, der sich mit dem Wasser und Tieren zu tun machte, erinnere meine Großmutter – aber nicht das Meer. (SW 47 ff.)

Die Eltern als Einheit gewähren Geborgenheit

Unsere Eltern waren und blieben für uns stets eine Einheit. Niemals war zwischen ihnen auch nur eine Mißstimmung für uns sichtbar. Es kam, soweit ich mich erinnere, auch niemals eine Situation vor, in der wir den einen gegen den anderen ausgespielt, den einen mehr als den anderen geliebt hätten. Sie waren in eins für uns die ungewußte Autorität, waren die Quelle aller Freude und alles Lebens. Die äußerste Polarität der beiden als Vater und Mutter war aufgehoben in dem tiefen Gesamtbewußtsein ihrer Einheit als der Eltern.

Daher war auch nie davon die Rede, wie etwa die zwei zu einander standen, nie von ihrer Liebe, deren Wirklichkeit doch der tragende Grund an jedem Tage unseres Lebens war ... (SW 74)

Bei diesen Eltern aufzuwachsen, schuf Geborgenheit und Sicherheit, die nie wieder ganz verloren werden können. Es war nicht nur der materielle Schutz. Die Liebe der Eltern gab die Gewißheit im Grunde des Lebens, die nicht aufhörte, als dann seit 1933 die schrecklichen Ereignisse in unser Dasein einbrachen. (SW 17)

Meine Herkunft, Eltern, Kindheit, habe ich 1937, als ich meiner Professur beraubt wurde, für meine Eltern dargestellt. Das nicht veröffentlichte Manuskript gab ich einem mir befreundeten Psychoanalytiker zu lesen. Er gab es zurück mit den Worten: Das ist ein Gemälde auf Goldgrund; solch einen Vater und solch einen Sohn gibt es gar nicht. Ein Ursprung meiner Kraft ist, daß es solchen Vater gab. Er wandte sich im Zweifelsfalle an die Vernunft seiner Kinder. Wir haben nie einen Schlag erhalten, nicht einmal einen Befehl, dem blind zu gehorchen sei. Er belehrte, er zeigte, er beschaffte die Mittel zum Spielen und zum Lernen. Aber er spielte nicht mit uns. Er war uns Autorität, ohne daß er Autorität beanspruchte. Wir sahen ihn seine Aquarelle malen, auf die Jagd gehen, den Jagdhund in strenger Disziplin halten. Wir hörten ihn in seinen Gesprächen mit den Verwandten und den Freunden und den Menschen jeder Herkunft. Er war immer natürlich, ohne sich gehenzulassen, aber unwillig gegen das Konventionelle. Die großen Essen und Feierlichkeiten, die damals in der bürgerlichen Gesellschaft üblich waren, konnte meine Mutter mit Leben erfüllen und über das Konventionelle hinaustreiben. Das war ihm nicht gegeben. Eine ungewollte Überlegenheit strahlte von ihm aus und schuf die Stimmung um ihn. Alles schien seine hilfreiche Hand zu können. Seine Güte war unser Schutz in der Welt. Weil er da war, konnte nichts uns etwas anhaben. Eine einschneidende Erfahrung war es, als ich sah, daß mein Vater nicht allmächtig sei. Er schützte mich in allem, wenn die Sache gut war, aber etwa in einem scharfen Konflikt mit dem Schuldirektor konnte er mir wohl versprechen, er werde bis zum Minister gehen, aber er sagte, er könne mir nicht garantieren, daß er Erfolg hätte. Beim Kauf eines Bauplatzes wurde er einmal betrogen. Ich sah, daß er zu sehr vertraut und nicht alles durchschaut hatte, aber auch, daß er gelassen hinnahm, was nicht zu ändern war.

Mit meiner Mutter fühlte ich mich so fraglos verbunden, daß ich nicht einmal um sie warb. An ihr orientierte ich mich nicht wie an meinem Vater, mit ihr kämpfte ich nicht wie mit ihm. Ich ließ mich tragen von ihrem überströmenden Herzen, wußte mich geborgen in der unreflektierten Weisheit. Sie ließ gelten, was ihr fremd schien und dem sie sich doch näherte. Sie kannte keine Grundsätze und Doktrinen. »Mit deiner Mutter kann man Pferde stehlen«, sagte einst ein Freund zu mir. Ihre Strenge lag nur in ihrer Liebe, die das Gemeine unerträglich fand und den Adel suchte noch in dem Verborgenen jedes Menschen. Sie freute sich mit den Fröhlichen und litt mit den Leidenden. Weil sie so sehr liebte, konnte sie im Realen sehen, was mehr als bloß real ist. Wenn sie ihrem Glück und ihrem Schmerz sich hingab, erschüttert in ihrer Seele, blieb doch etwas Unerschütterliches. Dem Schicksal ihrer Kinder blieb sie, Glücksvorstellungen und Konventionen durchbrechend, verbunden bis in das Unumgängliche. Für sie gab es keine Verzweiflung. In jeder Lage tätig, riß sie uns Kinder mit. Immer mutig, ermutigte sie uns ihr Leben lang. Ihre wundersame Heiterkeit stellte sich, was auch geschah, noch im Schatten der Sorge wieder her. Das Dasein der Mutter war für ihre Kinder die große Kraft und die letzte Zuflucht. Vater und Mutter waren für uns eins. Die Erziehung geschah durch unbeabsichtigtes Vorbild. Ohne davon zu reden, galten Wahrhaftigkeit und Treue. Es herrschte ein nicht ausdrücklich bewußtes, aber tatsächlich gemeinsames Selbstbewußtsein. Freude und Enthusiasmus waren so selbstverständlich wie Bescheidung und Verzicht. Die Kinderseelen wurden ernst genommen. (PA 238 ff.)

Die Gestalt des Vaters

Der Vater wirkt als Vorbild

Ich war geborgen bei meinen Eltern. Mein Vater, unbewußt für uns, unbeabsichtigt von ihm, war uns ein Vorbild. Ohne Kirche, ohne Bezugnahme auf eine objektive Autorität, galt als das Böseste die Unwahrhaftigkeit. Und als fast ebenso schlimm: blinder Gehorsam. Beides darf es nicht geben! Daher war unser Vater unendlich geduldig gegenüber meinem Widerstand. Wenn ich widersprach, kam nicht der Befehl, sondern die Begründung, warum das vernünftig sei. (SW 16 f.)

Der Vater erschließt die Natur

In meiner Kindheit waren wir alle Jahre auf den friesischen Inseln. Ich bin mit dem Meer aufgewachsen. Zuerst sah ich es in Norderney. An einem Abend ging mein Vater, mit dem kleinen Jungen an der Hand, den weiten Strand hinunter. Es war tiefe Ebbe, der Weg über den frischen, reinen Sand war sehr lang bis an das Wasser. Da lagen die Quallen, die Seesterne, Zeichen des Geheimnisses der Meerestiefe. Ich war wie verzaubert, habe nicht darüber nachgedacht. Die Unendlichkeit habe ich damals unreflektiert erfahren. Seitdem ist mir das Meer wie der selbstverständliche Hintergrund des Lebens überhaupt. Das Meer ist die anschauliche Gegenwart des Unendlichen. Unendlich die Wellen. Immer ist alles in Bewegung, nirgends das Feste und das Ganze in der doch fühlbaren, unendlichen Ordnung. Das Meer zu sehen, wurde für mich das Herrlichste, das es in der Natur gibt. Das Wohnen, das Geborgensein ist uns unentbehrlich und wohltuend. Aber es genügt uns nicht. Es gibt dieses andere. Das Meer ist seine leibhaftige Gegenwart. Es befreit im Hinausgehen über die Geborgenheit, bringt dorthin, wo zwar alle Festigkeit aufhört, wir aber nicht ins Bodenlose versinken. Wir vertrauen uns dem unendlichen Geheimnis an, dem Unabsehbaren, Chaos und Ordnung. (SW 15)

Im Umgang mit dem Meer liegt von vornherein die Stimmung des Philosophierens. So war es mir unbewußt von Kindheit an. Das Meer ist Gleichnis von Freiheit und Transzendenz. Es ist wie eine leibhaftige Offenbarung aus dem Grund der Dinge. Das Philosophieren wird ergriffen von der Forderung, es aushalten zu können, daß nirgends der feste Boden ist, aber gerade dadurch der Grund der Dinge spricht. Das Meer stellt diese Forderung. Dort ist keinerlei Fesselung. Das ist das unheimlich Einzige des Meeres. (SW 16)

Der Unendlichkeit des Meeres kommt am nächsten etwa die Landschaft meiner Heimat, die Marschen. Sie sind vollkommen eben. Wenn irgendwo ein oder ein paar Meter Erhöhung ist, meistens von Menschen zum Schutz gegen Wasserfluten angelegt, so ist das schon ein Berg. Nichts als Himmel, Horizont und ein Ort, wo ich stehe. Der Himmel offen nach allen Seiten. Diese Weite ist schon Landschaft, ist schon nicht mehr das Meer, aber ihm noch nahe, mir aus der Kindheit her so vertraut, daß mir nächst dem Meere nichts lieber ist als die flache Landschaft mit völlig freiem Horizont. (SW 16)

Dann kamen später die Erfahrungen des Mittelgebirges. Ich habe den Harz schon mit sechs Jahren kennengelernt: liebenswürdig, ein wenig fremd, mit den mich nicht tiefer ergreifenden Geheimnissen der Wälder, Quellen, mit den unzähligen Vorstellungen von Zwergen und Waldgeistern. (SW 16)

Später, mit 19 Jahren, sah ich dann die hohen Berge, die Alpen. Wie ich zum erstenmal im Engadin war und die Großartigkeit dieser edlen Nietzsche-Landschaft erlebte, hatte ich trotz aller Ergriffenheit zugleich ein Gefühl: Diese Berge, sie lassen den freien Blick nicht zu, sie nehmen mir den Horizont. (SW 16)

Während dieser Zeit haben mich auch meine Schulkameraden im Stich gelassen. Sie hielten es mit dem Direktor. Immer wenn Differenzen waren, war ich der Störenfried, der eigensinnige Mensch, der außerhalb stand. In dieser Situation, es waren die letzten zwei Schuljahre, hat mir dann mein Vater geholfen, indem er mir sagte: »Nun bleibt nichts anderes übrig, nun mußt du sehen, wie du dir allein hilfst«. Er machte mich zum Mitpächter – mit zwei Juristen und ihm – einer großen Jagd südlich Oldenburgs, etwa 5 Kilometer im Quadrat. Dort hatte ich das Recht, jedes Stück Boden zu betreten, jeden Garten, konnte also mit der Landschaft leben, innig mit ihr vertraut werden, mit den Bauern sprechen, so daß mir dieses Leben außerhalb der Schule eine große Hilfe war. (SW 20)

Jagd

Lichte Kiefernbestände, zufällig aus Samen erwachsen, umstanden damals den Sand des Korsorsbergs, wo er langhin abfiel zum Moor. In ihnen stundenlang verweilend, nichts als Moor und Sand vor Augen, fühlte ich, von aller Menschenwelt fern, etwas wie Einsamkeit von Urzeiten, in der man den Tieren verwandter wurde und noch mehr den Bäumen. Kam dann ein Hase in Sicht, war die Lust, ihn zu schießen, vergangen. (SW 71)

... Mein Vater hatte bald die Stellen entdeckt, wo die Rehe wechselten. Am Rande eines Kiefernbestandes, der zu unserer Jagd gehörte, aber an den staatlichen Litteler Fuhrenkamp grenzte, riet er mir, eine Salzlecke anzulegen und in deren Nähe ein tiefes Loch zu graben, in dem wir zu zweien auf dem Anstand sitzen konnten. Das war mir eine willkommene Aufgabe. Die Salzlecke wurde im niedrigen Kiefernbestand angelegt, das Loch in einem Wall gegraben, der diesen Bestand gegen das freie Feld begrenzte. Ein Bauer half mir bei der Arbeit. Als schließlich alles fertig war, saßen wir an einem Juliabend, mein Vater und ich, im Dunkel nach 9 Uhr mit unseren Gewehren an dem vorbereiteten Platz. Nun kam für mich die Katastrophe als Jäger. Das geschah so: Über alles Erwarten kam sehr bald ein Rehbock vielleicht in 10 m Entfernung zwischen den Kiefern ganz langsam an uns vorbei. Mein Vater, der alle Freude seinem Jungen lassen wollte, sagte leise zu mir: »Schieß!« Ich legte an und drückte ab – aber hatte in der Erregung vergessen, vorher die Hähne zu spannen. So mußte ich erst dies nachholen, spannte nicht einen, sondern überflüssigerweise gleich beide. Das Geräusch ließ den Rehbock springen; weg war er. Aber er kam erstaunlicherweise zurück, sprang noch einmal in gleicher Entfernung eilig vor uns vorbei. Ich schoß aber daneben. Wir blieben sitzen, auf neues Glück hoffend, trotz der Blamage. Da, im Dunkel, sah ich in der Nähe ein Tier am Boden auf uns zukommen. »Es ist ein Fuchs«, flüsterte ich. »Schieß!« sagte mein Vater. Ich schoß und vor uns kugelte hin – ein Hase. Eine noch schlimmere Blamage. Es war Schonzeit für Hasen. Wir warfen nachher das Tier in den Kanal. Mein Vater war still, schalt mich mit keinem Wort, brauchte keinen Ausdruck der Verachtung, nur des Beklagens. Aber er mußte denken, daß sein Junge ein rechter Jäger doch wohl nicht sei: zu aufgeregt, zu unbesonnen. (SW 71 f.)

Diese Treibjagden machten mir nie Vergnügen, wohl zum Teil, weil meine körperlichen Kräfte dem nicht gewachsen waren, – während ich, wenn ich allein jagte, die Kräfte verteilen konnte –, zum Teil auch, weil mich dies Verfahren von der ruhigen Naturversenkung ablenkte und zu sehr in die menschliche Veranstaltung hineinzwang.

Die Suchjagd war mir die liebste und die einzige, bei der ich auch einige Erfolge hatte, öfters Hasen, zuweilen auch – mit dem Hunde – Rebhühner schoß. Was mir jedoch tiefer in Erinnerung geblieben ist, das sind die landschaftlichen Situationen:

Die Mittagsglut in harzigen Kiefernbeständen – die Herbstsattigkeit an einem warmen, sonnigen Septembernachmittag – das sanfte Rieseln des Regens in trüber Luft bei der Suche nach Rebhühnern – der Winterschnee, der alles weit und rein macht.

Die helle Morgensonne über den weiten Feldern bei frischem Wind; – der Blick vom Rande eines Waldes auf einer Anhöhe zum Abendhimmel des Westens, aus dem die Holztauben zur Ruhe in den Wald flogen; – der Abendnebel am Boden, über den der Kopf sich noch erhebt oder in den tiefen Gebieten auch zeitweise untertaucht.

Die Heidschnucken, wie sie vom Schäferhund zusammengetrieben werden – der Rauch aus den Bauernhäusern – die Kreise des Raubvogels am Himmel – die unendlich reiche Zirrhuswolkenbildung im Blau des Abendhimmels, in dem der Raum unerhört groß zu werden schien.

Unvergeßlich ist das Querfeldeinlaufen überallhin, so daß es wie ein Inbesitznehmen des Bodens war. (SW 73)

Der Vater lehrt Schlittschuhlaufen und Malen

Das Schlittschuhlaufen war eine Hauptfreude im Winter. Mein Vater lehrte es uns. Er selbst lief auf den niedrigen Schlittschuhen mit langen Schnäbeln in einer von seiner Kindheit herreichenden Übung außerordentlich sicher in den großen Bogen unermüdet viele Kilometer weit. Wir konnten es ihm auf höheren Schlittschuhen ohne Schnäbel – auf denen das Laufen leichter zu erlernen war – nicht gleich tun, erlangten aber auch eine beträchtliche Fertigkeit im Bogenschneiden und langen Läufen. Damals kam es fast alle Jahre dazu, daß die Wiesen in der Hunteniederung jenseits Donnerschwee und Blankenburg meilenweit überschwemmt waren. Wenn dann einmal Frost ohne Schnee kam, so gab es eine vortreffliche Eisfläche. Es gehörte zu den schönsten Stunden, wenn wir auf dem weiten glatten Eise mit unserem Vater dahinflogen, oft weit getrennt und uns dann wiederfindend am Ziel, irgendeinem Wirtshaus, in dem »Het und Söt« getrunken wurde (ein gewärmtes Bier mit Zucker). Im Gefühl des Schwebens bei beträchtlicher Geschwindigkeit, nur den Elementen des Eises, des Lichtes und der Luft, des Windes und des Himmels überliefert, vertrauend auf die eigene, naturgewordene Geschicklichkeit, erfuhr man einen unvergleichlichen Genuß der winterlichen Welt. Diese Freiheit von aller Enge in der Mühelosigkeit einer freien Aktivität prägte durch ihr Symbolischwerden dem Daseinsbewußtsein einen Grundzug ein, der unvergeßlich ist. Erheblich gemindert wurde die Freude, wenn Schnee gefallen war. Dann wurden Schlittschuhbahnen gefegt, der Lauf war nun begrenzt und vorgeschrieben. So war es auch zumeist in der Nähe der Stadt, wo wir abends nach der Schule auf den Teichen und Wiesen am Dobben (jetzt stehen dort die Ministerien) mit aller Welt uns trafen und bis in die Dunkelheit uns übten und unseren Lehrern ironisch zuschauten, wenn sie es nicht ordentlich konnten. Da versuchten wir wohl Kunststücke, genossen die Abendbeleuchtungen, aber fühlten uns doch mehr gesellig als der Natur verbunden. (SW 96)

In den Spielregeln findet sie (die Kampflust) eine Form, die dazu erzieht, auch im wirklichen Kampf Spielregeln einzuhalten, welche den Gang des gesellschaftlichen Daseins erleichtern. (GSZ 63)

Aber wie auch der Sport als Grenze rationaler Daseinsordnung erscheint, mit ihm allein gewinnt der Mensch sich nicht. Er kann mit der Ertüchtigung des Körpers, dem Aufschwung in vitalem Mut und beherrschter Form nicht schon die Gefahr überwinden, sich selbst zu verlieren. (GSZ 64)

Im Malen aber war er ganz bei sich. Er verstand sich darin, indem er es tat, nicht indem er darüber nachdachte. Sache seines Herzens war die Natur, nicht die Kunst. Vielleicht sind darum seine Aquarelle von dem Zauber naiv geglückter Kunst. (SW 80)

Die ganze Wahrheit lag ihm in der Gegenwart seines Malens, nicht in einem darüber hinausgehenden Zweck und gar nicht in der Neigung, dieser Beschäftigung Gewicht und Bedeutung zu geben. Es war eine Lust von freien Stunden aus überschüssiger Kraft der Seele; für ihn eine Liebhaberei zur Erholung wie die Jagd. (SW 80)

Mit fünfzig Jahren, als er selbst schon nicht mehr malte, lehrte mein Vater mich die Handgriffe und Techniken. Ich habe manche schönen Tage damit verbracht, zumal in der Freude am genauen Sehen. Aber ich habe es nie ernstlich betrieben, früh aufgegeben und auch nicht von weitem die Kunst meines Vaters erreicht, die mich durch mein Leben begleitet. (SW 80)

Der Vater macht mit der Heimat vertraut

Reisen

Oldenburgs nächste Umgebung lernten wir durch Fußwanderungen kennen: Donnerschwee, wo in Sanddünen Feuersteine zu finden waren; den Marschweg zur ›Heide‹ und weiter nach Hundsmühlen in den Wald und das Moor; nach Bloh – auf dem Wege dahin in Ofen gab es ein paar kleine Tümpel, in denen Salamander zu fangen waren; die Hunte abwärts nach Blankenburg, einmal ausnahmsweise mit dem Ruderboot, das mein Vater ruderte. Mit der Eisenbahn waren etwas entferntere Orte leicht zu erreichen. Selten kamen wir dahin, aber die Eindrücke hafteten tief, so der See von Zwischenahn in seiner Weite, mit seinen Wäldern und dem leicht erhöhten Friedhof an der uralten Kirche. Rastede war unendlich vornehm mit seinem großen Park, seinem Schloß; der alte efeuberankte Kirchturm aus den großen Ziegelsteinen bezeugte die Wirklichkeit der Erzählungen vom einstigen Kloster Rastede. Die Klosterruine Hude war ein in Oldenburg erstaunliches und unbegreifliches Bauwerk, mit Scheu betrachtet, aber damals von uns geschichtlich nicht erfaßt (es ist ein kostbares Denkmal eines Zisterzienserbaues), nur in seiner Schönheit gesehen. Manches lernten wir bei Schulausflügen kennen, die mir aber so verhaßt waren, daß ich nur dann etwas sah, wenn wir einmal freigelassen wurden und ich mir allein die Dinge ansehen konnte. Es ist mir unvergeßlich, wie ich als achtjähriger Junge mit der Klasse im Hasbruch – dem Walde mit uralten Eichen – war, am Jagdhaus und dem kleinen Wasserlauf; plötzlich kamen überraschend meine Eltern, schon von weitem auf dem Wege sichtbar: Ich fühlte mich wie erlöst.

Im Sommer wurde jedes Jahr der Gesundheit wegen für vier Wochen ein Badeort aufgesucht. Als ich sechs Jahre alt war, waren wir in Sachsa im Harz (1889). Mein Bruder Enno lag als Säugling im Wagen. Wir wohnten mit dem Blick auf eine als Steinbruch bloßliegende, steil abfallende Wand. Noch weiß ich, wie mein Vater das erste Mal mit mir auf Umwegen hinaufging und sagte: »Ich hätte nicht gedacht, daß du so gut steigen könntest.« Jeden Morgen saßen wir bei einer Quelle vor dem Ort. In unvergeßlichem Glück spielten wir dort im Gebüsch der Berghänge, suchten und sammelten die uns so neuen Steinarten, immer wieder zur Mutter zurückkehrend, die neben der Quelle saß und arbeitete oder las. Mein Vater machte zumeist Wanderungen. Er brachte Erze, Drusen, kostbare Mineralien mit. Die Stimmung von Bergbau und was damit zusammenhängt ging mir als fernes Geheimnis auf. Eines Tages nahm mich mein Vater mit zu einem Ausflug nach der Ruine Walkenried. Dort saßen wir angesichts des zerfallenen Bauwerks. Mein Vater aquarellierte. Auch mir gab er Papier und Bleistift: ich sollte, so gut es gehe, versuchen abzuzeichnen, was ich sah. Meine Ratlosigkeit im Nichtkönnen fühle ich noch heute. Ich brachte nichts fertig und übte mich in Geduld und im Ertragen solchen Nichtkönnens.

Später fuhren wir fast jeden Sommer nach Norderney. Unser Vater brachte uns hin und verließ uns, sobald wir gut eingerichtet waren. Unter Mutters Obhut und unter ihrem begehrten Beifall wurde am Strande gespielt. Wir wußten die Termine von Ebbe und Flut und richteten danach unser Hauptspiel: das Aufwerfen einer Sandburg mit dem Spaten, die dann, durch vereinte Arbeit groß geworden, in der herankommenden Flut so lange wie möglich verteidigt wurde, bis sie hinsank. Die großen Burgen in dem trockenen Sand hinten am Steindamm mit vielen großen Fahnen, dort, wohin die normale Flut nicht kam, waren Gegenstand unserer Verachtung. Nichts schien uns langweiliger, als bloß Sand aufzuwerfen, nichts trostloser als die Ferne vom Wasser und nichts öder als das Zusammenrotten der Kinder zu rivalisierenden ›Kompanien‹, die in jenen Burgen ihren Sitz hatten. Unser Leben war genau geregelt. Wir wohnten gesund in großen Zimmern, hatten gutes Essen, das mittags aus dem Hotel geholt, sonst selbst bereitet wurde unter Hilfe unserer treuen Marie Lambrecht. Aber im übrigen wurde sehr sparsam gewirtschaftet. Mutter ließ uns teilnehmen am Wissen um die Höhe der Ausgaben und an ihrem Einschreibebuch. Wir lernten, daß wir Leute seien, die mit dem Geld rechnen müssen und sich nicht alles leisten dürfen. Der Verzicht auf viele Kostbarkeiten in den Läden – auf die großartigen mannshohen Flitzbogen und die vielen orientalischen Dinge –, der Anblick der Prachthotels, die wir nie betraten – das ertrugen wir, vielleicht nicht ohne Begehr, aber doch zufrieden in unserer Welt; es befestigte in uns das nachwirkende Bewußtsein, nicht zu den Reichen zu gehören. Dagegen hatten wir Zugang zu den Kurkonzerten und dem Konversationshaus. Die vornehme Atmosphäre der Räume dieses edlen Kurhauses aus dem Anfang des Jahrhunderts genoß ich wie den Anspruch an ein geistiges Dasein. Seit den Sekundanerjahren kam mir hier immer wieder der Impuls, Dichter zu lesen und mich zu besinnen. Während die Pflicht, morgens eine Stunde für die Schule zu repetieren, das Unerträglichste war und auch selten gelang. Norderney wurde uns im Laufe der Jahre ein natürliches Zuhause. Wir kannten jede Straße und jeden Fleck bis zur Meierei. Zum Leuchtturm kamen wir selten.

Als Obertertianer (14jährig) bekam ich von meinem Vater ein Zweirad geschenkt. Das Zweirad war damals aufgekommen und hatte fast seine endgültige Form erreicht, war aber doch noch teuer und ein Vergnügen für Wohlhabende. In Oldenburg besaßen nur wenige dies neue Fahrzeug. Ein gutes Fahrrad kostete rund 300 Mark. Ich wünschte mir längst glühend eines. Bis dahin hatte ich unter anderen Vergnügen auch den Reifen aus Stahl, der durch einen Stock geschlagen auf der Straße neben einem herrollte, wenn man laufend ihn in Gang hielt. Das machte ich alle Tage. Es war wie die Vertretung einer künstlichen Fortbewegung und machte nicht geringe Freude. Ich glaubte nun Hoffnung zu haben, das Rad zu bekommen, der Reifen wurde schon weggetan. Da aber fand mein Vater, es sei für uns zu teuer. Es müsse auf später verschoben werden. Ich war sehr traurig. Am nächsten Tag aber spielte ich wieder mit dem Reifen, heiter und guter Dinge. Ob das auf meine Eltern einen Eindruck machte oder was sie sich überlegten, weiß ich nicht. Jedenfalls erklärte mein Vater nach wenigen Tagen: da ich so tapfer im Verzichten gewesen sei, habe er sich die Sache noch einmal überlegt und wolle mir schon jetzt das Rad schenken. Eine Hauptsache sei, daß der Mensch zu verzichten lerne, ohne sich niederdrücken zu lassen; seine Wünsche sich einfach zu erfüllen, sei gefährlich. Das hatte ich nicht erwartet, hatte es überhaupt nicht im Bereich der Möglichkeit gesehen und war nun überglücklich. Auf dem Kasernenplatz lernte ich in wenigen Minuten das Radfahren. Das mir geschenkte Exemplar schien mir ein Wunderwerk an technischer Brauchbarkeit, an Schönheit. Es auseinanderzunehmen, zu putzen, zusammenzusetzen war ein Vergnügen.

Mit dem Besitz des Rades aber eröffnete sich nun vor allem eine neue Welt. Ich fühlte mich, als ob ich aus einem Käfig entronnen wäre, den ich gar nicht bemerkt hatte. Überallhin war auf die einfachste Weise zu kommen. Nachmittags nach der Schule fuhren wir noch vor die Stadt, etwa 15 km weit zu einem Krug jenseits Donnerschwee, in Gegenden, wo ich früher noch nie gewesen war. Das Land wurde entdeckt. Jede Minute, die frei war, wurde auf dem Rad verbracht. Abends konnte man noch um den Wall fahren. Dabei wurde allerlei Kurzweil getrieben. So flogen wir, ohne die Lenkstange zu halten, in der bald erworbenen Sicherheit über die glatte Bahn, eine Tüte mit einem Pfund Kirschen in der Hand, deren Kerne in großem Bogen auf die Straße gespuckt wurden.

Wichtiger und wirkungsvoller als alles das war aber, daß auch mein Vater sich ein Rad anschaffte und mit mir nun tagelang Radtouren, meine ersten bewußten Reisen, unternahm. Mit sechs Jahren zwar war ich schon in Sachsa und später in Norderney gewesen. Aber das waren keine Reisen. Man war mit der Bahn plötzlich am anderen Ort. Dort wurde nicht eine fremde Welt gesucht, sondern ein in geordneter Tageseinteilung regelmäßiges Leben zur Kräftigung des Körpers geführt. Daher war mir auch zumute, als ob ich noch gar nicht aus Oldenburg herausgekommen wäre. So träumte ich manchmal, z. B. wenn wir in Hundsmühlen, einem Gute 6 km südlich vor Oldenburg, waren, wie es nach Süden immer weiter gehe, wievielmal ich den Weg multiplizieren müsse, um bis Vechta, Osnabrück, Münster usw. zu kommen. Das Gefühl der grenzenlos weiten Welt und das andere fragende Gefühl, ob ich wohl je dahinkommen würde und ob es wohl auch wirklich so sei, steigerte die Sehnsucht, es versuchen zu können. Das Rad gab die Möglichkeit.

Mein Vater fuhr mit mir nach Hamburg zur Gartenbauausstellung

1896. Wir fuhren auf dem Hinweg über Bremerhaven, Bremervörde, Stade, dann zurück über Lüneburg, durch die Lüneburger Heide nach Soltau, von da ab mit der Bahn nach Hause. Das war wie ein erstes Entdecken der großen Welt. Wir ließen die Weser hinter uns, die bis dahin die Grenze meines wirklich gesehenen Horizonts war. Das Übernachten in Bremervörde – in einem kleinen primitiven Gasthaus – hatte den unbekannten Reiz, in fremder Welt unter fremden Menschen – nicht in Hotel und Badeort –, in ihrem Alltag und ihrem Getriebe zu Hause sein zu können. Wir sahen Stade, fuhren auf der Schwinge abwärts zur Elbe. Welcher Anblick des breiten Stromes! Es gibt sie also wirklich: die Elbe, es ist nicht die Weser – so geht die Welt weiter – große Ströme über große Ströme. Die Einfahrt in Hamburg war aufregend: so viele Menschen, so viel Verkehr, eine so große Stadt! Die Gartenbauausstellung wurde besichtigt. Am meisten imponierte mir, wie wir dort zu Abend aßen: an einem Automat, aus dem nach dem Einwurf von einem Groschen belegte Brötchen fielen, und mein Vater sagte: »Nun lassen wir so viel herausfallen, bis wir satt sind.« In Lüneburg waren wir bei einem Onkel, Bruder meines Vaters, zu Besuch. Der begleitete uns bei der Abfahrt vor die Stadt. Bei einer Straßenkreuzung stand der Wegweiser: Soltau 50 km. »Das macht Kally anscheinend gar nichts aus – 50 km«, sagte verwundert der Onkel. Ich kam mir vor wie ein Herr der Welt, konnte damals in der Tat solche Strecken gerade noch leisten. Die Fahrt durch die Lüneburger Heide war wieder etwas ganz Neues. 19 km weit, so beobachteten wir, war kein Haus zu sehen, kein Mensch begegnete uns. Bei blauem Himmel hörten wir plötzlich hinter uns ein unbekanntes, heftiges Geräusch. Mein Vater blickte sich um und sagte: »Eine Windhose, gleich in den Chausseegraben!« Wir legten die Räder eilig an den Grabenrand und uns flach in den trockenen Graben, als auch schon vor unseren Augen, hier der Chaussee genau folgend, die Windhose mit ihrem dünnen, undurchsichtigen Staubwirbel vorbeisauste. Wir kamen durch Gegenden, wo, wie mein Vater erzählte, Hermann Billung zu Hause gewesen war, der zu Zeiten Heinrichs I. hier gekämpft hatte, und schließlich nach Soltau, wo ich an diese Strecke mit dem Gefühl zurückdachte, eine Entdeckungsfahrt in fremde Welten außerhalb der menschlichen Zivilisation gemacht zu haben.

Eine andere Radtour machte mein Vater bald darauf mit mir nach Damme im südlichen Oldenburg. Wir sahen Hünengräber, den Dümmersee und südlich desselben – von einem Hügel in die Ebene blickend – die Eisenbahn, von der mein Vater sagte, sie führe nach Köln und Paris – welche Möglichkeiten für meine Zukunft! – Aber den tiefsten Eindruck machten mir die Tage in Damme, unter denen auch ein Sonntag war. Zum ersten Mal war ich in einer ganz katholischen Welt. Das Glockenläuten vom frühen Morgen an, die Kruzifixe an den Wegen, der Ausdruck der Menschen, die nicht wie wir waren, das überraschte mich, stieß mich keineswegs ab, zog mich eher an und erweiterte mit einem Schlag meine Vorstellung von Menschen auf eine außerordentliche Weise. Es schien mir, als habe ich ein halbes Jahrtausend übersprungen, sei in ferner Vergangenheit. Aber das war Gegenwart, nur anderer Art als die unsrige. Es war ein Durchbrechen der seelischen Selbstverständlichkeiten, das Eigene wurde als eigen bewußt. Unmerklich verwandelte sich mein Bewußtsein. Mein Vater besaß ein Buch von Strackerjan: ›Aberglaube und Sagen, gesammelt im Herzogtum Oldenburg.‹ Damals sah ich kurz hinein, ermüdete zwar bald (da ich noch nicht gern lesen mochte), hatte aber auch dort etwas gefunden, was mich unheimlich ansprach und einen Bereich der Seele öffnete, der nunmehr blieb. (SW 99–104)

Der Vater eröffnet den Zugang zur Geschichte

Wir gehören zu den Friesen, die auf den Marschen die Nordseeküste von Holland bis hinauf zu den Dänen bewohnen. Mein Vater hat von früh an, ohne Plan und nur beiläufig, doch für unser Gemüt wirksam, von der Geschichte unseres Landes erzählt, uns Denkmale und Landschaften gezeigt, ohne Pathos, sachlich, wie zufällig.

Wir hatten drei Feinde – so sei ein altes Wort –: die See, die Normannen und die Deutschen.

Gegen die See schützen jetzt die Deiche. Schaurig waren uns die Erzählungen von den großen Sturmfluten, die auf dem gleichen Boden, auf dem wir jetzt bei den Großeltern zu Besuch waren, vor Zeiten die Menschen und das Vieh vernichtet hatten, unheimlich die Erzählungen von dem Entstehen des Jadebusens, auf dessen Grund bei Ebbe noch die Reste früherer Kirchdörfer zu sehen sind, und von dem ›hohen Weg‹, dem seichten Meer nördlich der Deiche Butjadingens, auf dem einst blühende Länder mit zahlreichen Dörfern waren. Auf dem Deich mit uns stehend, erklärte mein Vater uns dessen Zweck, den flachen Abfall nach außen, den steilen nach innen. Ihre schlichte, großartige Form, die Weite des Blicks von ihnen über Land und Meer und ihre lebenssichernde Nützlichkeit prägten sich dem Kinde wie ein Symbol ein. Mein Vater erzählte, auf welche Weise die Deichverbände entstanden sind, durch die die Deiche erbaut und in Ordnung gehalten werden . . .

Von den einst vernichtenden Raubzügen der Normannen hörten wir mit Gruseln und doch nicht ohne Sympathie für ihre mutigen Seefahrten. Diese Seefahrer im Grenzenlosen, sie taten etwas, das wir zwar nicht mehr konnten, von dessen Wesen aber etwas in der Landschaft lag, deren Seele unsere Seele war . . .

Die Deutschen waren nun keine Feinde mehr, denn die Gemeinschaft Gesamtdeutschland war durch unsere geistig alle Tage erfahrene Zugehörigkeit etwas Selbstverständliches. Man erzählte gern, daß wir entfernte Verwandte der Jaspers auch in Wien hätten. Aber etwas heimlich Protestierendes blieb zunächst gegen alles, was nicht Marsch war, dann gegen Preußen, schließlich gleichsam gegen die Weltgeschichte. (SW 41 f.)

Für das Bewußtsein unseres eigenen Wesens führte mein Vater gern die Sätze aus Tacitus (Germania, cap. 35) über die Chauken an. Obgleich Tacitus diese von den Friesen unterscheidet und wir wiederum von den Niedersachsen verschieden sind, nahmen wir doch wegen des Gebiets der Chauken an der Küste zwischen Ems und Elbe sie als unsere Vorfahren an. Von ihnen sagt Tacitus: »Ein unter den Germanen sehr adliges Volk, das seine Größe durch Gerechtigkeit wahren will. Ohne Begehrlichkeit, ohne Unbeherrschtheit, ruhig und für sich lebend, provozieren sie keine Kriege, zerstören sie nicht durch Raub und Mord. Das ist vor allem der Beweis ihrer Tapferkeit und Kraft, daß sie nicht durch Unrecht ihre Überlegenheit erstreben. Dennoch sind alle bereit in Waffen und haben, wenn die Lage es erfordert, ein Heer und viele Männer und Pferde. Und wenn sie Friede bewahren, bleibt ihr Ansehen das gleiche.« Unter seinen nicht zahlreichen juristischen Büchern besaß mein Vater Iherings ›Geist des römischen Rechts‹ und ›Kampf ums Recht‹. Wie in dieser friesischen Seele Iherings sich die Idee der Gerechtigkeit spiegelt, das ist die Grundgesinnung einer Rechtlichkeit und Gerechtigkeit, die schwer faßlich und leicht im Formalen endend, eine Grundsubstanz des Wesens bedeutet, das mein Vater in der Schilderung und Abschätzung der Dinge uns mitgab und das er in den letzten Wurzeln des Menschlichen über aller Geschichte begründet sah. (SW 45 f.)

Der Vater tröstet, ermutigt und mahnt

In der Untertertia bekam ich Nachhilfeunterricht durch einen Primaner, Rövekamp. Mein Vater sagte mir tröstend: »Mein Junge, wenn du deine Schuldigkeit getan hast und bleibst dann sitzen, so schadet das gar nichts – es kommt nur darauf an, daß man tut, was man kann –, was man erreicht, das steht nicht in der eigenen Macht«. Der Primaner erklärte nach wenigen Stunden, er begriffe eigentlich gar nicht, warum ich Nachhilfestunden bekommen hätte; ich könne ja alles, und was ich nicht könne, begreife ich ja so schnell, daß Stunden ganz überflüssig seien.

Das tröstete mich ganz ungemein, so daß ich manchmal später daran dachte, wenn ich mich unterschätzen wollte. Der Primaner aber, der gerade zur Universität gehen und bei Harnack studieren wollte, erzählte mir von Philologie, vom Sitzfleisch, das dazu nötig sei, und von dem Thema seiner Arbeit: über den Gnostiker Hermogenes. Er erzählte mir dessen Weltbild. Das ist mir im Gedächtnis geblieben, weil ich es sehr einleuchtend fand und sofort als richtig anzunehmen geneigt war: Die Haltung der Seele, die von sich aus noch gar nicht gefragt hatte und ohne Leidenschaft des eigenen Ursprungs etwas bloß hört, ist erstaunlich unkritisch und sogleich dogmatisch. (SW 62)

Kraftquelle war mir das Wissenwollen, vielmehr der Grund dieses Wissenwollens, die Wahrheit. Mein Vater wollte sie und half. Als der Direktor der großherzoglichen Bibliothek die Lektüre vieler Bücher (z. B. Spinoza), die der Primaner entlieh, als gefährlich ansah, sagte ihm mein Vater: Sie können meinem Jungen geben, was er will. (PA 240)

Mein Vater lehrte mich, kritisch zu sein. Ich wurde empfindlich gegen Täuschungen und Selbsttäuschungen. (PA 240)

Die Stimmung gegen das fremde Offizierswesen, uns wie selbstverständlich zuteil geworden, veranlaßte mich als Knaben, als ich nach einem Schulkameraden gefragt wurde, einmal zu sagen: »Nein, den will ich gar nicht kennen lernen, der ist ein Offiziersjunge«. Worauf mein Vater mich zurechtwies: »Mein Junge, man muß keine Vorurteile haben, auch ein Offizier kann ein anständiger Mensch sein«. (SW 45)

Der Vater nimmt den Sohn als Partner ernst

Als die Schule sich dem Ende näherte, rief mein Vater mich eines Tages im Jahre 1900 feierlich in sein Zimmer zu einer Besprechung: »Kally, es ist Zeit, daß wir darüber nachdenken, was für einen Beruf du ergreifen willst. Es ist wichtig für dich zu wissen, welches Vermögen und Einkommen ich habe, damit du übersiehst, wie weit ich dir helfen kann, und wo die Grenzen sind«. Er zeigte mir seine Bücher, die mit schnellem Blick die finanziellen Verhältnisse erkennen ließen. Mir schien das ein beträchtlicher Reichtum. Ein Vermögen – wenn ich richtig erinnere – von etwa 170 000 Mark, ein Einkommen von über 20 000 Mark. Mein Vater sagte: »Du mußt damit rechnen, daß ich jederzeit sterben kann, wenn ich auch hoffe, noch 10 Jahre arbeiten zu können, und daß Mutter und deine beiden Geschwister da sind. Aber ich meine, daß du doch annehmen darfst, zehn Jahre unabhängig studieren und arbeiten zu können, bevor du dein Leben selbst verdienen mußt. Ich habe beobachtet, daß du dich für Kunst und Geschichte interessierst. Wenn du Neigung dazu hast, kannst du gern diese Gebiete studieren. Es gibt gewiß auch Stellungen bei Museen, in denen man diese Kenntnisse beruflich verwenden kann. Bei deiner Berufsauswahl mußt du bedenken, daß es vor allem darauf ankommt, daß der Beruf dich wirklich befriedigt. Viel zu verdienen ist nicht nötig, wenn man nur leben kann.« Die Beobachtung meines Vaters war richtig, seine Bereitschaft, auf das Eigenwesen seines Sohnes zu hören, außerordentlich. Aber ich lebte viel zu sehr in seinen eigenen Gesinnungen, als daß ich nicht mit Entschiedenheit antwortete: »Nein, Papa, Kunstgeschichte will ich nicht studieren. Ich will in das praktische Leben. Daher werde ich wohl am besten Jura studieren und Rechtsanwalt werden. Die Kunst interessiert mich sehr, aber das ist auch alles.«

Als ich mein Abitur nun bestanden hatte, wurde gefeiert mit Kaviar, Wein und Festlichkeit. Aber ich hatte mich zunächst gesträubt. Warum ich das tat, war mir damals nicht zureichend klar; als bewußten Grund sprach ich aus: Die Anerkennung für die Leistung als solche befriedigte mich so wenig; ich hätte die Sehnsucht, in meinem Wesen erblickt und bejaht zu werden: dieses würde auch bei Mißlingen des Examens ungetrübt sein. Mein Vater betonte mit Recht, daß beides sich nicht ausschließe und daß eine in der Welt vollbrachte Leistung uns zur Freude gereiche und gefeiert werden dürfe, ohne sie darum zu überschätzen. Ja, ein Sichversagen gegen diese Freude würde etwas Unnatürliches in sich schließen. (SW 92)

Der Sohn erfährt die Grenzen des Vaters

Die zweite mich verwandelnde Erfahrung war, daß notwendigerweise mein Vater nicht für uns bleiben konnte, was zu sein er niemals beansprucht hatte: die allmächtige und die fleckenlose Autorität. (SW 89)

Es kam der Augenblick, in dem ich merkte und mein Vater es mir sagte, wo die Grenzen seiner Macht waren, wo er mir nicht mehr helfen konnte. Das war ein großer Einschnitt, tiefgreifend für mich dadurch, daß mein Vater wahrhaftig war und ich sah: Ein Mensch kann nicht alles. Ich erzähle: Die Sache begann in der Schule. Ich habe einige vortreffliche Lehrer gehabt: Amann, Richter, an die ich mit großer Dankbarkeit denke. Aber ich hatte einen Schuldirektor, der mich nicht leiden konnte. Eines Tages kam ich in Konflikt mit einem Turnlehrer. Ich hatte ein ärztliches Attest, sollte gewisse Übungen nicht machen und sollte die Jacke nicht ausziehen. Der Turnlehrer erklärte, das sei Unsinn, und verlangte Gehorsam. Ich war ungehorsam und tat nicht, was er von mir verlangte. Am nächsten Tag begann die Katastrophe: Ich hatte die Disziplin verletzt. Der Direktor trieb es so weit, daß er sagte: »Entweder gehen Sie« – ich war in der Sekunda – »zu Herrn N. N. und entschuldigen sich, oder Sie werden von der Schule entlassen!«

Das bedeutete, daß ich von den Eltern fort in eine andere Stadt (Jever oder Vechta) gehen müßte, um dort das Gymnasium zu besuchen. Das war ein für mich undenkbarer Gedanke. Bei meinen Eltern wollte ich bleiben. Wie war das zu erreichen? Der Direktor war unerbittlich. Mein Vater sagte mir: »Du mußt es selbst entscheiden. Ich kann dir nur versprechen, ich werde bis zum Ministerium gehen, falls der Direktor dich entlassen will, um es durchzusetzen, daß du bleibst. Aber ich vermute, daß das Ministerium niemals rückgängig machen wird, was ein Direktor anordnet. Du mußt also selbst entscheiden, was du riskieren willst.« (SW 18)

Er hat mich im Geiste von Vernunft, Verläßlichkeit und Treue durch sein Vorbild und durch seine Urteile in entscheidenden Augenblicken erzogen. (PuW 276)

Auf dem humanistischen Gymnasium geriet ich in Konflikt mit dem Direktor. Ich sträubte mich, mir vernunftwidrig scheinenden Anordnungen in blindem Gehorsam zu folgen. Mein Vater hatte mich von früh an gewöhnt, auf meine Fragen von ihm Antwort zu erhalten und nichts tun zu müssen, dessen Sinn ich nicht eingesehen hätte, und sei es aus Ehrfurcht vor dem Gehörigen, das als solches eine Überzeugungskraft hatte. Von meinem Vater belehrt, verfocht ich den Grundsatz, daß ein Unterschied sei zwischen der Ordnung des Unterrichts und der militärischen Disziplin, die zu Unrecht in die Schule eindringe. (PuW 276 f.)

Daß mein Vater nicht in jedem Augenblick restlos dem Ideal entsprechen konnte, ist eine Selbstverständlichkeit. Aber daß ich unbewußt ihn fleckenlos gesehen hatte, mußte ein Versagen gerade wegen der ununterbrochenen Ruhe seiner verläßlichen Überlegenheit um so fühlbarer machen. Daher ist mir ein Augenblick unvergeßlich, den ich als Obertertianer erlebte. Mein Vater war ebenso wie die Bauern unserer Verwandtschaft, die nicht dem ihnen widerwärtigen Geist der ostelbischen Agrarier folgen wollten, gegen die damals von Zeit zu Zeit erhöhten Getreidezölle, die sie als Geschenke an die Großagrarier ansahen und aus grundsätzlichen Gedanken des Freihandels übrigens ebenso wie die Industriezölle verwarfen. Ich hatte nun vielleicht hier und dort Gründe gehört, die doch für solche Zölle sprechen könnten, und trug wohl vorbereitet meinem Vater die Gründe mit einer gewissen Leidenschaft vor – einer Leidenschaft der Diskussionslust, aber zugleich des vom Vater durch seine Erziehung in uns erweckten Wahrheitswillens, der auf unbefangene Prüfung der letzten Grundsätze und Wirklichkeiten ging. Meinem Vater war gewiß meine polemische Stimmung dabei zuwider, jedenfalls antwortete er: »Mein Junge, du kannst nicht verlangen, daß ich mit dir darüber diskutiere.« Das war für mich der Ton der für sich beanspruchenden Autorität, den ich vorher nie – außer von den darum verachteten Lehrern – gehört und gegen den die Erziehung unseres Vaters uns so hellhörig gemacht hatte. Ich war innerlich wie erschlagen, zumal ich mich sehnte nach lebendiger Diskussion, nach dem Hin und Her der Gründe und Gegengründe und niemanden hatte, mit dem ich hätte diskutieren können, als meinen Vater. Denn sonst fand ich ohnehin immer nur feste Meinungen, diese oder jene, und Diskussionsunfähigkeit, die dem damals üblichen Anstandsgrundsatz der bürgerlichen Welt entsprach: Über politische und religiöse Dinge spricht man nicht außer mit Gesinnungsgenossen.

Keineswegs als Flecken, sondern nur als eine mich schmerzvoll der Einsamkeit überliefernde Grenze erfuhr ich später als Obersekundaner meines Vaters Abneigung, über philosophische Dinge zu sprechen. Ich hatte seit einiger Zeit Spinoza gelesen und Paulsens Einleitung in die Philosophie. Die Inhalte Spinozas bewegten mich. Immer dachte ich daran, daß die gesamte Natur beseelt sein müsse und daß das eine Ganze Gott heißen könne. Auf einem Spaziergang, etwas furchtsam die Sache auf das Ende verschiebend, erzählte ich meinem Vater dieses Weltbild und fragte ihn, was er davon halte. Er antwortete, ungewohnt warm und liebend zu mir: »Mein Junge, ich habe mich mit Philosophie nie beschäftigt, das verstehe ich nicht, ich fürchte aber, das sind schwer beweisbare Gedanken, mit denen man leicht auf unsinnige Wege gerät.« Das letztere leuchtete mir sehr ein, das erstere aber bedeutete die Unmöglichkeit, über das mir nun wichtigste Allgemeine mit dem geliebtesten und verehrtesten Manne sprechen zu können. Ich erinnere noch genau die Stelle auf der Roonstraße, wo dieses Wort von ihm fiel. Später, als Student im 2. Semester, habe ich auf einer Wagenfahrt bei Regensburg noch einmal angefangen, diesmal von Kants Lehre von der Subjektivität der Raum- und Zeitanschauung zu sprechen. Mein Vater hörte freundlich zu, schüttelte aber den Kopf und meinte, da könne er nicht mitdenken – und er könne nicht anders, als das für einen ziemlichen Unsinn zu halten. (SW 89 f.)

Die Gestalt der Mutter

Die Mutter strahlt Vertrauen und Liebe aus

Meine Mutter, im Gegensatz zu meinem ruhigen Vater ungemein temperamentvoll, war von einer anscheinend unverwüstlichen Kraft. Immer sah sie vertrauensvoll in die Zukunft. Ich, der ich doch meistens krank war, war für sie im Grunde gar nicht krank. Sie liebte grenzenlos, und ihrer Liebe erschien das Erwünschte selbstverständlich auf bestem Wege. (SW 17)

Obgleich in der Volksschule aufgewachsen, war sie wie ihr Vater offen für alles Geistige, hatte nun etwas Französisch gelernt, Klavier gespielt. Das mochte ihr wenig bedeuten. Aber der Sinn für den Rang des Menschen und die Höhe seiner Aufgabe war in ihr wach. (SW 74)

Als wir Kinder waren, hatte sie lange Klavierunterricht, spielte mit Eifer und mit Enthusiasmus, hatte ein Musikkränzchen mit zwei Freundinnen und sprach zuweilen mit tiefer Ergriffenheit von dem, was sie hier erlebte. Sie arrangierte gemeinschaftliche Ausflüge in die Umgebung Oldenburgs, vermochte strahlend zu genießen; sie steckte uns an. Jeder Oldenburger, der sie kannte, liebte sie; für jeden, der an sie herankam, hatte sie ein warmes Herz, als ob sie nur für ihn dasei. Nur das Ordinäre war ihr zuwider. Immer war sie auf Steigerung des Lebens, aber auf Frieden und Sichvertragen aus. Dabei hatte sie eine bewußte Lebensklugheit, die sie gelegentlich in Regeln andeutete, z. B.: Man soll zu anderen Leuten nie von seinen Kindern sprechen. Auch entwickelte sie eine instinktive Diplomatie, konnte schweigen und verschweigen, aus liebender Absicht leichte Flunkereien benutzen, um Schwierigkeiten zu glätten, indiskret sein im Beobachten (nicht aus Neugier, sondern um zu helfen). Unbarmherzig realistisch gegenüber den Tatbeständen und wahrhaftig mit sich selbst und den Dingen wurden ihre kleinen unbekümmerten Flunkereien für sie gerade kein Weg in Unwahrhaftigkeit, sondern blieben eine Erscheinung ihrer undoktrinären Lebensweisheit. (SW 75 f.)

Die Mutter stiftet den Zusammenhang in der Familie

Meine Mutter war durch unsere Kindheit und später die Kraft, die alles trug. Ihre verschwenderische Seele und ihre Unerschütterlichkeit, für die es keine unüberwindlichen Schwierigkeiten gab, stützten uns. Ihre Heiterkeit wurde jeder Mißstimmung Herr. Niemals sahen wir sie mutlos. Ob Krankheiten, ob Zank mit anderen, ob bloß Unbehaglichkeit und Unlust das Dasein störten, sie fand den Ton, der Mut machte, der die Lebenslust wieder in Gang brachte. Sie hatte das kräftigende Wort, erfüllte den Raum mit ihrer Freude, war unverwüstlich frisch – ob sie einen Umzug machte, das Krankenzimmer besorgte oder ob sie nachts, wenn ich nicht schlief, sagte: »Sei ganz ruhig, lieber Kally, ich wache mit dir, solange du nicht schläfst.« War sie da, hatten wir ein Sicherheitsgefühl, das von keinem Mißtrauen und keiner Angst bedroht war.

Wir alle und mein Vater waren schweigsam. Waren wir allein miteinander, so schien es oft, als könnten wir wenig miteinander anfangen, es sei denn, daß eine Sache zweckhaft zu tun und zu erörtern war. Meine Mutter jedoch brachte stets den Zusammenhang zwischen uns allen; sie sprach, sie stürzte sich in jedes entstehende Vakuum. Erst mit ihrer Gegenwart schien auch die Familie eigentlich da zu sein. (SW 75)

Die Mutter bejaht den eigenen Weg der Kinder

Die Nähe zu meinem Vater war immer zugleich auch wie ein Werben um ihn; die Nähe zu meiner Mutter ein allzu leicht und selbstverständlich hingenommener Besitz. In diesen Zeiten wurde die ursprüngliche Nähe zu ihr mir bewußter, als ob ich merkte, daß sie im Unaussprechlichen nicht nur mich höre, sondern mir zustimme. Dies Einverständnis wurde nicht in rationaler Objektivität ausgesprochen, sondern indirekt. Romantische Phantasie, das Spiel der Rede mit dem Wissen um das Spiel, war von ihr nicht verwehrt. Als Primaner, bedrängt von der Sorge um den Lebenssinn, wußte ich nicht, was ich eigentlich sollte. Ich erinnere noch, wie ich mit meiner Mutter im Schloßgarten ging und an einer Ecke des Sees fragte: »Was würdest du sagen, wenn ich nach Indien fahren wollte, und du wüßtest, ich würde nicht heimkehren?« »Ich würde dich«, sagte sie, »fahren lassen, wenn du glaubtest, das sei dein Leben.« Dann wurde sogleich anderes gesprochen. Aber solche Augenblicke hafteten in mir als eine begründende Gewißheit: meine Mutter würde immer mit mir sein, wenn es mir ernst wäre, gleichgültig, was auch immer ich vorhätte. Daß sie jeden Tag für Harmonie sorgte, war nicht das letzte. Dadurch zwar gestaltete sie das Leben unserer Familie, aber sie wollte ebensowenig wie mein Vater den wachsenden Keimen im Leben ihrer Kinder durch solche Stimmung den Raum verengen. Ihren Kindern folgte sie in das Wesen eines jeden, aber indirekt. Ein unerhörtes Vertrauen setzte sie in uns. Ihr Lebensmut beflügelte gerade das Tiefste, das uns möglich war, ohne davon zu reden. Darum konnte sie auch unbefangen in den Harmlosigkeiten unserer Beschäftigungen mitmachen, so damals in meiner Freude an Zimmereinrichtungen, in der sie etwas von eigener Neigung wiedererkannte. (SW 91)

Als ich heranwuchs, erfuhr ich ein Neues, Unerwartetes und mich tief Beglückendes: die Aufgeschlossenheit meiner Mutter für das wirkliche Schicksal. Sie verzichtete auf moralisches Richtertum; sie schalt selten, wenn aber, dann in elementarer, nicht in moralischer Empörung; sie sah das Unerbittliche in der unbegreiflichen und transzendenten Notwendigkeit des Geschehens. Sie wollte diese Notwendigkeit nicht verdecken; das Leben sollte ihr ganz werden und nicht eng bleiben. Daher hatte sie den tiefen Sinn für das Wagnis (am großartigsten später, als mein Bruder im Kriege sich zu den Fliegern meldete). Sie beugte sich vor dem Unabänderlichen, nachdem niemand stärker als sie sich eingesetzt hatte, alles zum möglichst Guten zu wenden. Das wurde bei ihr nicht Fatalismus, noch weniger Vergessen. Ihre Seele schien einen immer tieferen Grund offenbar werden zu sehen. So wuchs ihr Wesen mit den Jahren: Zu der Seelenkraft ihrer liebenden Jugend kam eine andere Liebe, die in der Ewigkeit bewahren kann, was in der Welt verloren schien (so zuletzt das Wesen meines geliebten, unsäglich unglücklich aus inneren Verstrickungen gescheiterten Bruders). (SW 76 f.)

Die Eltern erwecken Mut in der Krankheit

Jedoch von Anfang an machte ich meinen Eltern Sorge wegen meiner schwachen Gesundheit. Schon als Säugling war meine Atmung nicht in Ordnung. Mein Vater bemerkte das »Röcheln«, wie er es nannte. Kopfhaut und Kniekehlen bekamen Ekzem. Das Hüsteln hörte nie auf. Als Knabe hatte ich heftige nächtliche Hustenanfälle, war immer schwach. Gesund bin ich nie gewesen. Meine Eltern haben den Mut nicht aufgegeben, auch wenn es mit meinem Dasein noch so bedenklich zu stehen schien. Sie ließen mich fühlen, wie gut das Leben, und daß ich ihnen nicht zur Last, sondern eine Freude sei. So fährt – ein Beispiel von Tausenden – jener Brief meines Vaters von 1908 fort »... und dies Omen hat nicht getrogen. An Dir haben Mutter und ich viele und große Freude erlebt ..., und wenn wir uns auch jetzt noch vollständig klar darüber sind, daß Deine Gesundheit einen brutalen Strich durch alle Deine schönen Lebenspläne machen kann, so konnte und kann uns das doch nicht abhalten, uns zu freuen, innerlich und still zu freuen an Dir, an dem, was Du tust und treibst, an Deinen Leistungen und Erfolgen und namentlich an Deinem gesunden, schönen und klaren Gefühlsleben und Lebensanschauungen. Dafür sind wir dankbar demjenigen Unbekannten, dem wir es verdanken, und wenn wider Verhoffen durch schlechtere Gestaltung Deiner Gesundheit Dich und uns ein Unglück treffen sollte, so wollen wir auch das hinnehmen als etwas Unabänderliches mit dem Bewußtsein, daß Du doch trotzdem und alledem ein reiches und in gewissem Sinne schönes Leben bis dahin genossen hast ... Das schreibe ich so einfach und hart hin, um Dir zu zeigen, daß wir uns nicht in falschen Hoffnungen wiegen ..., das haben wir nie getan, aber wir haben die Hoffnung nicht aufgegeben und tun das auch jetzt noch lange nicht. Nur alle Möglichkeiten soll man ins Auge fassen und sich danach einrichten.« (SW 47)

Es blieb doch, allem vorhergehend, ein Grundvertrauen zum Leben, eingegeben von geliebten Eltern, geborgen in ihrer Obhut. (PuW 278)

Die Großeltern

Die Großeltern repräsentieren die bäuerliche Welt

Das Leben in diesem Bauernhaus bedeutete für uns eine unerschöpfliche Welt: das viele Getier, Tauben, Hühner, Enten, der Schweinestall, dazu die Hauptmasse des Viehs an Kühen und Ochsen, im Sommer auf den Weiden, im Winter im Stall. Wurden Tauben gegessen, so stieg mein Großvater auf eine Leiter an den Taubenkasten, packte junge Tauben, nahm den Kopf zwischen die Finger, so daß bei heftigem Schwung des Arms der Körper der Tauben flatternd zu Boden fiel, während der Kopf ihm in der Hand blieb. Junge Hühner wurden geschlachtet, indem man ihnen den Hals durchschnitt. Ich sah das alles mit Erstaunen, doch ohne Entsetzen (wie es mir in den späteren Jahren einmal widerfuhr, als meine gute Großmutter als Witwe im Hühnerstall stand, einen Hahn zwischen die Beine klemmte und ihm den Hals durchschnitt; das könne nur sie, so hieß es, da es sonst niemand zu tun wagte, weder Haushälterin noch Mädchen; so mußte sie es eben tun). Viele Arbeitsweisen aus der Vorzeit waren hier noch üblich: das Karnen der Butter, ihre letzte Säuberung durch die Großmutter selbst, das Dreschen und all die bäuerliche Tätigkeit, die mit tiefem Ernst ruhig und sachgemäß ausgeübt wurde. Noch heute fühle ich den Geruch von Sauberkeit, Schwarzbrot und frischer Milch, der so oft auf der Diele herrschte, auf der am langen Eichentisch mit dicker Platte ›die Leute‹ aßen, während wir mit den Großeltern im Eßzimmer unsere Mahlzeiten bekamen. (SW 50)

Der Großvater beeindruckt durch Güte und Weisheit

Mir sind noch manche Situationen mit dem Großvater im Gedächtnis, so folgende: Ich ging an seiner Hand, als er mir die großartigen Spielgelegenheiten im Berg, in den Ställen, im Garten zeigte, aber mich warnte vor der Graft, die das Anwesen umzog: in der sei schon so viel Unglück geschehen, sei schon mancher ertrunken; man sei dann ganz allein, niemand höre einen und niemand könne helfen, wenn man hineinfalle. Daher solle ich unter keinen Umständen in ihre Nähe gehen. Mir ist noch fühlbar die Güte, das Ungewaltsame, das fast Bittende: »Ich möchte doch nicht, daß dir bei deinem Opa ein Unheil zustieße«.

Man wunderte sich, wie ich später hörte, über die Weise, wie er mit mir umging. Denn er war auf seinem Hofe und mit den eigenen Kindern streng, befehlend gewesen; Erörterungen habe es nicht gegeben. Die Änderung hatte folgenden Grund. Mein Vater hatte seine Erziehungsprinzipien ausgesprochen: Solange die Kinder Säuglinge sind, Dressur; – sowie sie zum Bewußtsein erwachen, keine Schläge mehr; – sobald die Vernunft erwacht, vernünftig mit ihnen sprechen und sie überzeugen! Mein Großvater wollte das nicht stören und machte dieselbe Erziehung bei seinem Enkel mit, mit einigem Erstaunen, aber mit Billigung. (SW 51)

Pflichttreu in der Führung seiner Wirtschaft, überlegen in Wissen und Anschauung, war er eine außerordentliche Autorität bei Knechten und Mägden und in der ganzen Familie. Seine Neigung zum Jähzorn hat er beherrscht, weil er früh einen entsetzlichen Eindruck vom Jähzorn seines Vaters gehabt hatte. Von ihm ging etwas Gewichtiges aus, das Liebe erweckte in der Verehrung. Aus seiner Leidenschaftlichkeit war eine warme, gütige Natur geworden. (SW 51)

Von der Gesinnung, die er verbreitete, zeugen zwei Kleinigkeiten, die ich erinnere: Am Karfreitag war man ernst, obgleich man nicht kirchlich war. Es wurde nicht gearbeitet, aber es wäre gegen die gute Sitte gewesen, etwa zum Vergnügen auszugehen. Es war ein gar nicht weiter erörterter Anspruch, die gehörige Sitte nicht zu verletzen, und zwar nicht nur äußerlich nicht, sondern auch nicht in der eigenen Stimmung. – Ein Mann ging die Staats-Chaussee entlang und schlug mit dem Stock im Vorbeigehen den Blumen die Köpfe ab. Das war meinem Großvater widerwärtig; er äußerte sich gegen solche Rohheit, ohne es weiter zu begründen. Daß das ganze Feld, auch am Chausseerande, gemäht wird, ist gehörig und menschlich. Daß aber mit einer stupiden Geschicklichkeit bloßen Schlagens in mechanischer Weise Blumen vernichtet werden, das ist zugleich Gemeinheit der Menschenseele und Verletzung der Seele der Natur. (SW 51 f.)

Die Großmutter stärkt das Selbstvertrauen durch Anteilnahme

Oft waren wir bei ihr zu Gast und lernten die in harter Schale so zarte, sorgende und alles tief erinnernde Seele kennen. Sie erzählte von ihrer Kindheit. Sie stammte aus Sande im Jeverland. Gegenden, die jetzt mit dem Auto kaum eine Stunde entfernt sind, waren in ihrer Jugend noch wie verschiedene Kulturen gewesen. Als sie nach Heering in Butjadingen kam, hatte sie sich erst an die roheren Sitten gewöhnen müssen, in der Herrichtung des Tisches für die Mahlzeiten, in der Schmucklosigkeit des Alltags. Daß man keine Decke, keine feingestickte Leinwand auflegte, empfand sie als eine fremde Welt, in der sie sich erst einleben mußte. Sie wirkte, als ob sie fähig wäre, alles zu tragen, alles zu dulden, ohne zu verzweifeln und ohne zu zerbrechen. Ich erinnere mich, wie zu Hause ich mich bei ihr fühlte, als ich Primaner und bei schlechtem körperlichem Befinden und schlechtem Wetter dort zu Besuch war. Mit dem Blick über das Weideland auf die Mühle las ich – meine Lebensmöglichkeiten schon bedroht fühlend und weltschmerzlicher Wehmut anheimgefallen – zur Stärkung Spinoza. Meine Großmutter verstand nicht viel von dergleichen, aber freute sich, lobte mich wegen meines Studiums und wegen tausend Kleinigkeiten und bewirkte indirekt eine Steigerung meines Selbstbewußtseins, so daß ich mit frischem Mut wieder nach Hause fuhr. (SW 52 f.)

Die Großeltern lassen den Zauber der Stadt erfahren

Dort warteten neue Freuden: am Teich in diesem Garten konnte man spielen, einsam, fern von aller Welt; Früchte in unerschöpflichen Mengen waren in den dicht verwachsenen Gebüschen zu genießen (SW 54)

Ganz Jever war als Stadt für mich von großem Zauber. Die Anlagen auf dem früheren Stadtwall mit den langgestreckten Teichen, die von dem Festungsgraben übrig geblieben waren, lockten von einer Herrlichkeit zur anderen. Schwäne, eine Bierbrauerei im Besitz einer befreundeten Familie Fetköter, in der wir die umfangreichen Betriebseinrichtungen sehen und zum Teil als Spielfeld benutzen durften, vor allem das Schloß mit dem Turm, dann die Kirche mit dem Grabmal Edo Wiemkens – alles nahe beieinander gelegen und Anlaß für Staunen und Besinnlichkeit des Kindes. Hier war auch schlechthin jedes Ding vornehmer als in Oldenburg. Und überall gab es Geschichten, die das Wunder vertieften, so die von den unterirdischen Gängen beim Schloß, deren vermeintlicher Eingang noch gezeigt wurde. Selbst der Witz des Schloßverwalters konnte für das Kind ein Geheimnis bergen, wenn der Mann bei der Besichtigung auf dem Korridor zwei alte Ölgemälde zeigte, die sehr verdunkelt waren, so daß auf dem einen überhaupt nichts mehr, auf dem anderen gerade noch ein Tier zu sehen war: »Dies ist der letzte Wolf, der im Jeverland geschossen wurde, – und dies ist die Nacht, in der er geschossen wurde«. (SW 54 f.)

Die Großmutter beglückt und belastet mit ihrer Anhänglichkeit

Mein Großvater ist mir nur in seinem Aussehen erinnerlich. Meine Großmutter aber habe ich oft bei unseren Besuchen gemeinsam mit den Geschwistern und meiner Mutter oder auch allein gesehen. Eine kleine, durch Herzkrankheit schwer bewegliche Frau, die aus der Güte ihres Herzens uns mit einer Stimmung umgab, die wohltat, aber zugleich leiden machte. Ich sehe sie, wie sie auf der Terrasse steht, weinend meinem Vater nachblickt, der wieder nach Oldenburg fuhr und von dem sie wohl jedesmal glaubte, für immer Abschied nehmen zu müssen. Ich sehe sie mit quälendem Herzklopfen morgens am Tisch sitzen, wie sie vergeblich mit einem Glas Südwein die Beschwerden zu bekämpfen sucht. Ich sehe sie zuletzt am Bahnhof stehen, als ich schon im Zuge war und am Fenster stand. Sie sagte: »Kally fährt ganz gern ab, er liebt mich nicht.« Ich bekam einen Schreck, den ich bis heute fühle, und nahm mir vor, in Zukunft gewiß besser zu ihr zu sein als bisher. Doch ich sah sie nur noch einmal kurz auf ihrer Durchreise durch Oldenburg. Wenige Tage darauf starb sie. Ich wurde morgens um 11 Uhr aus der Schule nach Hause gerufen, ging ins Eßzimmer und setzte mich aufs Sofa. Da kam mein Vater, umarmte mich und teilte mir, bitterlich schluchzend, mit, daß seine Mutter gestorben sei. Er habe es mir doch selbst sagen wollen und darum mich aus der Schule rufen lassen. Ich war ratlos, in der Trauer wie gefühllos, konnte nicht weinen – und dachte den ganzen Tag an meinen Vater mehr als an meine Großmutter. (SW 55 f.)

Angst und Glück in der Verbundenheit mit den Geschwistern

Soweit meine Erinnerung zurückgeht, war ich nie allein, sondern zusammen mit meiner Schwester Erna (geb. 1885). Wir beide erinnern noch den Tag, als unser Bruder Enno geboren wurde (1889).

Erna und ich fühlten uns nur zu Hause wohl, bei den Eltern, in der Nähe der Mutter. Jeder Gedanke einer Trennung bewirkte schon eine fast vernichtende Angst. Kamen wir auch nur für einen Tag zu anderen, guten Menschen – so bei Ennos Geburt zu Dr. Scheers, beim Umzug ins ›rote Schloß‹ zu van Sendens –, so war Erna die ganze Zeit wie gelähmt, scheu, stumm, nur eines erwartend: die Heimkehr. Ich ging zwar so ungern wie sie von Hause fort, aber wurde im anderen Milieu langsam doch munter, nahm auf und tat mit. (SW 81)

In der häuslichen Geborgenheit war Erna klar und gedanklich bestimmt, von ungemein schneller Auffassung. Wenn sie mit unserem Vater und mir Skat spielte, war ich oft der Gegenstand des Lachens für sie beide, weil ich so lange nachdenken mußte, bis ich eine Karte zog – und auch wenn wir Schach spielten. Sie war von Anfang an ein eigenes Wesen. Man fühlte in ihrer Gegenwart, daß jemand da war, der unwillkürlich form- und strukturbildend wirkte.

Erna hat die Schulangst niemals überwunden. Sie litt maßlos, wurde in der Schule – vier Minuten von zu Hause entfernt – einfach heimwehkrank, lief mitten aus dem Unterricht nach Hause, wurde scheinkrank und erfand im Drang der Angst Schliche, um sich der verhaßten Schulwelt zu entziehen; zuletzt bekam sie privaten Unterricht und durfte damit die Schule verlassen. Dabei war sie ungemein klug, lernte gut und vermochte sich nur in der Lähmung der Angst schwer zu äußern. (SW 81)

Als ich das Abiturium gemacht hatte, studierten wir beide einige Wochen zusammen planmäßig Bilder, so die Holzschnitte zur Apokalypse von Dürer, die in Faksimile-Reproduktionen uns von einem kunstliebhabenden Weinhändler geliehen wurden, des Bonifatius Amerbach von Holbein u. a. Wir gingen aus von einer Schrift Lichtwarks über das Sehen von Kunstwerken, übten es an seinen Beispielen (Runge u. a.), um dann die Methode nach Kräften selbständig fortzusetzen. Mir ist unvergeßlich das Glück dieser Gemeinsamkeit in der so voller Gehalte uns entgegenkommenden geistigen Welt. Diese Zeit war als abschließende und als beginnende mir wie das befestigende Symbol unserer tiefen Zusammengehörigkeit. (SW 82)

Die Erziehung im Elternhaus

Menschlichkeit als Substanz der Erziehung

Meine Erziehung fiel in die Zeit des Liberalismus. Die Formeln dieses Denkens sind mir in der Kindheit ins Ohr gedrungen. Aber das Entscheidende ist, daß diese Formeln für uns bloß Vordergrund blieben. Die Menschlichkeit einer Familiengesinnung, die noch den sittlichen Ernst aus dem eben verlassenen Glauben der Voreltern bewahrte, war die Substanz unserer Erziehung.

Diese blieb in der Spannung des im Grunde noch durch Autorität getragenen Anspruchs mit einer behaupteten Freiheit des Einzelnen. Die uns tragende liberale Weltanschauung war nicht doktrinär, sondern sie machte nur den Raum frei für Möglichkeiten, wenn diese menschlich waren. Die Freiheit war nicht die negative der Beliebigkeit, sondern sie war begrenzt durch eine Unbedingtheit des Sittlichen, die nicht ausgesprochen, aus der aber gelebt wurde. Es war die Liberalität einer in der Tat grundkonservativen Gesinnung. (SW 84)

Anspruch unbedingter Wahrhaftigkeit

Wenn Kierkegaard auf die Frage, warum er glaube, einmal antwortet: »Weil mein Vater es mir gesagt hat«, so gilt Analoges von uns. Es wurde uns Kindern ein Anspruch selbstverständlich, für dessen Begründung ich ebenso sagen könnte: »Mein Vater hat es mir gesagt.« Das war vor allem von früher Kindheit an der Anspruch uneingeschränkter Wahrhaftigkeit, in dessen Befolgung mich ein Leben des Philosophierens nicht hat ans fraglose Ziel kommen lassen. Negativ aber war unsere Erziehung charakterisiert durch ein Ignorieren des Christlichen, ohne Polemik, so daß ich vom Christentum erst in der Schule wie von einem bloßen Lehrgegenstand hörte, als ich schon, wenn auch dunkel, einen anderen Grund meines Lebens gewonnen hatte. Daß ich nicht Christ im Sinne positiven Glaubens bin, hat seinen Grund in dem einfachen: Mein Vater hat es mir nicht gesagt.

Unsere Eltern erzogen uns ohne Kirche. Niemand lehrte uns beten. Von Gott war nicht die Rede. In der Schule zwar hörten wir früh die biblischen Geschichten, ohne Reflexion, ergriffen, aber wie Märchen, bei denen die Frage nach Wirklichkeit und Unwirklichkeit gar nicht gestellt wird. Unvergeßlich: Abraham der Patriarch, die Wüstenwanderung – die Weihnachtsgeschichte, Pilatus und die Kreuzigung. Später ging durch alle Schuljahre der Religionsunterricht, der zumeist als völlig nebensächlich und lästig behandelt wurde. Von Pastoren wurde in unserem Haus nur gelegentlich, mit Lächeln ohne Gehässigkeit gesprochen. (SW 84)

Mir fehlte durchaus und brauchte nie überwunden zu werden der spezifische kirchliche Bekenntnisglaube. Wenn Kierkegaard auf die Frage, warum er glaube, antwortete: weil mein Vater es mir gesagt hat, so hat mein Vater mir etwas anderes gesagt. Der philosophische Glaube wurde mir erst spät ganz bewußt. Niemand hat mich beten gelehrt. Aber unsere Eltern haben uns streng erzogen in der Ehrfurcht, unter den lenkenden Ideen der Wahrhaftigkeit und Treue, in ständig sinnerfüllter Tätigkeit, in freier Zuwendung zu den Herrlichkeiten der Natur und den Inhalten geistiger Schöpfungen. Sie ließen uns aufwachsen in einer erfüllten Welt. (PuW 377 f.)

Unglaubwürdigkeit bloßer Konventionen

Der Konfirmationsunterricht wurde mitgemacht wie eine Konvention. Der Inhalt des Unterrichts war nunmehr, da wir älter geworden waren, radikal unglaubwürdig, wie wir ohnehin erwartet hatten, der unterrichtende Pfarrer persönlich uns unsympathisch. Daß Sterne niemals zusammenstoßen, sollte ein Beweis für das Dasein Gottes sein, der ihren Lauf regiere (wir hatten aber gerade gehört von den Sternzusammenstößen als wahrscheinlichem Grund des plötzlichen Aufleuchtens neuer Sterne am Himmel); der Papst sei so goldgierig, daß er täglich in die Engelsburg gehe, um in großen Kisten angehäuftes Gold zu besichtigen und zu betasten. Als wir einmal zu spät zur Unterrichtsstunde gekommen waren, wurden wir bestraft dadurch, daß wir diesmal nicht beteten. Wir verwunderten uns über diese Strafe, die uns völlig gleichgültig war, aber hatten ein Gefühl von Mitleid und respektvollem Schonungsbedürfnis gegenüber dem Pfarrer. Für den Konfirmationstag dachten wir, in Hinsicht auf ein Fest, ausschließlich an weltliche Dinge. (SW 85)

Mein Vater war zur Feier nicht mitgegangen. Er könne, so hieß es, wegen seiner Glatze die kalte Kirchenluft nicht vertragen. Der Pfarrer besuchte uns nach der Feier, um zu gratulieren, machte eine wunderliche Figur, wurde mit aller Freundlichkeit empfangen und bewirtet. Auf eine religiöse Sache kam er begreiflicherweise angesichts dieser Umwelt nicht zu sprechen. (SW 85)

Als Primaner – die Konfirmation lag schon einige Jahre zurück – kam ich auf den Gedanken, ich müsse der Wahrhaftigkeit wegen aus der Kirche austreten. Als ich meinem Vater die Absicht vortrug, sagte er etwa dies: Mein Junge, du kannst natürlich tun, was du willst. Aber du bist dir noch nicht klar über den Sinn dessen, was du vorhast. Du bist nicht allein in der Welt. Die Mitverantwortung fordert, daß der Einzelne nicht einfach seinen eigenen Weg geht. Mit den anderen Menschen können wir nur zusammenleben, wenn wir Ordnungen befolgen. Eine Ordnung ist auch durch die Religion. Zerstören wir sie, so bricht unabsehbar Böses durch. Daß allerdings viel Lüge verknüpft ist mit der Kirche, wie mit allen menschlichen Einrichtungen, darin gebe ich dir recht. Anders liegt es vielleicht, wenn du einmal 70 Jahre alt bist. Vor dem Tode, wenn wir nicht mehr tätig in der Welt sind, dürfen wir reinen Tisch machen durch Austritt aus der Kirche. (PuW 375)

Augustins Denken ist gegründet in seiner Bekehrung. Dem Kinde waren zwar schon christliche Motive durch die Mutter Monica eingeprägt, während Erziehung und Zielsetzung zunächst vom Vater in der heidnischen Überlieferung bestimmt wurden. Dieses Leben brachte ihm die Lust des Daseins, die sinnliche Fülle – und die Schalheit. (GP 320)

Mein Vater erzog uns mit Bewußtsein nach Prinzipien der Vernunft. Das erste war, daß die Kinder gute Vorbilder sahen. Die Eltern selbst erzogen sich durch Selbstbeherrschung. Ungezügelte Affektivität, Formlosigkeit und Willkür waren ausgeschlossen. Nervosität oder Unwille des Vaters gab sich kund dadurch, daß er sich schweigend zurückzog. Unsere Mutter gab sich unbefangen den Antrieben ihres Herzens hin. Was sie sagte und tat, war lebhafter als wir anderen zu sein vermochten, aber blieb in Jubel und Leid maßvoll, als ob ihr Form ursprünglich angeboren sei.

Das zweite war, daß, sofern unser Verhalten sich nicht als selbstverständlich vollzog, sondern sofern geredet, gefordert, beurteilt wurde, alles zu begründen sei. Die Kinder durften fragen. Bloße Autorität wurde nicht beansprucht. Bei Gelegenheit und in kurzen Sätzen wurde gesagt, worauf es für den Menschen ankommt: Wahrhaftigkeit, Offenheit, Treue – dann Vernunft, Natur – dann Fleiß, Leistung. Das waren die Stichworte. Wie durchdacht die Erziehungsweise unseres Vaters war, wurde uns gelegentlich, als wir dem Schulende entgegengingen, klar. So wenn sein Gespräch erzählt wurde mit der Frau des Ministers, mit dessen Jungen wir verkehrten. Sie sprach davon, daß die Kinder absoluten Gehorsam lernen mußten; darum müsse ihr Wille frühzeitig gebrochen werden. Mein Vater erwiderte, Gehorsam sei nichts wert, wenn er nicht ein Folgen aus eigener Überzeugung und Einsicht sei; der Wille müsse gerade nicht gebrochen, sondern gestärkt werden, damit er der rechte Wille werde.

Diese an sich abstrakten Erziehungsgrundsätze konnten genügen nur darum, weil die Autorität des Vaters und die alles tragende Liebe der Mutter doch faktisch unser Leben führten. Die Ruhe in der Überlegenheit und Verläßlichkeit meines Vaters war der Halt, ohne daß wir es wußten. Daher waren beim Heranwachsen zwei Ereignisse von umwälzender Bedeutung für mein Bewußtsein: einmal die Erfahrung des Nichtzureichens der Vernunft und dann die Erfahrung, daß der Vater doch kein Gott, weil in der Welt nicht allmächtig und sein eigenes Verhalten nicht in jeder Sekunde absolut unangreifbar sei.

Der Anspruch, alles vernünftig begründet zu sehen, verführte mich beim Heranwachsen natürlicherweise zu Sophismen. Mein Vater hatte zumeist die Geduld, durch einen schlagenden Satz mich jeweils zu kurieren, und zwar mit einer Beschämung, die ich verdient hatte. So putzte ich mir eines Tages im Wohnzimmer am Fenster meine Fingernägel mit dem Taschenmesser. Mein Vater verwies es mir: »Mein Junge, mach das draußen!« Ich: »Aber das ist doch ein ganz natürliches Geschäft.«

Mein Vater: »Machst du denn alles, was natürlich ist, im Wohnzimmer ab?«

Andere Fälle aber waren schwieriger. Mir ist ein Gespräch in Erinnerung, das mir eine Erleuchtung wurde. Ich weigerte mich, auf der Straße mit den älteren Leuten immer auf der linken Seite zu gehen. Rechts und links seien doch natürlicherweise, was Respekt dem Alter gegenüber angehe (den ich noch fraglos anerkannte), gleichwertig. Es sei unvernünftig, links zu gehen. Mein Vater sagte dazu etwa Folgendes: Das sei vielleicht richtig. Aber an diesem Beispiel könne ich sehen, daß im menschlichen Leben vieles geordnet sei, damit überhaupt Ordnung bestehe. Was der Grund der Unterscheidung des Wertens von links und rechts sei, das wisse er nicht. Vielleicht habe das einmal einen Sinn gehabt. Jetzt sei es jedenfalls auf alte Überlieferungen gegründete Regel. Um aber in der Welt mit Menschen zusammenleben zu können, müsse man sich den Regeln fügen, ohne die alles in Unordnung, Häßlichkeit und Gemeinheit entarten würde. Daher täte ich gut, in diesen wie in anderen Fällen auch recht töricht scheinende Dinge mitzutun, sofern sie nur keinen offenbaren Schaden bewirkten, nicht Treue verletzten und nicht die Leistungen störten. Wahrheit sei unantastbar, man brauche sie aber nicht jeden Augenblick überflüssigerweise zu sagen. Das sei der Tribut an unsere eigene Unwissenheit (denn unsere Meinung sei doch keineswegs immer die Wahrheit) und dann der Tribut an die Eigenschaften des Menschen als solchen, an denen wir alle teilhätten, und die nicht die besten und zuverlässigsten seien. – Durch solche Erörterungen meines Vaters waren mit einem Schlage eine Menge von Schwierigkeiten der Vernunft überwunden, und zwar durch eine gewisse Absage an die Vernunft in unerheblichen Dingen. In diesem Falle wirkte sich der Anspruch meines Vaters an Form und Ordnung im Verkehr, an Achtung für das Alter, sein Sinn für Rang und Amt, seine Forderung der Verehrung für Menschen von Gewicht und Leistungen aus.

Noch einmal und in einem bedeutenden Beispiel wurde diese Frage zwischen uns aktuell. Mit 18 Jahren kam ich auf den Gedanken, aus der Kirche auszutreten: es sei das eine Forderung der Wahrhaftigkeit, denn hier sei nicht etwas Gleichgültiges, sondern tatsächlich ein Bekenntnis, und zwar ein solches, durch welches viel Torheit in der Welt gefördert werde, da mit diesem Bekenntnis eine Institution bestehe, die so viel Unwahrheit bewirke. Das trug ich meinem Vater vor. Er ließ mich lange reden, hörte ruhig zu und sagte schließlich etwa dieses: »Mein Junge, du nimmst dich hier als einzelnen viel zu wichtig. Kein Mensch denkt daran, dir Unwahrhaftigkeit vorzuwerfen. Jeder weiß, daß die kirchliche Zugehörigkeit nicht im eigentlichen Sinne ein Bekenntnis bedeutet. Du würdest dich fast lächerlich machen, wenn du aussprichst, was jeder weiß. Dann aber kannst du nichts Besseres schaffen. Du willst nur Nein sagen. Mit bloßem Nein wird nichts in der Welt geleistet. Du würdest nur eine persönliche Pathetik entwickeln und gar nichts helfen. Du mußt dir klar machen, daß wir Verpflichtungen in der Welt haben, da wir zusammen leben müssen mit allen anderen. Zwar möchte ich ja auch am liebsten auf dem Bauernhof leben, der mir gehörte, und möchte drei Meilen im Umkreis nur freie Natur ohne Menschen haben. Aber das geht nicht. Es ist anders mit unserem Dasein. Wie wir dem Staat angehören, ohne gefragt zu sein, so auch der Kirche. Beide sind Ordnungen, bei deren Verfall vielleicht das Fürchterlichste geschehen würde. Darum müssen wir dabei sein und in unserem Umkreis das möglichst Beste unter diesen Bedingungen daraus machen. Der Staat ist ein notwendiges Übel, sagt Gneist, die Kirche ist es wohl auch. Du hast das Leben noch vor dir, und für dich gelten alle Pflichten, die man der Welt gegenüber hat. Anders ist das vielleicht, wenn man 70 Jahre alt ist. Dann scheidet man aus seinem Beruf aus, hat keine Pflichten der Mitarbeit an der Gesamtheit mehr. Vor dem Tode darf man alles sauber machen. Dann darf man wohl auch aus der Kirche austreten, weil niemand mehr etwas von einem alten Manne wollen kann. Mit 70 Jahren werde ich mir die Sache überlegen, wenn ich so alt werden sollte. Mit 70 Jahren überlege auch du dir die Sache noch einmal. Jetzt würde ich mich an deiner Stelle hüten, ohne Wissen vom Ganzen unseres menschlichen Lebens und von allen Konsequenzen ohne Not eine Wichtigtuerei zu machen.«

Mein Vater ist selbst danach verfahren. Als er mit 71 Jahren aus seinen Ämtern ausschied, trat er auch aus der Kirche aus. (SW 85–88)

Wunder und Wandel des Spielens

Unserem Haus an der Moltkestraße gegenüber lag ein Gelände aus früheren Gärten mit alten Bäumen, das verwahrlost der Parzellierung in Bauplätze für den Verkauf entgegensah. Dort fanden unsere frühesten Spiele statt, unter Führung meines um sechs Jahre älteren Onkels Theodor Tantzen (Bruder meiner Mutter), der als Schüler bei meinen Eltern in Pension lebte. Auf dem Platze befanden sich vier Baumstämme, die in Entfernung von anderthalb Metern so trefflich in einem Quadrat standen, daß sie als die vier Ecksäulen für einen Budenbau dienen konnten. Der bewunderte Onkel, etwa zwölf Jahre alt, errichtete mit unserer unzureichenden Hilfe eine Bude mit mehreren Stockwerken. Das war eine unerhörte Lust, als wir in die selbst gebauten oberen Stockwerke klettern konnten und auf den Brettern standen. Wir fühlten uns wie Indianer in der Wildnis. Die Wände waren aus Sackleinen, das Dach aus Teerpappe. Der Schutz gegen den Regen war vollkommen: Man konnte darin sitzen, ohne naß zu werden, und genoß den Geruch der naßwerdenden Stoffe nur umso mehr als Anzeichen, wie ernst die Nässe war, gegen die man sich doch gesichert hatte. Später bauten wir ein Floß aus Balken auf einem breiten Graben, der aus diesem Gelände zur Haaren, dem nahen Nebenlauf der Hunte, führte. Mit dem zum Kippen geneigten Floß, auf dem mit Sicherheit nicht mehr als einer stehen konnte, fuhren wir in die Haaren unter Zuhilfenahme einer langen Stange zum Abstoßen am Ufer oder am Grund. Eine Sicherheit, wie Kinder sie sich im Umgang mit Werkzeugen vermöge eines gleichsam physikalischen Instinkts schnell erwerben, veranlaßte uns, ohne Angst auf dem Fluß zu fahren. Wir hatten das Gefühl von Weltentdekkern und Abenteurern. Dieses Gefühl fand neue Nahrung an dunklen Abenden des Winters. Dann strolchten wir durch die großen Gärten hinter den Häusern, erstaunt über die nie gesehenen Anlagen mit dem Gefühl, eine Art Verbrecher zu sein und viel zu wagen, aber auch mit dem Gefühl des Rechts, die Welt kennenlernen zu dürfen. Das Klettern über hohe Zäune, Planken, das Überwinden von Gräben war etwas Phantastisches, weil man nie wußte, was einen dahinter wohl erwartete. Jeweils wurde nach den bisherigen Erfahrungen überlegt, was man am nächsten geeigneten Abend versuchen wollte. Als wir dann die Gärten kannten, hatten wir die Sache bald satt. Dann blieb nur der Spaß, die Mädchen zu erschrecken, die etwa bei der Wäsche waren und vor der Waschküche, deren Fenster und Tür nach dem dunklen Garten gingen, nichts erwarteten. Plötzlich machten wir ungeheuren Lärm, ebenso plötzlich saßen wir wieder mäuschenstill im dunklen Gebüsch versteckt – oder waren weggelaufen, so daß wir nicht zu finden waren. Einmal warf dabei ein Junge durch das Fenster eine Hand voll Sand in die Wäsche. Das war wider den Spaß, und der Junge wurde alsbald von den anderen verprügelt. (SW 93 f.)

Die Spiele, die unsere Aktivität weiter entwickelten, wechselten. Eines kam auf, das andere wurde verlassen. Ein Hauptvergnügen war das Necken der Erwachsenen. So legten wir, selbst hinter einem Busch versteckt, ein Portemonnaie auf die Straße, das wir an einem schwarzen, schwer sichtbaren Zwirnsfaden befestigt hatten; den Faden hielten wir in der Hand. Wollte ein Vorbeigehender das Portemonnaie aufheben, rissen wir es im letzten Augenblick ihm unter seinen Händen weg. Die Reaktion der verschiedenen Leute war köstlich. Der Bürgermeister Roggemann stieg in unserer Achtung, weil er Humor genug hatte, freundlich zu lachen und den Spaß ausgezeichnet zu finden. Viele schimpften. Manche, die offenbar Aneignungsabsichten gehabt hatten, liefen unwillig, still und schnell davon. Doch das Spiel dauerte nicht lange. Als es bekannt war, ging es nicht mehr. Dann gab es Spiele, die die Bewegung in der Welt, die Fahrt ins Weite symbolisierten. So war es eine Freude, am Stahlreifen zu laufen, den man durch Stockschläge in Bewegung hielt und durch Berührung mit dem Stocke lenkte. Da man laufen mußte und nicht gehen konnte, war es eine schleunige Fortbewegung und verursachte Gefühle, als ob man ein Fahrrad hätte. Oder wir bauten über einen kleinen, für Kinder hergestellten Leiterwagen eine Bude, in der wir dicht aneinandergedrängt gerade zu zweien sitzen konnten unter dem Dach, das gegen Regen schützte. Der vorn Sitzende lenkte die Deichsel, der hinten Sitzende stieß zur Fortbewegung vom Boden ab. So meinte man bei jedem Wetter durch die Welt zu kommen – wenn auch die Fahrten auf die Straßen der nahen Umgebung beschränkt blieben. Dann kamen die Schießwerkzeuge, so der Flitzbogen, der aber nicht lange Freude machte, weil die Pfeile zu plump, das Ganze zu groß und schwer verwendbar war. Besser schon war das Pusterohr, mit dem man nach einiger Zeit vorzüglich treffen konnte, sogar auf Vögel, wenn auch selten mit Erfolg, Jagd machte. Am besten gefiel mir dann die Flittje. Aus der regelmäßigen Verzweigung eines Bäumchens wurde eine Gabel geschnitten – Handgriff und Gabel waren zusammen etwa 15 cm lang; an die beiden Spitzen der Gabel wurde je ein Gummischlauch (etwa 5 mm Dicke) mittels eines mehrfach verdoppelten Zwirnsfadens befestigt; die beiden Schläuche wurden am Ende durch ein Lederstück verbunden, in das man Schrotkugeln oder kleine Steinchen legen konnte, die nach losgelassener Anspannung mit starker Kraft flogen, und zwar so, daß man gut zielen konnte. Das Ding war leicht in der Tasche zu tragen, die Munition war so bequem. Überall konnte man diese Flittjen brauchen; um Spatzen zu schießen; um sich irgendwo in der Landschaft durch Wettkampf im Treffen zu üben. Man gewann eine beträchtliche Routine, sowohl im Zielen wie im Abmessen der Stärke, mit der man schoß. Wieder war ein Hauptvergnügen der Genuß der Verborgenheit beim Necken der Erwachsenen. Der Cäcilienplatz, mit Rasen und Gebüsch bestanden zwischen den Wegen, die ihn von allen Seiten durchquerten, lag inmitten von Häuserfronten. An dunklen Abenden – die Straßenbeleuchtung war damals noch so gering, daß sie gerade ausreichte – saßen wir in den Gebüschen, im Dunkel fast unauffindbar, auch wenn einer planmäßig uns suchte. Von da schossen wir mit der Flittje auf erleuchtete Fensterscheiben. Wir haben dabei niemals eine Scheibe zertrümmert. Vom Anschlag erschreckt, öffnete mancher das Fenster und fand nichts als menschenleere Straßen und Totenstille auf dem Platz. Mancher schalt zu unserer Freude. Mancher gewöhnte sich und ließ uns schießen, was uns dann bald langweilig wurde. – Bei allen diesen Unternehmungen spielte die Angst eine nicht geringe Rolle: wieviel man wagte, wo man zurückscheute, wie man erleichtert war, einem suchenden Aufseher – so dem ›Putz Josef‹ – entgangen zu sein. (SW 94 f.)

Sinn und Grenze der Form und Feierlichkeit

Als Sekundaner bekamen wir Tanzstunde. Sie fand im Augusteum statt, einer damals noch durch die wunderbaren Kunstschätze und durch die Raumformen ungemein vornehmen Umgebung. Der Tanzlehrer, Herr Osterwind, in seinem Ernst der Ausdruck einer die Gesellschaft noch tragenden Autorität der Form, war trotz der gewissen Lächerlichkeit seiner übertriebenen Eleganz uns doch ein Mentor, dem wir glaubten. Daß wir gehen lernen mußten, Verbeugungen machen, Verbeugungen im Schreiten usw., das zeigte uns, daß der Mensch von Natur roh ist. Ohne Reflexion wurde geglaubt, daß in den Formen doch ein Sinn sei, und es wurde eifrig geübt. Die Tänze, zumal das Menuett, waren so feierlich, daß manche Stunde wie ein Entrücken in eine ferne Märchenwelt von Schlössern und Abenteuern schien. Die abschließenden Bälle und Feste waren fast kultische Vorgänge der sich selbst ehrenden guten Gesellschaft und ließen kaum eine Ausgelassenheit zu, wie ich es spürte, als nach einem Galopptanz mein Vater mich mit Recht auf Maß und Grenze aufmerksam machte. Trotzdem wurde dies alles nicht Lebenselement, sondern blieb ein Märchen, solange das illusionierende Auge des Jünglings es zu sehen vermochte. Allzu schnell war die Grobheit der bürgerlichen Gesellschaft da; die Feierlichkeit und die Form waren gar nicht ernst gemeint. Und doch ist es mir in der Erinnerung, als ob ich noch einen Augenblick gar im 18. Jahrhundert gewesen wäre, in jener selbstdisziplinierten, genießenden Aristokratie, der die Form zweite Natur geworden war. (SW 99)

Gefährdung der modernen Familie

Die Familie braucht ihr Zuhause, ihre Lebensordnung, die Solidarität und die Pietät, eine Verläßlichkeit aller, die sich gegenseitig im Ganzen der Familie ein Halt sind.

An dieser ursprünglichen Welt wird auch heute noch mit unüberwindlichem Instinkt festgehalten; aber die Tendenzen, sie aufzulösen, wachsen mit der Verabsolutierung einer universalen Daseinsordnung (GSZ 53)

Der Weg, die Menschen zu kasernieren, die Wohnstätte zur Schlafstelle zu machen, die Einrichtung nicht nur des Praktischen, sondern des gesamten Alltagsablaufs wie einen Betrieb zu technisieren, verwandelt die beseelte Umwelt in eine auswechselbare Gleichgültigkeit. Mächte, die sich als das Interesse eines größeren Ganzen geben, suchen der Eigensucht des Einzelnen gegen die Familie Raum zu schaffen, deren Solidarität zu lockern, Kinder gegen ihr Elternhaus aufzurufen. Statt die öffentliche Erziehung als Erweiterung der häuslichen aufzufassen, wird sie zur wesentlichen, und das Endziel ist sichtbar, die Kinder den Eltern fortzunehmen, um sie zu Kindern allein des Ganzen zu machen. (GSZ 53 f.)

Nur ein Symptom dieses Substanzverlustes sei herausgegriffen. Die Familie ist bedroht. Kinder sehen das Unheil der Ehekonflikte und Scheidungen, und fühlen dabei ihr eigenes Preisgegebensein, spüren ihre Bodenlosigkeit und sehen sich angstvoll dem Nichts gegenüber. Das ist die Folge, wo Eltern die Verantwortung für ihre Kinder nicht mehr übernehmen, sich nicht bewußt sind der Verpflichtung, die Kinder in eine Welt zu bringen, in der als gemeinsamer zu leben ist, weil sie erfüllbare Aufgaben stellt und von einem Glauben getragen wird. Aber die Familie, die im Versagen der Welt eher eine gesteigerte Bedeutung als einzige Zuflucht erhalten hat, stellt sich heute auch wieder her. In der allgemeinen Auflösung wird durch sie noch Geborgenheit, Verläßlichkeit und Treue gefunden. Heute können es Kinder sein, die nach der Bindung rufen. Wenn Eltern ihr eigenes Leben anders wollen als so, daß es zugleich Vorbild für die Kinder sein kann, und wenn sie dadurch das zerstören, woraus, immer in neuem Anfang, der Mensch erwächst, dann wird die Opposition der Kinder gegen die Eltern die tiefen Ansprüche des Menschseins vertreten, ohne zu wissen wie und warum. (U 477 f.)

Herausforderung an den Einzelnen

Der Gedanke universaler Daseinsfürsorge will angesichts dieser Not in Ordnung bringen, was doch nur im Einzelnen durch Freiheit aus dem ursprünglichen Gehalte seines durch Erziehung erweckten Seins möglich ist. (GSZ 55)

Wer die Bindungen in Familie und Selbstsein preisgegeben hat, statt aus ihrer Wurzel in ein jeweils Ganzes hineinzuwachsen, kann nur in dem erwarteten, aber immer ausbleibenden Geist eines Massenganzen leben. Im Blick auf die universale Daseinsordnung will ich alles durch sie erreichen, meine eigene Welt und den Anspruch aus ihr verratend. Das Haus löst sich auf, wenn ich mir selbst nichts mehr zutraue, nur als Klasse und Interessengemeinschaft und als Funktion im Betrieb lebe, und nur dahin dränge, wo ich die Macht glaube. Was allein durch das Ganze zu erreichen ist, hebt nicht den Anspruch auf, das, was ich am Ursprung aus mir selbst kann, auch wirklich auf mich zu nehmen.

Die Grenze der universalen Daseinsordnung ist daher in der Freiheit des Einzelnen, der das, was ihm niemand abnehmen kann, aus sich hervorbringen muß, wenn Menschen bleiben sollen. (GSZ 56)

Vielfalt der Schulen und Verantwortung der Lehrer für den Gehalt der Erziehung

Dazu kann ich kein Programm, wohl aber einige Grundsätze aussprechen. Es handelt sich vor allem um die Volksschulen. Sie werden zum moralischen, geistigen, politischen Schicksal aller.

Große finanzielle Mittel sind notwendig, genügen aber nicht. Sie haben erst Sinn, wenn die Erneuerung geistig erfolgt durch die Lehrer, in der Bevölkerung, bei den Regierenden.

Ich spreche zunächst nur von der Volksschule. Unter den Bedingungen der realen modernen Welt sollen in ihr die ewigen Motive des Menschseins in neuer Gestalt ihre Auferstehung finden.

Dieser Erziehungsgehalt erwächst nicht aus Vorschlägen der Psychologie und Soziologie. Von ihnen aber erwartet man heute viel, ja alles in einem Wissenschaftsaberglauben, der hier den notwendigen Realismus am Werk sieht. Man sollte sie, wo sie wirkliche Erkenntnisse bringen, nicht ganz ignorieren. Es lassen sich einige Störungen durch falsche Institutionen und falsche Gewohnheiten auf der Ebene des Technischen und Zweckmäßigen vermeiden, leichter noch neue Störungen durch erklügelte Maßnahmen herbeiführen. Doch das ist alles gar nicht wichtig. Das Wesentliche ist:

Der Mensch ist nicht schon durch das, was er psychologisch und biologisch ist, sondern erst durch die ihm objektiv werdende Welt des Geistes. Diese ist von ihm selbst hervorgebracht und ist ihm zugleich verliehen. Daher kommt es bei aller Erziehung auf den Erziehungsgehalt und auf die Erziehungsinhalte an, durch die er faßlich wird (das Wort Bildungsinhalt muß man meiden wegen der Mißverständlichkeit, die ihm noch nicht in der klassischen Zeit und erst recht nicht in der griechischen Paideia anhaftete). Psychologische und soziologische Erkenntnisse können nicht im geringsten die Inhalte der Erziehung bestimmen.

Der Erziehungsgehalt kann auch nicht bestimmt werden durch das Bewußtsein unseres Zeitalters. Das Nachdenken über das eigene Zeitalter begann am Ende des Mittelalters und hat heute bei der rasend schnellen Verwandlung der Daseinswelt mit Recht ein großes Ausmaß angenommen. Wir möchten wohl wissen, was unser Zeitalter sei im Zusammenhang der Geschichte, was es in sich birgt an Möglichkeiten der Zukunft, wie seine sich ständig wandelnde Erscheinung in diesem

Augenblick sei. Doch dies ist nur eine Aufgabe unter anderen. Aus einem Wissen vom Zeitalter, das gewiß viel Richtiges enthält, aber im ganzen nicht möglich ist, abzuleiten, was ›an der Zeit‹ sei, ist ein Unfug. Jeder bezeugt durch das, was er tut und denkt, was heute ist. Kein Wissen kann ihn bezichtigen, in traditioneller Gebundenheit sich zu verlieren, weil diese überholt sei. Keiner kann aus dem Wissen unseres Zeitalters ableiten, welchen Gehalt die Erziehung haben müsse. Über das Zeitalter nachzudenken, kann im Geschichtsunterricht eine Aufgabe unter anderen sein, wenn zugleich die Gründe und Grenzen solchen Wissens geklärt werden. Die Erziehung muß Ursprung und Sinn dort haben, wo der Mensch über sein Zeitalter hinaus ist.

Der Grund der Erziehung darf auch nicht ein wenn auch noch so großartiges Bild vom Menschen sein. Dieses Bild zeigt sich in vielen Bildern. Aber was der Mensch sei, werden wir nie wissen. Kein Bild des Menschen zeigt den Menschen selbst. Um Mensch zu werden, dürfen wir uns an kein Bild vom Menschen binden.

Der Gehalt der Erziehung kann nur ein objektives Reich geistiger Erscheinungen sein, von der Transzendenz her durchstrahlt und getragen. Dieses ist gegründet in allen großen Überlieferungen. Durch die Kraft, die das Große in ein Gegenwärtiges verwandelt, ist es für uns da. Mit Klarheit diese objektive Welt in den Werken der Jahrtausende wahrzunehmen, lehrt die gute Erziehung. Damit kann auch die Fähigkeit gesteigert werden, Großes in der Gegenwart ohne Täuschung zu entdecken. Der Sinn für Rang ist gewachsen und die Unbefangenheit. Für die Erziehung zur Teilnahme an diesem Reich des Geistes, am Ethos, an der Politik bedarf es der Lehrbücher, die die Wege des Zugangs öffnen. Solche Bücher zu schaffen, ist eine schöpferische geistige Leistung. Sie sind selten.

Wir können besorgt fragen: Ist ein solcher Erziehungsgehalt in der Bundesrepublik noch da? Haben wir den Maßstab um auszuwählen, was zu wissen, was zu können, wie sich zu verhalten zur erfüllten Einheit eines gemeinschaftlichen Bewußtseins notwendig ist? Er würde in alle Gebiete des Unterrichts wirken. Ein Beispiel ist der Geschichtsunterricht. Ich habe Lehrbücher gesehen, die heute in Gebrauch sind. Sie waren klar, einfach, übersichtlich, der Stoff und die Haltung in der Darstellung im Stil der Jahrhundertwende. Aber drei Viertel von dem, was darin stand, schienen mir für unsere Jugend nicht wissenswert; sehr viel, was zu wissen nicht nur wichtig, sondern für die Wahrheit historischen Bewußtseins entscheidend ist, fehlte. Die großen Gehalte, die wichtigen Entscheidungen traten zurück hinter dem unter vergangenen Gesichtspunkten Wichtigen und heute Irreführenden. ›Wie es eigentlich gewesen‹, das zu berichten, war erfüllt, wie es heute erfüllt werden soll.

Aber die Bedeutung liegt in der Auswahl. Das gilt weiter für die im Zusammenhang mit der Geschichte zu erwerbende politische Bildung. Die Jugend muß in konkreter Anschauung erfahren: die Politik ist das Schicksal.

Ich kehre zurück zu den Volksschulen. Sie sind die Hauptsache. Von ihnen hängt ab, was aus dem Volk im Ganzen wird.

Dazu gehört, noch relativ äußerlich, aber unentbehrlich die Hebung des Standes der Volksschullehrer. Das Prestige der Volksschullehrer darf nicht wie im Obrigkeitsstaat hinter dem anderer Lehrer zurückstehen. Sie brauchen grundsätzlich dieselben Gehälter wie die Lehrer überhaupt. Die Chance, Ansehen zu erwerben, ist heute ohne angemessene finanziell bedingte Lebenshaltung vielleicht einmal für einen einzelnen und für die wenigen, die diesen sehen, möglich, nicht aber für einen Berufsstand. Die Finanzierung bedeutet jedoch nur die Ermöglichung des höheren Rangs der Volksschullehrer. Er selber muß anderswoher, durch die Lehrer selber kommen.

Diese Erfüllung ist das große Problem. Woher die Lehrer? Es gibt heute zerstreut vortreffliche Lehrer, die in ihrem kleinsten Umkreis auf dem Wege sind. Man hört und liest gelegentlich von ihnen und vergißt sie wieder. Sie wären zu entdecken. Was sie tun, wie sie ihre Schule im Unterricht gestalten, müßte durch andere Lehrer gesehen und von ihnen gelernt werden. Die Lehrer, die im Geist einer solchen Schule unterrichten, verbreiten diesen auf andere Schulen, an die sie berufen werden. Außerdem müßten sie, was sie tun, schildern und in programmatischen Vorschlägen niederlegen. Vielleicht würden aus solchen Kreisen die rechten Lehrbücher für die Volksschulen hervorgehen.

Die Situation ist: Volksschullehrer selber müssen durch freie Arbeit die Formungen der Erziehungsgehalte schaffen. Wenn Vorbild, Lehrbuch, Erziehungsprogramm zusammenkommen, kann die Schule gut werden.

Der Zirkel: Lehrer müssen, um Lehrer zu erziehen, selbst Lehrer sein, ist unumgänglich. Nur in diesem Zirkel kann in Freiheit der wahre Lehrer wirklich werden. Die Schöpfung dieses Lehrers läßt sich nicht machen, aber fördern oder verhindern. Wenn sie da ist, kann man sie zur Geltung bringen oder nicht.

Es ist ein Jammer, wenn die vortrefflichen Ansätze zwar lokal ein Segen bleiben, aber in der Zerstreutheit für das Ganze unserer Erziehung verschwinden. Warum geschieht das? Infolge der scheindemokratischen Gesinnungen, die die Mehrzahl unserer Politiker und Bürger erfüllen. Welches Kultusministerium mit seinem Minister und seinen Beamten hat den Sinn für das, was der Volksschule not tut? Wer hat eine Ahnung von der demokratischen Idee, die in der Volksschule liegt?

Diese Leute sind ja in ihre Stellungen gekommen nicht durch ihre Qualität für die Aufgabe, sondern durch politische Mechanismen, die in meinem Buch angeprangert sind. Sie verordnen ständig und allzuviel. Sie haben keine Achtung vor dem Volksschullehrer, der doch allein das verwirklicht, für das sie die Bedingungen, die günstigen und heute oft die ungünstigen Bedingungen herstellen können. Für sie sind es ja nur ihre Untergebenen, nicht die kostbaren selbständigen Menschen, deren Tätigkeit und Freiheit sie zu pflegen und denen sie zu dienen haben. Aber leider dürfen wir auch nicht übersehen: Die Mehrheit der heute noch schlechten Lehrer ist instinktiv ablehnend oder feindselig gegen die guten Ansätze, denen zu folgen sie nicht fähig oder nicht bereit sind.

Der gesamte Volksschulunterricht kann, vom einfachen Schreiben und Lesen an, geistig durchdrungen sein. Die Plattheit, wie sie auch heute der menschenwidrigen Leerheit mancher Politiker eigen ist, sieht im Lesen und Schreiben nur etwas technisch zu Erlernendes, darum Untergeordnetes und Verachtetes, das jeder beliebige Lehrer beibringen kann. Aus meinem eigenen Unterricht als sechsjähriger Knabe weiß ich durch den mir unvergeßlichen Lehrer, daß das Schreibenlernen gleichsam zu einem feierlichen Akt werden kann. Der Knabe wird Mitwisser eines Geheimnisses. Die Buchstaben haben ihre eigene einfache Schönheit ohne Überfluß des Dekorativen, ohne Verkürzung zur Simplizität. Der Lehrer setzt sich gelegentlich neben jeden Schüler und schreibt ihm vorbildliche Buchstaben und Worte in sein Heft. Man sieht verschiedene Möglichkeiten, aber den Unterschied klarer und unklarer, schöner und häßlicher Möglichkeiten. Daß wir schreiben und lesen können, wird zu einem Wunder in seiner Einfachheit.

Mit dem Beispiel will ich sagen: Was immer der Volksschullehrer zu lehren hat, auch bis in die letzten technischen Dinge hinein, liegt in einem Reich des Geistes. Über das mit Kindern zu reden, wäre erziehungswidrig. In ihm mitzuleben, wird aber durch die Art der Mitteilung wirklich. Ohne das wird so vieles Gute zur öden Langeweile. Wo dieser Ursprung lebendig geworden ist, da wird auch Mühe und Arbeit, Einüben und Wiederholen, das oft unvermeidlich als Last empfunden wird, als sinnvoll bewußt und befeuert: Man soll sich mit allen Kräften anstrengen für das Kostbare.

Wenn der Volksschullehrer keine geistige Gestalt wird, angesehen unter den angesehenen Ständen als Träger der Überlieferung, dann wird auch aus dem Volk nichts.

Sind darum die höheren Schulen zu verwerfen? Keineswegs. Eine Vielheit der höheren Schulen ist wünschenswert. Die Einheitlichkeit erzeugt auch Nivellierung und lähmt den Schwung des Erziehungswillens.

Ein besonderes Problem ist das altehrwürdige Humanistische Gymnasium, für das ich meine Dankbarkeit nicht verleugnen kann. Wenn es bleiben würde, in wenigen Exemplaren, dann sollte man nicht einen Kompromiß machen, der es faktisch aufhebt. Es wird dann ein Konglomerat vieler Fächer, deren jedes reduziert ist. Denkbar wäre vielleicht auch heute noch diese höhere Schule, in der die alten Sprachen, Mathematik, die geistige Welt der gesamten Antike, die Bibel alleiniger Erziehungsinhalt wären. Moderne Dinge, das Naturwissenschaftliche und Technische lassen sich später nachholen. Englisch und Französisch müßten, was für Kinder leicht ist, auch auf dem Humanistischen Gymnasium gelernt werden.

Die einzige Rechtfertigung des echten Humanistischen Gymnasiums ist: Eine Erziehung in der antiken Welt ermöglicht einen Adel, der sonst kaum entwickelt werden kann. Natürlich und mit Recht werden heute fast alle Kinder behext vom Technischen; das darf man dem Leben außerhalb der Schule überlassen. Das Humanistische Gymnasium wäre Sache für wenige Kinder, deren Eltern es mit ihnen daraufhin wagen.

Aber nun der andere Aspekt der Sache. Die Erwartung, daß das Gymnasium einen Adel erzeugt, ist enttäuscht. Man braucht sich die Humanisten und Philologen innerhalb der Menschentypen der modernen Welt nur anzusehen. Man ist gewiß zufrieden, daß sie da sind wegen ihrer großen und unentbehrlichen Leistungen. Aber sie gehören nicht zu denen, die erfreuen, zum Leben und zur Wahrheit ermutigen, und ganz gewiß erzeugen sie keinen Adel.

Heute sind sie außerstande, den alten so trügerisch gewordenen Bildungsbegriff in seiner ursprünglichen Substanz zu erneuern. Sie vermögen keine geistige Wirklichkeit zu schaffen. Die Bildungsbemühungen im heutigen sogenannten »Bildungsnotstand« muten, gemessen am Ernst der Sache, unwahrhaftig an. Eine künstliche Wiederherstellung humanistischer Bildungsprogramme hilft nichts. Die faktische Fortsetzung einer Spaltung des Volkes in Gebildete und Ungebildete, zumal die Gebildeten keinerlei Vorbild mehr sind, wäre ein Unheil.

Ich gestehe, daß Erörterungen über das Humanistische Gymnasium einen wehmütigen Charakter haben. Sie bedeuten ein Abschiednehmen von einem nicht mehr zu Rettenden. Aber die eigentliche große Frage, ob wir damit den Zusammenhang mit dem Adel der Antike nicht verlieren, ist damit glücklicherweise nicht beantwortet. Auch ohne Kenntnis der alten Sprache ist die Ergriffenheit von diesem Adel zu erfahren möglich. Wir brauchen nur zu beobachten, wie Ausstellungen antiker Kunstwerke auf weiteste Kreise anziehend wirken. Die Übersetzungen antiker Literatur sind zu einem Teil ausgezeichnet, auch wenn ein trefflicher Übersetzer sagte, daß ihm das Lesen von Übersetzungen eine

Qual sei. Wir wissen von hervorragenden Humanisten, daß auch sie in umfangreichem Maße Übersetzungen lesen. Selbst Philologen beherrschen nicht häufig die alten Sprachen so, daß sie sie in allen Phasen der Geschichte so bequem verstehen, wie die Lektüre der Werke in der Muttersprache. Der Anspruch des Adels aus der antiken Welt kann auch in der Volksschule überliefert werden.

Damit aber die besten Übersetzungen entstehen und damit die immer neuen Entdeckungen, wie es in der Gegenwart geschieht, vorangetrieben werden und damit die ständige Arbeit des Interpretierens in wissenschaftlicher Diskussion stattfinde, bedarf es der Fachleute, der Gräzisten, Latinisten, Archäologen, Historiker, ihrer großen Leistung an den Universitäten, die schließlich der gesamten Bevölkerung zugute kommt. (A 98–105)

Dank und Haß in der Erinnerung an Lehrer

Ich habe einige vortreffliche Lehrer gehabt: Amann, Richter, an die ich mit großer Dankbarkeit denke. Aber ich hatte einen Schuldirektor, der mich nicht leiden konnte. Eines Tages kam ich in Konflikt mit einem Turnlehrer. Ich hatte ein ärztliches Attest, sollte gewisse Übungen nicht machen und sollte die Jacke nicht ausziehen. Der Turnlehrer erklärte, das sei Unsinn, und verlangte Gehorsam. Ich war ungehorsam und tat nicht, was er von mir verlangte. Am nächsten Tag begann die Katastrophe: Ich hatte die Disziplin verletzt. Der Direktor trieb es so weit, daß er sagte: »Entweder gehen Sie« – ich war in der Sekunda – »zu Herrn N. N. und entschuldigen sich, oder Sie werden von der Schule entlassen!«

Das bedeutete, daß ich von den Eltern fort in eine andere Stadt (Jever oder Vechta) gehen müßte, um dort das Gymnasium zu besuchen. Das war ein für mich undenkbarer Gedanke. Bei meinen Eltern wollte ich bleiben. Wie war das zu erreichen? Der Direktor war unerbittlich. Mein Vater sagte mir: »Du mußt es selbst entscheiden. Ich kann dir nur versprechen, ich werde bis zum Ministerium gehen, falls der Direktor dich entlassen will, um es durchzusetzen, daß du bleibst. Aber ich vermute, daß das Ministerium niemals rückgängig machen wird, was ein Direktor anordnet. Du mußt also selbst entscheiden, was du riskieren willst.«

In dieser Lage rief mich mein trefflicher Klassenlehrer, den ich schon nannte, Richter, und sagte zu mir: »Hören Sie, Jaspers, ich muß einmal mit Ihnen reden. Natürlich haben Sie recht und der Direktor nicht. Aber denken Sie mal, wenn Sie mit Ihrem Recht jetzt durchkämen, das wäre eine Erschütterung der Disziplin der ganzen Schule. Wollen Sie, um mit Ihrem Recht durchzukommen, die Disziplin in der Schule in Gefahr bringen? Vielleicht können Sie darüber nachdenken, ob es sich nicht lohnt nachzugeben, weil es für Sie doch nicht so wichtig ist wie die Autorität für die Schule. Aber ich rate Ihnen nicht, ich wollte es Ihnen nur zu bedenken geben.« Das war für mich eine große Erleichterung insofern, als ich nun ja auch noch etwas Vernünftiges tat, wenn ich nachgab. Aber das Nachgeben war mir entsetzlich. Ich mußte einen Trick finden und fand ihn auf folgende Weise: Ich sagte zum Direktor: »Ich werde zu dem Herrn gehen und mich auf Ihren Befehl entschuldigen.« – »Machen Sie, was Sie wollen. Es kommt nur darauf an, daß Sie sich entschuldigen.« In der Schule war damals größte Spannung. Dem Turnlehrer war nicht wohl in seiner Verfassung, er hatte Angst. Meine Überlegung führte zu dem Plan: Ich werde ihm Folgendes sagen: »Auf Befehl des Herrn Direktor komme ich zu Ihnen und melde Ihnen, daß ich mich entschuldige!« Ich erscheine bei dem Turnlehrer. Er empfängt mich mit größter Höflichkeit, und ich sage: »Herr N. N., auf Befehl des Herrn Direktor komme ich zu Ihnen ...« »Ich danke Ihnen sehr, bitte nehmen Sie Platz, ich freue mich, daß Sie ...« »Danke«, sage ich, mache eine Verbeugung und gehe weg. Ich komme zum Direktor, erzähle es ihm, und er sagt: »Es ist mir ganz egal, Sie haben sich entschuldigt, das ist erledigt!« (SW 18 f.)

Damit war die Angelegenheit beigelegt. Sie hat in mir den Stachel hinterlassen, daß man mit einem klaren, nicht formalen, sondern substantiellen Recht aus der Idee der Vernunft und mit einer in persönlicher Ehrfurcht wurzelnden, von mir nie verletzten Disziplin allein in der Welt nicht durchkomme, und den schwereren Stachel, daß ich nicht bis zum Wagnis meines Lebens (wie ich es damals auffaßte) mich eingesetzt, sondern einen zweideutigen Ausweg gefunden hatte. Beide Seiten dieser Erfahrung blieben mir ein Symbol der Notwendigkeiten meines Lebens. In ihm war vorweggenommen, was in vielen Abwandlungen sich in meinem Dasein wiederholen sollte. (SW 66)

Qual und Glück in der ›Vorschule‹

Mein Sträuben gegen die Schule hatte nichts helfen können. Als es ernst wurde, war zunächst jeden Tag der Weg zur Schule eine Qual ...

Trotzdem ist mir die ›Vorschule‹ in guter Erinnerung. Wir hatten die drei Jahre denselben Lehrer, Herrn Nutzhorn, der in Strenge ungemein gütig mit heiligem Ernst uns Schreiben und Lesen beibrachte, Rechnen lehrte und die biblischen Geschichten erzählte. Die Feierlichkeit, mit der er Worte als Muster in das Schreibheft der Einzelnen schrieb, in einem von uns bewunderten Schwung der Druckunterschiede und Formen, die Herzensbeteiligung, wenn er von den jüdischen Patriarchen im märchenhaften Lande Kanaan, von dem Haine Mamre, den Oasen, den Wüsten erzählte, gaben mir ein Bewußtsein vom Zusammenhalt der Dinge und der Tiefe der Autorität, aus der sie uns gelehrt wurden, wie ich sie später nie wieder erfahren habe. Hinzu kam, daß von ihm die würdige Gestalt des Direktors Strackerjan bei mancher Gelegenheit wie als gegenwärtig genannt wurde. Dadurch schien die weise Lenkung der gesamten Schule (die Vorschule war der Oberrealschule angegliedert), dieser als unübersehbar groß gefühlten und uns noch unzugänglichen Welt allen Wissens und Könnens, uns doch als Wirklichkeit zu umgeben. Auch wurde die Aufmerksamkeit auf den großen Pädagogen und Philosophen Herbart, den Oldenburger, gelenkt, dessen Denkmal auf dem Platz vor der Schule stand und bei jedem Aus- und Eingehen auf uns blickte. (Wie sollte ich dann aber in späteren Jahrzehnten verwundert und enttäuscht werden durch den substanzlosen Scharfsinn und die wie Marotten törichten metaphysischen Gedanken dieses Mannes!) Zu dem Gefühl der Geborgenheit in einem sinnvollen Ganzen trug außer der treuen Persönlichkeit des Lehrers gewiß bei, daß kein Wechsel des Lehrers von Klasse zu Klasse stattfand. Unserer Stimmung der Verehrung und Liebe entsprach es, daß Herr Nutzhorn nach Ablauf des dritten Jahres uns väterlich lobte, uns für die weiteren Schuljahre Respekt und Hoffnungen erweckte, uns Segenswünsche für den Lebensweg aussprach und mit Tränen in den Augen von uns Abschied nahm. (SW 57)

Mängel des Gymnasiums

Ganz anders wurde die Stimmung auf dem Gymnasium, das ich von 1892–1901 besuchte. Das Gymnasium war nicht mehr geführt von der humanistischen Idee, keine eindrucksvolle Direktorengestalt war leitend im Unterricht gegenwärtig. Ein Aggregat von Fächern, deren einendes Band nicht mehr fühlbar war, der jährliche Wechsel der Klassenlehrer, ein wichtigtuerischer wissenschaftlicher Philologengeist, – das alles vermochte um so weniger Vertrauen zu erwecken, als das Ganze durch die gemeinschaftlichen Schulfeiern bei festlichen Gelegenheiten erst recht nur einen Scheinzusammenhang hatte, der mit seinem devoten Gehorsamssinn vor Kaiser und Großherzog mit bald uns bekannten und darum unwirksamen Phrasen und dem Singen der Lieder ›Heil dir im Siegerkranz . . .‹ und ›Heil dir, o Oldenburg, heil deinen Farben, heil deinem edlen Roß, heil deinen Garben, heil deinem Fürstenhaus . . .‹ keine substantielle Grundlage unseres Lebens erweckte. Was in Feiern sichtbar war und im Unterricht erschien, das hatte keinen Zusammenhang, so wenig wie der Unterricht in sich. Darüber war der Schüler sich zwar nicht klar, aber wohl fühlte er den unwahrhaftigen Geist des Ganzen. Ich geriet wider Willen von Anfang an in eine Gesinnung von Abneigung, wehrte mich gegen die Scheingemeinschaft und floh gern alles, was Schule war. Daß die Mehrzahl der Lehrer – keineswegs alle – etwas Gedrücktes, ja Subalternes an sich hatte, demgegenüber die natürliche Freiheit und Frische meiner Eltern, Großeltern und aller Verwandten mir wie der Ausdruck einer anderen Menschenart erschien, das vermehrte das Fremdheitsgefühl. (SW 57 f.)

Vertrauen als Anspruch und Hilfe

Als eine Steigerung meines Mutes (aber durch Anspruch an mich und durch Vertrauen zu mir) erinnere ich ein Erlebnis, das ich als Quintaner (zehn Jahre alt) hatte: Ein Elementarlehrer namens Rose hatte im Ärger über einen Jungen diesen damit bestraft, daß er ihn längere Zeit kniend vor dem Ventilationsschacht des Klassenzimmers verweilen ließ. Er sollte dort die doppelte Pein des schmerzenden Kniens und des erkältenden Luftzugs erleiden. Natürlich war der Junge empört, seine Eltern beklagten sich beim Direktor. Jetzt handelte es sich darum festzustellen, wie es eigentlich war. Am Ende einer Stunde sagte der Klassenlehrer (er hieß Frühstück): »Jaspers, bleib mal da, ich habe mit dir etwas zu besprechen.« Nun erklärte er mir, als wir allein waren, feierlich: »Jaspers, ich kenne dich als einen vernünftigen Jungen. Wenn so etwas geschieht und alle aufgeregt sind, weiß man nie, wie es eigentlich war. Es kommt darauf an, nicht zu phantasieren. Herrn Rose soll nichts vorgeworfen werden, was er nicht getan hat, und es soll auch nichts verschwiegen werden, was geschehen ist. Nun erinnere dich mal so genau, wie du kannst, und sage mir, was du noch weißt.« Dann folgten die einzelnen Fragen. Dies machte auf mich einen großen Eindruck. Das unerwartete Vertrauen gerade zu mir gab mir ein auszeichnendes Selbstbewußtsein, das zugleich als Forderung an mich auftrat. (SW 63 f.)

Mathematik und keimende Sophistik

Leicht, so daß ich kaum zu arbeiten brauchte, wurde mir nur Mathematik. Ich erinnere noch die Erleuchtung und das Rätsel zugleich, das mir aufging, als ich in der Untertertia Dreieck und Kreis begriff oder zu begreifen meinte. Der Lehrer zeigte, daß selbst der dünnste sichtbare Strich noch körperlich sei, die Linie aber keinen Körper habe. Zugleich begann auch das Spiel des bloßen Gedankens, sich über sich selbst verwundernd und Aufschluß beim Lehrer suchend. Dieser hatte bei einem arithmetischen Exempel den Satz aufgestellt: Wenn die Halben gleich sind, sind auch die Ganzen gleich. Mir schoß es durch den Kopf: halbtot = halblebendig, also tot = lebendig. Ich sagte es und fragte. Leider war der Lehrer zu dumm, mir zu helfen, und schalt bloß, statt die großartige Gelegenheit zu benutzen, der keimenden Sophistik, die sich selbst nicht begreift, den Star zu stechen. (SW 62 f.)

Schule und sinnvolle Freizeit

Meine geistige Entwicklung während der Gymnasialzeit erfolgte langsam und spät. Noch als Obertertianer konnte ich im Sommer am Meer, als über Weihnachtswünsche gesprochen wurde, mit zweifelsfreier Entschiedenheit sagen: Nur keine Bücher; es gibt nichts Langweiligeres als Bücher. Zwei Jahre später war es ganz anders. Da lechzte ich nach Büchern, der Quelle ungeahnter Möglichkeiten des Lebens. Ich sammelte nicht mehr Marken und Münzen, sondern Bilder. Aus Weihnachtskatalogen und alten Zeitschriften, die aus Lesezirkeln für wenige Pfennige zu haben waren, schnitt ich Abbildungen aus – vor allem antike Kunstwerke, dann solche der Renaissance, ferner Porträts, Städtebilder, Landschaften usw. –, ordnete sie, sorgfältig auf Papierbogen geklebt. Diese Bildersammlung wurde meine geistige Zuflucht außer der Schule; erst in ihr machte ich mir auch die Schulkenntnisse selbst lebendig. Die Schule kannte (außer geringen Ansätzen durch die Initiative des Lehrers Amann) noch keine Bilder. Mir war dieses Bildersammeln aus eigener Aktivität wie ein Kristallisationspunkt, um den sich das sonst Zerstreute ordnen mußte. Ich las nach, um mich über einzelne Bilder zu informieren, und verwendete manche Stunde dafür. Als einmal ein Lehrer meinem Vater gegenüber sich beklagte, ich sei in der Schule schlechter geworden und müsse mehr Grammatik arbeiten, und mein Vater angesichts gleichzeitiger schlechterer Klassennoten nun zu mir meinte, ich solle mich auf die Hosen setzen und die Bilder eine Zeitlang lassen, da protestierte ich: Die Bilder seien für mich überhaupt der Sinn der ganzen Schule, und ohne diese Bildersammlung hätte all mein Arbeiten keinen Zweck. Was meinem Vater genügte, mir meinen Weg zu lassen. (SW 61 f.)

Wer dem in der Freizeit Ratlosen helfen will, wird doch immer den Anspruch an den Einzelnen stellen müssen, dessen eigene Initiative zur

Erfüllung seines Lebens in der Freiheit nur erweckt, nicht bewirkt werden kann. Die Mitverantwortung für das, was aus dem Menschen, bei jedem durch sich selbst, wird, ist unaufhebbar. Die Freiheit müßte durch die Ursprünglichkeit im Einzelnen erfüllt werden. (AZM 244)

Galerie von Lehrerporträts

Was an guten Erinnerungen geblieben ist, hängt an einzelnen Lehrern und an den Eindrücken aus der Welt der Antike, die auch durch eine schlechte Schule schließlich nicht totzuschlagen ist, wenn nur der Schüler die Originaltexte selbst in die Hand bekommt, was ja glücklicherweise die Methode des gymnasialen Unterrichts war.

Die Lehrer waren durchwegs eigentümliche Menschen. Der Spielraum für besondere individuelle Erscheinung war noch groß. Originale waren möglich. (SW 58)

Böhnke vermittelt anschaulich, aber unkritisch Geschichte

Da war Böhnke, der Geschichtsunterricht erteilte. Er erzählte mit lebendigster Beteiligung. Beim Anmarsch des Hoplitenheeres geriet er selbst in Marsch. Die griechische Geschichte erzählte er zumeist nach Herodot (wie ich später bemerkt habe), nahm es mit der Wahrheit nicht genau, kannte keine historische Kritik, lebte in seiner Phantasie, aus der er mit einer sich aufzwingenden Anschaulichkeit mitteilte. Von dem gesamten Geschichtsunterricht der Schule sind mir nur von ihm Erinnerungen als innere Vorstellungen geblieben. Disziplin vermochte er in der Klasse nicht zu halten. Nur wenn die Erzählung brennend interessant wurde, gab es Ruhe. Die Unordnung aber schien er gar nicht zu bemerken, blieb immer guter Laune, machte Scherze und lachte, wenn die Jungens es zu toll trieben. Am Beginn der Stunde mußte aus dem Geschichtsbuch abgefragt werden, um festzustellen, ob auch die Kenntnisse saßen. Das war zumeist nicht der Fall. Daher half man sich durch Ablesen der Zahlen und Stichwörter aus dem offen liegenden Buch, um sie mit der Wiedererzählung zu verbinden. Man suchte schnell diese Minuten zu überwinden, nach denen – auch zur Erleichterung Böhnkes – seine Erzählung weiterging. Als einmal der Schulrat Menge visitierte, hatte ich wie gewohnt beim Abfragen mein offenes Geschichtsbuch sichtbar auch für den Lehrer vor mir liegen. Der Schulrat, der sich für einen großen Pädagogen hielt, kam langsam neben meinen Platz und blickte mich mit gewollt ernstem, still vorwerfendem Blick an. Ich warf ihm nur einen kurzen Blick der Gleichgültigkeit für seine Anwesenheit zu und las auf Fragen weiter Jahreszahlen oder Namen ab. Da wurde er ärgerlich und verwies mir mit sittlicher Empörung das ›Mogeln‹, worauf ich nicht anders konnte als das Buch zuzuschlagen, – nicht ohne dem Schulrat einen Blick der Verachtung zuzuwerfen. Böhnke hatte unsere Sympathie und unser Mitleid. Denn wir hatten längst bemerkt, daß er in den Pausen ganz allein im Schulgarten spazieren ging, und hörten, daß die anderen Lehrer ihn nach Möglichkeit mieden, weil seine Frau einmal ich weiß nicht was für einen Diebstahl begangen hätte. Die Möglichkeit dieses Verhaltens der anderen Lehrer erweckte wieder ein Mißtrauen gegen den Geist der Schule. Da war etwas nicht in Ordnung, die oppositionelle Gesinnung war wieder gerechtfertigt. (SW 58 f.)

Bapp lehrt geschickt, aber ohne Wärme Griechisch

Da war ferner Bapp, eine zarte, schmächtige Erscheinung, ganz sachlich und unpersönlich auftretend. Ich erinnere noch, wie glänzend er die Anfangsgründe des Griechischen beibrachte, ferner wie wir Ovid und Vergil mit ihm lasen. Ganz ohne Pathos, ruhig, Schritt für Schritt, immer belehrend, machte er Eindruck auf uns. Disziplin war von selbst da. Schlechtes Benehmen oder Mogeleien übersah er; oder er strafte sie mit einer kurzen, unaufgeregten Wendung, so daß man sich genierte. Aber es war nichts Hinreißendes, keine Wärme – vielleicht eine Stimmung, als ob sich das Ganze ja eigentlich nicht lohne, wie ein Enttäuschtsein im Ganzen. Man begriff ihn nicht. Seine Person blieb fern, aber respektiert. (SW 59 f.)

Beyersdorff kreist wichtigtuerisch um sich selbst

Da war Beyersdorff, gewichtig, mit einer Atmosphäre von weitreichender Geistigkeit. In der anspruchsvollen Haltung einer Überlegenheit, die sich als etwas Besseres fühlte, als er hier sein mußte, saß er da und sprach er zu uns. Gebildet, fähig in Intermezzi die merkwürdigsten Dinge aus der Geschichte, von Reisen in Italien, aus der Philosophie zu berichten, hörte er auf, wenn es gerade recht interessant wurde. So entzog er sich nach einem Bericht von Kants Lehre der Subjektivität von Raum und Zeit unseren alsbald einsetzenden Fragen durch Geheimnistuerei und Abbruch. Überaus leicht war er gekränkt. Er vermutete sogleich, nicht voll respektiert zu sein. In einer französischen Klassenarbeit der Obersekunda hatte ich einen Fehler wegen der falschen Übersetzung eines Wortes erhalten. Ich zeigte ihm, daß im Wortregister des Buches diese Übersetzung angegeben sei, mir darum dieser Fehler gestrichen werden müsse. Er wiederholte, es sei ein Fehler, und ich: »Bei der Arbeit müssen wir uns aber doch auf unsere Schulbücher verlassen können.« Darauf schrie er nur, daß ich sofort das Klassenzimmer verlassen solle. Nach zehn Minuten ließ er mich wieder hereinrufen und ignorierte mich. Ich nahm bald an, er habe mich dahin mißverstanden, daß ich ihm die Richtigkeit seiner Übersetzung habe bestreiten wollen (was er also als eine unerhörte Autoritätsverletzung ansah), während ich bei Anerkennung des Fehlers nur die Anrechnung dieses Fehlers durch Hinweis auf das Buch verhindern wollte. Aber ich wagte kein Wort weiter darüber zu reden, und machte mir klar, daß mit diesem so aufgeregten Lehrer nicht umzugehen sei. (SW 60)

Direktor Steinvorth – kluger Methodiker, aber Menschenverächter

Da war Steinvorth, der Direktor, der in der Prima Griechisch gab. Ungemein klug baute er jede Stunde logisch durchsichtig und straff auf. Man wußte, was man gerlernt hatte und was erledigt war. Man fühlte den Kopf wohltätig angestrengt, folgte gern, aber man atmete keine Atmosphäre. Der Inhalt blieb vorwiegend Grammatik, Sprache und weiter der logisch faßliche Aufbau des Textes. Man spürte keinerlei Beteiligung, z. B. bei der übrigens didaktisch glänzend analysierten ›Antigone‹ des Sophokles. Daher wirkte es komisch, wie er bei einer photographischen Aufnahme der Klasse sich neben uns in der Haltung der Sophoklesstatue des Laterans stellte. Er schien eine immer bereite Abneigung gegen seine Schüler zu haben, jedenfalls gegen mich. Als ich einmal im Religionsunterricht auf die Frage nach Anselms ontologischem Gottesbeweis den Gedankengang nicht gleich exakt herausbekam, höhnte er mich, als ob es schon eine Frechheit gewesen sei, auf eine solche Frage überhaupt zu wagen, eine Antwort zu geben. Steinvorth war mir wie die Inkarnation der Lieblosigkeit allen Menschen und Dingen gegenüber, die so gefährlich wird, wenn sie durch prominente Stellung die Macht hat, sich auszuwirken und in einer errechenbaren Scheinobjektivität ihre Entscheidungen zu treffen. Ich kann nicht leugnen, daß ich den Mann gehaßt habe als den Repräsentanten dieses Schulgeistes im Direktorenamt – ich haßte in ihm ihn selbst und die ganze Schule und vorwegnehmend die seelenlose Macht der Welt, durch die meine Ohnmacht unter die Stiefel getreten wurde. Von der Schule ging ich mit dem Bewußtsein, ich möchte, weil der Haß so quält, nie wieder einen Menschen so hassen, was denn auch bis heute nicht geschehen ist. In nachträglicher Besinnung ist mir klar, daß der Mann mit ausgesprochenem Pflichtbewußtsein bei dürftiger Seele sein Amt nach Kräften sachlich geführt hat, wenn auch notwendig unfruchtbar. (SW 60 f)

Aber der Direktor war außer sich und haßte mich. Ich habe kaum einen anderen Menschen so verachtet wie ihn, obgleich ich ihm für die Art seines Unterrichts noch immer dankbar bin, denn er war ein kenntnisreicher und didaktisch begabter Mann. Ich habe viel bei ihm gelernt.

Es handelte sich um den großen Unterschied von militärischer Disziplin und Schuldisziplin. Von meinem Vater unterrichtet, versuchte ich dem Direktor klarzumachen, daß er militärische Disziplin verlange, und daß wir uns das nicht gefallen lassen. Worauf er nur zornig erklärte: »Das ist der Geist Ihrer Familie, der Geist der Opposition; wir müssen ein wachsames Auge auf Sie haben, und ich werde alle Lehrer veranlassen, daß sie das mit mir haben werden!«

Ich habe nun allerdings den Direktor von meiner Seite aus bis aufs Blut gepeinigt. Als er zum Schluß nach dem Abitur – ich hatte ein gutes Examen gemacht – mir die große Ehre zudachte, bei der Abschiedsfeier, an der der Großherzog teilnahm, die Rede in lateinischer Sprache zu halten, erklärte ich: »Nein, Herr Direktor, die halte ich nicht!« und er: »Nanu, was heißt das, warum nicht?« Worauf ich: »Das wäre eine Täuschung des Publikums. Wir haben nicht so viel Latein gelernt, daß wir eine Rede halten können!«

Es war also ein gegenseitiger Kampf. Er erreichte seinen Gipfel bei meinem Abschiedsbesuch. Es war damals üblich, nach dem Abitur beim Direktor und bei den Lehrern Abschiedsbesuche zu machen. Als ich bei meinem Direktor erschien, sagte er mir: »Aus Ihnen kann ja nichts werden, Sie sind organisch krank!« Das war richtig. Ich war aber nicht weiter betroffen, denn ich hatte so viel Mut durch mein inneres Leben, daß ich, wie auch dies Leben sein würde, mit Hoffnung in meine Zukunft blickte, trotz Krankheit. (SW 20)

Traurige Bilanz

Da waren noch viele andere Lehrer, die ich nicht charakterisiere, obgleich jeder für mein Leben wie ein Symbol einer Menschenartung in Erinnerung geblieben ist und mir bei Gelegenheit vor Augen steht. Keinen habe ich verehrt, einige wenige mit Sympathie angesehen, keinen geliebt. (SW 61)

Erziehung und Selbsterziehung der Lehrer

Zur Erziehung gehören die Lehrer. Erziehung wird heute vielleicht zu selbstverständlich genommen, als ob der Erziehende schon wüßte, was die rechte Erziehung sei, welchen Inhalt sie habe und wie sie zu planen sei. Die Lehrer selbst müssen erzogen werden. Diese Erziehung liegt im Selbsterziehungsprozeß aller, in jedem Lebensalter. Die Verkehrung der Erziehung in der Demokratie bei gesteigertem Erziehungsbetrieb weist hin auf den Zirkel von Erziehen und Erzogenwerden. Dieser ist fruchtbar, wenn er erfüllt ist von dem Gehalt des Glaubens, Wissens und Könnens. Wie in jeder Entwicklung der Vernunft wird auch hier das Entscheidende nicht begriffen in einem einlinigen Kausalzusammenhang. Die Voraussetzung, der Lehrer sei erzogen und gebe als Fertiger an die unfertigen Kinder weiter, ist im ganzen so absurd wie die Voraussetzung, das Volk der Erwachsenen sei erzogen und urteile daher über alle Dinge recht. Nur der erzieht, der noch erzogen wird in der Selbsterziehung vermöge der Kommunikation. Nur der wird recht erzogen, der zu dieser Selbsterziehung erzogen wird im Medium strengen und hartnäckigen Lernens. (AZM 444 f.)

Schülermitverantwortung als politisch-demokratische Erziehung

Meine Frage ist, worauf sich diese Mitarbeit erstrecken dürfte, worauf nicht. Ich denke: Diese Mitarbeit ist eine großartige Möglichkeit zu politisch-demokratischer Erziehung durch eine frühe, alles Spätere begründende Übung. Diese soll sich dem Gehalt nach nur auf das beziehen, worüber der Schüler ein selbständiges Urteil gewinnen kann: etwa auf Schulausflüge, Arbeitsmethoden, Freizeit, Sammlungen und vieles andere, worin die freie Initiative der Schüler zur Durchführung der Sache selbst gehört. Sie darf sich nicht beziehen auf das, was dem Gehalt nach durch die Autorität der Überlieferung und der Lehrer gegeben ist. Versagen die Lehrer und verlieren sie bei den Schülern das Vertrauen, daß sie Mitwisser der Gehalte der Überlieferung sind, so ist die Reaktion des freien Schülers der schweigende Anspruch an die Lehrer: Rettet euer Bild in meiner Seele (wenn es erlaubt ist, das Wort Iphigeniens für diese Beziehung überhaupt zu gebrauchen). Das heißt: der gute Schüler benimmt sich, als ob der Lehrer Autorität verdiene, so daß der Lehrer indirekt den Anspruch spürt, was er sein soll. Nur in extremen Fällen gewinnt es Sinn, daß Schüler nach langen Erfahrungen in gemeinschaftlicher, kontrollierter Gewißheit den untauglichen Lehrer in Anklagezustand versetzen. Mangel an der jeden Augenblick überlegenen Intelligenz dürfte kein Grund sein, sondern allein der Charakter und eine verderbliche Gesinnung. Die Auflehnung ist immer ein revolutionärer Akt, der an sich nicht auf die Schule gehört, sondern in das spätere politische Leben. Denn die Schule gedeiht nur unter der Autorität, die besteht, wenn die Lehrer – mag es auch nur eine Minderheit sein – durch Vorbild und Ernst, durch Wissen und Können ohne Gewaltsamkeit in stiller Unwiderstehlichkeit wirken.

Wenn die Sachen, auf die sich die Mitverwaltung erstreckt, angemessen ausgewählt und begrenzt sind, dann soll sich der Schüler politisch üben durch die Methoden des Miteinanderredens über praktisch zu lösende Probleme. Die Schüler lernen, einander zuzuhören, ihr Reden zu begrenzen, in Form zu bringen, nicht zu wiederholen und nicht ins Endlose sich verlaufen zu lassen. Sie erzeugen den Geist der Gemeinschaft durch Fairneß, gegenseitige Achtung, Geduld in kritischer Prüfung und Solidarität nach gemeinsam gewonnenen Majoritätsbeschlüssen, die nun auch für die Minderheiten gelten. Die Schüler wählen die Mitschüler, denen sie Vertrauen schenken, zu den Ämtern. Dies Vertrauen muß sich bewähren oder bei Versagen die Wiederwahl verhindern. Der Gewählte ist nicht Vorgesetzter, sondern bleibt inter pares, aber er erfährt eine Verantwortung des Auftrags und darin die Anerkennung der Mitschüler. In den für eine demokratische Politik unerläßlichen Umgangsformen, die hier eingeübt werden, bildet sich die Entstehung einer Aristokratie, die zwar schwebend bleibt und sich in jedem einzelnen dauernd bewähren muß, die aber die faktische, nie endgültig erkennbare Ungleichheit der Menschen zum Ausdruck bringt. Dem andern zu folgen, dem das Vertrauen geschenkt wird, aber mit besonnener Kritik, die doch dieses Vertrauen nicht leicht zu entziehen vermag, ist Bedingung demokratischer Politik, und dazu die Neidlosigkeit. Wenn auf der Schule das demokratische Denken eingeübt werden soll, so kann dies geschehen durch Aufgaben, die der Gemeinschaft der Schüler gestellt werden, dann aber auch durch das Spiel geordneter Diskussion über Fragen, die jeweils interessieren. So entsteht das Benehmen, das im Einanderzuhören und Miteinanderreden begründet ist, die Sachlichkeit und die Selbstbeherrschung.

Ausgezeichnet scheint mir für diesen Zweck auch eine Schülerzeitung. Voraussetzung des Gelingens scheint mir aber, daß man sich dabei ausschließlich auf die Schüler selbst stützt. Erwachsene, ›Ehemalige‹, sollten nicht darin schreiben. Gerade daß den Schülern nicht von Erwachsenen, nicht von den Lehrern hineingeredet wird, scheint mir für die Wahrhaftigkeit des Unternehmens unerläßlich. Nicht Genossen in der Verwaltung der Schule sollen die Schüler sein; dies halte ich für einen Unfug, weil der Schüler sein Recht zu praktischen Verwaltungsaufgaben nur von der Autorität der Schule in begrenztem Umfang erhält. Die Übung vollzieht sich nur in dem Raum, der dafür freigegeben, nicht von den Schülern erobert worden ist. Hier aber soll dann der Schüler selbständig sein. Er soll nicht als Schüler eine Nachahmung der Erwachsenen darstellen. Vielmehr soll er wissen, daß er zu lernen hat. Seine Gedanken gehen zwar schon bis zu den letzten Grenzen, zumal in den obersten Klassen des Gymnasiums. Aber seine praktische Verantwortung ist begrenzt auf einen engen Bereich und darüber hinaus auf das Spiel des geistigen Versuchens. Der Schüler bekundet den Ernst seiner jugendlichen Einsicht nicht dadurch, daß er vorwegnimmt, was dem späteren Leben gehört. Was Verantwortung ist, lernt er gerade dadurch, daß er sie unterscheiden kann und für sich nur dort beansprucht, wo er sie aufgrund gewisser Erfahrung und im Raum der ihm gestellten taktischen Aufgaben auch erfüllen kann. Die Freiheit des Schülers, wie jede Freiheit, ist erfüllbar nur durch die Autorität. Das heißt für den Schüler: er verlangt nicht über Dinge zu entscheiden, die erst im späteren Leben von ihm entschieden werden sollen aufgrund dessen, wie durch Lernen, Anschauen und Denken sein Geist gebildet wurde und wie er seine Selbstkritik geübt hat, daß ihm verständlich wird, was er tun soll. Die Gefahr der Schule ist einerseits die falsche Autorität in militärähnlicher Disziplin, andererseits das Fehlen der Autorität in endloser Beliebigkeit des führungslosen Denkens und Sichbenehmens. Je ernsthafter der Schüler ist, desto mehr verzichtet er auf vorzeitige politische Tätigkeit und auf endgültige politische Meinungen. Er will lernen, zuhören, fragen. Aber in dem kleinen realen Bereich des Schullebens gibt es Dinge, die die Schüler beordnen können. An diesen Ordnungen und wie sie sie selber miterzeugen, können sie Politik lernen, ja, hier wird überhaupt der Grund gelegt – so wie später im kleinen Raum der Gemeindeverwaltung – für die innere Verfassung, die einen freien demokratischen Staat erst ermöglicht. (EE 22, 252 f.)

Sehnsucht nach dem eigenen Leben

Trotz der Geborgenheit bei den geliebten Eltern fühlte ich mich in der Jugend einsam. Eine unbestimmte Sehnsucht ergriff mich. Die Geborgenheit konnte nicht das geben, was das eigene Leben ist.

Ich hatte einen guten Freund, Fritz zur Loye. Wir studierten zusammen in München, in Berlin, in Göttingen. Wir lebten in den Ferien in unserer gemeinsamen Heimat Oldenburg. Die große Landwirtschaft, die sein Vater verwaltete, gab uns den Bereich unseres Umgangs mit den Wirklichkeiten der Natur. Wir studierten beide, er als künftiger Lehrer, ich als künftiger Mediziner, Naturwissenschaften. Es war durchaus das Leben in der gemeinsamen Sache, wohl enthusiastisch, aber es war nicht das Leben von Menschen, die in ihrer Tiefe, in dem, was sie selbst sein können, in Gegenseitigkeit zu sich kommen. Der Freund starb früh. Ich weiß nicht, was zwischen uns noch hätte werden können. Damals war mir nicht bewußt, weswegen meine Sehnsucht trotz der Freundschaft nicht aufhörte. Sehnsucht wohin? – Was wollte ich eigentlich? (SW 30)

Freunde als Bürgen sinnvollen Lebens

Menschen, deren Wesen mir die Erfüllung des menschlich Möglichen zeigte als Garantie, daß im Grund der Dinge jedenfalls auch etwas liegt, um das zu leben sich lohnt und durch das das Leben selber eine herrliche Wirklichkeit werden kann. Ich suchte den Menschen, mit dem diese rückhaltlose Freundschaft gelingt; den Menschen, den ich liebe, als ob wir von Ewigkeit zueinander gehörten; den Menschen, den ich mit ergreifendem Schrecken sehe als das alle Schranken durchbrechende Schicksal eines erfüllten Scheiterns. Diese drei sind mir begegnet: Ernst Mayer, mein im ständigen Kampf mit mir solidarischer Freund; Gertrud, meine geliebte Frau; Max Weber, der in undurchbrechbarer Distanz verharrende, die Welt in Verzweiflung erfahrende, im Wissen umfassende, in sich gespaltene und zerrissene, nirgends ins Eine und Reine gelangende Mensch. (SW 31)

Ernst Mayer – Begegnung mit dem philosophierenden Partner

Mein Freund Ernst Mayer, Jude, studierte wie ich Medizin. Bei einem Operationskurs an der Leiche begann er Gespräche mit mir. Ich, ganz bei der Sache, war zunächst zurückhaltend, unterbrach wohl manchmal: »Einen Augenblick, Herr Mayer ...« Dann besuchten wir uns in unseren Studentenbuden. Wenn wir nicht im Praktikum operierten, konnten wir philosophieren. Ich war begeistert, er war es auch. Es fing gleich so an, wie es später wurde, nämlich nicht etwa, daß sich der eine dem anderen unterordnete, sondern daß man gemeinsam ging. Als ich ihn einmal bei der Lektüre von Rickerts ›Gegenstand der Erkenntnis‹ antraf, sagte ich: »Wie können Sie solchen rationalen Unfug lesen, bei dem doch gar nichts herauskommt! Ausgedachtes Zeug!« Seine Antwort: »Wie können Sie etwas, was ich für wichtig halte, so ohne weiteres grundlos verurteilen!« Der Streit, in solchen groben Äußerungen oberflächlich angedeutet, ging durch unser ganzes Leben. Der Boden eines gemeinschaftlichen Philosophierens wurde immer deutlicher. Diese Gemeinschaft des Philosophierens ging so weit, daß mein Hauptwerk (›Philosophie‹) ohne Ernst Mayer für mich nicht denkbar ist. Er hat mitgearbeitet. Manche Einfälle stammen von ihm. Die Formung, die Lust, es besser zu schreiben, es präziser zu fassen, literarisch einwandfreier zu machen, ist ihm zu verdanken. In diesem Buch – später konnte sich das so nicht fortsetzen – waren wir von einer Identität, die mir unvergeßlich ist. Mit Ernst Mayer ist dieses für mich unendliche Glück verbunden, nicht nur einen Partner im Philosophieren zu haben in bezug auf Sachen, sondern einen Freund in der Substanz der Philosophie selber. (SW 31)

Gertrud Jaspers – Erfüllung in der Ehe

Durch Ernst Mayer lernte ich seine Schwester Getrud kennen. Sie lebte damals (1907) in Heidelberg. Ihr Bruder hatte ihr gesagt: »Jetzt habe ich einen Studenten kennengelernt, der ist ganz anders, den mußt du kennenlernen!« Er berichtete ihr auch, daß ich krank sei. Gertrud, die sehr Schweres erlebt hatte (ihre Schwester war geisteskrank geworden, ein Freund hatte sich das Leben genommen und anderes schlimmes Unheil dazu), war durch das Schicksal ihrer Jugend aus dem Leben gleichsam herausgerissen. In ihrem Wesen war sie verwandelt, die Wertschätzung der Dinge war nicht mehr die unbefangen natürliche. Aber sie wollte leben. Ihrem Leid wich sie nicht aus. Der einzige neue Weg schien ihr, im Verzicht auf das leidvolle Leben, in der sachlichen Arbeit zu liegen. Sie wollte das Abiturium nachholen und dann studieren. Damals lernte sie Griechisch und Lateinisch. Sie wollte keine Ablenkung. Daß ihr Bruder einen Freund gefunden hatte, freute sie, aber sie wollte ihn, zumal er krank war, nicht kennenlernen. Erst Ende des Semesters und nur ihrem Bruder zuliebe war sie mit meinem Besuch einverstanden.

Bei dem Besuch schlug etwas ein wie ein Blitz. Schon im ersten Augenblick, als Gertrud, mir noch den Rücken zukehrend, aufstand und sich mir zuwandte. Es war, als ob im Augenblick zwei Menschen sich trafen, die von jeher verbunden waren. Wie es eigentlich war, kann ich nicht wissen und daher nicht berichten.

Ich habe wiederholt über Liebe geschrieben. Es gilt manchen als konstruiert und utopisch und ist für mich doch unzureichender Spiegel einer Wirklichkeit.

Berichten aber kann ich das relativ äußerliche Geschehen. Seitdem Gertrud da ist, seit 1907, ist in mir ein Wandel vorgegangen. Bis dahin war ich – trotz Ungenügen und Sehnsucht – ein Mann, der wissen will, um Wahrheit bemüht, kühl. Jetzt wurde ich ein Mensch, der täglich daran erinnert wird, daß er ein Mensch ist. Nicht durch Worte, sondern durch die Wirklichkeit des Lebensgefährten, der stillschweigend fordert: Du darfst nicht meinen, daß du mit geistigen Leistungen schon genug getan hast! Gertrud sorgt dafür, daß ich nicht allzuviel versäume, sie erinnert mich, was ich in menschlichen Dingen zu tun habe, in denen ich so vergeßlich bin. Sie liest und prüft alles, was ich schreibe. Ihre Anwesenheit erweckt bei mir die Impulse, nicht in die geistige Welt und das bloße Denken zu versinken. Viel mehr noch: Ich bin überzeugt, sofern meine Philosophie eine Tiefe hat, hätte ich diese nie erreicht ohne Gertrud. (SW 31 f.)

Max Weber – Verehrung der Größe

In Max Weber begegnete mir nicht ein Freund. Denn zum Freund gehört das al pari. Er verhielt sich der Form nach von sich aus zwar völlig al pari, hätte nichts anderes anerkannt, aber mein Respekt vor der Größe dieses Mannes war derart, daß ich ihm gegenüber schüchtern war. Ausgenommen sind nur wenige Gespräche, die sich auf persönliche Ereignisse bezogen, über die er oder ich urteilten und, wenn es sich um Realitäten handelte, eingriffen. Hier hörte meine Schüchternheit auf. Es kam vor, daß wir auf gleicher Ebene im Gespräch miteinander kämpften. Es handelte sich um sehr ernste Fragen. In solchen Gesprächen war vielleicht ein leiser Ansatz von Freundschaft. Auch heute noch wäre es zu indiskret, davon zu berichten.

Ich glaube, mich nicht zu irren, in Max Weber den geistig größten Mann unseres Zeitalters gesehen zu haben, groß zwar nur in einem Bereich, aber mit einem universalen Charakter. Den Begriff von Größe habe ich von seiner Wirklichkeit her gewonnen. Wenn ich von ihm als dem größten Mann des Zeitalters spreche, denke ich nicht an Dichter und Künstler und nicht an Staatsmänner. Es hat keinen Sinn, Max Weber und sie aneinander zu messen. In Max Weber ist philosophische Wirklichkeit.

Schon seine Forschungsleistung macht großen Eindruck. Dazu kommt seine Schöpfung einer Kategorienwelt der Soziologie, dann die Erhellung der Methoden, die er im einzelnen durch besondere Abhandlungen durchführte. Vor allem aber kam erst durch ihn die bekannte, scheinbar einfache Unterscheidung von Werturteil und Tatsachenfeststellung in die Spannung, die die Leidenschaft der Historiker und Soziologen weckte. Denn es zeigte sich jedem, der begriff, daß hier ein rational nicht lösbares Problem vorlag. Denn rationale Erörterung wurde zwar wichtig, aber übergriffen in den heftigsten Kämpfen aus der Grundgesinnung der Forscher.

Ich sehe in Max Weber den Galilei der Geisteswissenschaften, mit dem Willen, maximal zu verwirklichen, was hier als Wissenschaft möglich ist, und zugleich die Prinzipien und Methoden dieser Wissenschaft zu entwickeln.

Aber dies wäre nicht genug. Dahinter steht ein Mann, dem dieser ganze Wissenschaftsbetrieb ein Vordergrund ist und ihm gar nicht genügt. Er hat den Sinn für alles Große, er liebt es, aber er ist vermöge seiner Wahrhaftigkeit so gesinnt, daß er nie vergessen kann, wie es immer zuging und wie es heute zugeht und wie es wirklich ist.

In seinem Leben meine ich eine vollständige unheilbare Zerrissenheit zu sehen. Er hat es nie zur Einheit gebracht. Die Tragödie eines modernen Menschen, und zwar die Tragödie wie bei Kierkegaard und wie bei Nietzsche, die beide ihm schöpferisch vielleicht überlegen sind, aber beide die ewigen Jünglinge bleiben, die stürmischen, die intuitiv zugreifen und Außerordentliches erfassen, während Max Weber der Mann ist, der die Zerrissenheit wirklich erträgt. Denn Kierkegaard hatte den Ausweg des christlichen Glaubens, und Nietzsche machte sich etwas zurecht mit ewiger Wiederkehr und Willen zur Macht. Solche Auswege waren bei Max Weber nicht möglich wegen seiner Wahrhaftigkeit. Seine Zerrissenheit war unaufhebbar: ein Mann, den man auf keinen Nenner bringen kann, bei dem es mir ganz unheimlich zumute wird, der immer wieder in seinem Leben den Drang zum Selbstmord hat, der krank ist, dann wieder gesund, bei dem man sagen muß: kein Vorbild. Nirgends so, daß ich sagen möchte, ich mache es auch so. Aber in einem ein Vorbild und in einem absolut zuverlässig, in dem, was sein letztes Wort im Delirium vor seinem Tode war: »Das Wahre ist die Wahrheit.«

Macht man mit diesem Wort ernst, wie Max Weber es tat, muß man in eine zur Verzweiflung treibende, sie aber nicht erzwingende Verfassung geraten. Wenn ich an Max Weber denke, so ist mir zwar dieser Wahrheitswille Vorbild, und es ist mir unbegreiflich, warum ich mir trotzdem vorkomme, als ob in mir eine Einheit wirke, die Tyche mich leite in dem Sinne, wie ich vorhin sagte, und ich ohne Verdienst beschenkt wurde mit etwas, das vor dem Wahrheitsdenken nicht als rational gültig standhält. Das Geschick bringt es jedem als das ihm eigene. Max Webers Geschick war so furchtbar, daß ich es zwar mit Ehrfurcht sehe und den Anspruch von dort höre, aber selber ganz anders lebe. (SW 31 ff.)

›Heidelberger Schule‹ – Glück der Arbeitsgemeinschaft

Damals hatte ich das Glück, jahrelang in der Heidelberger Psychiatrischen Klinik (nicht als Assistent, wozu ich körperlich nicht fähig war, wohl aber als Volontärassistent ohne praktische Pflichten) zu leben. In dieser Klinik gab es unter Nissl eine Gemeinschaft, ganz anders als an der Universität. Ein ›Geist des Hauses‹ verband alle vom Chef bis zum letzten Assistenten. Jeder hat für sich gearbeitet, nicht in einem Team für ein jeweils gesetztes Forschungsziel, sondern in einer Atmosphäre der Diskussion, in der jeder seine Sache aus eigener Verantwortung machte. Es war eine Gemeinschaft, von der heute in der psychiatrischen Welt als von der ›Heidelberger Schule‹ die Rede ist. Das sind wir alle zusammen, ein halbes Dutzend Leute. Solch geistiges Zusammenwirken habe ich nie wieder erlebt. (SW 34)

Freunde – Garanten des Seins

Freunde wurden zur Kraftquelle. Gute und freundliche Bekannte nehmen auf in das reale gemeinschaftliche Dasein der Welt. Aber Kraftquelle sind die seltenen Freunde, die im geistigen Kampf auf dem Boden unerschütterlicher Sympathie zu einem unbestimmbaren Ziel hin verbunden sind. Ihre Solidarität ist unerschütterlich. Sie wagen in der Distanz die Vertraulichkeit und Offenheit ohne Rückhalt in einem grundsätzlich Unberührbaren. Nur dann löst sich die Verschlossenheit. Wir zeigen uns, während der andere sich uns zeigt. Wir wollen sehen und gesehen werden. Wo es etwas Wesentliches gibt, über das niemals geredet werden kann, ist eigentliche Freundschaft nicht möglich. (PA 241)

Das Beste, was heute geschenkt werden kann, ist diese *Nähe selbstseiender Menschen.* Sie sind sich die Garantie, daß ein Sein ist. In der Welt sind die Gestalten, die als Wirklichkeit mich berührt haben, nicht die Vorübergehenden, die nur gesellig waren, sondern die mir Bleibenden, welche mich zu mir brachten. Wir haben kein Pantheon mehr, aber den Raum der Erinnerung wahrer Menschen, denen wir danken, was wir sind. Es sind uns nicht zuerst entscheidend die nur historisch bekannten Großen, sondern diese in dem Maße, in welchem sie gleichsam wiedererkannt wurden in denen, die uns als Lebende wirklich waren. Diese sind für uns jeweils im sicheren Wissen ihrer Nähe, bleiben ohne Anspruch nach außen, ohne Vergötterung und Propaganda. Sie kommen nicht schon vor unter dem, was öffentlich allgemein und gültig ist, und tragen doch den rechten Gang der Dinge. (GSZ 194)

Universität als einzigartige Schule

Die Universität ist eine Schule, aber eine einzigartige Schule. An ihr soll nicht nur unterrichtet werden, sondern der Schüler soll durch die Lehre des Professors an der forschenden Haltung teilnehmen und dadurch zu einer sein Leben bestimmenden wissenschaftlichen Denkungsart kommen. Die Studenten sind der Idee nach selbstverantwortlich. Sie sollen ihren Lehrern kritisch folgen. Sie haben die Freiheit des Lernens. Für den Professor ist der Beruf, Wahrheit durch Wissenschaft zu überliefern. Er hat die Freiheit des Lehrers. (Idee III, 1 f.; ähnl. II, 9)

Die Idee der Universität lebt entscheidend in den einzelnen Studenten und Professoren, erst in zweiter Linie in den Formen der Institution. Wenn jenes Leben erlöschen sollte, kann die Institution es nicht retten. Jenes Leben aber muß von Mensch zu Mensch geweckt und durch neue, der Situation entsprechende Schriften zum Selbstbewußtsein und zu besserer Wirksamkeit ermutigt werden. Der Student sucht die Idee, ist bereit für sie und ist eigentlich ratlos, wenn sie ihm von den Professoren her nicht begegnet. Dann muß er selber sie verwirklichen.

Innerhalb der Universität wurde mir die Idee des Philosophieprofessors zur Rechtfertigung des eigenen Daseins. Die Verwirklichung dieser Idee hängt, solange es Freiheit der abendländischen Universität gibt, allein von dem Einzelnen ab, der sie ergreift und mit ihrer Verwirklichung betraut wird . . .

Er muß sich bewähren vor einer Jugend, die ihrer Natur gemäß noch mehr Sinn für Wahrheit hat als spätere Lebensalter. Er hat die Aufgabe, die großen Philosophen zu zeigen und sie nicht mit den kleinen verwechseln zu lassen. Dann werden die ewigen Grundgedanken in ihren hohen Gestalten kund. Er hat die Offenheit zu erwecken für alles Wißbare, für den Sinn der Wissenschaften und für die Wirklichkeit des Lebens. Dieses alles hat er zu umgreifen und zu durchdringen mit den Grundoperationen des Denkens, die uns zum Aufschwung bringen. Er soll leben in der Universitätsidee und damit die Verantwortung anerkennen für das hervorbringende, bauende, erfüllende Tun. Die äußersten Grenzen soll er nicht verschleiern, aber das Maß lehren. (PuW 339)

Das *Massendasein an Hochschulen* hat die Tendenz, Wissenschaft als Wissenschaft zu vernichten. Diese soll sich der Menge anpassen, welche nur ihr praktisches Ziel will, ein Examen und die damit verknüpfte Berechtigung; Forschung soll nur so weit gefördert werden, als sie praktisch auswertbare Resultate verspricht. Dann reduziert Wissenschaft sich auf die verstandesmäßige Objektivität des Lernbaren. Statt der Hochschule, wie sie in ihrer geistigen Unruhe des ›sapere aude‹ lebt, entsteht bloße Schule. Dem Einzelnen wird die Gefahr seines selbst zu suchenden Weges abgenommen durch einen zwangsläufigen Studienplan. Ohne Wagnis in der Freiheit wird auch kein Ursprung gelegt zu der Möglichkeit eigenen Denkens. Am Ende bleibt eine virtuose Technik in Spezialitäten und vielleicht auch ein großes Wissen; der Gelehrte, nicht der Forscher wird der maßgebende Typus. Daß man beginnt, beides für dasselbe zu halten, ist Symptom dieses Niedergangs.

Eigentliche Wissenschaft ist eine *aristokratische Angelegenheit* derer, die sich selbst dazu auslesen. Das ursprüngliche Wissenwollen, das allein eine Krisis der Wissenschaften unmöglich machen würde, gehört dem je Einzelnen auf seine Gefahr. Es ist jetzt wohl abnorm, wenn jemand sein Leben an die Forschung setzt. Aber niemals war diese eine Sache von Menschenmengen. An der Wissenschaft hat, auch wer sie im praktischen Beruf verwendet, nur teil, wenn er in der inneren Haltung ein Forscher geworden ist. Die Krise der Wissenschaften ist eine *Krise der Menschen, von denen sie ergriffen werden,* wenn diese nicht echt in ihrem unbedingten Wissenwollen waren.

Eine *Verkehrung des Sinns von Wissenschaft* geht daher heute durch die Welt. Wissenschaft genießt einmal einen außerordentlichen Respekt. Da Massenordnung nur durch Technik, Technik nur durch Wissenschaft möglich ist, herrscht im Zeitalter ein Glaube an Wissenschaft. Da aber Wissenschaft allein zugänglich ist durch methodische Bildung, das Staunen vor ihren Resultaten noch kein Teilnehmen an ihrem Sinn ist, so ist dieser Glaube Aberglaube. Eigentliche Wissenschaft ist das Wissen mit dem Wissen der Weisen und Grenzen des Wissens. Wird aber an ihre Resultate geglaubt, die nur als solche, nicht in der Methode ihres Erwerbs gekannt werden, so wird in imaginärem Mißverstehen dieser Aberglaube zum Surrogat echten Glaubens. Man hält sich an die vermeintliche Festigkeit wissenschaftlicher Ergebnisse. Die Inhalte dieses Aberglaubens sind: ein utopischer Sachverstand von allem, das Machenkönnen und die technische Meisterung jeder Schwierigkeit, Wohlfahrt als Möglichkeit des Gesamtdaseins, der Demokratie als des gerechten Weges der Freiheit aller durch Majoritäten, überhaupt der Glaube an

Denkinhalte des Verstandes als an Dogmen, die für schlechthin richtige gelten. Die Macht dieses Aberglaubens befällt fast alle Menschen, auch die Gelehrten. Sie scheint im Einzelfall überwunden und ist doch immer wieder da; sie reißt den Abgrund auf zwischen dem Menschen, der ihr verfällt, und der kritischen Vernunft eigentlicher Wissenschaftlichkeit.

Der Wissenschaftsaberglaube schlägt leicht um in Wissenschaftsfeindschaft, in einen Aberglauben an die Hilfe von Mächten, welche Wissenschaft negieren. Wer im Glauben an die Allmacht von Wissenschaft sein Denken schweigen ließ vor dem Sachverständigen, der weiß und anordnet, was richtig ist, kehrt beim Versagen enttäuscht den Rücken und geht zum Scharlatan. Der Wissenschaftsaberglaube ist dem Schwindlertum wahlverwandt. (GSZ 137 ff.)

... Daß so wenig Menschen bis in ihr praktisches Denken hinein echte Wissenschaftlichkeit zu eigen gewinnen, ist die Erscheinung versinkenden Selbstseins. Kommunikation wird unmöglich in dem Nebel dieses verwirrenden Aberglaubens, der die Möglichkeit sowohl des echten Wissens wie des eigentlichen Glaubens vernichtet. (GSZ 139)

Aufgaben der Universitätsreform

Bauten, Einrichtungen der Institute, Seminare, Bibliotheken. Vermehrung der Stellen für Lehrkräfte, Fürsorge für Studenten, damit sie frei und mit allen Kräften ihrem Studium nachgehen können, – dies und anderes sind materielle Fragen, die durch Zurverfügungstellung des notwendigen Geldes materiell gelöst werden können. Man hat wiederholt darauf hingewiesen, welche gewaltigen Mittel, zumal da das ganze Schulwesen einbezogen werden muß, erforderlich sind.

Für die Zukunft des deutschen Volkes sind Erziehung und Unterricht nicht weniger wichtig als Wehrmacht. Da eine schlechte Verwaltung der Erziehung ihre unheilvollen Folgen erst im Laufe vieler Jahrzehnte zeigt, für den Augenblick aber das Dasein aller davon abhängt, daß es in einer mit Gewalt drohenden Welt geschützt wird, so haben die Politiker, Parlamente und Regierungen ein viel geringeres Interesse für das Erziehungswesen als für die Wehrmacht. Beide werden an augenblicklich zwingender Wichtigkeit noch übertroffen von der Sozialpolitik, die allen Staatsangehörigen in allen Gruppen sogleich fühlbare Vorteile bringen will, von deren Gewährung die Stimmen der Wähler abhängig sind. Die Sorge für das gesamte Erziehungswesen tritt in den Hintergrund. Was für die Zukunft des geistig-sittlichen Ranges unseres Volkes das Wichtigste ist, ist für den Augenblick das für die bloßen Politiker am wenigsten Dringende.

Nehmen wir an, die staatlichen Mittel würden dank der Weitsicht von Staatsmännern in der genügenden Menge bereitgestellt, so ist damit zwar die unentbehrliche Bedingung, nicht aber die Sache selbst geschaffen. Jene Mittel zu beschaffen, ist Sache des Staates; es kommt darauf an, wie die Mittel verwendet werden. Die Universitätsreform selber kann entscheidend nur von Männern der Universität ausgehen.

Hier aber handelt es sich um zwei Aufgaben: *erstens* die Planung der notwendigen Bauten und Einrichtungen, die Gliederung des Massenzustroms in übersehbare Gruppen, die Aufgabenverteilung unter Professoren und Dozenten und Assistenten, die Umgestaltung der Organisation, die Setzung der Rechte, nach denen sie in juristischer Form arbeitet, und vieles andere – und *zweitens* die Wiedergewinnung der Kraft der Idee der Universität, die bis an den Rand ihres Erlöschens geraten ist. Diese beiden Aufgaben stehen nicht nebeneinander, vielmehr muß die Idee der Universität die Führung haben, wenn es sich wirklich um Reform der Universität in der neuen Situation handelt und nicht um Vollendung und Organisation der Verschulung, bei der unter Beibehaltung des Namens der Universität die Universität selber zugrunde gegangen ist.

Jede Besinnung auf Änderung etwa der Verfassung, der Selbstverwaltungsformen, der Änderung der Institutsrechte, der Lehrtypen, des Unterrichts usw. muß zwar auf greifbare Zwecke blicken, aber die übergreifende Kritik und Begründung in dem Lichte finden, das die Wege zur Verwirklichung des geistigen Lebens selber, des Hervorbringens in dem Miteinander von Forschung und Lehre zeigt. Die beiden Aufgaben lassen sich nicht nebeneinander, sondern nur zugleich erfüllen. Dabei hat die erste die Seite, daß man die Mittel zum Zweck erdenken und machen kann, die zweite dagegen die Grundeigenschaft, daß sie durch kein Machen und Planen sich erfüllen läßt, sondern allein durch das Dasein der einzelnen Forscher, Lehrer, Studenten, in denen die Idee lebt. Das Organisieren kann für dies eigentlich Wesentliche nur Chancen geben, aber es nicht herstellen. Das von der Idee der Universität geführte Organisieren wird immer an diese Chancen denken, sie unter keinen Umständen mindern, sondern überall fördern wollen.

›Doppelgesicht‹ der Universitätsreform will sagen: untrennbar sind die beiden Aufgaben erstens der äußeren Organisation und Versorgung der Universität und zweitens der inneren Verwandlung der Denkungsart zur Wiedergewinnung der Idee der Universität in neuer Gestalt. Die bloße Realisierung der Massenversorgung mit Unterricht würde den Sinn verlieren, die bloße Spekulation der Idee würde in Schwärmerei irreal werden. Wie beides sich zueinander verhalten wird durch die geistige Motivierung der greifbaren Maßnahmen, entscheidet das Schicksal der Universität.

Die Aristokratie des Geistes, aus allen Volksschichten hervorgehend, wesentlich gegründet im Ethos, in der verzehrenden Leidenschaft des Geistes des Einzelnen, in der Begabung, ist stets die Minderheit. Die Idee der Universität ist auf diese Minderheit gerichtet. Zum Heile aller ist es, daß die Norm von dieser ursprünglichen Kraft des Geistes ausgeht, daß der Durchschnitt selber seinen Wert durch den Aufblick zum Höheren und in der Erleuchtung von dort her sieht.

Da aber die Aristokratie nur auf demokratischem Wege anerkannt werden kann, nicht durch eigenen Anspruch besteht, ist die Universität an die Gesinnung aller, der Studenten und Dozenten, gebunden. Daß das Hervorragende, in Leistung und sichtbarer Persönlichkeit, gesehen, gefördert, unausdrücklich aber faktisch anerkannt werde und zur Wirkung gelange, ist die Bedingung des Lebens der Universität. (Idee III, 37 ff; vgl. PA 78–92) [vgl. Das Doppelgesicht der Universitätsreform S. 307 ff.]

Solche Erneuerung der Universität würde mit der ihr erwachsenden Gesinnung den ganzen Menschen ergreifen. Eine Folge wäre, daß auch die verläßliche Staatsgesinnung bewußt werden und sich ausbreiten kann. Ein wahrer menschlicher Staat vollzieht mit der Macht zugleich die Selbstbegrenzung der Macht, weil er das Recht verwirklicht. Er verwurzelt seinen Sinn in der alltäglichen Denkweise seiner Bürger, in ihrer Solidarität. Er vollzieht, wie alles geistige Leben, ständig Selbstkorrekturen. Seine Freiheit zeigt sich im gesetzlich geformten Kampf der Geister, die noch im radikalsten Gegensatz miteinander verbunden bleiben durch die gemeinsame Aufgabe. Er erfüllt sich mit allem Wissen und findet daher in dem geistigen Schaffen der Universität nicht nur sein hellstes Bewußtsein, sondern die Quelle der Erziehung seiner Bürger. (HS 39 f.)

Die Universität scheint für das Volk überflüssig und dem Volk unverständlich; sie ist weder das eine noch das andere. (HS 54) [vgl. auch Das Doppelgesicht der Universitätsreform S. 307 ff.]

Würde und Versuchung des Hochschullehrers

Die Lehrer an der Hochschule sind Forscher. Sie sind für die Studenten, die nicht mehr Schüler, sondern erwachsen, selbständig und verantwortliche Studierende sind, ein Beispiel zur Orientierung, wichtig durch ihre Hinweise und durch das Teilnehmenlassen an ihrem geistigen Tun. Es ist ein Mißbrauch, sie als Schulmeister benutzen zu wollen. (Idee III, 116)

Während viele Lehrer zu bequemen Schülernaturen neigen, die ihnen nicht über den Kopf wachsen, sollte vielmehr jeder Professor es sich zum Grundsatz machen, zur Habilitation möglichst nur solche Schüler zuzulassen, von denen er erwarten darf, daß sie mindestens die von ihm selber verwirklichte Leistungshöhe erreichen werden, und Ausschau zu halten nach dem Besseren, der ihn überflügeln wird und zuerst ihn zu fördern, auch wenn er gar nicht sein Schüler ist. (Idee III, 118; ähnl. II, 67 f.)

Freiheit und Verantwortung des Studenten

Der Student ist angehender Gelehrter und Forscher und er bleibt sein Leben lang ein philosophisch wissenschaftlicher Mensch, wenn er in jene Bewegung dauernden Wachsens der Idee eingetreten ist, auch wenn er sich auswirkt im praktischen Beruf der Wirklichkeitsgestaltung, die nicht weniger produktiv ist als die wissenschaftliche Leistung im engeren, literarisch sichtbaren Sinn. (Idee III, 81)

Der Student hat grundsätzlich Studierfreiheit. Er ist nicht mehr Schüler, sondern reif und Bürger der Hochschule. Damit Männer der Wissenschaft entstehen, selbständige Persönlichkeiten, müssen Jünglinge gewagt werden. Sie haben die Freiheit, zu verkommen durch Trägheit und Zerstreuung und dann aus den akademischen Berufen auszuscheiden.

Würde man Dozenten und Studenten an die Leine einer Schuldisziplin legen, so wäre das Leben der Ideen, das Schaffen und Forschen am Ende. Es erwüchsen keine in ihrer Denkungsart verläßlichen, kritisch prüfenden und besonnen in jeder Situation die Wahrheit suchenden Männer. Freiheit ist die Lebensluft der Universität. (HS 54)

Wenn man freie Bahn für jeden Tüchtigen fordert, so heißt das, man solle die Tüchtigen aus der gesamten Bevölkerung, nicht aber nur aus einzelnen Schichten zu ihrem Recht kommen lassen. Es heißt zugleich, daß nicht durch Tests, welche vielleicht ganz spezifische Begabungen voraussetzen, die Tüchtigen im Sinne der eigentlich Geistigen ausgeschaltet werden. (Idee III, 139 f.; ähnl. II, 104)

Der Gang durch eine lange Reihe von Examinas, in der Schritt für Schritt das Ziel erreicht wird, hilft dem Durchschnitt der Unselbständigen. Examina als Abschluß eines langen freien Studiums sind Sache der geistig Ursprünglichen. Die Universität fördert diese, indem sie den Anspruch an ihre Studenten erhebt: sie sollen selbständige Menschen sein, sich selber führen können. Sie sind reif und brauchen keinen Meister, weil sie sich selbst in die Hand genommen haben. Sie hören Lehren, Gesichtspunkte, Orientierungen, Tatsachen, Ratschläge, um selber zu prüfen und zu entscheiden. Wer einen Führer sucht, geht zu Unrecht in die Welt der Universitätsidee. Die eigentlichen Studenten haben Initiative, sie vermögen sich selbst Aufgaben zu stellen. Sie können geistig arbeiten und wissen, was Arbeit heißt. Sie sind Einzelne, die in Kommunikation wachsen. Sie sind nicht der Durchschnitt, nicht eine Masse, sondern zahlreiche Einzelne, die es auf sich hin wagen. Es ist dies zugleich Wirklichkeit und notwendige Fiktion. Es ist der Aufschwung, in dem ein jeder sich zum Höchsten berufen fühlen darf.

Am Ende steht das Examen. Es soll feststellen, was schon geschehen ist: die Auslese, die der Studierende selber an sich durch den Gebrauch seiner Freiheit vollzogen hat. Die Universität wäre nicht mehr Hochschule, wenn eine durch Berechtigungen ausgewählte Anzahl von Studierenden schulmäßig kontrolliert bis zum Ende des Studiums den sicheren Weg hätte. Vielmehr ist das Wesen der Hochschule, daß die Auswahl im Gang des Studiums durch den je Einzelnen im Verhalten zu sich selbst erfolgen muß unter der Gefahr, am Ende nichts gelernt zu haben und nichts zu können. Diese Auswahl durch die geistige und institutionelle Situation zu gestalten, ist das ernsteste und am Ende nicht rein lösbare Problem. (Idee III, 140 f.; ähnl. II, 107 f.)

Geistige Aristokratie ist nicht eine soziologische Aristokratie. Jeder dazu Geborene sollte den Weg zu den Studien finden.

Diese Aristokratie ist Freiheit eigenen Ursprungs, begegnet beim Erbadel wie beim Arbeiter, bei Reichen und bei Armen, überall gleich selten. Sie kann nur eine Minorität sein. Die Studenten sollen aus dem gesamten Volk als geistiger Adel an die Universität kommen. (Idee III, 115; ähnl. II, 118)

Der Unterschied des geistigen Adels vom geistig Unfreien ist dieser: der erste denkt Tag und Nacht an seine Sache und verzehrt sich, der zweite verlangt Trennung von Arbeit und Freizeit. Der erste geht auf eigenes Risiko seinen Weg, horchend auf die leiseste Stimme der Führung aus seinem Innern. Der zweite will Führung, Lehrplan, Arbeitsauftrag von außen. Der erste wagt das Scheitern, der zweite verlangt Garantie des Erfolgs bei Fleiß. (Idee III, 115)

Aber die Studentenverbindungen wurden mir, da sie im Universitätsleben den Ton angaben und das höchste Ansehen besaßen, ein erregendes Problem. Es galt die Frage nach der Freiheit studentischen Lebens und Studiums. Diese forderte die Spontaneität persönlicher Freundschaft und das Selbstbewußtsein im Gang des eigenen geistigen Weges. Sie schien mir bedroht durch die Zwangsläufigkeiten einer Verbindung, die Zeit und Kraft für Nichtigkeiten raubt, ein Selbstbewußtsein aus der Zugehörigkeit, sichtbar durch das farbige Band, erzeugt. Statt aus dem geistigen Wagnis und aus der eigenen Verantwortung für den

Weg des Studiums zu leben, überließ man sich den Lebenszielen einer bevorzugten Gesellschaft, unterwarf sich den Vorstellungen von jugendlichem Glück, die die alten Herren hatten. Statt selbst zu denken, wurde man von konventionellen Meinungen geprägt, die bei innerer Unsicherheit fanatisch vertreten wurden. Daß diese Studenten keine Beziehungen zu den geistigen Bewegungen der Zeit hatten, schien mir zu bestätigen, daß sie keine rechten Studenten waren. Meine Jugenderfahrungen und die späteren Beobachtungen haben mich gelehrt, in diesen Korporationen ein Verhängnis der deutschen Universitäten zu sehen. Es war in ihnen kein Hauch mehr von dem Geist, der nach den Freiheitskriegen einst zur Gründung der Burschenschaften geführt hatte. Es fand in ihnen keine echte Erziehung mehr statt, sondern das Einüben eines geläufigen Typus. Und dieser Typus selber war mir verhaßt. (PuW 330 f.)

Aufgaben der Universität

Wir behandeln *vier Aufgaben* der Universität: erstens Forschung, Lehre und Unterricht für die besonderen Berufe, – zweitens Bildung und Erziehung, – drittens das geistig kommunikative Leben, – viertens den Kosmos der Wissenschaften:

1. Soweit die Universität Wahrheit durch Wissenschaft sucht, ist Forschung ihre Grundaufgabe. Da diese Aufgabe die Überlieferung voraussetzt, ist mit der Forschung die Lehre verbunden. Lehre heißt teilnehmen lassen am Forschungsprozeß. (Idee III, 64)

2. Da aber Wahrheit mehr ist als Wissenschaft und sie durch Wissenschaft aus dem umgreifenden Sein des Menschen – nennen wir es Geist, Existenz, Vernunft – ergriffen wird, ist auch die Idee mehr: Forschung und Lehre der Wissenschaft dienen der Bildung des Lebens als Offenbarwerden der Wahrheit in jedem Sinn.

Schon in der rechten Weise der Überlieferung von Kenntnissen und Fertigkeiten geschieht eine geistige Formung des ganzen Menschen. Daher ist es widersinnig, wenn man Lehranstalt und Bildungsanstalt trennen will. Bildungshochschulen – etwa in der Form besonderer Fakultäten, welche an den Universitäten nur der Bildung dienen und für alle Studenten vor ihrem Fachstudium zu besuchen wären – sind ein abstrakter Gedanke; abgesonderte Bildung ist keine Bildung mehr, sondern Pflege einer wirklichkeitsfremden ästhetischen Geistigkeit mit dem Gebrauch aller hohen Worte der Überlieferung. (Idee III, 64)

3. Die Erfüllung der Aufgabe ist gebunden an die Kommunikation zwischen den denkenden Menschen, der Forscher untereinander, der

Lehrer und Schüler, der Schüler untereinander, und je nach der Lage aller mit allen ... (Idee III, 65; vgl. II, 38)

4. Die Wissenschaft ist ihrem Sinn nach ein Ganzes ... (Idee III, 65)

Diese Aufgaben erfüllt die Universität in ihrer Idee: Die Universität ist Forschungs- und Lehranstalt, Bildungswelt, kommunikatives Leben, der Kosmos der Wissenschaften ineins. Jede dieser Aufgaben wird um so kräftiger, sinnvoller, klarer, als sie an den andern teilhat. In der Idee kann die eine Aufgabe von den andern nicht gelöst werden, ohne daß die Substanz der Universität zerfällt und ohne daß zugleich jede Aufgabe für sich verkümmert oder hybride unheilvolle Formen annimmt. Alle Aufgaben sind Momente eines lebendigen Ganzen der Idee. (Idee III, 65; vgl. II, 40)

1. Forschung, Lehre und Unterricht

a) Forschende Haltung

Die Voraussetzung jeden Erkenntnisfortschritts, die hartnäckige, unverdrossene Arbeit, enthält drei Momente:

a) Die Arbeit im engeren Sinne besteht im *Lernen und Üben*, in der Erweiterung des Besitzes an Wissen und der Beherrschung der Methoden. Sie ist die Grundlage alles weiteren, sie bedarf am meisten der Disziplin und Ordnung, sie nimmt zeitlich den größten Umfang ein, sie kann jederzeit willkürlich in Angriff genommen werden. Durch sie bilden wir unsere Werkzeuge, durch sie gewinnen wir, wenn wir etwas gefunden haben, den klaren Ausdruck, die methodische Kontrolle, die Durcharbeitung dessen, was sonst bloßer Einfall bleibt. Diese Arbeit des Fleißes kann niemand gering achten. Mit ihr soll der Student sofort beginnen, wie er es auf der Schule gelernt hat. (Idee III, 66; ähnl. II, 40 f.)

b) Damit das Arbeiten nicht bloße Endlosigkeit werde, damit Sinn und *Idee* darin sei, bedarf es eines durch guten Willen allein nicht Erzwingbaren. Ideen, selbst nicht rational als richtig einsichtig, geben den Erkenntnissen erst ihre Wichtigkeit, dem Forscher die treibende Kraft. Ideen wachsen aber auch nur bei dem Menschen, der stetig arbeitet. ›Einfälle‹ kommen unberechenbar. (Idee III, 66; ähnl. II, 41)

c) Der Fleißarbeit und den Ideen gegenüber hat der wissenschaftliche Mensch ein *intellektuelles Gewissen*. Überall sieht er, daß er sich dem guten Glück, einem dunklen Instinkt anvertrauen muß, aber überall auch will er, soweit sein redliches Bewußtsein reicht, Kontrolle und Herrschaft über seine Arbeit. Gegen das Gewissen ist ihm der stupide Fleiß ohne Ziel, und gegen das Gewissen ist ihm bloßes Gefühl, bloße

Zustimmung und Erbauung, die sich ihm nicht umsetzen in Gestalt und Tätigkeit. Das Zufällige sucht er auf ein Ganzes zu beziehen; er erstrebt die Kontinuität, er wehrt sich gegen willkürliches Abbrechen, und bricht doch ab, wenn sein Gewissen ihn zwingt, einem weiterführenden ›Einfall‹ zu folgen, der nun seinerseits in intensiver Kontinuität verfolgt wird. Häufiges Abbrechen und Neuanfangen erregt sein Mißtrauen, ebenso wie die absolut regelmäßige Kontinuität des Fleißes. (Idee III, 66 f.; ähnl. II, 41 f.)

b) Der Stoff der Forschung

Das Erkennen bedarf der *Inhalte.* Das allumfassende Erkennen will nichts sich entgehen lassen ... (Idee III, 67; II, 42)

Geistigkeit ist nur als lebendige da ... (Idee III 67; II, 42)

Daher besteht an der Universität als Hintergrund des Denkens ein Fluidum geistigen Lebens, eine niemals einzufangende, auch nicht willensmäßig oder durch Institution herbeizuführende Beweglichkeit der Menschen, eine persönliche, verschwiegene Schicksalshaftigkeit. Es bilden sich Kreise und menschliche Beziehungen unberechenbarer Art, die kommen und gehen, und die Universität wird arm, wenn dieser menschlich-geistige Untergrund nicht mehr pulsiert, es nur noch Philologie, keine Philosophie, nur noch technische Praxis, nicht mehr Theorie, nur noch endlose Tatsachen, keine Idee, nur noch wissenschaftliche Disziplinierung, keinen Geist mehr gibt. (Idee III, 67 f; II, 42 f.)

c) Forschung und Lehre

... der Sinn und der schöpferische Fortgang der Forschung kann nur bewahrt werden, wenn sie im Ganzen des Erkennens ihre lebendigen Bezüge pflegt ... (Idee III, 68; II, 43)

Vor allem aber braucht die Lehre die Forschung zu ihrer Substanz. Daher ist das hohe und unaufgebbare Prinzip der Universität die *Verbindung von Forschung und Lehre*; nicht weil man aus ökonomischen Gründen durch Häufung der Arbeit sparen wollte; nicht weil man nur so die materielle Existenz der Forscher ermöglichen könnte; sondern weil der Idee nach der beste Forscher zugleich der einzige gute Lehrer ist. Er allein bringt in Berührung mit dem eigentlichen Prozeß des Erkennens, dadurch mit dem Geist der Wissenschaften. Er allein ist selbst lebende Wissenschaft, und im Verkehr mit ihm ist die Wissenschaft, wie sie ursprünglich existiert, anschaubar. Er weckt gleiche Impulse im Schüler. Nur wer selbst forscht, kann wesentlich lehren. Der andere tradiert nur Festes, didaktisch geordnet.

Gegen die Idee der Einheit von Forschung und Lehre scheint die Erfahrung zu stehen, daß im selben Menschen die eigentümlichen Qualitäten des Forschers und des Lehrers keineswegs vereinigt zu sein brauchen. Max Weber erinnert an Helmholtz und Ranke, die als schlechte Lehrer galten ... (Idee III, 68 f.)

Wahr sei es freilich andererseits: »die Darlegung wissenschaftlicher Probleme so, daß ein ungeschulter, aber aufnahmefähiger Kopf sie versteht, und daß er zum selbständigen Denken darüber gelangt, ist vielleicht die pädagogisch schwierigste Aufgabe von allen.« Aber wiederum: darüber, ob sie gehört werde, entscheiden nicht die Hörerzahlen. Und diese Gabe fällt nicht zusammen mit denen des Forschers und Gelehrten ... (Idee III, 69)

Die Wirkung der Lehre, die durch die Gegenwart des Forschers selber ausstrahlt, hat viele Wege ... (Idee III, 69)

d) Wissenschaftliche Schulung und Fachschulung

Die Universität bringt Fachschulung für Berufe, deren Idee durch Menschen erfüllt wird, deren Grund Wissenschaftlichkeit ist. Dieser bedarf einer Ausbildung, welche noch ohne spezialisierte Berufsbildung in die Haltung des Forschens und der Methoden einführt. Für die besonderen Berufe ist daher die beste Ausbildung nicht schon das Erlernen eines abgeschlossenen Wissens, sondern die Schulung und *Entfaltung der Organe zu wissenschaftlichem Denken*. Dann ist durch das Leben hindurch eine weitere geistig-wissenschaftliche Ausbildung möglich. Für die Berufsausbildung kann die Universität überall nur die Basis geben, die Ausbildung selbst erfolgt in der Praxis. Für diese Ausbildung in der Praxis sollen durch die Universität die besten Voraussetzungen geschaffen werden. Man muß Methoden des Fragens geübt haben. Man muß fachmäßig irgendwo bis auf den letzten Grund gekommen sein, aber braucht nicht die Gesamtheit der fachmännischen Ergebnisse im Kopf bereit zu haben, wie es törichte Examina verlangen. Nach dem Examen wird schnell vergessen. Dann entscheidet nicht der Besitz an Gelerntem, sondern die Urteilskraft. Nicht das Wissen hilft, sondern die Fähigkeit, durch eigene Initiative sich überall das erforderliche Wissen zu verschaffen, die Fähigkeit, die Dinge denkend unter Gesichtspunkten aufzufassen. Diese Fähigkeit aber wird nicht durch Erlernen von Wissensstoff erworben, sondern durch die Berührung mit der lebendigen Forschung. Das schließt nicht aus, daß auch das Technische, das didaktisch zu Ordnende des Stoffes gelernt werde. Dieses aber kann auf selbständiges Bücherstudium abgeschoben werden. »Die hohe Schule ist kein Gymnasium«, sagte man noch vor einem halben Jahrhundert. Auch ist es durchaus sinnvoll, im theoretischen Studium möglichst viele solche Stoffe heranzuziehen, die zugleich für spätere Praxis wichtig sind. Aber das Wichtigste bleibt das Erfassen der Probleme und Fragestellungen, die Beherrschung der Methoden, der bewegliche Geist. Ausbildung zum Forscher und Ausbildung zur Befähigung im praktischen Beruf ist dasselbe. Denn in diesen Berufen ist jeder in der Weise des Umgangs mit seinen Aufgaben, in der methodischen Denkweise ein Forscher, wenn er es gut macht. Forschung im Sinne des Findens neuer allgemeingültiger Erkenntnis ist etwas Großes, aber ihre Haltung ist von der des Findens des rechten Tuns in der Praxis durch keine scharfe Grenze getrennt. – (Idee III, 69 f.; ähnl. II, 44 f.)

Beide Momente, das Legen der Keime zur lebenslänglichen Entfaltung wissenschaftlichen Auffassens und Erkennens, und die Richtung auf das Ganze des Erkennbaren, sind die durch die Universität zu gebenden Voraussetzungen für alle geistigen Berufe. Das sind die Berufe, die nicht allein auf Ausübung einer Technik und einer endlich bestimmten, zur sinnvollen Routine werdenden Fachlichkeit beruhen. Der Arzt, der Lehrer, der Verwaltungsbeamte, der Richter, der Pfarrer, der Architekt, der Wirtschaftsführer und Organisator, alle sind im Beruf beschäftigt mit dem ganzen Menschen, mit der Totalität der Lebensverhältnisse, wenn auch jeder von ganz anderer Seite her. Die vorbereitende Ausbildung für diese Berufe macht sie unmenschlich, wenn sie nicht auf das Ganze führt, nicht die Auffassungsorgane entwickelt und den weiten Horizont zeigt, wenn sie nicht ›philosophisch‹ macht! Mängel in der Fachroutine, die unter allen Umständen zur Zeit der Staatsexamina in erheblichem Maße bestehen, können im Laufe der Praxis beseitigt werden. Fehlt aber jener Boden geistiger wissenschaftlicher Ausbildung, so ist alles weitere hoffnungslos ... (Idee III, 71; ähnl. II, 45 f.)

e) Die Formen der Lehre

Der äußeren Form nach haben wir Vorlesungen, Übungen, praktische Kurse, Seminare, Diskussionen in kleinen Kreisen, die privatissime stattfinden, und Diskussionen zu zweien.

Den Vorrang in der Lehre haben seit alters die *Vorlesungen*. In ihnen wird lernbares Wissen so vorgetragen, daß die Methoden seines Erwerbs und seiner Begründung dem Hörer lebendig werden ... (Idee III, 72; ähnl. II, 53)

Man kann nicht für Vorlesungen einen Maßstab des Richtigen aufstellen. Sie haben, wenn sie gut sind, eine je besondere unnachahmbare Gestalt. Ihr Grundsinn kann in der Haltung des Dozenten durchaus verschieden und doch jedesmal wertvoll sein. Vorlesungen, die didaktisch sich an die Hörer wenden und sie innerlich heranziehen, sind ebenso möglich wie monologische Erörterungen lebendiger Forschungen, bei denen der Lehrer kaum an den Hörer denkt, die aber gerade dann dem Hörer Teilnahme an wirklicher Forschung gewähren. Eine besondere Stellung haben Vorlesungen, die den Gesamtaspekt einer Wissenschaft geben. Sie sind unentbehrlich durch die mit ihnen erweckten Antriebe, auf das Ganze zu blicken, wenn gleichzeitig im einzelnen entschieden und gründlich gearbeitet wird ... (Idee III, 72 f.; ähnl. II, 53 f.)

Die Vorlesungen haben Wert, wenn sie zu einer wesentlichen Lebensaufgabe des Dozenten werden, sorgfältig vorbereitet sind und zugleich dem gegenwärtigen Geist unwiederholbar entspringen.

Solche Vorlesungen gehören zu den unersetzlichen Wirklichkeiten der Überlieferung. Die Erinnerung an die Vorlesungen bedeutender Forscher begleitet durch das Leben. Die gedruckte, etwa wörtlich mitgeschriebene Vorlesung ist nur ein Rest. Was in der Vorlesung zur Geltung kommen kann, das ist zwar durchaus an den Inhalt gebunden, der auch noch im Gedruckten erscheint. Aber dieser Inhalt ist in der Vorlesung so vorgebracht, daß mit ihm indirekt all das Umgreifende spricht, aus dem er kommt und dem er dient. Ungewußt vermag der Vortrag durch den Ton, die Gebärde, die wirkliche Gegenwart des Gedachten eine Stimmung der Sache zu vermitteln, die in der Tat nur im gesprochenen Wort und nur in dem Zusammenhang einer Vorlesung – nicht so im bloßen Gespräch und in der Diskussion – zur Erscheinung kommen kann. Die Situation der Vorlesung treibt im Lehrer selbst hervor, was ohne sie verborgen bliebe. Der Lehrer zeigt sich unbeabsichtigt in seinem Denken, seinem Ernst, seiner Betroffenheit. Er läßt wirklich an seinem geistigen Innern teilnehmen. Aber dieser hohe Wert ist verloren, wenn er gewollt wird. Dann entsteht sogleich Ziererei, Rhetorik, Pathetik, Künstlichkeit der Formulierungen, Demagogie, Schamlosigkeit. Daher gibt es keine Regeln, wie eine gute Vorlesung zu machen sei. Es gibt keine andere Regel als die Sache ernst zu nehmen, die Vorlesung als einen Höhepunkt der Berufsleistung mit Verantwortung zu halten, im übrigen auf alle Kunst zu verzichten ... (Idee III, 73 f.; ähnl. II, 54 f.)

Meine Vorlesungen und Seminare waren keineswegs souverän. Ich befand mich ja mitten in der Arbeit dessen, was erst werden sollte. Willfährige Schüler der Fachkollegen berichteten, daß ich unorientiert als einer, der nie Philosophie studiert hat, leichtsinnig vortrüge. Andere Hörer waren gefesselt, weil in Stimmung und Möglichkeiten sich ihnen eine Welt öffnete, von der sie sonst kaum Kunde erhielten. Meine Vorlesungen waren für mich der Weg des Erarbeitens, nicht die Wiedergabe einer fertigen Lehre. (PuW 315)

Was mir im Umgang mit Menschen, in Fakultätssitzungen, in den Zeitungen, auf der Straße und auf Reisen begegnete, vor allem aber in der Anschauung geliebter Menschen und ihres Geschickes aufging, das alles wurde übersetzt in Formulierungen, die den Ausgangspunkt nicht mehr erkennen ließen. Was mir bei den großen Philosophen klar wurde, das wurde in Aneignung zu gegenwärtiger Wahrheit erworben. Leise, scheinbar zufällige Veranlassungen brachten mir Einsichten. Solche Arbeit ist zwar Arbeit mit Planen und Lenken. Aber sie gelingt nur, wenn ständig etwas anderes zur Wirkung kommt: das Träumen. Oft blickte ich in die Landschaft, in den Himmel, die Wolken, oft saß ich und lag ich, ohne etwas zu tun. Nur die Ruhe des Besinnens in der unbefangenen Bewegung der Phantasie läßt die Impulse zur Geltung kommen, ohne die jede Arbeit endlos, unwesentlich, leer wird. Mir scheint: wer nicht täglich eine Weile träumt, dem verdunkelt sich der Stern, von dem alle Arbeit und jeder Alltag geführt sein kann. (PuW 317 f.)

Durch *Übungen* werden die Methoden im praktischen Umgang mit dem Stoff, den Naturgebilden und menschlichen Werken, den Experimenten und Texten, mit den Apparaten und den Begriffen im konkreten Fall zu eigen gemacht. Sie sind durch eigene Initiative der Teilnehmer zu erweitern. Den größten Raum nimmt das Handwerkliche ein; die Unterschiede des Unterrichts je nach Art der besonderen Fächer und der notwendigen technischen Mittel seien nicht näher erörtert. Eine feste didaktische Tradition ist in vielen Fällen vorhanden, ist aber doch nur das Skelett des Unterrichts.

Die Übungen sollen unmittelbar an die Sachen und an die Gründe der Erkenntnis führen. Zwischen Kursen, welche nur schulmäßig etwas tradieren (und welche eine Anpassung sind, wenn die geistige Initiative von Studenten, die die höhere Schule besucht haben, nicht genügt, das Lernen in eigener Arbeit gut und schnell zu leisten), und der eigentlichen Lehre ist grundsätzlich zu unterscheiden: Diese geht im besonderen indirekt auf das Ganze. Zwar wird beiläufig auf Lehrstoffe Bezug genommen, die auch kurz vergegenwärtigt werden, um den Teilnehmern zum Bewußtsein zu bringen, wo sie nachzuholen haben. Aber das Wesentliche bleibt, das Verständnis durch eigene Mitarbeit an der Grenze neuer Forschungsmöglichkeiten zu üben. Die am einzelnen Gegenstand und Problem in den Grund der Sache führende Arbeit, bei der die allgemeinen Lehrbuchkenntnisse als vorhanden angesehen werden, gibt den Antrieb für die lernende, die bloßen Kenntnisse erweiternde Arbeit der Studierenden. Das bloße Lesen von Lehrbüchern ermüdet; die Fesselung an einen einzelnen Gegenstand beschränkt. Das eine macht das andere lebendig. –

Schließlich sind eine Form der Lehre die *Diskussionen*. In kleinen Kreisen werden unter aktiver Teilnahme aller Glieder prinzipielle Fragen erörtert und wird die Grundlage geschaffen, auf der jeweils zwei zu einer ernsthaften Diskussion in bewegtem Hin und Her bis zum letzten unter vier Augen veranlaßt werden können. Hier treten Lehrer und Studenten sich – wie überall der Idee nach – auf gleichem Niveau gegenüber, gemeinsam in dem Bemühen, dem Geiste in klarer, bewußter Gestalt Gegenwart zu verschaffen, und um die Impulse zu wecken, die dann allein in einsamer Arbeit zu objektiven Leistungen führen. –

Die Lehre an der Universität darf nicht im Schema gerinnen. Sie hat immer auch persönliche Gestalt, ohne Absicht; denn nur bei reiner Sachlichkeit in der Bewegung durch die Idee kommt eine persönliche Gestalt zur rechten Geltung. Diese Abweichungen persönlicher Art und die besonderen Zwecke des Augenblicks lassen die Lehre immer wieder anders erscheinen.

Ein Unterricht sieht anders aus, wenn er sich an die Masse des Durchschnitts hält, als wenn er sich an eine Auswahl Begabter wendet. Schulen und Universität sind zu unterscheiden. Die Schulen sollen alle ihnen anvertrauten Zöglinge lehren und erziehen. Die Universität ist dazu keineswegs verpflichtet. Der Sinn der Universitätsbildung ist, daß sie nur einer Auswahl solcher Menschen zukommt, die von ungewöhnlichem geistigen Willen beseelt sind und zureichende Werkzeuge haben. Tatsächlich kommt zur Universität aber eine durchschnittliche Masse von Menschen, die durch den Besuch einer höheren Schule sich die erforderlichen Kenntnisse erwerben konnten. Die geistige Auslese ist daher an die Universität selbst verlegt. Das Wichtigste, der Wille zur Objektivität und das unbezähmbare, opferbereite Drängen zum Geist, sind gar nicht vorher, es direkt feststellend erkennbar. Diese Anlage, die nur bei einer Minorität von Menschen unberechenbarer Verteilung durch Schichten und Klassen vorhanden ist, kann indirekt bevorzugt und zur Wirksamkeit gebracht werden. Die Lehre an der Hochschule hat sich der Idee der Universität nach auf diese Minorität einzustellen. Der echte Student vermag unter Schwierigkeiten und unter Irrtümern, die für die geistige Entwicklung nötig und unausweichlich sind, in dem reichen Angebot der Universität seinen Weg durch Auswahl und Strenge seines Studiums zu finden. Es ist in Kauf zu nehmen, vielleicht sogar erwünscht, daß die anderen in Ratlosigkeit, wie sie es anfangen sollen, aus Mangel an Leitung und Vorschrift möglichst gar nichts lernen. Die künstlichen Gängelbänder, die Studienpläne und alle die anderen Wege der Verschulung widersprechen der Universitätsidee und sind aus Anpassung entstanden. Man sagte sich: die Masse der Studenten, die zu uns kommt, muß etwas lernen, jedenfalls so viel, daß die Examina bestanden werden können. Dieser Grundsatz ist für die Schule ebenso trefflich, wie er für die Universität, die ja auch schon dem Alter nach Erwachsene als Studenten hat, verderblich ist.

Bei der Hochschullehre kann es sich aber trotz allem nicht um die ganz wenigen Allerbesten handeln. Erwin Rohde meinte: von 100 Hörern verständen den Dozenten 99 nicht, und der hundertste brauche ihn nicht. Das wäre trostlos. Es kommt auf jene Minorität an, die das Studium braucht, aber nicht auf den Durchschnitt. Die Lehre wendet sich nicht an die Hervorragendsten, nicht an die Mittelmäßigen, sondern an diejenigen, die des Aufschwungs und der Initiative fähig sind, aber der Lehre bedürfen.

Unterricht – im Unterschied von Hochschullehre –, der einen Stoff einprägt, ist wohl auch immer unumgänglich. Aber die führende Universitätslehre ist anders. Daß Vorlesungen und Übungen derart sind, daß der Student nicht ganz mitkommt, aber darin den Anreiz gewinnt, durch gesteigerte Arbeit nachzukommen, ist besser als didaktisch vereinfachte Totalverständlichkeit. Eigener Umgang mit Büchern und eigener Erwerb von Anschauung in Laboratorien, Sammlungen, Reisen muß von Anfang an für den Einzelnen die Quelle des Studiums sein neben der Teilnahme an der Lehre. Wenn der Maßstab der Besten für den Gang der Lehre den Ausschlag gibt, folgt der Durchschnitt nach Kräften. Alle arbeiten unter dem Anspruch, dem niemand voll genüge tut.

Es ist unausweichlich, in den Vorlesungen einen Plan und eine Ordnung zu haben. Die Reihenfolge, in der der Anfänger sie hört, ist nicht gleichgültig. Man entwirft daher Studienpläne. Diese aber sollten Ratschläge bleiben, die den freien Gang des Studenten nicht beschränkt, sondern ihm nur durch Klärungen und Möglichkeiten hilft.

Der Sündenfall der Universitätslehre beginnt, wenn man den Besuch gewisser Vorlesungen und Übungen obligatorisch macht. Dann kommt man schließlich zu einer Reglementierung des Studiums. Die Verschulung will gute Durchschnittserfolge im Besitz von Lernbarkeiten mit einiger Sicherheit erzielen. Auf diesem für die Universität verderblichen Weg erstickt mit der Freiheit des Lernens zugleich auch das Leben des Geistes. Denn dieses ist immer ein glückliches, unberechenbares Gelingen im Strom des Versagenden, nicht als Fabrikat des Durchschnitts zu erzielen.

Die Unfrohheit von Lehrer und Schüler in den Fesseln von Lehrplänen und Studienordnungen, von Kontrollen und Massenleistungen, die Schwunglosigkeit der verständigen Sachlichkeit sind der Ausdruck einer Atmosphäre, in der wohl gute Resultate technischen Könnens und abfragbaren Wissens erzielt werden, aber das eigentliche Erkennen, das Wagende des Forschens und Sehens, unmöglich wird und der Geist der späteren Praxis von vornherein preisgegeben ist. (Idee III, 74 ff.; ähnl. II, 55–58)

Erstens nennt man Lehre den Unterricht, Lernen von Stoff, Inhalt,

Kenntnissen, Abfragbarkeiten. Man kann Philosophie lernen als Geschichte der Philosophie, als die Kenntnis von Begriffen, die bei solchem Kennen noch tot daliegen können, aber wenn man sie kennt, in Bereitschaft sind. Das alles ist durch Unterricht möglich. Das zweite ist: Das philosophische Lernen bedeutet Teilnahme an den Denkbewegungen des Lehrers, an Forschungsweisen, an Untersuchungsweisen; das ist hier Teilnahme am Philosophieren. Man lernt hier mit dem Kantischen Ausdruck nicht Philosophie, sondern Philosophieren. Und das dritte ist, was seit Kierkegaard indirekte Mitteilung heißt, nämlich: Im Drängen zur höchsten Klarheit und Mitteilbarkeit mir selbst sowohl wie dem andern gegenüber bin ich geführt von dem, was sich direkt nicht sagen läßt und was doch ständig verlangt und vorantreibt, in Sagbarkeit verwandelt werden zu können.

Unterscheiden wir die drei: Lernen der Philosophie, Teilnehmen am Philosophieren, Philosophisch Wirklich-werden, so ist die Frage: Welche Lehre gehört an die Universität? Meines Erachtens alle drei. Nur wenn alle drei an der Universität durch den Philosophen lebendig da sind, kann die Philosophie als Philosophie zur Geltung kommen. (P 27)

In diesem Sinne schreibt Kant schon 1765 für seine Hörer: Der Student soll nicht Gedanken, sondern Denken lernen. »Der den Schulunterweisungen entlassene Jüngling war gewohnt zu lernen. Nunmehr denkt er, er werde Philosophie lernen, welches aber unmöglich ist, denn er soll jetzt Philosophieren lernen«. Lernen kann er historische und mathematische Wissenschaften, das, was als eine in einem gewissen Maße schon fertige Disziplin uns vorgelegt wird. »Um Philosophie zu lernen, müßte zuallererst eine wirklich vorhanden sein. Man müßte ein Buch vorzeigen und sagen können: Seht, hier ist Weisheit und zuverlässige Einsicht!« Es wäre ein Mißbrauch des Lehramtes, »wenn man, anstatt die Verstandesfähigkeit der anvertrauten Jugend zu erweitern und sie zur künftig reiferen eigenen Einsicht auszubilden, sie mit einer dem Vorgeben nach schon fertigen Weltweisheit hintergeht, woraus ein Blendwerk von Wissenschaft entspringt«. (GP 564 f.)

Wenn ich sagen könnte, was Philosophie sei, wäre ich fertig mit der Philosophie. Es ist ein Eines, Einziges, von dem her alles, was wir erfahren, durchleuchtet, alles, was wir tun, gelenkt, alles was wir sind und fühlen, einer ständigen kritischen Selbstreflexion unterworfen wird. Es macht uns aufnahmefähig für das, was das Schicksal uns vergönnt und für das, was aus uns selbst hervorzugehen scheint. Es soll uns lehren, daß wir dem Glück und dem Unheil ins Auge sehen, es gleichsam von anderswoher durchsichtig werden lassen und ihm nicht verfallen.

Das ist nicht zu lehren. Aber die philosophischen Gedanken vermögen vorzubereiten. Sie bringen uns in eine innere Verfassung, die wir nicht definieren, aber eine ›philosophische‹ nennen können. Es ist vielleicht möglich, die Gedanken der großen Philosophen so auszuwählen und so vorzutragen, daß sie dazu mitwirken, wenn der Hörende will und entgegenkommt. Der gute Augenblick vermag den Lernenden durch solche Gedanken, wenn sie einschlagen, zu erleuchten. Oder anders: der Gedanke vermag den Star des geistigen Auges zu stechen, mit dem wir geboren sind. (P 35)

f) Lehre und Schule

Das Philosophieren lebt im Grunde von den wenigen Philosophen, die Gipfel und Ursprung zugleich, jeder einzig und sein eigener Maßstab, im Laufe von zweieinhalb Jahrtausenden erschienen sind. Andere haben dort eine Herkunft. Aber sie gewinnen nicht Teil an diesem Ursprung, wenn sie nicht aus eigenem Ursprung entgegenkommen. Von der überlieferten Wahrheit wird nur entzündet, wer schon den Funken in sich trägt. Aber er ist nicht eigentlich schöpferisch, obgleich er wahr und ursprünglich ist.

Die Identität des wahrhaftigen mit dem ursprünglichen Philosophieren macht es unmöglich, daß die Philosophie gelernt, ihre Wahrheit einfach rezipiert würde. Aneignung, zunächst weder Fortschritt noch Entartung, ist die Wirklichkeit des sich erweckend fortpflanzenden Philosophierens.

Wenn die eigene Ursprünglichkeit den Ursprung in den großen Philosophen sucht, durch die Lehren auf das dringt, was durch sie erscheint, so kann dieses Philosophieren, das interpretierend zugleich aus sich selbst ist, sich seinerseits aussprechen und eine systematische Philosophie entwickeln, die niemals in den Raum der Großen als ein wenn auch kleines Gebilde treten will; sie ist nur das Organon für das nicht selbstschöpferische und doch originale Philosophieren, das den Zugang zu den Großen offen hält. Diese Philosophie wird in jeder geschichtlichen Lage von neuem ihre Gestalt suchen müssen. Wer die seine sucht im Aneignen und Tradieren, wird in unbedingter Verehrung jener säkularen Philosophen, die nicht in jeder Zeit leben, sich nicht mit ihnen verwechseln.

Weil Aneignen voraussetzt, daß Philosophieren in objektiver Gestalt an mich kommt, und weil Verstehen eines Handwerks bedarf, wird Philosophie unvermeidlich zur Lehre, als die aber das Philosophieren der Möglichkeit vernichtenden Mißverständnisses unterliegt. Lehre und Schule, obgleich Gefahr echten Philosophierens, werden zu einer Aufgabe, der sich kein Philosophieren, welches als Mitteilung zu einem Dasein in der Welt wird, entziehen kann.

Die *Universitäten* als das Miteinander aller Wissenschaften in der allseitigen Verwirklichung der Wissensmöglichkeiten in Forschung und Verstehen, die alles ergreifen, was an Tatbeständen und Konstruktionen vorkommen kann, haben ihre Einheit und inneres Leben durch das Philosophieren, das im einzelnen Forscher und Gelehrten gegenwärtig ist. Dieses ›Mehr als Wissenschaft‹, das in den Wissenschaften und mit ihnen allein sich auswirken kann und ihnen erst Sinn und ursprüngliche Bezogenheit aufeinander gibt, wird in der Lehre der Philosophie zu ausdrücklicher Bewußtheit als die Seele des Ganzen. Universitäten gedeihen in dem Maße, als diese Seele sie durchdringt.

Darum wird die philosophische Lehre Lehrbetrieb an den Universitäten, welche heute die Bedingung der Erhaltung der wissenschaftlichen und philosophischen Tradition sind. Schule vermittelt den Schatz an Begriffen, Unterscheidungen und Definitionen, an Methoden des Denkens, an Interpretationstechnik und erwerbbarem historischem Wissen. Über diese Weitergabe von Voraussetzungen des Philosophierens hinaus hat sie die Funktion, aufmerksam zu machen, wachzuhalten für das Hören auf den Ursprung vergangenen Philosophierens. Sie ist noch nicht philosophische Wahrheit, sie gibt nur Bedingungen zu deren Erwerb durch intellektuelle Disziplin; es ist zu lernen, das, was als wahr erfaßt wurde, in Gründlichkeit und Präzision auszusprechen; es ist eine Atmosphäre zu bewahren, worin der Einzelne die Forderung hört.

Lehre, wiewohl Form der Weitergabe des Philosophierens, ist als Form vorübergehend. Aus der geschichtlichen Notwendigkeit fortzeugender Kommunikation entspringend, hat sie Wahrheit als Funktion, als kristallisierter Bestand wird sie täuschend; denn als objektiv wißbarer Inhalt genommen, ist Philosophie bereits auf dem Wege, sich zu verlieren. Philosophieren hat diesen Durchgangspunkt, in dem es jeweils, objektiv werdend, einen Augenblick ganz bei sich ist, um mit Verlust des Ursprungs in der entleerten Objektivität sich selber aufzuheben.

Schule gerät durch Stabilisierung der Philosophie um so mehr in den Verlust des Philosophierens, als Menschen darauf drängen, in einer Lehre schon die Festigkeit zu haben, welche von der Forderung des Selbstseins befreit; die Gefahr, in dieser Entartung zum Betrieb zu werden, in dem man Geltung gewinnen kann, wächst für Philosophie, wenn der zu ihrer Tradition in soziologischen Institutionen (im Altertum und an den modernen Universitäten) notwendige Beruf Unberufene verführt, sich eine Stellung zu schaffen. Dann wird, wer nicht auf eigene Gefahr im Kontakt mit der Welt und dem Menschen und mit der geschichtlichen Überlieferung philosophiert hat, verleitet, Philosophie wie eine bestehende Wissenschaft zu behandeln, als Fach, das man lernen, durch intellektuelle Operationen vermehren und dann lehren kann.

Dieser Betrieb ist als Tradition historischer Lehrstücke, als die Bewahrung des Wissens von den capita mortua des Philosophierens eine, wenn Klarheit über ihr Wesen ist, nicht verfälschende Bedingung für Kontinuität, daher notwendig und verdienstlich. Die Verfälschung beginnt erst, wenn die Konstituierung von Schulen im Namen bestimmter Philosophien erfolgt, die als vermeintliche Wissenschaft die Wahrheit für sich beanspruchen. Solche Schulstiftung gibt ein besonderes Ansehen, Schülersein verbesserte Chancen. Man geht dann mit echten Philosophen um, als wenn sie auch schon hier und dort das Richtige gefunden oder nahe daran gekommen seien. Man zitiert sie neben den eigenen Zunftgenossen, gibt sich Sicherheit in der bescheidenen Geste, als ob unser philosophisches Tun Stückwerk sein dürfte und durch Arbeitsteilung im wesentlichen gefördert werden könnte. In der Solidarität solcher Schulen, in denen man auf Gegenseitigkeit wichtig findet, was geschrieben wird, gibt man den eigenen Betrieb für geistige Bewegung aus.

Wer aber in *schulstiftender Absicht* philosophiert, muß in der Wurzel unwahr sein. Er behandelt Philosophie nicht nur als Wissenschaft, sondern täuscht vor, daß er allein sie eigentlich besitze und sie als Wissenschaft auf den rechten Weg gebracht habe. Er scheidet etwa Philosophie von Weltanschauung; denn Philosophie enthält ihm allgemeingültige Feststellungen, Weltanschauung gilt ihm als eine unter anderen; Philosophie soll ohne Weltanschauung möglich werden. Er verlangt Anerkennung für seine Lehre und sagt von dem, was andere machen, es sei keine Philosophie. Er ist polemisch; denn er lebt, ursprünglich ohne Selbstsein, das ihn im Philosophieren trüge, vom Negieren Anderer und vom Sichern seiner Aufstellungen. Was er positiv hinstellt, ist ihm eine Sache; es muß gehaltlos bleiben oder Einzelwissenschaft von Dingen in der Welt werden.

Wer als *Schüler* die Lehre und Methode eines Anderen als des Meisters übernimmt, macht sie zu einem Äußerlichen, auch wenn der Lehrer ursprünglich philosophierend einen Gehalt zum Ausdruck brachte. Die Philosophiegeschichte lehrt die Weise der Verwandlungen der Philosophie in ein leeres Umgehen mit den Begriffen und in die Manier der Methode. Die Schülernatur kann die historische Funktion haben, die Schriften eines großen Philosophen zu bewahren, von ihm zu berichten; sie kann durch Abwandlung seiner Gedankenkonstruktionen rückwärts ein Licht auf den Philosophen werfen, im Technischen ihn erweitern, durch den Kontrast ihres Wesens zum Wesen des Philosophen dieses erst recht herausheben: aber sie kann nicht philosophieren; denn dieses wäre der spezifische Ausdruck eines ursprünglich freien Selbstseins.

Schule, die so die Philosophie in einer Fachwissenschaft aufgehen läßt, führt *im Lehrenden* zu einer Haltung, welche stets verspricht, jedoch vor jeder Erfüllung ausweicht, denn sie kann die Erkenntnis der Wahrheit des Unbedingten als objektives Wissen doch nicht geben. Sie führt *im Lernenden* zur Begier, Philosophie als Besitz Schritt für Schritt zu erwerben durch Einprägen von Sätzen und damit zufrieden zu sein. Während so Lehrender und Lernender krampfhaft an etwas festhalten, hört in beiden die Philosophie auf, ohne doch Wissenschaft zu werden, da sie in der Tat nichts in der Hand haben.

Es gibt im wahren Philosophieren nur die ursprünglich selbst seienden Menschen, die im Philosophieren sich begegnen und verbinden. Man trägt die Fahne der Philosophie noch eher, wenn man, das Eigentliche im Ganzen durch Bewegungen ins Leere hilflos ergreifend, im Wagnis versagt, als wenn man das Philosophieren in den ordnenden Konventionen einer wissenschaftsabergläubischen Haltung von Fachwürde begräbt. Wenn daher die Wirklichkeit der Philosophie zwar notwendig zur Begleitung den Strom der Schulbetriebe hat, so doch nur, um mit der Sicherung der handwerklichen Überlieferung des Denkens zugleich jeden, der lernt, in die Versuchung zu führen, damit er mit dem *Beginn* seines Philosophierens sich trenne und es ganz auf sich wage. Philosophie verwirklicht sich im Sichzurückholen aus dem Verlorensein, das immer wieder eintritt. Philosophie kann sich gar nicht wie Wissenschaft an den Fachgenossen als solchen wenden, sondern nur an das philosophische Leben im Menschen als Menschen in jedem Wissenschaftler, Forscher und Gelehrten. Ursprünglich Philosophierende nehmen sich ihre Freiheit, im Denken das Denken zu überspringen. Sie suchen nicht zwingendes Wissen dort, wo es sich um alles, nämlich das Sein selbst handelt.

Daher ist die wahre Schule, aber in einem unbestimmten Sinne, d. h. ohne die Einheit einer Lehre, der Zusammenhang eines tradierenden *philosophischen Lebens*. Die jeweils unvertretbaren Einzelnen wählen bereits im Ausgang ihres Philosophierens ihre Nähe und Ferne. Diese Schule wird nicht durch den Namen eines Meisters zentriert. Ihre Glieder treffen sich als die eigentlich Selbständigen. Während Unwahrhaftige jene Solidarität der Zugehörigkeit zu ihrem Kreise anmaßend als Wert beanspruchen, haben diese die Solidarität der Freiheit. Freiheit spürt, wo Freiheit ist, nimmt sie enthusiastisch noch dort wahr, wo sie ihr feindlich ist. Die Glieder dieser Schule können in echte philosophische Feindschaft geraten, die ebenso radikal wie ritterlich ist, weil sie die Gegner in der Welt zu Freunden machen will. Denn in der Gegnerschaft bleibt die tiefere Gemeinschaft durch das mögliche Freisein. Diese Schule ist die Atmosphäre des von den Griechen begonnenen abendländischen Philosophierens als ein anonymes Reich durch die Zeit.

In diesem unbestimmten Schulzusammenhang ist die durch Institution gesicherte Tradition doch frei; sie diszipliniert nur in Voraussetzungen, ohne den Willen, sich selbst in Gestalt der gewonnenen Lehre fortzupflanzen, vielmehr allein mit der Hoffnung, anderes Selbst zu erwecken. Es wird zum Abfall, Schülernaturen zu dulden, die im Anhängen zufrieden sind; denn die Liebe zum anderen aus eigenem Grunde Freien erlaubt nur das gleiche Niveau in der Kommunikation als Wirklichkeit oder distanzierende Ferne als Bewahren der Möglichkeit. (Ph 245–249)

2. *Bildung und Erziehung*

Unsere Vergegenwärtigung des Sinns von Wissenschaft stieß auf etwas, das mehr als Wissenschaft ist, auf ihren Grund und ihr Ziel, die beide nicht aus ihr selbst zu beweisen sind, vielmehr den Gang der wissenschaftlichen Arbeit führen. Es ist das Unerläßliche, ohne das Wissenschaft leer und sinnlos wird.

Wissenschaft hat Sinn dadurch, daß sie Glied eines umfassenden Geistes ist, getragen wird von dem Selbstsein des Einzelnen, das seine mögliche Existenz heißt, und angehört der allen Verstand in sich schließenden, aber übergreifenden Vernunft.

Nennen wir die Wirksamkeit von Geist, Existenz, Vernunft insgesamt das geistige Leben, so gilt: Die Universität, deren unmittelbare Sache die Wissenschaft ist, hat ihre eigentliche Bewegung durch ihr geistiges Leben. Die Universität ist nur eine Gestalt unter anderen, die dieses geistige Leben annimmt, hier durch geordnete Zusammenarbeit der Hochschule im Dienste der Wissenschaften gerichtet auf Wahrheit in jedem Sinn.

Es ist wie ein Geheimnis in der Klarheit der Wissenschaften: Ihr Sinn liegt nicht allein im Verstand und in der handgreiflichen Leistung, sondern in der wissenschaftlichen Welt schwingt etwas, das im Werk mehr ist als der je bestimmte Inhalt einer endlichen Erkenntnis.

Daß aber die Universität über die Wissenschaften hinaus und mit deren Mitteln geistiges Leben wirkt, ist von jeher ausdrücklich anerkannt dadurch, daß ihr die Aufgaben von Bildung und Erziehung gestellt wurden. (Idee III, 78)

Die Erziehung an der Universität ist ihrem Wesen nach sokratische Erziehung. Sie ist nicht die ganze Erziehung und ist nicht Erziehung wie auf den Schulen. (Idee II, 50)

Die Erziehung an der Universität ist in ihrem Wesen nach sokratische Erziehung. Studenten sind Erwachsene, nicht Kinder. Sie haben die Reife der vollen Selbstverantwortung. Die Lehrer geben keine Anweisungen und keine persönliche Führung. Das einzig hohe Gut, das mit der Selbsterziehung des Einzelnen in der Luft der Universität erworben werden kann, die innere Freiheit, ist verloren, wenn eine Erziehung stattfindet, wie sie großartig etwa in geistlichen Orden, auch in Kadettenanstalten, in der Janitscharenzucht entfaltet worden ist. Solcher allgemeinen Zucht oder einem Meister kann man sich nicht unterwerfen, ohne jene Freiheit zu verlieren. Nur in der Freiheit kommen wir zu den Erfahrungen ursprünglichen Wissenwollens und damit menschlicher Selbständigkeit, die sich von Gott geschenkt und zugleich gebunden weiß. (Idee III, 86; ähnl. II, 50)

Erziehung an der Universität ist der Prozeß der Bildung zu gehaltvoller Freiheit, und zwar durch Teilnahme an dem geistigen Leben, das hier stattfindet.

Diese Bildung ist keine abtrennbare Aufgabe. Daher ist neben dem Prinzip der Einheit von Forschung und Lehre ein zweites Prinzip der Universität die Verbindung von Forschung und Lehre mit dem Bildungsprozeß. Forschung und Fachschulung haben bildende Wirkung, weil sie nicht nur Kenntnisse und Können vermitteln, sondern Ideen des Ganzen erwecken und eine Haltung der Wissenschaftlichkeit entwickeln. Die Ausbildung geistig bewegten Erkennens ist aber noch nicht die volle Bildung zum geprägten Menschen. Diese enthält mehr. Doch ein wesentlicher Einschlag ist die Bildung durch die Universität.

Nicht jede beliebige und nicht eine endgültige Bildung erwächst der Universitätsidee. Aber innerhalb des Gesamtbildes eines Menschen spielt die rationale und philosophische Prägung eine so entscheidende Rolle, daß mit dem Ergriffensein von dem grenzenlosen Willen zum Forschen und Klären, eine eigentümliche Bildung verknüpft ist: sie fördert die Humanitas, d. h. das Hören auf Gründe, das Verstehen, das Mitdenken auf dem Standpunkt eines jeden anderen, die Redlichkeit, die Disziplinierung und Kontinuität des Lebens. (Idee II, 50 f.)

Nicht Bildung, sondern nur ein Moment der Bildung ist das, was man Fachbildung (im Gegensatz zur allgemeinen Bildung) nannte, die Ausbildung zur Fertigkeit für einen bestimmten Beruf, der ein besonderes Wissen und Geschicklichkeit verlangt. (Idee II, 33)

Dieses ursprüngliche Wissenwollen kämpft gegen die mit sich zufriedene bloße Bildung als täuschende Beruhigung und Vollendung, gegen die leere Intellektualität als gegen die Glaubenslosigkeit, welche nichts mehr will und darum auch nicht mehr eigentlich wissen will, gegen die Mittelmäßigkeit, welche unter Wissen das Gelernthaben von Ergebnissen versteht. Es kennt eine Befriedigung im Wissen nur, insofern dieses ein Forschen befördert, und sofern es darin Grenzen betritt, an denen das Sprungbrett für ein Transzendieren über alle Wißbarkeit erreicht wird. (Idee III, 47; ähnl. II 20)

Die Freiheit des Lebens in dieser Idee hat aber ›gefährliche‹ Folgen. Da dieses Leben nur aus eigener Verantwortung gedeiht, wird schon der Student auf sich selbst zurückgewiesen. Der Freiheit der Lehre entspringt die Freiheit des Lernens. Keine Autorität, keine vorschriftsmäßige Studienleitung darf den Studenten beherrschen. Er hat die Freiheit zu verkommen. Es ist gesagt worden: Man muß Jünglinge wagen, wenn Männer entstehen sollen. Wohl spielt auch der scholastische Unterricht eine berechtigte Rolle, das Lernen im engeren Sinne, das Üben der Methode – aber der Student hat die freie Wahl, wieweit er ihn mitmachen will. Die sokratische Beziehung ohne Autorität, auf gleichem Niveau, ist auch zwischen Professor und Student die der Idee entsprechende. Aber diese Beziehung ist mit strengem, gegenseitigem Anspruch verbunden. Es gilt überall nur geistige, sich selbst wählende und bewährende Aristokratie. Wir leben miteinander unter der Voraussetzung, gegenseitig in uns an das höchste Können und die Idee zu appellieren. Unser Feind ist die gemütliche Behaglichkeit. Wir haben die ursprüngliche Sehnsucht zu den uns Überlegenen. Die Liebe zum großen Manne, dessen Existenz der Anspruch an uns ist, beflügelt uns. Und doch bleibt überall die Beziehung sokratisch. Niemand wird unfehlbare Autorität. Selbständigkeit und Freiheit hat noch das Sandkorn gegenüber dem Felsen. Auch das Sandkorn ist Substanz. Die Geltung der geistigen Aristokratie bedeutet für den Einzelnen entscheidend Anspruch gegen sich selbst, nicht Überlegenheit und Anspruch gegen andere. Das Grundbewußtsein des Einzelnen als Gliedes der Universität, des Professors und des Studenten, ist, daß er arbeiten und sich anstrengen soll, als ob er zu Höchstem berufen sei, aber daß er dauernd unter dem Druck steht, ob er sich bewähren wird. Es ist das beste, in dieser Hinsicht der Selbstreflexion keinen breiten Raum zu geben, aber auch keine Anerkennung von außen zu beanspruchen. (Idee III, 86 f.; ähnl. II, 52 f.)

3. Kommunikation

Die Universität bringt Menschen zusammen, die wissenschaftlich erkennen und geistig leben. Der ursprüngliche Sinn der universitas als Gemeinschaft der Lehrer und Schüler ist ebenso wichtig wie der Sinn der universalen Einheit der Wissenschaften. In der Idee der Universität liegt die Aufgabe grenzenlosen Sichinbeziehungsetzens, um dem Einen des Ganzen sich zu nähern. Nicht nur innerhalb der Sachgebiete der Wissenschaften, sondern auch im wissenschaftlich-persönlichen Leben fordert die Idee die Kommunikation. Daher soll die Universität der Rahmen sein, innerhalb dessen Forscher untereinander und Forscher und Schüler in Verbindung der Diskussion und der Mitteilung treten. Diese Kommunikation kann der Idee nach am Ende nur die sokratische sein, die kämpfend in Frage stellt, damit Menschen sich selbst und sich gegenseitig offenbar werden.

Die geistig fruchtbarste Kommunikation wird wirklich in der Freundschaft zu zweien, in der Liebe und Ehe. Die geistige Bedeutung der Männerfreundschaften (die Brüder Grimm, Schiller und Goethe, Marx und Engels), der Ehe (Schelling-Karoline, J. Stuart Mill, die Brownings) soll hier nicht vergegenwärtigt werden. Wir vergegenwärtigen die Aufgaben der Universität.

Die Universität ist die Stätte, an der bedingungslos nach Wahrheit in jedem Sinne geforscht wird. Der Wahrheit müssen alle Möglichkeiten der Forschung dienen. Weil das Wahrheitssuchen radikal ist, muß es an der Universität die stärksten geistigen Spannungen geben. Sie sind eine Bedingung des Voranschreitens. Aber die Spannungen, die zum geistigen Kampf führen, sind sinnvoll durch das gemeinsam Umgreifende, das durch Polaritäten zur Erscheinung kommt. Echte Forscher sind im heftigen Kampf zugleich solidarisch verbunden.

Das Wahrheitssuchen an der Universität ist von jeder unmittelbaren praktischen Verantwortung entbunden. Es gibt hier nur die Verantwortung für die Wahrheit selbst. Die Forscher stehen, indem sie miteinander um die Wahrheit ringen, nicht im Daseinskampf miteinander. Das Ringen geschieht in der Ebene des Versuchens und ist daher für das Dasein des Einzelnen ungefährlich, wenn Staat und Gesellschaft, die die Universität wollen, schützen.

Um so größer ist die mittelbare Verantwortung für die Folgen, die sich aus den Gedanken, mögen sie wahr oder falsch sein oder beides zugleich, für Verwirklichungen in der Welt ergeben. Diese Folgen sind in der Tat von vornherein nicht übersehbar. Aber das Wissen um sie macht den verantwortungsbewußten Denker behutsam. Hegel hat gesagt: »Die theoretische Arbeit bringt mehr zuwege als die praktische; ist erst das Reich der Vorstellungen revolutioniert, so hält die Wirklichkeit nicht aus.« Nietzsche hat schaudernd diese Verantwortung gesehen, und er ist zugleich der Denker, der in vernichtendem Übermut verantwortungslos jede Gedankenmöglichkeit in wirksamster Fassung in die Welt schleuderte, an der Magie des Extrems sich berauschte und entsetzte, kommunikationslos in die Leere des Zeitalters rufend.

Die Kommunikation wird gesteigert durch dies beides: durch das Ausbleiben der unmittelbaren Daseinsinteressen und die damit gegebene scheinbare Ungefährlichkeit bloßen Versuchens, und durch die mittelbare Verantwortung des Denkens. Diese wird in der Kommunikation aus dem Hintergrund gefühlter Möglichkeiten viel eher erweckt als im einsamen, widerstandslosen Denken.

Zur Wahrheit gehört, daß alles geistig Ergriffene eine Wirkung auf den Menschen hat. Die Kommunikation selber ist ein Ursprung des Wahrheitsfindens durch das Erproben dieser Wirkung. Die Kommunikation erst macht die Universität zu einem Leben der Wahrheit. Denn die Universität ist nicht eine dirigierte, nach Plan und Absicht regelmäßig laufende Schule.

Daher ist die Weise der an der Universität stattfindenden Kommunikation eine Sache aller ihrer Glieder. Das behutsame Sichabschließen, die Verwandlung der Kommunikation in unverbindliche Geselligkeit, der Formen wesentlichen Verkehrs in verschleiernde Konventionen ist immer zugleich ein Absinken des geistigen Lebens. Bewußte Reflexion auf die Weisen der Kommunikation kann den Weg für diese in Erinnerung bringen. (Idee III, 88 f.; ähnl. II, 59 ff.)

Die Atmosphäre der Kommunikation aus der Gemeinschaft in Ideen schafft die günstigen Vorbedingungen für die zuletzt immer einsame wissenschaftliche Arbeit. (Idee II, 59)

a) Disputation und Diskussion

In der Sphäre der Wissenschaft besteht die Kommunikation als Diskussion. Was wir gefunden haben, teilen wir mit. Wir wollen bestätigt oder in Frage gestellt werden. Die fachmäßigen Einzelerörterungen werden an der Grenze zu einem letzten Infragestellen, das philosophisch ist. Hier unterscheiden wir Disputation und Diskussion:

1. In der logischen Disputation werden feste Prinzipien vorausgesetzt. In formaler Weise werden Folgen abgeleitet und der Gegner mit dem Satze des Widerspruchs geschlagen. Das Mittelalter hat die Regeln solcher Disputation bis ins Einzelne entwickelt und in disziplinierten Gemeinschaften verwirklicht.

Die Disputation, ein öffentlicher Vorgang in der Wechselrede von Zuhörern, hat einen Zug des intellektuellen Machtkampfes. Die Stimmung und Frage aller ist nicht was, sondern wer behält Recht? Unter Mitwirkung zahlloser Kniffe, die die logische Eristik seit dem Altertum bewußt gemacht hat, geht es mehr um Sieg oder Niederlage als um Wahrheit. Das Ende ist bei diesem Machtkampf – der übrigens für die formale Klarheit nützlich sein kann, wenn er auch dem geistigen Ganzwerden wenig dient –, irgendwo der Abbruch der Kommunikation nach dem Satze: Contra principia negantem non est disputandum.

2. In der Diskussion als geistiger Kommunikation gibt es keine letzten Prinzipien und keinen bis zum Sieg festgehaltenen Standpunkt. Was

man selbst und was der andere als Prinzip voraussetzt, will erst gesucht werden. Man will klar werden über das, was man eigentlich meint. Und jedes gefundene Prinzip ist Ausgangspunkt neuer Bewegung, wenn nicht das Letzte eine Frage bleibt. Man zeigt sich gegenseitig die Voraussetzungen, die man implizite machte und arbeitet in der Diskussion an einer gemeinsamen, klarer werdenden Anschauung. Es gibt kein Ende. Es gibt keinen Sieg. Jeder, der in die Lage kommt, recht zu behalten, bekommt gerade dadurch Mißtrauen gegen sich. Jedes Ergebnis ist nur eine Stufe.

Echte Diskussion, die keine Grenze kennt, gibt es nur zu zweien unter vier Augen. Schon der Dritte stört, verwandelt leicht die Diskussion in Disputation, weckt die Machtinstinkte. Aber wir diskutieren trotzdem mit Vorteil auch in größerem Kreis. Hier wird vorbereitet, was im Gespräch zu zweien vollendet wird, hier werden Stellungen dargelegt, Standpunkte entwickelt, es werden Ausführungen der Einzelnen aneinandergereiht, nicht scharfe Diskussion versucht, die nur in schnellem Wechselgespräch gedeiht; es wird kein Ergebnis gesucht. Daher gibt es auch spezifische Regeln für die Diskussion unter mehreren: man soll nicht wiederholen, was man gesagt hat, nicht durch solche Wiederholung sein ›Recht haben‹ betonen, nicht das letzte Wort haben wollen, sondern sich begnügen, seine Sache gesagt zu haben, und nun alle anderen hören. (Idee III, 89 ff.; ähnl. II, 61 f.)

Wir wollen lernen, miteinander zu reden. Das heißt, wir wollen nicht nur unsere Meinung wiederholen, sondern hören, was der andere denkt. Wir wollen nicht nur behaupten, sondern im Zusammenhang nachdenken, auf Gründe hören, bereit bleiben, zu neuer Einsicht zu kommen. Wir wollen uns innerlich versuchsweise auf den Standpunkt des anderen stellen. Ja, wir wollen das uns Widersprechende geradezu aufsuchen. Das Ergreifen des Gemeinsamen im Widersprechenden ist wichtiger als die voreilige Fixierung von sich ausschließenden Standpunkten, mit denen man die Unterhaltung als aussichtslos beendet.

Es ist so leicht, entschiedene Urteile affektbetont zu vertreten; es ist schwer, ruhig zu vergegenwärtigen. Es ist leicht, mit trotzigen Behauptungen die Kommunikation abzubrechen; es ist schwer, unablässig über Behauptungen hinaus in den Grund der Wahrheit einzudringen. Es ist leicht, eine Meinung aufzugreifen und festzuhalten, um sich weiteren Nachdenkens zu überheben; es ist schwer, Schritt für Schritt voranzukommen und niemals das weitere Fragen zu verwehren. (HS 67 f.)

Aber nun gilt vom Miteinanderreden auch umgekehrt: Es ist leicht, alles unverbindlich zu denken und sich nie zu entscheiden; es ist schwer, in der Helligkeit allseitig offenen Denkens den wahren Entschluß zu fassen. Es ist leicht, durch Reden sich um die Verantwortung zu drücken; es ist schwer, den Entschluß, aber ohne Eigensinn, festzuhalten. Es ist leicht, jederzeit in der Situation dem geringsten Widerstand zu folgen; es ist schwer, in der Führung durch den unbedingten Entschluß durch alle Beweglichkeit und Biegsamkeit des Denkens den entschiedenen Weg einzuhalten.

In den Raum der Ursprünge gehen wir, wenn wir wirklich miteinander zu reden vermögen. Dazu muß ständig etwas in uns bleiben, das dem anderen vertraut und Vertrauen verdient. Dann wird im Wechselgespräch jene Stille möglich, in der man gemeinsam horcht und hört, was wahr ist.

Daher wollen wir nicht zornig aufeinander werden, sondern versuchen, miteinander den Weg zu finden. Der Affekt spricht gegen die Wahrheit des Redenden. Wir wollen uns nicht pathetisch an die Brust schlagen, um den anderen zu beleidigen, wollen nicht in Selbstzufriedenheit preisen, was nur zur Kränkung des andern gemeint ist. Aber es darf keine Schranken geben durch schonende Zurückhaltung, keine Milde durch Verschweigen, keinen Trost durch Täuschung. Es gibt keine Frage, die nicht gestellt werden dürfte, keine liebgewordene Selbstverständlichkeit, kein Gefühl, keine Lebenslüge, die zu schützen wären. Aber erst recht darf es nicht erlaubt sein, sich frech ins Gesicht zu schlagen durch herausfordernde, unbegründete, leichthin gefällte Urteile. Wir gehören zusammen; wir müssen unsere gemeinsame Sache fühlen, wenn wir miteinander reden. (HS 68 f.)

b) Zusammenarbeit: Schulbildung

Jede wissenschaftliche Leistung ist im Entscheidenden die eines einzelnen Menschen. Sie ist persönliche Leistung. Diese aber gewinnt ihre Steigerung durch Zusammenarbeit mehrerer. Zusammenarbeit ist die Kommunikation in der Sache derart, daß Antrieb, Klarheit, Reiz den höchsten Grad erreichen, daß der Einfall des einen den Einfall des andern erweckt, der Ball hin und her geworfen wird.

Solche kommunikative Forschungsbewegung ist unterschieden von Kollektivarbeit. Diese ist ein wissenschaftlicher Industriebetrieb, der etwas hervorbringt dadurch, daß der führende Kopf Arbeiter beauftragt, die er zwar Mitarbeiter nennt, aber in der Tat einstellt als Glieder in die Kette seines Planes.

Kollektivarbeit kann ferner die Form annehmen, daß etwa in dem gemeinsamen Geiste einer Klinik eine Reihe Einzelner je ein Thema aus dem Plan eines Werkes übernehmen. Dann ist jede Leistung eine Einzelleistung, das Ganze aber doch zusammengehalten durch den Hintergrund des Gemeinsamen, das in Gesprächen, gegenseitiger Lektüre und Kritik zur Klarheit gebracht wurde.

Als die Kontinuität wissenschaftlicher Überlieferung entstehen Schulen. Schulbildung gibt es in zweifachem Sinn: 1. Als Nachahmung eines Vorbilds, dessen Arbeiten durch Analogieleistungen erweitert und vermehrt werden, dessen System ausgebaut, übertragen, reproduziert wird. 2. Als Zusammenhang der wissenschaftlichen Tradition, so daß der Schüler so selbständig wie der Lehrer sein kann; meistens so, daß gar nicht eine einzige Persönlichkeit der Führer war, sondern eine Gruppe. Es handelt sich um die Schule einer geistigen Bewegung, die durch einige Generationen anhält. Die auf gemeinsamem Boden Stehenden gewinnen durch gegenseitigen Austausch, durch Wettkampf das Höchstmaß von Kraftauslösung, das Interesse wird durch den Widerhall gesteigert, Konkurrenz und Neid werden zu Agon und Enthusiasmus für die Sache.

Solche Schulbildungen wachsen ungerufen. Sie können nicht gemacht werden. Versucht man es, so entstehen künstliche Betriebe ohne Fruchtbarkeit. Der Zustrom der durchschnittlichen Masse zur wissenschaftlichen Forschung hat überall dort abgeleitete Schulbildungen hervorgerufen, wo entweder eine faßliche, äußerliche ›Methodik‹ schnellstens für jedermann lernbar und zum Scheine anwendbar wurde, so daß nach dem Schema jeder ›mitarbeiten‹ konnte, oder wo neben einer formalen Denkmethode eine begrenzte Anzahl leicht lernbarer Grundbegriffe zum Subsumieren jedes beliebigen, was neu auftaucht, geeignet ist.

Ursprung geistiger Bewegung liegt meist in kleinsten Kreisen. Wenige Männer, zwei oder drei oder vier, die etwa in Institut oder Klinik arbeiten, leben beflügelt im Austausch eines Gemeinsamen, das als Ausgang neuer Einsichten die Gemeinschaft in der Sache, in der Idee bedeutet. Verborgen wächst solcher Geist zwischen Freunden, wird bewährt und sichtbar in objektiven Leistungen, um dann als geistige Bewegung in öffentliche Erscheinung zu treten.

Ein gemeinsamer Geist solcher Art, der die gesamte Universität verbände, ist unmöglich. Er gehört kleineren Gruppen und die Universität hat das höchste Leben, wenn solche Gruppen zahlreich sind und ihrerseits wieder in Wechselwirkung treten. (Idee III, 91 f.; ähnl. II, 62 f.)

Die Akademie als Schule wird viele Erscheinungen sich haben entfalten lassen, die dem Platonischen Geiste ungemäß waren. Die Schule kann im Sinne Platos nur gelingen, wenn alle ihre Glieder selbständige Menschen im unabhängigen Miteinander zwischen Lehrer und Schüler sind. Sonst entwickelt sich in den Schülern die Neigung zum dogmatischen Meinen bestimmter Thesen, zum parteilichen Abschluß gegen andere, zum gewaltsamen Behaupten unter Verlust kämpfender Kommunikation, zum Gehorsam und zur Schwärmerei. Was in der Natur jeder Schulbildung liegt, dieser dem Platonischen durchaus widrige Geist, triumphierte sogleich mit Platos Tod. (GP 314)

Man kann von einem Ende auf verschiedene Weise weiterreden, ganz grob: Ein Ende der platonischen Schule war im 6. Jahrhundert, als Justinian die Philosophenschulen in Athen schloß; ein gewaltsames Ende. Ein Ende war, wenn ein ursprüngliches Philosophieren in den Schulen verwandelt wurde in ein Lehrsystem und das eintrat, was der Widersinn jeder Schule ist, weil nämlich die Philosophie aufhört, wenn sie sich auf diese Weise als Lehrsystem kristallisiert. Ende ist dann gleichsam durch Verholzung. Die Situation ist aber die, daß Schule ebenso unumgänglich ist wie daß sie solche Folgen hat. Und daß Schulen fortleben in ihrer Kraft, in dem Maße, als die Ausgangsphilosophie Kräfte in sich birgt durch das vorhandene Werk, das, immer von neuem, eine Wiedergeburt erzwingt. So war es im Abendlande mit der platonischen Philosophie, später mit der augustinischen, mit sehr wenigen anderen Philosophien. Dieses Ende jeweils ist nicht das Ende der Philosophie, sondern das Ende einer bestimmten Gestalt. (A 31)

Berufskönnen und das Umgreifende des Wissens überhaupt

Die Aufgaben der Universität werden erfüllt im Rahmen einer Institution, die ebenso unerläßlich wie ständige Gefahr ist.

Der uralte praktische Unterricht (in Handwerken, Bau- und Maler-Werkstätten, in der Lebensführung, in Waffenkampf und politischer Kunst, in aller beruflichen Praxis und dies manchmal in besonderen Schulen) dachte nicht an das Ganze der Wissenschaften, nicht an die Reinheit des Wissens, sondern nur an die besonderen Erfordernisse des Könnens für den jeweiligen Beruf. Der wissenschaftliche Unterricht im Sinne der Universität dagegen will in den Grund des Wissens führen durch die Idee des einen Wissens. Er läßt die besondere Praxis ihre Wurzeln finden in der Wissenschaftlichkeit im Ganzen. Die Universität hat jederzeit die Aufgabe, den Forderungen der praktischen Berufe zu genügen und gleicht insofern den alten praktischen Schulen. Aber die Universität bringt das grundsätzlich Neue, daß sie diese Forderungen erfüllt durch Aufnahme in das Umgreifende des Wissens überhaupt. (Idee III, 101; ähnl. II, 74)

Zusammenhang von Theorie und Praxis

Praxis ohne Wissenschaft treiben, das ist wie Zu-Schiffe-gehn ohne Steuerruder oder Kompaß. (PuW 250)

Im bloß allgemeinen würden wir realitätslos versinken, im bloß

Konkreten aber weglos werden. Noch das geringste Tun soll seine Beleuchtung vom Endziel her erhalten. Nur wenn der Blick auf den weitesten Horizont nicht den Boden verliert, auf dem wir jetzt stehen, kann der nächste Schritt sinnvoll sein. (AZM 199)

Die Macht der Abstraktion dient der konkreten Einsicht. Aber die Gefangenheit in der Abstraktion schließt ab von der Wirklichkeit. Wegen der Herrschaft von Abstraktionen und des heute noch durchschnittlichen Mangels an Erziehung im vernünftigen Denken sieht das Treiben der Politiker oft etwa so aus: Es wird in den Vordergründen agiert. (AZM 292)

Es ist ein Grundfaktum unseres Daseins, daß wir von Abstraktionen beherrscht sind, durch die wir sehen, was ist. Aber wir können einsehen, was Goethe sagt: »Alles Faktische ist schon Theorie.« Das heißt: Was wir für faktisch erklären, ist unausweichlich schon gesehen unter den Voraussetzungen einer Begrifflichkeit, durch die wir überhaupt erst sehen und feststellen können. Durch diese Einsicht werden uns die Formen, durch die wir sehen, nicht zur verzerrenden oder verfärbenden Brille, die uns täuscht, sondern zum Mittel, die Wirklichkeit hell werden zu lassen. Daher fassen wir die Idee der Vorurteilslosigkeit, durch die wir der Vorurteile, die wir ständig brauchen, zugleich Herr werden. (AZM 293 f.)

Der Lehrer der Philosophie kann veranlassen zum Vergegenwärtigen. Er kann das Bekannte und Unbekannte in solchem Zusammenhang zu zeigen versuchen, daß ein Bewußtsein des Ganzen entstehen möchte. Er kann orientieren, zeigen und hinweisen. Er kann Konsequenzen durchdenken. Er kann aber nicht wollen, was über die Kraft des bloßen Denkens Einzelner geht. (AZM 29)

Er macht aufmerksam. In einer oft besinnungslosen Welt veranlaßt er zur Besinnung dadurch, daß er das Wesentliche, das Einfache zu sagen versucht. Aber die Besinnung ist nicht schon Handeln. Wer mitdenkt, kann im inneren Handeln nur vorbereiten, die Entscheidungen aber fallen in der Praxis. (AZM 7)

Sie wenden sich an Menschen, die selber denken und als Mitdenkende hören wollen. Sie möchten den Leser nicht überrumpeln, nicht suggestiv in eine bestimmbare Richtung lenken, in der man des weiteren Denkens und Fragens überhoben ist. Sie wollen nicht Doktrinen befestigen, sondern die Fragen offenhalten. Denn Entscheidung, die Gewicht hat, ist nicht im Gedanken zureichend vorwegzunehmen. Der Entschluß ist etwas anderes als das theoretische Denken. Dieses darf rücksichtslos den Gedanken Raum geben, auch das Herz des Schriftstellers beteiligen, indem es auf Eis gelegt wird. Aber es muß doch als solches immer nur Vorbereitung bleiben. (HS 366)

Wohl gelingt auch das Philosophieren nicht ohne Lernen, man muß die Sprache, die Denkfiguren kennen und bedarf dazu der Mühe des Verstandes. Aber das Philosophieren beginnt mit der Herrschaft über diese Figuren, Gerippe, Doktrinen durch die Bewegung, die an ihre Leitfäden gebunden bleibt, doch erst in der Selbstgegenwärtigkeit des eigenen Wesens stattfindet. (PhN XXXI)

Dieses Denken, das wir das philosophische Denken nennen, bringt mich zu mir selbst, hat Folgen durch das mit ihm vollzogene innere Handeln, macht die Ursprünge in mir wach, die auch der Wissenschaft erst ihren Sinn geben. (PuW 318) [vgl. auch Vom Studium der Philosophie S. 318 ff.]

Geschichte als Feld der Forschung und als Anspruch an Existenz

1. Historie. – Wenn die historische Forschung die Tendenz hat, sich vom geschichtlichen Bewußtsein der Existenz zu lösen, um als historisches Bewußtsein nur noch Wissen zu sein, so bringt diese Verwandlung zwei *Gefahren:* die eigentliche Geschichtlichkeit kann mir verlorengehen bis zu der Resterscheinung eines *endlosen historischen Wissens;* oder ich will mich von ihr lösen zu einem allgemeinmenschlichen Wahren für alle, das ich in historischer Objektivität als *Autorität* kenne:

Solange historische Forschung im Dienst geschichtlichen Bewußtseins steht, hält sie zwar in radikaler Wahrhaftigkeit am kritisch Erforschbaren leidenschaftlich fest, aber dringt durch dieses zu dem, was Existenz war. Im Sehen des Seins jeder historischen Gestalt als ›unmittelbar zu Gott‹ liegt der Ursprung des Sinns der Forschung. Im historischen Wissen und Sehen ist gleichsam in der Tarnkappe Existenz gegenwärtig, im Sehenden sowohl wie im Gesehenen. Liebe zu dem, was war, noch im Kleinsten, sofern in ihm Existenz fühlbar ist, Ehrfurcht vor dem Unergründlichen, die Gegenwart der eigenen heimatlichen und vaterländischen Wurzeln, der Sinn für alles Vergangene, das, weil es für uns groß war, auch zu unserer Welt gehört, das Suchen auch des Fernsten, aus dem noch der Mensch zu uns spricht, beseelen das Wißbare, das den Anspruch stellt, mit solcher Bereitschaft aufgefaßt und angeeignet zu werden. Die *Verwechslung* von Erforschbarkeit und Anspruch der Historie beginnt in dem Augenblick, wo für ein historisches Bewußtsein die Sache *nur* objektiv wird. Dann wird das historisch Wißbare zu dem unermeßlichen, sich durch die Ereignisse weiter unabsehbar vermehrenden Schutt, dessen Kenntnis und Sammlung nichts mehr bedeutet.

Solange historisches Wissen im Dienste geschichtlichen Bewußtseins steht, bleibt das Vergangene in allen Objektivitäten der unobjektivierbare Grund, aus dem die Gegenwart zu eigenem Ursprung ihrer Geschichtlichkeit kommt. Dann ist keine Geltung eines bestimmten für immer errungenen Wahren, sondern der unbestimmte Umfang der Bewegung, in der jede Gegenwart unableitbar wieder sie selbst werden muß. Die *Verwechslung* von Größe mit anscheinend bestehender Geltung für uns beginnt, wenn das Bewußtsein der Relativität von allem aus Mangel eigenständigen Selbstseins zu einer künstlichen Steigerung des Vergangenen führt. Zunächst versucht Romantik eine pathetische Ergänzung des eigenen existenzlosen Daseins. Dann wird schließlich Relativierung alles Objektiven, welche aus der echten Geschichtlichkeit erfolgt, gewaltsam in ihr Gegenteil verkehrt: das historisch Gewußte wird einseitig zu autoritativer Geltung objektiviert und fixiert.

Aber wenn ich auch, geschichtlich bewußt, zu fremdem geschichtlichen Bewußtsein in Kommunikation treten kann, so kann ich doch weder auf andere übertragen, was ich bin, noch Fremdes aus seinem Grunde übernehmen wollen. Die Wahrheit der *geschichtlichen* Existenz wird nie eine *einzige* Wahrheit für *alle,* sondern bleibt als Anspruch Appell. Die Verabsolutierung solcher Wahrheit über ihren Erscheinungskreis hinaus, die vermeintliche Bindung dieser verallgemeinerten Wahrheit an ein historisches Faktum als ihren Grund hebt das geschichtliche Existieren auf, weil sie an die Stelle des *immer dunklen* geschichtlichen Grundes *objektive* Geltung setzt, als könnte diese jemals auf Historie gegründet sein; denn für kein Wissen vermag das logisch Allgemeine und das existentiell Geschichtliche identisch zu werden.

Solange historisches Wissen im Dienst geschichtlichen Bewußtseins steht, wird es relevant in der Aneignung. Die *Verwechslung* beginnt, wenn das Anschauen der Größe historischer Welt als solches schon zur Erfüllung des Lebens wird. Dann scheint eine Aufhebung der Einsamkeit des Menschen ohne gegenwärtige Kommunikation möglich. Das Erschrecken vor dem Abgrund des Nichts in sich trieb dazu, sich hinzugeben an die objektiven Gestalten, von ihnen entzückt in der Anschauung menschlicher Größe und ihrer Werke; daß diese Größe da war, ist genug. Dieser Bewunderungswille ist von allem Gegenwärtigen abgestoßen, dessen Wunden und Häßlichkeiten offen am Tage liegen und jeden, der nicht darin lebt und zu ihrer Besserung mitwirkt, nur verstimmen. Daher ergreife ich die historische Welt, welche als unerschöpfliche Fülle in ihrer Ruhe vor Augen steht. Aber sie ist gleichsam für mich hinter Gittern, und tritt darum nicht in mein wirkliches Leben ein. Trotz der realistischen Auffassung, mit der ich ihr nahe, hat sie eine unvergleichliche Schönheit durch ihre Ferne. Statt selbst zu existieren, befriedige ich mich in der Existenz als historische Seele, der auch Gegenwart schon Geschichte ist und in künstlicher Ferne wie angeschaute Vergangenheit Gegenstand der Bewunderung werden kann. So lebe ich überall im Anderen und Fremden, das ich nur vergegenwärtigend zu mir bringe, und bleibe einsam, im Gestalteten hingerissen von dessen Großartigkeit. (Ph 636 f.)

Im Spiegel der Geschichte blicken wir hinaus über die Enge des nur Gegenwärtigen und sehen die Maßstäbe. Ohne Geschichte verlieren wir die Atemluft unseres Geistes. Verschleiern wir uns unsere Geschichte, so überfällt sie uns, ohne daß wir wissen wie. Dann führen uns narrende Gespenster der Vergangenheit. (KS 33)

Heute ist durch die radikale Verwandlung aller menschlichen Daseinsverhältnisse im technischen Zeitalter jede Überlieferung vor die Frage ihrer Bewährung gestellt, wenn sie nicht gar einfach abbricht in Vergessenheit. Noch steht auch Kant unter den hohen Gestalten, die gehört werden wollen, und die doch vielleicht im Begriff sind, für lange Zeit unter den Horizont zu sinken. (AuP 249)

Elemente geschichtlicher Aneignung

Geschichtliche Aneignung. – Es ist eine Bildungsfeindlichkeit entstanden, die den Gehalt geistigen Tuns auf das technische Können und das Aussprechen des Minimums des nackten Daseins reduziert. Diese Haltung ist das Korrelat zu dem Prozeß der Technisierung des Planeten wie des Lebens des Einzelnen, in dem die *geschichtliche Überlieferung* bei allen Völkern *unterbrochen* wird, um das ganze Dasein auf neuen Grund zu stellen: bestehen kann nur, was in die neue vom Abendland geschaffene, aber ihrem Sinn und ihrer Wirkung nach allgemeingültige Welt der technischen Ratio eintritt. Dieser Eintritt bedingt eine bis in die Wurzeln gehende Erschütterung des Menschseins. Der Bruch ist im Abendland der tiefste, der dort je erfahren wurde; aber weil er vom Abendland selbst in seiner geistigen Entfaltung geschaffen ist, steht er hier in der Kontinuität einer Welt, zu der er gehört. Für alle anderen Kulturen aber kommt er von außen wie eine Katastrophe. Nichts kann in alter Gestalt fortbestehen. Die großen Kulturvölker Indiens und Ostasiens stehen nun mit uns vor derselben Grundfrage. Sie müssen in der Welt der technischen Zivilisation mit ihren soziologischen Bedingungen und Folgen sich verwandeln oder zugrunde gehen. Während eine Bildungsfeindlichkeit das Gewesene zertrümmert, übermütig, als ob nun die Welt von vorn anfange, kann in der Umgestaltung die geistige Substanz nur bewahrt werden durch eine *Weise geschichtlicher Erinnerung,* welche als solche nicht ein bloßes Wissen von Vergangenem, sondern gegenwärtige Lebensmacht ist. Ohne sie würde der Mensch Barbar. Die Radikalität der Krise unseres Zeitalters verblaßt vor der ewigen Substanz, an deren Sein Erinnerung teil gewinnt als an dem Unsterblichen, das jederzeit da sein kann.

Die Feindlichkeit gegen das Vergangene gehört daher zu den Geburtswehen des neuen Gehalts der Geschichtlichkeit. Diese selbst wendet sich gegen den Historismus als eine falsche Geschichtlichkeit, sofern er zum unechten Bildungssurrogat wurde. Denn Erinnern als bloßes *Wissen* von Vergangenem sammelt nur endloses antiquarisches Kennen; Erinnern als *verstehendes Anschauen* verwirklicht Bilder und Gestalten des Gewesenen nur als ein unverbindliches Gegenüberstehen; erst Erinnern als *Aneignen* schafft die Wirklichkeit des Selbstseins eines gegenwärtigen Menschen zuerst in der Ehrfurcht, dann in dem Maßstab für sein eigenes Fühlen und Tun, zuletzt in der Teilnahme an einem ewigen Sein. Das *Problem der Weise des Erinnerns ist ein Problem der jetzt noch möglichen Bildung.*

Dem *Wissen* von Vergangenem dienen überall verbreitete Institutionen. Der Umfang, in dem die moderne Welt sich um sie kümmert, zeigt einen tiefen Instinkt, der trotz allen Zerstörens wenigstens die Möglichkeit der geschichtlichen Kontinuität nicht abreißen lassen will. In Museen, Bibliotheken, Archiven werden die Werke der Vergangenheit bewahrt mit dem Bewußtsein, ein Unersetzliches zu hüten, selbst wenn es im Augenblick noch nicht verstanden wird. Alle Parteien, Weltanschauungen und Staaten sind heute einig in diesem Tun, dessen bewahrende Treue noch nie eine so allgemeine und selbstverständliche Sicherheit hatte. Die Reste der Geschichte genießen an allen Erinnerungsstätten Schutz und Pflege. Was einmal groß war, lebt als historische Mumie einer Lokalität fort und wird Reiseziel. Orte, welche einmal Weltgeltung hatten und den Stolz republikanischer Unabhängigkeit verwirklichten, leben nun von der Fremdenindustrie. Europa wird gleichsam ein großes Museum der Geschichte des abendländischen Menschen. In der Neigung zu historischen Gedenktagen, Feiern von Gründungen der Staaten, Städte, Universitäten, Theater, der Geburts- und Sterbetage geltender Namen wirkt die Erinnerung zwar noch ohne gehaltvolle Erfüllung, aber doch als Symptom des Willens zur Bewahrung.

Nur bei Einzelnen geht wissende Erinnerung über in das *verstehende Anschauen.* Es ist, als ob der Mensch die Gegenwart verlasse und im Vergangenen lebe. Was schon sein Ende hatte, lebt noch als inhaltliches Bildungselement. Das Panorama der Jahrtausende ist wie ein Raum seliger Kontemplation. Das 19. Jahrhundert hat dieses Verstehen zu einer vorher nie erreichten Weite und Objektivität gebracht: Eine Leidenschaft des Anschauens befreite von der elenden Gegenwart im Blick auf das Größte, was Menschen vermocht haben. Es konstituierte sich eine Bildungswelt, die in die Tradition eines bloßen Lebens in Büchern und Zeugnissen der Vergangenheit überging. Blasser gaben die Epigonen der ersten Schauenden das Gesehene weiter. Was einmal als ursprüngliches Sehen der Gestalten da war, bewahren Epigonen der Epigonen, noch fasziniert von dem Reichtum der im Verstehen hingestellten Welt, wenigstens in Wort und Lehre.

Aber antiquarische Kunde und anschauliches Verstehen haben ihr Recht zuletzt nur als die Leitbilder gegenwärtig möglicher Verwirklichung. Das Geschichtliche wird *angeeignet* nicht als bloßes Wissen von etwas; nicht als ein Besseres, das wiederherzustellen wäre, weil es nicht hätte sterben dürfen. Aneignung ist allein in einer das Vergangene verwandelnden Wiedergeburt des Menschseins vermöge des Eintritts in einen geistigen Raum, in dem ich aus eigenem Ursprung ich selbst werde. Diese Bildung im Aneignen des Vergangenen dient nicht dazu, das Gegenwärtige als das Minderwertige zu vernichten, um ihm auf billige Art zu entfliehen, sondern um durch den Blick auf die Höhen nicht zu verlieren, was ich auf dem Weg zu dem Gipfel der mir möglichen Wirklichkeit gegenwärtig suchen kann.

Was zu neuem Besitz ergriffen wird, wird auch neu zu anderer Gegenwart erzeugt. Unwahre Geschichtlichkeit bloß verstehender Bildung ist der Wille zur Widerholung, die wahre aber die Bereitschaft, die Quelle zu finden, welche jedes und darum auch das gegenwärtige Leben nährt. Dann entsteht ohne Absicht und Plan echte Aneignung; unabsehbar ist, welche verwirklichende Macht der Erinnerung innewohnt. Die heutige Situation mit ihrer Gefahr des Abreißens der Geschichte fordert auf, die Möglichkeit dieser Erinnerung bewußt zu ergreifen. Denn mit deren Zerschlagen würde der Mensch sich selbst vernichten. Wenn in die maschinelle Welt der Daseinsordnung der Massen die neuen Generationen eintreten, so finden sie heute als Mittel der Erinnerung die Bücher, Baudenkmäler und Werke bis zu den Besonderheiten des Hausrats aller vergangenen Welt neben der Vermittlung der Tatsachen ihrer eigenen Herkunft in einer so allgemein noch nie dagewesenen Zugänglichkeit vor. Es fragt sich, was Existenz in ihrer Geschichtlichkeit daraus macht, indem sie sich darin findet.

Bildung als das bloße Kennen und Verstehen konnte eine Wiederherstellung dessen, was unwiederbringlich ist, romantisch wünschen und darüber vergessen, daß jede historische Situation nur ihre eigenen Verwirklichungsmöglichkeiten kennt. Dagegen stand die Redlichkeit karger Lebenshaltung, die in dem Raum des geschichtlich Angeschauten nur wollte, was in ihr selbst unbedingt und darum verbindlich für ihr Tun war. Wahre Bildung will lieber in einem Minimum von Aneignung ursprünglich selbst sein, als in der großartigsten Welt sich in Verwechslungen verlieren. Aus diesem Antrieb scheint der Sinn für das Wahrhaftige und für das existentiell Ursprüngliche auch gegenüber der Geschichte gewachsen zu sein. Nicht mehr der Reichtum des Mannigfaltigen allein, sondern vor allem die einzigen Gipfel, von denen her der Mensch für alle Zeiten spricht, wurden wieder entscheidend. Das heute Karge eint sich dem Großen. Die Desillusionierung, welche romantische

Schwärmerei im Zusammenstoß mit der Wirklichkeit heutigen Daseins erfahren mußte, setzt sich um in den illusionslosen Blick auf das Echte, das zugleich Fülle war. (GSZ 118–121)

Formen der Erinnerung

Erinnerung ist *psychologisch* als Wissen vom Gelernten, als Gedächtnis von erlebten Ereignissen und Situationen, von Dingen und Menschen. Sie ist tote Erinnerung als bloßes Haben von etwas, das ich vorstellend reproduzieren kann, sie ist verarbeitende Erinnerung in unbewußter und bewußter Nachwirkung erfahrenen Lebens, als ein ganz zu eigen Machen und Durchdringen, als ein Vergessen durch Verwandlung in allgemeines Wissen oder durch ein Absperren, als ob es gar nicht erfahren sei.

Erinnerung ist als *historische* die Aneignung der Tradition. Das nur psychologische Gedächtnis begrenzter Zeitspanne vermag das eigene Dasein zu durchbrechen, ein Sein außerhalb seiner, das war, als es selbst noch nicht war, zu fassen. Ich nehme teil am Gedächtnis der Menschheit, indem ich dokumentarisch an mich herankommendes Dasein aufnehme. Ich erweitere mich über das Dasein, das ich selbst bin, in unbegrenzte Zeiträume. Mein Dasein bleibt Ausgang als Situation, Maßstab, an dem ich messe und worauf ich beziehe, aber es wandelt sich selbst durch die Weise der historischen Erinnerung. Diese formt mich als unbewußte Überlieferung vom ersten Augenblick meines Erwachens an. Als gegenständliches Wissen und Vorstellen des Vergangenen in seiner Gestaltenfülle wird sie ein Glied meiner geistigen Bildung. Für bloße Betrachtung und Forschung besteht ein Vergangenes als erstarrtes Sein, das ist, wie es geworden ist. Geschichtliches Erinnern erfaßt als selbst lebendiges Sein das Vergangene als noch gegenwärtige Wirklichkeit von Möglichkeiten, die im Flusse sind: ich nehme an ihnen teil und entscheide noch mit, was eigentlich war. Zwar ist, was war, an sich entschieden, aber es ist noch nicht für uns endgültig, als was es war und uns angeht. Daher die Unergründlichkeit des Gewesenen, das, an sich bestehend, für uns nie erschöpfte Möglichkeit ist.

Im Psychologischen und Historischen wird die Erinnerung *existentiell,* wo der Erinnernde sich an das Erinnerte bindet. In freiem Ergreifen eines Gegebenen übernehme ich im Erinnerten, was ich bin. Ich bin, was ich war, und was ich sein will. Als *Treue* im geschichtlichen Bewußtsein meines Schicksals in seiner Unlösbarkeit von den Menschen, mit denen ich wurde, als *Pietät* gegen das, was das eigene Dasein begründet, als Kraft der *Verehrung* gegen das, was als eigentliches Sein der Existenz mich ansprach, vollzieht sich die existentielle Selbstidentifikation, in der ich erst eigentlich bin und nicht nur ein leeres Ich in einem Bewußtsein überhaupt. Mit der Verleugnung der Erinnerung würde ich mich entwurzeln.

Keine dieser Erinnerungen ist schon als solche *die metaphysische. In jeder ist sie möglich.* (Ph 853 f.)

Was und wie wir erinnern, und was wir darin als Anspruch gelten lassen, das wird mit entscheiden über das, was aus uns wird. (HS 29)

Erinnerung aber wird nicht genügen. Aus der Erinnerung wird beseelt, was heute zu tun ist. Die Gegenwart und die Zukunft sind unsere Aufgabe. (HS 29)

Betrachtung und Existenz

Eine nur ästhetische Anschauung isoliert und genießt, die philosophische Anschauung verbindet und verwandelt in eigene Wirklichkeit. (GP 72)

Stets bin ich beides: Möglichkeit der Existenz und Betrachtung. Für meine Betrachtung wird offen das Theater der Weltgeschichte, auf dem ich die Mannigfaltigkeit des menschlich bisher Möglichen und die mir überkommene Welt als eine unter vielen sehe; als historisch Vereinzelter bin ich eine Figur unter Milliarden auf diesem Theater. Als mögliche Existenz aber bin ich dieser ganzen Betrachtung mächtig, ohne in sie als Objekt einzugehen, und fähig, durch sie hindurch mit fremder Existenz Berührung zu gewinnen.

Wird jedoch die Betrachtung, statt universale Bereitschaft existentiellen Suchens zu bleiben, zum Auftürmen von Bildern des Menschen in seiner Geschichte und seinen Möglichkeiten, so ist sie bei dem Gesehenen nicht als Selbstsein. Dieses Dabeisein der Bildung kann als Sinn für die Vielfachheit in der Universalität ihrer Betrachtung bis an die *Grenze* des existentiellen Interesses gehen und doch von ihm *abgründig getrennt* sein: (Ph 658)

Die Großartigkeit der Betrachtung zeigt durch Kontrast, daß ihr als bloßer Betrachtung der Ursprung im Sein der Existenz unter Existenzen verschüttet wird. (Ph 659)

Stufen des Verstehens

Die Frage ist die, wie weit wir verstehen können, was wir selber nicht sind und nicht verwirklichen. Unsere Forderung ist es, daß dies Verstehen in einer nicht begrenzbaren Annäherung möglich sei, wenn Voreiligkeit und vermeintliche Endgültigkeit des Verstehens vermieden werden. Im Verstehen halten wir tief verschlossene Möglichkeiten unserer selbst wach, und im Verstehen verwehren wir die Verabsolutierung unserer eigenen objektivierten Geschichtlichkeit zum ausschließend Wahren. (GP 153)

Aber gerade das ›historische Verstehen‹ hat auch zu einer Verwirrung geführt, die, wenn gar das Gegenwärtige schon als Geschichte betrachtet wird, zu einem Verderben der Denkungsart in der ›gebildeten‹ Welt führt, nämlich zu der heimlichen Forderung, das Verstandene, wenn nicht zu billigen, doch vor Vorwürfen zu schützen. (A 179 f.)

Wer aber verstehen will, muß Geduld haben. Er muß dasselbe in anderer Gestalt, bei Wiederholung, wiedererkennen. Irgendwann, plötzlich geht ihm ein Licht auf. Es handelt sich nicht um einen mathematischen Gedanken, der mit komplizierten Operationen erzwungen werden kann, sondern es handelt sich um eine mit dem Denken selber zu vollziehende geistige Umwendung. Es handelt sich nicht darum, etwas als einen Gegenstand zu begreifen, sondern im Gegenständlichen etwas Ungegenständliches zu vollziehen. Wohl ist dazu das Lernen einer philosophischen Sprache und das Begreifen partikularer Klarheiten notwendig. Aber diese haben nur Sinn, wenn eines Tages der Ruck erfolgt: der Ruck einer Einsicht, die nicht mystisch, nicht moralisch, nicht von Offenbarungscharakter ist, aber im vernünftigen Denken mit dem Denken das Denken selber transzendiert. (GP 615 f.)

Ich kann also verstehend in der Welt des Geistes zu Hause sein, ohne zu existieren, wenn ich nur als zusehendes Bewußtsein jenes spezifisch reproduzierende Organ des Verstehens, das dem Wahrnehmen analog ist, wirken lasse. Als Teil meines weltorientierenden Tuns notwendig, wird dieses Verhalten zur Lähmung der Existenz, wenn die Täuschung entsteht, daß mit Geist und Idee das Wesentliche bereits erschöpft sei. Weil in der Tat Existenz keine Sphäre als spezifisch ihr zugehörig in der Welt hat, erscheint die geistige Wirklichkeit dem an der Oberfläche haftenden Blick als in sich selbst beruhend und gerundet. Auch die Trennung von Geist und Existenz zeigt sich darum in der Weltorientierung nicht. Aber diese Trennung ist Bedingung und Ausdruck der Rettung des ›ich selbst‹ als existierender Seele gegen den geistigen Bildungszauber, der im Genießen panoramisch ausgebreiteter Welten einen verführenden Reichtum gewinnen läßt um den Preis, daß die Existenz leer oder als nur privat, zur Nichtigkeit verschüttet wird. Das Transzendieren zur Existenz im ursprünglichen absoluten Bewußtsein ist in der Weltorientierung weder begründet noch möglich. Diese Positivität kommt aus anderer Quelle. Zwar kann sie täuschend ersetzt werden durch künstliche und unwahre, pathetische oder sentimentale Verbindlichkeiten, die sich aus historischer Bildung herleiten. Da aber diese schon im Verstehen ohne Grenzbewußtsein erworben sind, versagen sie sofort in der realen Situation, in der sie dann im entscheidenden Augenblick an platten Positivismus und an die allgemein-menschliche Seelsorge verraten werden. (Ph 164 f.)

Je mehr man versteht, desto mehr wächst das Bewußtsein, wie viel noch zu verstehen übrig bleibt. (GP 231)

Schon die geschichtliche Tatsache, daß die besten und weisesten Menschen durch Jahrtausende an Unsterblichkeit geglaubt haben, erweckt eine Scheu. Aber ihr Glaube und der Glaube unserer Vorfahren zwingt uns nicht, daß wir selber glauben. Denn es ist keine zureichende Begründung der Wahrheit, daß die Alten sie uns gesagt haben. (PuW 149)

Das noch so gründliche Wissen von einer Religion bleibt im Äußeren; das noch so eindringende Verstehen bedeutet noch nicht ein inneres Dabeisein. Es ist ein Sprung zwischen allem verstehenden Wissen und dem wirklichen Glauben, in dem ein Mensch identisch wird mit seinem Glauben. Auch wenn wir alle Religionen kennen, brauchen wir selber noch nicht den geringsten Glauben zu haben. Wenn wir glauben, d. h. aus unbedingtem Ernst das Leben führen, dann ist das möglich ohne von den Religionen der Menschheit zu wissen. (PuW 164)

Das Allverstehen ist eine wunderbare menschliche Möglichkeit nur dann, wenn der Verstehende selber glaubend existiert. Das aber gelingt nur aus den Wurzeln der je eigenen Überlieferung. (PuW 165)

Wer einen Philosophen liest, ist verantwortlich dafür, was er wichtig und was er unwichtig findet, wo wesentliche Einsicht zu ihm spricht, wo er sich in Irrungen gelenkt und in falschem Bewußtsein, Fühlen und Wollen verführt weiß. Diese Verantwortung kann nur erfüllt werden durch unser eigenes Wesen, nicht schon durch Verstand und Verstehen. (Sche 331)

Weisen der Auslegung

Das existentiell interessierte, nicht bloß historisch zusehende Auslegen hebt das Gewicht des von dorther Sprechenden heraus aus der Beliebigkeit bloß historischer Fakten. Die Kraft und Wesentlichkeit der Auslegung entspringt ihrem Ernst und zeigt sich in praktischen Folgen.

Wesentliche Auslegung ist zugleich Aneignen und Verwerfen.

Das Studium lehrt uns den Grund des historischen Wissens. Wir gewinnen Kenntnisse, Vorstellungen, Gedanken. Das historische Verstehen ist ein Mittel der reinen Vergegenwärtigung des Dokumentarischen, zum distanzierenden Sehen dessen, was uns angeht oder nicht angeht.

Aneignen aber ist mehr als historisches Verstehen. Aneignen heißt im Kampf der Chiffern diese zur Sprache eines Wirklichen werden zu lassen. Sie trifft uns, soweit wir existentiell offen sind. Sie wird abgewehrt, wenn sie als Sprache eines Unwirklichen oder einer fremden Macht oder als Verführung ins Dunkle, Unwahrhaftige, Böse erfahren wird. Aneignung ist Sache des Einzelnen, der je einzigen unvertretbaren Existenz, die in der Bibel zu der für sie ernstesten Sprache gekommen ist.

Wir studieren die Texte in ihrem historischen Zusammenhang, die Wahrheit aber hören wir zeitlos. Wir erreichen den existentiellen Sinn im historischen Studium, je mehr wir durch das historisch Faktische (an Realität und gemeintem Sinn) das Unhistorische und Überhistorische, das doch kein allgemeiner Begriff und in keinem allgemeinen Denken angemessen gegenwärtig wird, zu eigen gewinnen. Dieses Übergeschichtliche ist das Ewige, in dem kein Fortschritt ist, das in der Zeit erscheint und in unabsehbarer, je ursprünglicher Wiederholung sich erneuert. (PGO 492 f.)

Mit der Interpretation, welche Aneignung ist, kommt der Ursprung mit dem Ursprung in Fühlung. Teilnahme am Ursprung macht die Beurteilung der Chiffern wahr, in der Teilnahme aber findet auch schon eine Verwandlung statt. Es vollzieht sich ein ursprüngliches Denken, erweckt durch das andere ursprüngliche Denken.

In solcher Interpretation wird unterschieden das, was für die Wirklichkeit der Erfahrung anderer Menschen da war, und das, was den Interpreten selbst ergreift. Das Gewissen der Redlichkeit vertraut sich nur dem an, was es selbst ursprünglich anzueignen vermag.

Von hier wird unser philosophischer und theologischer Betrieb, dem wir angehören, befragt. Das sachlich verstehende Wühlen in dem Erbe einer großen Vergangenheit, als Voraussetzung unumgänglich, kann zu einer überflüssigen Beschäftigung werden. Denn wenn ich mich dem Spiel mit Schönheiten von Kunst und Dichtung und mit spekulativen Gedanken überlasse, wenn ich die Erregung durch dramatische und verwickelte historische Ereignisse erfahre und nichts anderes damit vollziehe und vorbereite, vielmehr darin Genüge finde, dann werde ich bei lebhafter Tätigkeit existentiell zerstreut. Die Aspekte dessen, an dem keine eigene Verantwortung teilnimmt, verführen zu abseitigen Meditationen, die von der gegenwärtigen Realität entfernen und insofern ohne Ernst sind.

Dieses Urteil darf nicht mißverstanden werden. Die gelehrte Interpretation, mit der Strenge reiner Wissenschaftlichkeit, ist unerläßlich.

Ihr verdanken wir, daß die Quellen der Überlieferung ungetrübt zugänglich werden. Sie lehrt die Herausarbeitung dessen, was als historisch real sich nachweisen läßt und was in den Werken der damals gemeinte Sinn war. Sie leistet eine nur berufsmäßig mögliche Arbeit, die nicht Selbstzweck ist. Denn sie läßt unter der Voraussetzung, daß das historisch Erweisbare nicht umgangen wird, die verwandelnde Aneignung frei, die tiefer dringt als wissenschaftliche Interpretation es vermag. Das Verstehen in Berührung von Ursprung zu Ursprung geschieht auf unberechenbaren Wegen. Augustin konnte nicht Griechisch lesen, verstand aber Plato und Plotin aus Übersetzungen vielleicht besser als alle seine Zeitgenossen. Die gelehrte Interpretation kann die Quellen nicht nur in Editionen und Kommentaren, sondern auch in Übersetzungen bereitstellen. Sie kann das Verstandene auf einfachste Weise hörbar und sichtbar machen. Was sie erforscht, hat seine Bedeutung in dem Maße als es durch Schule und durch eigenes Vorbild der Interpreten die hohen Ansprüche unserer geistigen Ahnen in der Breite der Bevölkerung glaubwürdig werden läßt, und als sie vorbereitet, was nicht existentiell bodenloses historisches Verstehen ist, sondern Aneignung zur Lebenspraxis wird in der gegenwärtigen Welt, dem technischen Zeitalter. Dann erst entsteht nicht nur beschauliche Überlieferung. Dann entfremdet das historische Verstehen nicht mehr der gegenwärtigen Aufgabe, sondern tritt in ihren Dienst. (PGO 190 f.)

Der Sprung zwischen Betrachtung und Aneignung führt aus dem Wissen von dieser Welt der Chiffern zu einem Leben in ihrer Welt.

In beiden Fällen sprechen wir von Interpretation der Chiffern. Diese kann entweder eine nur rationale, psychologische, soziologische Deutung der vorhandenen Chiffern erstreben, oder sie kann eigenes Erfahren und Fortdenken in diesen Chiffern sein. Beides läßt sich zwar grundsätzlich unterscheiden, aber in der Durchführung der Interpretation nicht trennen. Was als objektive Erforschung der Mythen und Symbole auftritt, kann in der Tat eine Form der Aneignung werden. (PGO 185 f.)

Alles Interpretieren von Chiffern erweist sich als Zeugnis vom eigenen Erfahren der Chiffern. Ein objektives, neutrales Verstehen der Chiffern gibt es nicht. Der Interpretierende nähert sich den Chiffern erst dann, wenn er in ihnen mitlebt. Es gibt Chiffern nur für mögliche Existenz. (PGO 188)

Interpretation findet ihre Grenze, wo die Sprache aufhört. Sie vollendet sich im Schweigen. Aber diese Grenze ist selber nur durch Sprache da. Im Gang der sprachlichen Mitteilung wird Schweigen eine Weise des Sprechens. Dieses Schweigen ist nicht Verschweigen von etwas, das ich weiß und sagen könnte. Es ist vielmehr den Miteinanderdenkenden, sich selber und der Transzendenz gegenüber, das an der Grenze des Sagbaren erfüllte Schweigen. Dieses Schweigen ist nicht das Stummsein der Sprachlosigkeit, die nichts sagt, also auch nicht schweigt. (PGO 195)

Aspekte der Aneignung

Aneignung als Übersetzung in subjektive Wirklichkeit

Das historische Wissen ist zu erfüllen nur durch Aneignung in eigener Existenz. Was war, soll so dargestellt werden, daß es den Leser zu solcher möglichen Aneignung bringt. Ich möchte zwar ständig historisches Wissen vermitteln (und mich an die Regeln historischer Erkenntnis halten), aber so, daß dieses Wissen uns angeht. (GP 93)

Kritik als Aneignung: Darstellend nehmen wir die Haltung des Zuschauers an. Diese ist Schein. Nur zusehend sieht man nichts. Die Darstellung wird um so tiefer dringen, je mehr der Darstellende beteiligt war. Was sich ergibt, ist keine allgemeingültige Objektivität für den bloßen Verstand, sondern bleibt selbst ein Tun im Ringen um Wahrheit. (GP 93)

Nicht schon das gelehrte Wissen und nicht irgendeine Erkenntnis, sondern erst die Aneignung in der Auslegung erweckt zur gegenwärtigen Wirklichkeit ursprünglichen Glaubens. (PGO 497)

Was wir hören und aneignen oder nicht hören und vergessen, das ist jederzeit unsere Verantwortung. Ihr tun wir nicht allein durch Arbeit unseres Verstandes genug, sondern erst mit unserem Wesen und unserer Lebenswirklichkeit, die uns die Aneignung ermöglicht oder durch sie erzeugt wird. (PGO 307)

Umgekehrt wird alles bloß objektiv Bestehende vom Subjekt nur anerkannt in der Aneignung durch Übersetzung in subjektive Wirklichkeit: Wahrheit ist für mich nur, sofern ich sie begreife, Welt nur eine solche, in der ich tätig bin oder mich kontemplativ ergehe, Idee nur, was in mir bewegende Kraft wird. (Ph 589).

Die Aneignung des Hohen, die Reinigung vom Niedrigen bestimmen die Wahl des Weges in die Zukunft. Die hohen Forderungen der als Ahnen Anerkannten werden gehört und in das Leben aufgenommen. Die schuldvollen Taten und Zustände, Motive und Entschlüsse in der Vergangenheit werden als Realität durchschaut und übernommen, um in Abkehr von dem Nichtvergessenen den wahren Weg zu finden. Der Wandel der Auffassung der eigenen Vergangenheit geschieht aus dem Willen, nunmehr in neuer Situation die rechten Entschlüsse zu fassen. Die bloß historische Darstellung wird zum verantwortlichen geschichtlichen Bewußtsein, in dem ein Wille des Adels oder der Niedertracht, der Wahrhaftigkeit oder der Verschleierung sich kund gibt. (PGO 170)

Aneignung von Überlieferung

Dieses Philosophieren kommt zu sich in der Aneignung überlieferten Denkens, die nicht ein Wissen von einem Gedachten, sondern Umsetzung solchen Wissens in eigenes denkendes Tun ist. Es ist nicht einfach hinzunehmen, nicht endgültig errungen, kein Bestand des Wesentlichen, nicht Anschauen eines sich rundenden Denkgebildes. (Ph 285)

Die Vernunft erzeugt sich nicht schon in der Betrachtung, sondern erst in der Aneignung des Werkes. Die Entwürfe des Möglichen, die in Dichtung und Philosophie vollzogen sind, werden Momente unseres Wesens, wenn sie nicht unverbindlich nur als Bilder vor Augen stehen, sondern uns verbindlich ansprechen und Ausgang eigener Verwandlung durch inneres Handeln werden. (W 986)

Darin ist die Ungerechtigkeit und das Unzureichende begründet, das im Aneignen des Vergangenen liegt. Für den philosophierenden Menschen, der in seinem Grundwissen des Seins lebt, ist es eine unumgängliche Frage, wie das seine sich zu den Grundrissen verhält, die ihm überliefert sind. Er wird sich selber klar, indem er die anderen sieht. Er bringt die anderen für sich in einen Überblick, eignet sie an, erkennt sie in ihrem Sinn und Wahrsein oder verwirft sie in ihren Ursprüngen. Immer wird er sie dabei irgendeines wesentlichen Sinns berauben, der dem eigenen Grundriß für ihn zukommt. (W 191)

Die *Wahrheit je gegenwärtiger Philosophie* kann nur in der Kontinuität mit der gesamten Überlieferung durch hellstes Wissen um das Umgreifende und seine Weisen sich entfalten. Was ursprünglich da war, muß aufgenommen werden. Was wahr ist, kann nur als Ergebnis des gesamten abendländischen, ja des menschheitlichen Denkens zutage treten. Dieses Wahre jedoch kann nicht erreicht werden durch Zusammenwerfen und Gruppierung von Ergebnissen, sondern muß wiederhergestellt werden aus den Ursprüngen dieses Denkens. Aus diesen Ursprüngen muß jederzeit das Philosophieren wieder lebendig werden, nicht in den Ergebnissen erstarren, in Verbegrifflichung gehaltlos und dann bei äußerer Verstehbarkeit in der Tat unverständlich werden. Das unterscheidet den Zusammengriff aus der Tiefe vom Zusammensetzen der Oberflächenerscheinungen, die Ursprünglichkeit von der Eklektik. (W 192)

Unsere Aufgabe ist, offen zu werden für mögliche Ausnahme, sie nicht schnell zu verwerfen unter einem immer begrenzten Allgemeinen, auch nicht an sie zu verfallen als an einen erwünschten Ruin des Allgemeinen, sondern die Bereitschaft für sie zu erwerben, sie uns angehen zu lassen und im Prozeß einer Aneignung im eigenen Wahrsein zu wachsen. (W 756)

Ausnahme kann Wahrheit für uns werden, ohne durch ihr eigenes Sein als Vorbild unseren Weg zu zeigen. Sie ist wie ein Leuchtturm an der Grenze der Wege. Sie erhellt und orientiert in den metaphysischen Gründen, aber sie fordert nicht und zeigt nicht den Weg selbst. An uns herantretend, stößt sie im Erhellen uns zugleich ab, weist uns auf uns zurück, so daß wir besser, wahrer, klarer unseren eigenen Weg finden. (W 758)

Aneignung geschichtlicher Größe

Manche Gedanken begegnen uns historisch in unüberholbarer Konsequenz und Größe. In dem, was Menschen dachten, erkennen wir wieder, was wir, ohne es schon zu wissen, suchten. In ihrer Aneignung und Abwehr kommen wir zu unserem Denken eigener Verantwortung. (PGO 43)

Die Aneignung gelingt nicht im bloß Rationalen, sondern mit dessen Hilfe erst im Umgang mit den Großen selber. (GP 71)

Niemand hat Kant angeeignet, ohne ihm an wesentlichen Stellen zu widersprechen. Niemand hat ihn verstanden, ohne Sätze von ihm zu korrigieren. Kant-Verständnis bedeutet zwar in der Tiefe eine unvergleichliche Einigkeit, im Vordergrunde aber kritische Erörterung. Diese Weise der Kritik geschieht unter der Voraussetzung, daß Kant im Ganzen einen wahren neuen Weg beschritten hat. Der Kritiker hat die Revolution der Denkungsart durch Kant in sich wiederholt, ist ein anderer geworden, und fragt jetzt, wie er jeden Satz verstehen soll aus dem Ursprung, in den er durch Kant selbst mit einem Sprunge der Denkungsart gelangt ist. (GP 585 f.)

Es kommt darauf an, Goethes Welt anzueignen durch Übersetzung seiner Wahrheit in die eigene Welt. Goethe würde uns erst verlorengehen, wenn wir nicht nur in die so radikal anderen modernen Weltzustände übergegangen wären, sondern auch die menschlichen Grunderfahrungen nicht mehr machten, die dort Gestalt gewonnen haben, – wenn wir nicht mehr kennten den Ernst der Liebe, die überwindende Güte, die Forderung, sich selbst zu durchdringen in einem nicht aufhörenden Bildungsprozeß. (AuP 125)

Vor uns steht, wenn wir geistig leben werden, eine *Revolution der Goethe-Aneignung*. Der früheren Aneignung verdanken wir Außerordentliches in der Bewahrung und Reinigung der Dokumente, der Sicherung der Überlieferung, der bequemen Zugänglichkeit alles dessen, was von Goethe kommt; darin ist sie vorbildlich und fortzusetzen, – aber ihre Goethe-Bilder sind bei allem Respekt nicht zu übernehmen, und ihr Goethe-Kult ist nicht fortzusetzen. Hier nun zeigt sich ein wunderliches Problem. Wie kann uns nahe sein und unserem Leben unentbehrlich, was wir selbst nicht sind und nicht werden können? Wie können wir in der Anschauung von etwas leben, uns durch es bilden und erziehen lassen, ohne daß wir ihm nachstreben?

Mit dem immer tiefer werdenden Abgrund zwischen uns und aller früheren Geschichte wird dies allgemein eine Grundfrage unseres Lebens: Wie kann etwas, das ganz und gar vergangen und unwiederholbar ist, das wir nicht hervorbringen und nicht fortsetzen können, uns doch in der Erinnerung zu eigen sein, ja, uns Raum, dann Maßstab, schließlich Bewegungsantrieb werden? Wie kann, was an Kunst, Dichtung und Philosophie einst war, von uns aufgenommen werden weder in traditionalistischer Dogmatik noch in relativistischer Indifferenz noch in ästhetischer unverbindlicher Ergriffenheit, sondern als Anspruch an uns, der Folgen hat für unser ganzes Wesen? (AuP 138)

Im einzelnen Menschen liegen Ursprung und Entscheidung. Nur der Einzelne vollzieht die Aneignung Goethes. (AuP 139)

Im Umgang mit Schelling müssen wir aneignen und abstoßen, werden wir dankbar und zornig, glauben wir ihm nah zu sein und geraten in äußerste Ferne. (AuP 276)

Daher ist in ihm Größe und Verhängnis und besteht für uns die Aufgabe, an seiner Größe uns zu orientieren, von seinem Verhängnis uns nicht ergreifen zu lassen. (AuP 277)

Aneignung als vielgliedriger Prozeß

Beim sachlich verstehenden Vergegenwärtigen geht in *aller* Tradition unbemerkt etwas in mich über. Ich werde, was ich lerne, ohne es ausdrücklich so zu wissen. Es entstehen Gewohnheiten des Denkens, weil andere Möglichkeiten gar nicht aufgetaucht sind. Gehalte treten unbefragt in mich ein; ich bin sie geworden, noch bevor ich gefragt habe, was ich sein will. Aber, was war, kann nicht noch einmal sein. Ich bin, was ich aus dem Überkommenen geworden bin, durch eine Umwandlung. Das eine Zeitlang identisch Fortdauernde ist nur die Veräußerlichung und die Mechanisierung des Gewesenen.

Diese unbemerkte und ungeprüfte Assimilation ist noch nicht das Aneignen, sondern dieses entspringt *aus der Unterscheidung.* Wie ich mich dem Anderen, den ich verstehe, gegenüberstelle, um nach der Distanzierung mit ihm erst in eigentliche Gemeinschaft zu treten, so scheide ich mich von aller Tradition, der ich zunächst schon unbemerkt verfallen war, um nun erst, mit hellem Bewußtsein *wählend,* sie entweder zu *verwerfen* oder als mich selbst angehend zu ergreifen und damit selbst werdend *anzueignen.* Während das unmittelbare Einssein weder das vergangene noch das gegenwärtige Selbstsein ist, sondern entweder dumpfe Möglichkeit vor dem Erwachen bleibt oder abgeglittene Verfestigung des Äußerlichgewordenen wird, macht erst die Scheidung das Selbstsein, aber auch die Verlorenheit ins Nichts möglich. Dieses sich unterscheidende Selbstsein *muß* aneignen, weil es allein aus eigenem Ursprung noch nicht zu sich kommt. Isoliertes, sich von allem als nicht es selbst seiend distanzierendes Selbstsein sinkt ins Bodenlose. Aber die Aneignung muß aus der Aktivität des eigenen Ursprungs kommen, ohne den kein Selbstsein erwüchse.

Aneignung hält sich an das Vergangene, in welchem mögliche Existenz dem Selbstsein anderer Existenz zu begegnen sucht. Nicht mehr nur unterworfen dem Strom der Tradition, hat es gegen ihn Fuß gefaßt, um das Gold zu ergreifen, das er mit sich trägt. Die leisesten Worte aus der Vergangenheit können es erwecken, die massivste Tradition sich ihm fremd kontrastieren. Es liegt an ihm, was es da hört, und durch welches Ansprechen es sich getroffen fühlt.

Aneignen ist wesensverschieden von äußerem *Übernehmen.* Was, weil es sich der Existenz nicht verbindet, Schein bleibt als Gedachtes und Gesagtes, ist nur nachgesprochen. Erst das *Nehmen,* das das Erworbene durch *Anverwandeln* in eigenes Tun aufgehen läßt, ist nicht Stehlen.

Aneignen ist das schlechthin Ursprüngliche, das nicht mehr befragt werden kann, das Einswerden in der Unterscheidung, das Hinangezogenwerden im freien Daraufzugehen. Es ist wie innige Freundschaft, aber in dem Abstand der ins Vergangene gerichteten Beziehung. Es ist wie in aller Kommunikation das Rätsel, daß ich bin nur durch den Anderen und doch selbst bin; daß ich mich verliere ebensowohl im bloß aufnehmenden, widerstandslosen Zerflossensein an das Überkommene wie in selbstischer Isolierung.

Aneignen ist auch im *Abstoßen,* wenn ich in nächster Nähe des Fremden aus ihm zu mir komme. Wer wirklich in seinem Eigenen ist, spürt das der fremden Wirklichkeit Wesentliche, um dadurch noch mehr er selbst zu werden. Ich verleugne meine eigne Möglichkeit, wenn ich diesem Aneignen mich versage, vor der Macht des Fremden Angst habe, oder wenn ich von überall her ohne Bindung alles als Schein meines Seins mir umhänge.

Die Aneignung vergangenen *Philosophierens* vollzieht sich durch das

Verstehen der *Texte.* Es erfordert zunächst, den in den Sätzen gemeinten Sinn zu reproduzieren. Je mehr die Worte sich dem nähern, bloße Zeichen für definierbare Begriffe eines identisch fixierbaren Sinns zu sein, desto sicherer wird dieses Verständnis. Weil die Worte im Philosophieren einen stets auch schwebenden, an ihren Grenzen unbestimmten Sinn haben, kann dieser nur aus dem Ganzen des Wortgebrauchs des Autors entnommen werden. Da aber das philosophisch Entscheidende stets mehr ist als der in der Fixierung bestimmte Sinn, so kommt der Prozeß des Verstehens aus dem bestimmbaren Wortgebrauch nicht an ein Ende, ist kein Verständnis entsprechend. Der Verstehende stellt sich gleichsam neben den Autor; so konkret wie möglich tritt er in dessen Welt. Dadurch erst wird das Aneignen möglich, das nicht mehr Lernen ist, sondern Eindringen in das geschichtliche Philosophieren aus eigener Geschichtlichkeit. Es ist, als ob es eine Gemeinschaft im Grunde gäbe, in der das Eine ist und alles Selbstsein sich berührt.

Ist der Prozeß der Verwandlung Zueigenmachen, so wird Wahrheit gedacht, die nicht im Text unmittelbar zu lesen steht, die aber nur möglich ist, *weil* dieser Autor da ist. Es wird nicht eine Wahrheit herangetragen, die seitdem gefunden ist, sondern die damals gegenwärtige Wahrheit so herausgehoben, wie sie als jetzt gegenwärtige aussieht. Ursprünglichkeit des Philosophierens vollzieht eine augenblickliche Vereinigung. Da Aneignen ein Besserwissen ausschließt, so verschmäht sie ein willkürliches intellektuelles Modifizieren und Korrigieren. Die sprachlich gegebenen Denkinhalte auflösen, ihre Elemente in neue Beziehungen setzen, sie konstruieren, ist nur ein Klären, um an den Quell zu kommen. Mit der Kenntnis des fixierten Gedankens soll das in den Lehren einmal vollzogene Transzendieren als ein gegenwärtiges *wiederholt* werden. In allem Umgehen mit überlieferter Philosophie ist daher der einzige wesentliche Unterschied: ob es eine bloß intellektuelle Arbeit mit Lehrstücken ist, ohne eigenen Grund, in ordnender Absicht, die in Paraphrasen leichter verständlich machen möchte, was sie fälschlich für bloße Wissensinhalte nimmt – oder ob es ein echtes Philosophieren aus eigenem Lebensaufschwung in gegenwärtiger Situation ist. (Ph 243 ff.)

Auf die Frage aber, was zu tun sei, wenn man mit diesem Philosophieren eine Strecke seines Weges gehe, ist die Antwort: eine Ergänzung zu gewinnen durch die je einmalige, unvertretbare Praxis, und zwar in der Weise, wie der Alltag erfüllt, Tätigkeiten vollzogen, die Wissenschaften getrieben, Dichtung und Kunst verstanden, politisch gedacht und gehandelt wird, die Urteilskraft im Konkreten gegenwärtig ist; dann aber: die großen Philosophen besser zu verstehen, ihr Philosophieren in einem gemeinsamen Raum sich anzueignen, durch sie an der Quelle zu schöpfen. (PhN XXX)

Erziehung im Anschauen großer Menschen

Wundersame Kraftquelle ist die Anschauung großer Menschen. Unersetzliche Wirklichkeit ist der einzelne große Mensch nur, wenn er leibhaftig uns begegnet. Mir ist vergönnt gewesen, einen Mann zu sehen, Max Weber, an den zu denken und mit dem zu denken mir Mut gemacht hat. Adel und Größe von Menschen der Vergangenheit zu sehen und für uns wirksam werden zu lassen ist vielleicht gebunden an das Maß der Menschen, die leibhaftig uns gegenwärtig waren. Im Blick auf sie empfangen wir die Kraft ihrer Ausstrahlung, wenn wir mit eigenem Selbstsein entgegenkommen. Sie erwächst dem Gespräch, nicht dem Gehorsam. Ich denke oft: Wie würde jetzt dieser Mensch denken und urteilen, der mir einst begegnete; und dann auch: wie ein Großer, der nur aus dem Reich der Jahrtausende spricht? Hilfe im Wesentlichen ist nur in Gegenseitigkeit der Kommunikation, daher kräftig nur unter Lebenden, einseitig, aber doch erhellend im Umgang mit den großen Toten. (PA 241 f.)

Es ist in der Tat wunderbar für einen Jüngling, einem Manne zu begegnen, den er liebend verehren kann, ohne ihn zu vergöttern und ohne sich ihm aufzudrängen. In stiller Ferne kreist er um ihn, ihn befragend, ihn hörend. Der große Mann erweckt das Maß des Anspruchs, den der ihn Erblickende an sich selber stellt. Mir wird von neuem dieses unheimliche Glück bewußt, das mir in meiner Jugend zuteil wurde, ein nicht zu erwartendes und nicht herbeizuführendes. Damals, als es geschah, wurde es von mir gar nicht objektiviert. (Sch 839)

Auf den verschlungenen Wegen, die das Leben zu gehen zwingt, wurde Max Weber für meine Frau und mich immer wieder zum Ausgang einer unersetzlichen Vergewisserung. An ihn zu denken, das war wie eine Garantie noch in dunklen Stunden. An ihm konnten wir wissen, was ein Mensch vermag, was Verläßlichkeit und Tiefe des Geistes ist, was deutsch sein kann. Die Frage, was würde Max Weber sagen, wurde zum Anspruch. Der Gehalt seines Wesens, einmal in der Jugend aufgenommen, wurde zu einem Ursprung, aus dem lebenwährend immer Neues zu wachsen vermag. (Sch 840)

In der Richtung auf persönliches Menschsein erfahren wir die Nähe uns angehender Gestalten in Vorbildern unseres Wesens, in Leitbildern unseres Lebens. Wir bewegen uns auf eine hypothetische Identifizierung zu, wenn wir geliebten hohen Menschen gegenüber in eigenen Situationen fragen: was würde er jetzt denken, was sagen, was tun? Ich handle gleichsam im Anderen, indem ich mir ihn vergegenwärtige, durch ihn. Das schließt nicht aus, daß ich zugleich aus der Sache als ich selbst handle, aber diese Sache wird mir klarer, erfüllter, indem ich den geliebten

Menschen hineinnehme und mit ihm vergewissere. Alle Erziehung im Anschauen großer Menschen hat den Sinn, in ihnen das eigene Selbstsein wiederzuerkennen, durch sie zu sich zu kommen, bis der Mensch, selbst in sich wirklich und ursprünglich geworden, auch ohne Umweg einer hypothetischen Identifizierung zur Sache und zum Entschluß kommt. (W 1006)

Wirksame Größe ist nie vereinzelt aus dem Nichts erwachsen, sondern getragen von großer Überlieferung, die ihr die Aufgaben stellt. Sie ist neu, weil niemand sonst tat, was ihr gelingt. Sie ist alt, weil sie ergreift, was gleichsam auf der Straße liegt. Es ist falsch, ihre Originalität zu übertreiben, denn sie ist gerade groß im Aneignen des Wesentlichen, und sie ist getragen vom geistigen Ganzen, das vorher war und in dessen Zeitgenossenschaft sie steht. Es ist ebenso falsch, ihre Originalität zu unterschätzen, denn sie konnte nicht erwartet werden: die vorgefundenen Gedanken werden gleichsam eingeschmolzen und in ursprünglicher Lebendigkeit wiedererschaffen. Auch traditionelle Doktrinen der Kirche scheint eine neue eigene religiöse Erfahrung erst gewichtig zu machen. Augustin ist nicht das Sammelbecken aller antiken, philosophischen und christlichen Motive, wie es ein Systematiker wäre, sondern der erneuernd mit der Seele Schaffende, der aufgreift, was ihn bewegt, und dem er eine bewegte Gestalt gibt, die unabsehbar fortwirkend fruchtbar wird. (GP 391)

Wir möchten in die Welt der Großen gelangen, als Hörende, Lernende und Liebende dort Heimatrecht erwerben dadurch, daß wir in ihrer Gesellschaft, der besten, die wir finden können, zu dem gelangen, was wir selber sein können. Jedem steht der Zutritt offen. Sie geben dort bereitwillig Antwort, wenn wir recht zu fragen verstehen. Sie zeigen, was sie waren. Sie ermutigen, sie machen bescheiden. Jeder philosophischen Größe ist es eigen, daß sie nicht Jünger will, sondern Menschen, die sie selbst sind. In der Ehrfurcht vor ihnen kommen wir ihnen daher nur dann näher, wenn wir selber philosophieren. (GP 12)

Größe und Selbstwerden

Wer Größe sieht, erfährt den Anspruch, er selbst zu sein. (GP 35)

Größe ist da, wo wir in Ehrfurcht und Hellsicht spüren, wodurch wir selber besser werden. Von den großen Menschen geht die Kraft aus, die uns wachsen läßt durch unsere eigene Freiheit; sie erfüllen uns mit der Welt des Unsichtbaren, deren erscheinende Gestalten durch sie entdeckt, deren Sprache durch sie hörbar wird.

Wen ich groß sehe, offenbart mir, was ich bin. Wie ich Größe sehe, und mit ihr umgehe, dadurch komme ich zu mir selbst. Je reiner der Wille, je wahrhaftiger das Denken, desto klarer sprechen Wille und Wahrheit der Großen an. Die Möglichkeit des eigenen Wesens ist das Mittel für die Wahrnehmung der Größe. (GP 31)

Wir können die Großen nicht überblicken, sondern sind glücklich, wenn wir zu ihnen aufblicken. Wir durchschauen sie nicht. Wir erziehen uns, sie zu verstehen, damit sie uns erziehen und zu uns selbst bringen. Sie sagen uns, was unserem Fragen entspricht, und sprechen mit uns in der Weise, in der wir ihren Umgang suchen. (GP 12)

Durch die schöpferischen Philosophen wird das jedem Menschen eigene ursprünglich denkende Vermögen in Gang gebracht. (GP 60)

Es liegt in uns etwas bereit, das antwortet, wenn die Erscheinung der Größe, sei es in welcher Gestalt, uns begegnet. Erst als mögliche Existenz hören wir, was aus der Existenz des seine Gedanken mitteilenden Philosophen zu uns spricht. In dieser Berührung erhält aller Umgang seinen letzten Sinn. (GP 61)

Wer Platos, Augustins, Kants Werke liest, macht die Erfahrung der Produktivität des Denkens selber, die Erfahrung dessen, was Kant sagt: man könne nicht Philosophie, sondern nur Philosophieren lernen. Im Verstehenden werden durch sie die ihm eigenen philosophischen Kräfte erweckt. Durch sie ist die Freiheit des Philosophierens zu erwerben, nicht nur die Scheinfreiheit eines vermeintlich unabhängigen Verstandes. (GP 231)

Jene Maßgebenden werden dabei Orientierung, nicht Vorbild zur Nachahmung. Inhaltlich unbestimmt aber können wir allen zugleich in dem Einen folgen: in der Betroffenheit von der Forderung ihres Ernstes. (GP 227)

Ihre Wirkung im Verstandenwerden ist an historischem Umfang nur vergleichbar mit der der großen Systematiker: Aristoteles, Thomas, Hegel, aber der Art nach radikal anders. Die Wirkung der Systematiker ist die von Schule, Lehre und Lernbarkeit, die Wirkung der Erzeuger ist das je eigene Denken der ihnen Folgenden. (GP 231)

Durch die Lehre hindurch soll ich klarer dorthin gelangen, wo ich mit dem Philosophen das von ihm Gedachte berühre und dadurch in meinem eigenen Wesen wachse, nicht nur mein Wissen vermehre. (GP 97)

Die Großen dürfen nicht zerstückelt werden in Probleme, nicht absinken zu Lehrsystemen, nicht in die Ferne rücken als Bilder, nicht ein Reiz bleiben durch ihre Mannigfaltigkeit. Sie wollen, statt unsere Existenz zu verwirren, sie begründen helfen. Wir sollen durch die Sprache ihrer Existenz wach werden und zu vernünftiger Einsicht gelangen. (GP 9)

Wie sinnverschieden aber das Verhältnis zu einem großen Manne sein kann durch die Weise, wie er Autorität wird, zeigt der Vergleich mit den Anhängern des Dichters Stefan George. Einst sagte Gundolf zu mir: »Wenn ich nicht Jünger Georges gewesen wäre, wäre ich Weberianer geworden.« Worauf meine Antwort: »Das ist es eben, Weberianer zu werden, ist unmöglich.« Jeder, der die Torheit hätte, sein Jünger werden zu mögen, begriff ihn nicht. Max Weber begegnete jedem grundsätzlich al pari, er verwies den Jüngling, der den Drang zum Jüngersein hatte, auf sich selbst und die eigene Freiheit zurück. Das Jüngersein ist verhängnisvoll und in Wahrhaftigkeit nicht durchzuführen. Gundolf hat es mit großartiger Redlichkeit erfahren, erlitten, und die Konsequenzen gezogen. (Sch 840 f.)

Er [Geist ohne Selbstsein] kann nicht erziehen, wohl aber Ahnung erwecken, fesseln und verführen. Denn wen er bezwingt, den bringt er doch nicht zu sich selbst. Er bringt ein Licht, das nicht nährt und nicht klärt. (GP 79)

Erziehung durch Kant

Kants *Denken* lebt in der Spannung der praktischen Gewißheit und des theoretischen Nichtwissens. Kant erzieht, zu leben und zu handeln aus Möglichkeiten, die im Dasein scheitern können. Er will sie nicht preisgeben wegen Ungewißheit und sogar Unwahrscheinlichkeit. Diese Kraft kommt aus einem tieferen Grund als das Planen auf Grund des Wissens und als das geschickte Beherrschen technischer Mittel. Aus ihm kommt die Führung für diese Vordergründe, die ohne sie nichtig bleiben. (PuW 129)

Kant befreite geistig aus diesem neuen Gefängnis der falschen Aufklärung. Dazu war nötig die Vergewisserung unserer gesamten Vernunft in allen ihren Vermögen. Kant gründet das Denken in der Vernunft, für die der Verstand unumgängliche Voraussetzung, aber nicht Quelle aller Wahrheit ist. Denn der Verstand hat die Neigung, das von ihm Gedachte für die Realität an sich, seine Zwecke für selbstverständlich möglich und allein richtig zu halten. Von Kant wurde eine Denkungsart verwirklicht, die den Verstand selber der Kritik unterwirft, ihm sein Recht, aber auch seine Grenzen zeigt. Es ist der Weg der Philosophie, die über den Verstand hinauskommt, ohne den Verstand zu verlieren, und zwar dadurch, daß sie der Vernunft freien Raum gibt. Kant kann der Vollender der Aufklärung heißen, aber auch ihr Überwinder. Vollender ist er, sofern er die Möglichkeiten des Verstandes und der Vernunft bis zum Äußersten gebracht hat; Überwinder, insofern er die Grenzen nicht nur des Verstandes, sondern dann auch der Vernunft begriff. Kant bedeutet den Motiven der Aufklärung gegenüber einen Durchbruch. (AuP 245)

Einem Mann von dieser Gesinnung war es eine brennende Frage, was aus dem Menschen wird. Politik und Erziehung bestimmen die Zukunft. Die Französische Revolution und die neuen pädagogischen Versuche sind die einzigen zeitgenössischen Realitäten, die Kant zu teilnehmenden Äußerungen veranlaßten. (AuP 246)

Erziehung durch Goethe

Es bleibt – wenn kein Mensch vollendet sein kann – die Aufgabe, Goethes Grenzen zu sehen. Die Erfüllung dieser Aufgabe ist unerläßlich für die Aneignung Goethes in unserer Welt, in der wir uns nicht mehr täuschen dürfen, wenn wir nicht völlig ins Nichtige versinken sollen. Heute sind Wahrheit und Wahrhaftigkeit alles, das einzige gewiß Mögliche. Wagen wir es, nach Goethes Grenzen zu fragen, auf die Gefahr hin, wieder eigenen Beschränktheiten zu verfallen. (AuP 127)

Man möchte sagen, Goethe weiß um alles, aber seine Grenze ist die Abwehr gegen das, was er nicht zur Geltung bei sich kommen läßt, weil es ihn an der vollen Entfaltung seiner Möglichkeiten hindern würde. Seine Grenze ist die Grenzenlosigkeit des menschlich Möglichen, die es ihm verbietet, in die Unbedingtheit als endliche Erscheinung anders als vorübergehend einzutreten. Goethes Grenze ist daher nicht ein beiläufiger Mangel, sondern gehört zu der Lebensverwirklichung, die er im Willen zu vollständigem Menschsein wählte. Sein Irren ist ein Zug seiner eigentlichen Wahrheit. So muß er verwerfen, was nicht zu ihm gehört: die moderne Naturwissenschaft, das radikal Böse Kants, das von ihm sogenannte Transzendieren und all das, was er krank nennt. Es ist immer die Grenze, wo Goethe zurückweicht, aber es weiß, – wo er vielleicht noch respektiert, aber sich fernhält. (AuP 135)

Goethe ist nicht *Vorbild zur Nachahmung*. Er ist wie andere Große Orientierung für uns, – aber er ist mehr als sie durch sein menschliches Medium, in dem wir reiner werden, klarer werden, mehr und tiefer lieben. Goethe ist wie eine Vertretung des Menschseins, ohne doch der Weg für uns zu werden, dem wir folgen können. Er ist exemplarisch, ohne Vorbild zu sein. (AuP 136)

Wie verhalten wir uns zu Goethe?

Es ist unersetzlich, solchen Begleiter zu haben, der zu fragen ist, fast für jede Lebenssituation erhellende Worte bringt, an dem man sich orientiert, der Maßstäbe zeigt, der uns lehrt, unserem Tag seine Form zu geben, die uns gewährte Lebenszeit nicht zu vergeuden, Folge in unser inneres Tun zu bringen.

Weil das Vertrauen zu Goethe wächst, je mehr man ihm zuhört und zusieht, ist er uns wichtig auch da, wo er zu irren scheint, denn es ist Goethe, der irrt. Noch in seinem Irrtum wird eine Wahrheit sich bergen, noch in seiner Schranke sich Größe zeigen. (AuP 154 f.)

In dem Entsetzen vor der Gewalt, in der Angst, in dieser Welt der zermalmenden Bürokratisierung, der Verwandlung in atomisierte, als Material dirigierte Menschenmassen – Verwandlungen, die sich in die täuschenden Worte von Gemeinschaft, Opfer und Heil der Menschheit kleiden –, in dieser Welt noch Raum wiederzugewinnen für den Menschen als Einzelnen, seine innere Unabhängigkeit und Selbstbildung, und für den Menschen in wirklicher Gemeinschaft, in Liebe, Freundschaft und Weltbürgertum –, dazu vermag Goethe mitzuhelfen durch das, was er war, was er dichtete, was er dachte – er ist noch da für uns alle. (AuP 158)

Erziehung durch Nietzsche

Der philosophische Erzieher. – Alle großen Philosophen sind unsere Erzieher. Im Umgang mit ihnen erwächst unser Seinsbewußtsein in Gestalt unserer Antriebe, Wertschätzungen und Ziele, unserer Wandlungen und Zustände, unserer Selbstüberwindungen. Philosophen sind gleichgültig, wenn wir von ihnen Kenntnisse als Wissen von Dingen in der Welt erwarten; sie werden mißbraucht, wenn wir von ihnen Meinungen und Urteile als lernbare Gültigkeiten gehorsam hinnehmen, diese im Alltag benutzen, als ob es verstandesmäßige Richtigkeiten oder glaubensmäßig selbstverständliche Inhalte wären. Philosophen haben ihren einzigen, unersetzlichen Wert dadurch, daß sie an den Ursprung führen, an dem wir im Philosophieren uns vergewissern. Denn Selbstwerden – sofern es im Denken und damit im inneren Handeln als einem Wirken auf sich und als ein Sichhervorbringen sich vollzieht – geschieht nicht im schnellen Sprung durch gradezu zu erblickende Einsicht, sondern im Mitgehen mit denen, die solchen Weg des Menschen gegangen sind und denkend gezeigt haben.

Der letzte Philosoph, der dieses fast im ganzen Umfang des Seinsmöglichen, an den Ursprüngen und Grenzen des Menschen in uns bewirken konnte, ist Nietzsche. (N 453)

Diese Erziehung ist wie eine *Einübung im Zweideutigen;* das Zweideutige wird *positiv* erfaßt als das Medium echten, entscheidenden Selbstseins, das der Zweideutigkeit zwar durch Existenz entgeht, aber im Ausgesagtwerden einer unendlichen Reflexion unterliegt; es wird *negativ* begriffen als Medium möglicher Sophistik, die beliebig die Möglichkeiten in affektivem Zustimmen und Verwerfen und in einer instinktiven Zweckhaftigkeit je nach Situation und grade wirksamen Daseinsantrieben benutzt. Solche Erziehung, in unserem Zeitalter unentrinnbar und gefährlich, bedeutet: niemand kann ohne Nietzsche eigentlich vom Dasein wissen und im Philosophieren wahrhaftig sein; aber niemand auch kann bei Nietzsche stehen bleiben und in ihm die Erfüllung finden. (N 457)

Er wird Erzieher nicht mit Lehren und Imperativen, nicht durch einen Maßstab, der beständig bliebe, oder als Vorbild eines Menschen, dem wir nachahmend folgen dürften, sondern im Befragtwerden durch ihn und damit in der Bewährung an ihm. Dies geschieht allein durch eine *Bewegung.* Wir machen Erfahrungen durch ihn im Mitgehen. Möglichkeiten menschlichen Daseins werden offenbar, die denkende Durchbildung der eigenen Menschlichkeit wird vollzogen, mögliche Wertschätzungen werden versucht, die Steigerung der Wertempfindlichkeit wird bewirkt. Wir werden an die Grenzen und damit an den Ursprung eines unabhängigen Seinsbewußtseins geführt. Dies geschieht aber nicht durch eine klare Führung im Ganzen, sondern durch den Anspruch an uns: mit seinen Gedanken *uns selbst zu erziehen.* Nichts wird uns fertig gegeben, sondern nur sofern wir es durch uns erringen. (N 454)

Nietzsche wird Erzieher. Dieser aber wird er in dem Maße, als man der Täuschungen Herr wird, zu denen er verführt. (N 450)

Beim Nietzsche-*Studium* werden wir erzogen, endgültig Herr zu werden über die ständige Neigung, der Wörtlichkeit von Aussagen zu verfallen; wir werden erzogen, die Rohheit des Argumentierens mit herausgegriffenen Sätzen, der Etikettierung und Subsumierung geistiger Größe zu überwinden. Diese Erziehung geschieht dadurch, daß wir sowohl die Verengung wie die Sophistik in ihrer Möglichkeit sehen, in dieser Möglichkeit von Grund aus erfahren, dadurch kennen und in uns beherrschen.

Erziehung durch Nietzsche bringt in die Weite, die in ein Schwindligwerden geraten läßt, um dort erst ganz die Kraft des existentiellen Grundes zu erwecken. (N 456)

Erziehung durch Kierkegaard, Nietzsche und Marx

Sie bringen auf einzige Weise in Bewegung, fordern und verwirklichen Wahrhaftigkeit, aber bringen auch das Vernichtende. Sie sind in ihrer Unumgänglichkeit wohl Erzieher, aber auch unerhörte Gefahr. Denn es ist noch zu lernen, sich durch sie recht und nicht verderblich erziehen zu lassen. Ihr denkendes Tun ist nicht nur Sichtbarmachen schon geschehenen Ruins, sondern selber fortwirkender Zerstörungsprozeß.

Wohl lockern sie unser Bewußtsein für das Erwachen neuer Möglichkeiten, – aber zugleich bringen sie die für manche faszinierenden Gedanken, die dieses Bewußtsein sogleich wieder verschütten. Sie scheinen durch Einsicht Vernichtung oder neuen Dogmatismus zu bringen. (AuP 395 f.)

Aspekte der Politik

Die Erhellung des politischen Bewußtseins klärt die Maßstäbe. Man kann deutlicher wissen, woran man seine Ziele prüft, welche Rangordnung des Wesentlichen gilt. (A 11)

Politisches Handeln ist die Wirklichkeit, die das Ganze will und entscheidet, indem sie zugleich auf ein Umgreifendes sich bezogen sieht. Sie steht in einer letzten Abhängigkeit, die ihr sei es als totale Wirklichkeit, sei es als Transzendenz unfaßlich bleibt. (GSZ 107)

Gehaltvolle Politik ist nur möglich durch Aufmerksamkeit auf das Nächste in unserer konkreten Lage mit der Verantwortung im Blick auf das Ziel im Ganzen. (AZM 106)

Politik ist Umgang mit der Gewalt. Aber die Gewalt selbst und wie sich der Mensch zu ihr stellt und sich dieser Stellung als einer unüberschreitbaren bewußt wird, das ist überpolitisch. Von dorther kommen die Motive, die der politischen Gesinnung Struktur geben. Was Wille zur Gewaltlosigkeit, was Opfer, was politische Verantwortung, was Soldatentum bedeuten, wird erst von dorther klar. (AZM 57)

Das Dasein jeder menschlichen Ordnung ist ihrer Wirklichkeit, nicht ihrem Sinn nach, begründet durch Gewalt. Die Erhaltung aller Staaten geschieht durch sie oder ihre Androhung. Sie ist unausweichlich gebunden an die Macht, die der Gewalt sich bedienen kann. Diese Grundsituation des Menschen wird gern, wenn es nur irgend möglich ist, gegen alle Tatsächlichkeiten verschleiert. Man möchte sie für die Ausnahme, das Abnorme, das Krankhafte gewisser Zustände halten, dagegen Frieden, Ruhe, Gewaltlosigkeit als das Normale ansehen. Einsicht in diese Verschleierung bedeutet keineswegs die Verherrlichung der Gewalt, keineswegs die Neigung zu den Situationen der Gewaltanwendung, sondern nur die redliche Anerkennung der Härte dieses Tatbestandes und den Willen zur Entschleierung der Selbsttäuschungen, deren Folge ein Zustand allgemeiner Heuchelei ist. Dieser schafft die Situationen, in denen die bedenkenlosesten Gewaltmenschen die Oberhand gewinnen. (AZM 58 f.)

Das Recht ist moralisch begründet, aber kraft der Gewalt wirklich. (AZM 61)

Nun aber ist heute die Frage verbunden mit der Alternative: totale

Herrschaft oder Freiheit. Es handelt sich um die Bewahrung der Möglichkeit der Politik selber und damit der Menschenwürde. Denn Politik ist nicht nur auf Gewalt bezogen, sondern wesentlich auf Freiheit. Sie will im Umgang mit der Gewalt gegen sie die Freiheit gewinnen durch maximale Überführung aller menschlichen Beziehungen in Rechtsbeziehungen. (AZM 222)

Damit der Mensch nicht nur Mensch bleibe, sondern mehr und besser Mensch werde, muß die Möglichkeit der Politik bewahrt werden. (AZM 222)

Der politische Weg selber bedarf einer anderen Führung. Wer auf diesem Wege gründend für die Dauer wirkt, ist immer von mehr als politischen Motiven gelenkt. Politik, wo sie dem Menschen angemessen war, hat nie sich selbst genügt. Es sind Glücksfälle in der Geschichte – wie in den Freiheitskämpfen der Engländer, Schweizer, Holländer, Amerikaner –, in denen das Ethos die Tüchtigkeit und die Klugheit und die Methoden der Politik durchdringt, im Unterschied von den großen politischen Leistungen, die der überlegenen Geschicklichkeit einzelner Individuen entspringen und als bloße Geschicklichkeiten vergänglich sind, weil sie keine politische Erziehung bewirken. (AZM 48)

Die Selbsterziehung und Selbstreinigung, das eigene Leben des einzelnen Menschen, der sich mit der überpolitischen Forderung an alle wendet, war ihm die Bedingung wahrer Politik. Die Politik selber wurde zur Religion. Politik ohne Religion tötet die Seele, sie ist, sagte er [Gandhi], eine ›Menschenfalle‹. (AZM 68)

Politik ist als ein ›eigengesetzlicher‹, besonderer und abgegrenzter Bereich nicht angemessen und nicht vollständig zu begreifen. In ihr tritt der ganze Mensch auf. Wo er Person und Politik voneinander trennt, da wird die Politik schlecht, der Mensch brüchig. Und umgekehrt: Im Anschauen des politischen Menschen sieht man etwas vom Wert seines politischen Handelns. (A 13)

Politik kann nicht sinnvoll gestaltet werden, wenn sie durch den Betrieb von Berufspolitikern als eigener Bereich sich abspielt. Es ist, wie im Leben überhaupt, so in der Politik, etwas vorausgesetzt, was zu oft in unbestimmten Gefühlen oder rationalen Simplizitäten stecken bleibt. Es findet ein Kampf nicht übersehbarer geistiger Mächte in ständig unklaren und verwirrten Fronten statt. Sie erscheinen in der Denkungsart der inneren politischen Verfassung, sofern sie nicht ein gehaltloses Durcheinander in nichtigen Politikern sind. Diese Schriften eines Philosophieprofessors möchten mitwirken an der Klärung solcher Voraussetzungen, an der geistigen Verfassung, an dem Selbstbewußtsein politischen Wollens. Sie handeln von Lebensfragen deutscher Politik, wie sie uns nach der Katastrophe von 1933 und allem, was ihr unerbittlich und unwiderruflich gefolgt ist, sich stellen. Sie möchten mitwirken am deutschen Selbstbewußtsein und seiner sittlich-politischen Denkungsart. (HS 366 f.)

Reine Politik als besonderer Bereich menschlichen Tuns, als Ressort, ist der Situation nicht gewachsen. Das Überpolitische – die Moralität, das Opfer, die Vernunft – ist entscheidend für die Entschlüsse. Die Moralität des Einzelnen hat zwar keine unmittelbar politische Wirkung, die sich feststellen ließe, ist aber die Voraussetzung für eine im Volke gründende dauernde Politik. Worauf die handelnden Politiker treffen, aus welcher Gesinnung eines Volkes sie hervorgehen und zur Macht aufsteigen konnten, das entscheidet darüber, ob nur eine Politik der Geschicklichkeit oder eine prägende, erziehende, bauende, bildende Politik stattfindet. Aber die Moralität ist nicht das letzte Entscheidende, wenn nicht Opfermut und Vernunft in sie eingeschlossen sind. (AZM 418)

Das Ende echter Politik hebt das Interesse für Politik auf. Echte Politik ist aber nur möglich, wenn eine Wirkung durch Überzeugung der Anderen in Rede und Gegenrede stattfindet, in der die Erziehung eines öffentlichen Bewußtseins durch freien Kampf der Geister sich vollzieht. (PuW 347)

Eine neue Politik ist notwendig. Diese aber ist nur unter sittlich-politischen Voraussetzungen möglich, nur in einer Umkehr des abendländischen Menschen, die er immer schon im einzelnen vollzogen hat, die nun aber durchgreifend in allen, die die Politik bestimmen, vollzogen werden müßten. (AZM 178)

Politik und überpolitische Wirklichkeit

Aus dem Überpolitischen erst geht der Blick einerseits in die tiefsten Abgründe, andrerseits in die höchsten Möglichkeiten. (AZM 347)

Wie in der Politik das Überpolitische zur Geltung kommt, das ist die gründende Kraft in der Politik selber. (AZM 74)

Die überpolitische Wirklichkeit von Moralität, Opfermut, Vernunft zeigt die Ursprünge. Unsere Lebensauffassung wird von dorther bestimmt. Der in ihnen sprechende Ernst ist uralt, aber vergessen in der Verstandeswelt technischer Zivilisation, bis diese selber nun an einen Punkt geführt hat, wo sie sich vor dem selbstbereiteten realen Abgrund sieht.

In der Vernunft hört das Gewaltsame auf. Von ihr her gewinnen die Selbstbezwingung im Moralischen und der Opfermut erst Führung und eigentlichen Sinn.

Moral, Recht, Opfermut sind selber Vernunft, weil Vernunft nur in ihnen, nicht als bloße Vernunft wirklich werden kann. (AZM 254)

Vernunft als Grundverfassung: Vernunft ist in uns die Grundverfassung, die von anderswoher in diese Welt der Realitäten tritt, aber so, daß die Aufgabe, die uns von dorther gestellt ist, nur hier in dieser Welt lösbar ist. Allein durch Vernunft gewinnen wir die Distanz zu uns selbst und zu den Dingen, aber so, daß wir zugleich mit Leidenschaft als wir selbst in ihnen leben (statt skeptisch oder angeekelt oder unbetroffen daneben zu stehen). Durch Vernunft sind wir davor bewahrt, uns zu verfangen in Beschränktheiten, die fälschlich zum Ganzen, in Endlichkeiten, die fälschlich zum unendlichen Absoluten werden. (AZM 299)

Nur im einzelnen Menschen ist der Ursprung der Verwirklichung von Vernunft. Für jedes Wort, das er spricht, für jede leichtfertige Redensart zu den Dingen, auch den politischen, für jedes übereilte Urteil, jede Unbesonnenheit ist er ebenso verantwortlich wie für das Ausbleiben der Motive zur Freiheit und zur Solidarität mit freien Menschen. (AZM 299)

Diese Stimmung der Vernunft ist nicht eingeboren. Sie wird erworben unter Voraussetzungen, die ihr günstig sind, ohne daß ihr Sinn an diese realen Voraussetzungen ihrer Verwirklichung gebunden wäre. Nur im stillen, unablässigen Kampfe um sie kann sie wachsen. Nur im immer neuen Erringen aus der Vernunftwidrigkeit heraus ist sie da.

Sie ist das eigentlich Menschliche. Was sonst menschlich ist, leuchtet erst durch sie in seiner Reinheit auf. Sie ist die hohe Stimmung des Menschseins selber.

Sie hat ihre Kraft in der Jugend so gut wie im Alter. Aber sie ist durch alle Lebensphasen in ständiger Gefahr zu versagen. Nie ist sie vollendet.

Sie ist nur gemeinsam. Der Einzelne, für sich allein, kann nicht vernünftig sein. (AZM 300)

Eine Zündung der Vernunft vollzieht sich zwischen Mensch und Mensch. Der Einzelne wird durch den Einzelnen und durch das öffentliche Wort angesichts konkreter Aufgaben getroffen. Glaubwürdig ist, was aus einem Leben kommt, das selber bestätigt, was es geistig hervorbringt. Die Glaubwürdigkeit der Menschen beginnt im kleinsten Kreis intimer Gemeinschaft der Vernünftigen. Sie breitet sich aus in der Öffentlichkeit, im bewußten Widerstand gegen das Vernunftwidrige. (AZM 310)

Wie das Überpolitische der Vernunft politisch zur Geltung kommt. Nur wenn das, was vor aller Politik wirklich ist, Führung der Politik wird, sind Wege zur Rettung sichtbar. Nur wo in Kommunikation füreinander verläßliche Menschen verwirklichen, was Vertrauen findet, kann die politische Gemeinsamkeit aller auf die Bahn der Vernunft kommen. Wo sich Vernünftige begegnen, da ist der Keim auch alles öffentlich Guten. (AZM 309)

Für die Politik ist die Vernunft wesentlich, weil sie für die Gemeinschaft aller im Staat und in den Institutionen den Grund legen sollte.

Aber die durch Vernunft erzeugte Gemeinschaft ist zunächst immer die Gemeinschaft Einzelner, die sich finden und ohne Vertrag, ohne Organisation, ohne es auszusprechen, die verborgene Solidarität der Vernunft verwirklichen. Diese Wirklichkeit ist überpolitisch. Sie muß in die Politik eingreifen, wenn diese auf den Weg des Bauens und Dauerns gelangen soll. Sie ist nicht selbst in die Politik hineinzuziehen. Sie ist und will mehr als Politik, wenn die Politik zur leidenschaftlich von ihr ergriffenen Sache wird, die das Dasein aller Menschen begründet oder verdirbt, daher Aufgabe eines jeden sein muß (alle großen Philosophen, sogar die Großen unter den Mystikern, waren politische Denker). (AZM 301)

Die Geschichte im Ganzen geschieht doch durch Handlungen ungezählter Einzelner. Im Ursprung und am Anfang stehen Einzelne. Der Einzelne ist mitverantwortlich für das Ganze durch alles, was er tut. Er ist in irgendeinem noch so geringen Maße mächtig. Denn er nimmt teil an dem Geschehen, handelnd in seinem Bereich oder nichthandelnd. Durch jede kleine Tat und Unterlassung schafft er mit an dem Boden, auf dem schließlich wieder Einzelne in Machtpositionen die für das Ganze entscheidenden Handlungen vollziehen. Was geschieht, geschieht durch Menschen. Menschen sind immer Einzelne. Auch wenn sie im Zusammenhang von Gruppen, Völkern, Massen handeln, ist ihre Tat je die des Einzelnen, mag er sich auch als Werkzeug übergreifender Mächte oder eines allgemeinen Willens fühlen. Das Überpolitische liegt im Menschen selbst, weil es Sache seiner Freiheit ist. (AZM 323 f.)

Alle menschlichen Einrichtungen, die mit Menschen als Gliedern arbeiten, müssen den Menschen selber als der Möglichkeit nach vernünftig voraussetzen, wenn sie menschlichen Charakter bewahren sollen. Nur wenn Vernunft erwartet wird, kann sie entgegenkommen. (AZM 302)

Keine Organisation kann die Vernunft und ihr Gewissen hervorbringen. Sie setzt sie voraus. (AZM 302)

Die Größe, weniger Indiens, aber Gandhis ist: er hat mit Selbstaufopferung seiner Person das Überpolitische als Kraft der Politik in unserem Zeitalter zur Geltung gebracht. Er trennt Politik nicht von Ethos und Religion, sondern verankert sie dort, und zwar bedingungslos: Lieber sterben, lieber ›das ganze Volk auf der Landkarte auslöschen‹ lassen, als die Reinheit der Seele preisgeben. (AZM 68)

So groß aber dies Vorbild im Ernst des Überpolitischen ist, so unmöglich ist es als Wegweiser im politischen Handeln heute. (AZM 68)

Die Wirklichkeit, daß Gott ist, ist nicht das Widervernünftige, das als das Nichtige triumphiert, sondern das Übervernünftige, das die Vernunft einschließt und umgreift. (AZM 492)

Diese Wirklichkeit ist es, die von uns Vernunft fordert. Von ihr ist sie dem Menschen geschenkt zu freier, ursprünglicher Entfaltung und zum Standhalten. Aber die Vernunft ist nicht der Grund der Dinge. Dieser ist die Wirklichkeit, die – über uns, unbegreiflich – in der Chiffer Gott genannt wird. (AZM 493)

Zwei Grundgesinnungen in der Politik

Es gibt zwei Grundgesinnungen in der Politik: Entweder die Politik aus Verachtung des Volkes und aus der Angst vor dem Volk oder die Politik, die im Ernst, und nicht nur in dem Gerede der öffentlichen Repräsentation, das Volk miteinbezieht, selber aus dem Volke und für das Volk denkt.

Anders gesagt: Die Politik, die Freiheit gar nicht will, ihr mißtraut, dem Menschen als Menschen mißtraut und darum diesen Menschen unter andere Menschen – aber doch immer Menschen – stellt, die vermeintlich zum Herrschen berufen sind, und zwar als von Gott Beauftragte oder als von der großen Notwendigkeit der Geschichte Wissende als Avantgarde der Zukunft, – oder die Politik, die die Freiheit aller will und jede Handlung, jede Maßnahme, jedes Gesetz unter die Bedingung stellt, die Freiheit zu fördern. (BRD 173)

Unsere Politik, die wir aus Freiheit ergreifen und durch die wir Freiheit gewinnen, verlangt die Verwirklichung des demokratischen Staats freier Bürger. Sie verlangt ausnahmslos Kontrolle und Öffentlichkeit. Sie wehrt das Autoritäre und die Diktatur ab, verzichtet daher auf Gesetze für einen ›inneren Notstand‹. Sie erlaubt keine Militarisierung des Lebens. Sie bestimmt den Geist aktiven Bürgertums und des unabhängigen, aber verantwortlichen persönlichen Daseins. Sie erzieht zum Denken und verlangt Urteilskraft. (BRD 257)

Das Volk muß die Freiheit behalten, in direkter Aktion seinen Willen und seinen Widerstand kund zu tun. Das Notstandsgesetz raubt dem Volke die ihm verbliebenen legitimen, dann aber nicht mehr legalen Mittel des Widerstandes. Es ist ein Instrument der Versklavung. Statt eines Notstandsgesetzes brauchten wir die Entwicklung von gesetzlichen Mitteln, durch die das Volk innerhalb der vier Jahre, für die es nach den Wahlen jeweils abgedankt hat, zu aktiver Mitwirkung gebracht werden kann, um den gegenwärtigen Notstand, der faktisch an Regierungslosigkeit grenzt, zu mindern. (BRD 165)

Ursprünglich ist die Selbstbestimmung das Recht, das freie Menschen sich geben, indem sie durch Wagnis und Opfer, unter Einsatz von Leben und Eigentum gegen Vergewaltigung von außen durch Gewalt sich befreien, aber dadurch, daß sie ihre eigene politische Gemeinschaft auf Freiheit ihrer Bürger gründen. Die sich gegen Gewalt behauptende Selbstbestimmung hat ihre Kraft durch diese innere politische Freiheit. Diese herrliche, wahrhaftige Selbstbestimmung kennen wir aus der schweizerischen, holländischen, englischen, amerikanischen Geschichte; wir kennen sie in der deutschen Geschichte als gescheiterte Versuche (Bauernfreiheit – die Stedinger; die städtische Freiheit – die Hansa u. a.).

Dagegen gilt heute die Selbstbestimmung als ein Menschenrecht an sich, das man jedem Volke geben muß. Dieses ›Recht‹ ist einerseits eine Zumutung. Es verlangt von Völkern, die im Augenblick weder wissen, was politische Freiheit ist, noch sie verwirklichen können, daß sie frei sein sollen. Es ist dieselbe Erbarmungslosigkeit, die im persönlichen Leben des einzelnen vom andern die Freiheit auch dann verlangt, wenn er sie nicht erfüllen kann, sondern im Verborgenen begehrt, an die Hand genommen und liebend geführt zu werden, um zur Freiheit zu kommen. Dieses Recht der Selbstbestimmung ist andererseits ein Geschenk an unfreie Menschen, die damit nichts anzufangen wissen (wie manchmal Leute, die durch die Lotterie ein großes Vermögen gewinnen, nach einer Zeit des Rausches nachher so arm wie vorher und dazu verdorben sind). Sie begründen durch das Geschenk keineswegs ihre eigene Freiheit, vielmehr ergeben sie sich diktatorisch Herrschenden und deren Machtwillen und zerfleischen sich untereinander. Sie bedrohen alle Freiheit in der Welt. Das Geschenk eines solchen ›Rechts‹ auf Selbstbestimmung ist eine Farce guten Glaubens an den Menschen. Daß Freiheit nur durch Freiheit erworben werden kann und ständig neu im Umgang mit sich selbst wieder gewonnen werden muß, wird vergessen. Die Wahrheit dieses Glaubens liegt darin, in der Freiheit die Aufgaben des Menschen zu sehen, die Unwahrheit darin, sie als schon erreicht vorauszusetzen. (BRD 236 f.)

Unsere Staatsstruktur beruht auf der Angst vor dem Volk, dem *Mißtrauen gegen das Volk.* Das Mißtrauen, zu dem umgekehrt vorläufig noch das Volk gegenüber Parteien, Regierung und Politikern verpflichtet wäre, gibt sich nicht genügend und nicht wirksam kund. Wieder scheint der Untertanengeist zu siegen als Vertrauen, die Regierung werde es schon gut machen. Das ist Verantwortung und Schuld jedes Einzelnen im Volk. Das war vor 1914 und 1933 der Grund unseres Unheils. (BRD 167)

In Großstaaten zwingen Machtorganisationen alle in Ordnungen, die die Freiheit einschränken. Die Gefahren des großen Staats sind: Freiheitsberaubung der Bürger im Interesse der zusammengefaßten Macht nach außen, Geringschätzung des einzelnen Menschen als Menschen, Übermut des Herrschens durch Organisation der Macht, Erziehung des Einzelnen zum Gehorsam statt zur Verantwortung, Simplifikation aller Dinge. (AZM 192)

Volk und Demokratie

Keine Staats*form* der Demokratie garantiert die *Idee* der Demokratie. (AZM 423)

Wie alle Ideen ist die Demokratie nicht vollendet zu verwirklichen. Wie auch immer sie sich real zeigt, ist sie bisher voller Verkehrungen und Lügen. Aber man kann sehen, daß sie der einzige, der notwendige, unermeßlich schwere Weg ist, auf dem Menschen miteinander zu ihrer möglichen Freiheit kommen und für sie die Welt sich jeweils einrichten.

Das ist ein Weg, der für einen Menschen ohne philosophischen Glauben oder kirchlichen Glauben nicht gangbar ist. Wer ihn geht, ist nicht optimistisch und nicht pessimistisch, sondern seiner Freiheit bewußt und des Schicksals. (HS 22)

Die Demokratie setzt die Vernunft im Volke voraus, die sie erst hervorbringen soll. Die widervernünftige Gewalt verschwindet nicht, solange nicht alle vernünftig sind. (AZM 423)

Grundsatz der Demokratie, wenn sie wahrhaftig ist, ist das Vertrauen zum Volk, nicht etwa, daß es schon klug und weise und unfehlbar oder gar Gottes Stimme wäre, keineswegs. Aber alles Heil beruht auf der Selbsterziehung des Volkes. Diese erfolgt mit Hilfe seiner Denker und Politiker, im Erfahren der Tatsachen und Gründe. (A 161)

Eine Demokratie, plötzlich eingerichtet, nicht von einem Volke hervorgebracht, daher auch noch nicht verstanden, ist nur eine Chance, daß das Volk eines solchen Staats die Idee der Demokratie erwerbe und dadurch in seinen Bürgern frei werde . . .

Die nur formale Demokratie selber erzeugt die totale Herrschaft. (HS 175 f.)

Das Volk (wir alle gehören zum Volk) ist nicht vollendet. Es verdient beides: Vertrauen und Mißtrauen. Das Volk ist der Souverän, der aber zu seiner Souveränität erst sich selber bringen muß. (A 125)

Volk ist weder reale Menge noch Mythos. Es ist jeweils in einer besonderen Erscheinung je nach Situation auf andere Weise da. ›Das Volk‹ gibt es praktisch nicht als greifbare Realität im Ganzen, wohl aber als Idee . . .

Das ›Volk selbst‹ habe ich nie vor mir als nur in seinen vielen, immer besonderen Erscheinungen: In der Sprache, durch die es eine geistige Gemeinschaft des Sichverstehens wird, – im Staate, durch den es eine Willenseinheit wird; – in den Institutionen, in denen es sich seine Handlungsmöglichkeiten verschafft, – in den Gruppen, die durch eigene Institutionen sich zur Geltung bringen, – in den Schöpfungen des Geistes, – in der Öffentlichkeit der Diskussion, – in Massenversammlungen und Massenbewegungen. Das Volk ist also jeweils in der besonderen Erscheinung, an die man sich wendet. (A 126)

Wenn wir im politischen Denken an das Volk appellieren, so ist es keine feste Größe. Daher ist je nach seiner Erscheinung und Lage Vertrauen und Mißtrauen berechtigt. Aber für die Demokratie ist im Ursprung doch das Vertrauen eines Volkes zu sich selbst entscheidend. Das Volk ist die Gemeinschaft der in vielen Verbindungen miteinander stehenden Menschen, die sich selber erziehen, aus der politischen Dumpfheit herauskommen zum Leben in ihren Institutionen und in den Unwägbarkeiten ihrer Gesinnung der Freiheit.

Das Mißtrauen ist in vielen Situationen sehr berechtigt. Wenn es aber nicht untergeordnet bleibt gegenüber dem Grundvertrauen, dann sind Demokratie und Freiheit unmöglich. (A 126 f.)

Gegen diese Vergötzung des bestehenden Volkssouveräns steht die demokratische Idee als Weg. Es ist kein Souverän da, der herrscht und regiert, sondern ein Wille, der sich im Volke, das sich selbst erzieht, jeweils und immer von neuem erst bilden muß auf eine Weise, die in Institutionen geformt wird, die ihrerseits bei aller Festigkeit auch noch, wenn auch unter starken Hemmungen und Sicherungen, beweglich sind. (AZM 426 f.).

Der Weg der Demokratie hat trotz aller Irrungen und scheinbaren Ausweglosigkeiten die Chancen, daß auf ihm die Menschen in ihrer Mehrzahl zu denkenden, verantwortlichen Wesen heranwachsen, obgleich zunächst die Nivellierung eintritt und mit ihr die Gefahr der Verkehrung der Demokratie zu den schlimmsten Diktaturen, die je erlebt worden sind.

Die demokratische Idee begründet sich aus der Aufgabe des Menschen, in Vernunft sich zu verwirklichen, und aus der Einzigkeit, Unersetzbarkeit jedes einzelnen Menschen und seiner Würde durch Teilnahme an der Vernunft.

Die Verzweiflung an der demokratischen Idee ist Verzweiflung am Menschen. (AZM 429)

Ein Volk wird reif zur Demokratie, indem es selber politisch aktiv ist. Daher ist Voraussetzung einer Demokratie, daß dem Volk ein Maximum von Mitwirkung zur Aufgabe wird oder daß es sich diese nimmt, und das Vertrauen zum Volk, nicht zu dem, was es ist, sondern zu dem, was es werden kann. (A 130)

Nur freie Staaten, nur die hier zu sich selbst gekommenen freien Menschen können die gestellten Aufgaben erreichen. Daher bleibt immer die erste Aufgabe die Erziehung eines Volkes durch sich selber kraft seines von ihm geschaffenen Staates, an dem es mitwissend und mithandelnd teilnimmt. (A 52)

Politische Gruppen in der Bevölkerung, die *nicht Parteien* sind, gründen sich auf freie persönliche Verbindungen, zunächst in kleinsten Kreisen. Sie suchen ihre politische Selbsterziehung in Gemeinschaft. Sie kommen zusammen als gleiche. Aber unabsichtlich tritt hier und da einer als primus inter pares hervor. Vermöge seiner politischen Urteilskraft, seiner Fähigkeit, sich mitzuteilen, seines menschlich-politischen Ernstes wird er ein Führer. Dieser Führertypus hat seine eigenen Qualitäten. Er will überzeugen, nicht überreden und unterwerfen. Er ist stark durch seine Schwäche, auf alle Mittel intellektueller, suggerierender, posierender Gewalt zu verzichten. Er ist kein Führer, dem man Gehorsam leistet, weil er ›charismatische‹ (magische) Qualitäten hat. Dem folgen andere, unglückselige Menschen aus dunklen uneinsichtigen Motiven. In der freien politischen Welt, die große Führernaturen entwickelt, gilt kein Charisma. Weder Churchill noch Kennedy besaßen es oder hätten es auch nur begehrt. Ihr Wille war, als Freie mit Freien die Freiheit in der Welt zu behaupten.

Die Bildung von Gruppen zur politischen Selbsterziehung hat den Mangel, daß sie durch ihre Zusammenkünfte noch kein praktisch-politisches Ziel ergreifen. Sie erziehen sich, aber handeln noch nicht. Ein freier demokratischer Staat müßte sie begünstigen. Wer ausgewiesen ist durch Teilnahme, sollte dadurch überall, wo es sich um Verwendung in politisch relevanten Tätigkeiten handelt, eine vermehrte Chance, auch bei Eintritt in Parteien, haben.

Die außerparteiliche Selbsterziehung ist nicht antiparteilich, aber als Gegengewicht gegen Tendenzen in den Parteiorganisationen für diese selbst eine Polarität. Sie erzeugt politisches Leben und bringt Menschen von politischem Rang zur Sichtbarkeit. (A 87 f.)

Daß Wahlen und Abstimmungen überhaupt stattfinden, ist selber der Anlaß zur politischen Selbsterziehung (was, wenn es auch bisher meistens – nicht immer – nicht geschehen ist, keineswegs unmöglich ist) . . .

In der Quantität der Stimmen äußert sich (radikal anders wie bei der Temperaturmessung) ein Gehalt menschlicher Freiheit, mag er verdorben, dunkel, verworren, leer oder wahr und erfüllt sein. Dieser Gehalt wandelt sich durch Selbsterziehung in Erfahrung und Denken. Der Volkswille ist nicht da in der Art, daß er festgestellt werden könnte als Vorhandenes. Er selber ist in Bewegung, daher nicht als Bestand zu messen und zum Ausdruck zu bringen. Die Idee des wahren Volkswillens ist die Idee der Vernunft: Das Volk weiß, was es will, jeder Einzelne weiß, was er will, aber erst wenn die Vernunft wirklich wird. Wir müssen uns gegenseitig sagen, was wir zu wollen meinen: das ist das Miteinanderreden in der Demokratie, um dahin zu kommen, zu wissen, was wir eigentlich wollen. (AZM 431 f.)

Es ist kein Zweifel, wie weit wir von der Verwirklichung der Idee der Demokratie entfernt sind. Der Volkssouverän ist nicht weise, gut oder gar göttlich. Er muß erst vernünftig werden. Er ist nur auf dem Wege. Nur wenn die Verkehrungen der Demokratie ständig in den einzelnen Menschen durch diese selber bekämpft und überwunden werden, kann die Demokratie bestehen, das heißt als der Grundvorgang der Freiheit, in dem sie erst wird.

Wo diese Freiheit nicht wirklich in den einzelnen Menschen die zu ihr gehörende Verantwortung übernimmt, muß Demokratie zugrunde gehen. (AZM 440)

Mit den Institutionen ist die Kontrolle verknüpft. Diese ist eine Bedingung der Freiheit in der Demokratie. Die Kontrolle ist notwendig, weil Menschen im Besitz der Macht vielleicht ohne Ausnahme dazu neigen, diese zu mißbrauchen. Im demokratischen Staat darf keine Behörde, keine Instanz, keine handelnde Persönlichkeit ohne Kontrolle bleiben. (A 145)

Daher ist Demokratie nicht zuerst der Anspruch der Menschen an den Staat, sondern der Anspruch jedes Menschen an sich selbst, dessen Erfüllung ihm die Teilnahme an der Demokratie ermöglicht. Unter drei Gesichtspunkten erinnern wir an diesen Anspruch: Verantwortungsbewußtsein, Liebe zum großen Menschen, Selbsterziehung. (AZM 441)

Er hat die Verantwortung dafür, wie er lebt, was er denkt und arbeitet, zu welchen Handlungen er sich entschließt, wie er dies alles in Gemeinschaft mit dem anderen tut.

Sich von dieser Verantwortung frei zu fühlen, das ist die Grundverkehrung in der Demokratie. Man will die eigene persönliche Haftung für das Getane und Geschehene nicht anerkennen, seine Verpflichtung mindern statt sie zu steigern, die Idee der ständigen Selbsterziehung nicht in sich wirksam werden lassen. (AZM 439 f.)

Demokratie kann ihrer Idee nur folgen, wenn in ihr die eigene Vergangenheit ständig durchleuchtet wird. Die Grundtatsachen des Geschehenen müssen in der Erziehung durch die Schulen berichtet und gedeutet werden, zugleich mit den politischen Einsichten, die eine Wiederholung (in anderer Gestalt) des Verrats an Freiheit und Vernunft und an der Idee der Demokratie erschweren, vielleicht unmöglich machen. (AZM 442)

Wahrhaftigkeit verlangt das gemeinsame Grundwissen von der Herkunft unserer Lage aus dem Wilhelminischen Deutschland, über dessen Sturz zur Demokratie des Kollapses und zum Nationalsozialismus. Nur durch bewußte Umkehr der politischen Denkungsart können wir unsere Freiheit gewinnen. Bloße Naturwesen vergessen und fangen von vorn an. Wir aber sind Menschen und werden nimmermehr wahrhaftig, wenn wir nicht vor Augen haben, was getan wurde. Heute gibt es junge Deutsche, die sich beklagen: In der Schule höre die Geschichte mit dem Ersten Weltkrieg auf. Sie zweifeln an der Redlichkeit der Erwachsenen. Schon der Jugend aber müßte gezeigt werden, was geschehen ist und daß wir Menschen die Folgen der Handlungen unserer Eltern und Voreltern im Guten wie im Schlimmen übernehmen müssen. Eltern dürfen ihre Kinder nicht bewahren wollen vor schrecklichen Kenntnissen. Vergessen verhindert mit der Wahrheit die politische Erziehung. (HS 180)

Wenn die Idee der Demokratie die Verwirklichung von Vernunft und Freiheit meint, die ständige Besserung in der Selbsterziehung aller, so war der Gang der deutschen Demokratie in der Realität der ›Weimarer Republik‹ vielmehr der Umschlag in die totale Herrschaft. (AZM 433)

Dieser Wille zur Demokratie hat aber schon vorher seinen Grund im biblischen Gottesgedanken: Weil der Mensch nach dem Bilde Gottes geschaffen ist, ist jeder Mensch als er selbst zu seinem Recht zu bringen. Die Gleichheit der Menschen – der soviel mißbrauchte und zumeist verkehrte politische Gedanke seit der Französischen Revolution – ist die unantastbare sittliche Grundforderung. (AZM 439)

Vernunft und Demokratie

Trügerisch wäre es, die Ordnung der Welt von einigen vernünftigen Menschen, die dafür sorgen werden, zu erwarten. Die Vernunft muß in die Völker dringen, um Wirksamkeit und Dauer zu gewinnen. Daher ist ›Demokratie‹ unumgänglich. Ihr Sinn ist die Herausarbeitung der Vernunft im gemeinsamen Denken und Handeln eines Volkes und der Völker untereinander. (AZM 419)

a) *Die Idee der Demokratie*

1. Vernunft kann zu verläßlicher Herrschaft nur kommen, wenn nicht wenige Einzelne, abseits in ihrer Einsamkeit, sondern wenn die Völker mit ihren Führern durch sie bestimmt werden. Das ist nur möglich, wenn jeder Einzelne die Chance hat, mitzudenken und mitzuwirken.

Folge ist: Demokratie verlangt die Erziehung des gesamten Volkes dazu, daß jeder die seiner Naturanlage nach mögliche Fähigkeit zum Mitdenken und Urteilen erreicht.

Demokratie verlangt die Publizität des Denkens, insbesondere der Nachrichten, Diskussionen, Vorschläge, Entwürfe.

2. Vernunft ist nicht Besitz, sondern ist auf dem Wege. Sie kann nur über die Erziehung aller zur Demokratie als gemeinschaftlichem Denken und Tun führen. Daher ist Demokratie nie etwas Endgültiges, sondern sich in der Gestaltung Wandelndes.

Folge ist: Demokratie verlangt Selbstkritik. Sie hält sich nur, indem sie ihre Erscheinung verbessert.

3. Die Vernunft eignet grundsätzlich jedem Menschen. Daher hat jeder Einzelne seinen absoluten Wert und darf nie nur Mittel sein. Jeder ist unersetzlich. Das Volk sind alle und jeder. Das Ziel ist, daß jeder Mensch das eingeborene Wesen des Menschen, die Freiheit, gemäß seinen Gaben verwirklichen könne.

Die Folge ist: Demokratie will Gleichheit: sie will allen gleiche Rechte als gleiche Chancen geben. Dies Ziel ist, soweit es überhaupt möglich ist, allein durch den Rechtsstaat erreichbar. Die Handlungen aller, auch der Staatsführer, sind gebunden an Gesetze, die auf gesetzlich geordnetem Wege zustandekommen und geändert werden können. Ein Wandel der Verhältnisse verlangt einen Wandel der Gesetze. Die immer bleibende Ungerechtigkeit verlangt ohne Aufhören bessere Gesetze.

4. Vernunft wirkt durch Überzeugung, nicht durch Gewalt. Da aber durch Handlungen von Menschen die Gewalt wirklich da ist, muß Vernunft zur Selbstbehauptung gegen Gewalt auch Gewalt anwenden.

Folge ist: Demokratie wendet Gewalt an durch Polizei gegen die Gesetzwidrigkeit, aber nur auf dem Wege gesetzlicher Regelung und richterlichen Urteils. Dadurch ist jeder gegen willkürliche und ungesetzliche Gewalt des Staates geschützt, hat Sicherheit für Leib und Leben.

5. Die Vernunft geht als Gesinnung allen bestimmten Gesetzen und Institutionen vorher. Vor allen Gesetzen und aller Gesetzgebung werden *Menschenrechte* anerkannt, die alle gemeinsam binden und befreien und selber nicht einer ihrer Natur nach wandelbaren Gesetzgebung unterstehen. – Vor aller Beurteilung, Wertschätzung und Ordnung dessen, was Menschen in ihrer Mannigfaltigkeit tun und sind, steht die *Liberalität* in der Anerkennung aller menschlichen Möglichkeiten. – Dem Erdenken, Beschließen und Befolgen der Gesetze geht voraus die *Empfindlichkeit gegen Ungerechtigkeit* und Unrecht überhaupt.

Die Folge ist: Demokratie formuliert Menschenrechte und sucht sie der Gefährdung durch künftige Beschlüsse zu entziehen. Sie schützt alle Einzelnen, schützt die Minoritäten gegen illiberale Vergewaltigung seitens der Mehrheit. Sie lebt durch die Aktivität der Sorge, die jedes Unrecht, das irgendeinem geschieht, zur Sache aller macht.

6. Die Vernunft vergißt in der politischen Verwirklichung nicht: Es

sind immer Menschen, die regieren. Sie sind Wesen von derselben Art wie die Regierten. Menschen haben Mängel und sind Irrtümern ausgesetzt.

Die Folge ist: Auch die Regierung durch die besten Menschen bedarf noch zu irgendeinem Zeitpunkt der Kontrolle. Diese aber kommt wieder von Menschen. Daher ist sie notwendig gegenseitig: im geistigen Kampf der Diskussionen; in der Verteilung der Ämter; in den Rechenschaften. (AZM 421 f.)

Unmittelbare Beteiligung des Volkes an der Politik

Es ist die weltgeschichtliche politische Grundfrage unserer Zeit, ob die Menschenmassen demokratisiert werden können, ob die Durchschnittsnatur des Menschen überhaupt fähig ist, eine Mitverantwortung als Staatsbürger durch Mitwissen und Mitentscheiden der Grundlinien faktisch in ihr Leben aufzunehmen. Es ist kein Zweifel, daß heute noch die Wählenden in der überwältigenden Mehrzahl nicht der auf Wissen begründeten Überzeugung folgen, sondern unprüfbaren Illusionen und unwahrhaftigen Versprechungen; daß die Passivität des Nichtwählers eine große Rolle spielt; daß fluktuierende Minoritäten, Bürokratien oder Einzelne durch Majorität etwas entscheiden. Der Kampf um Majoritäten mit allen Mitteln der Propaganda, der Suggestion, der Täuschung, der Leistung für partikulare Interessen scheint der einzige Weg zur Herrschaft. (GSZ 97 f.)

Die Völker, die das technische Zeitalter hervorgebracht haben, kennen aus eigener Erfahrung die seit dem 18. Jahrhundert langsam einsetzende, dann schneller werdende, heute sich überstürzende Bewegung in der Verwandlung ihres gesamten Zustandes. Innerhalb ihrer zwar langsam zerbröckelnden, aber heute noch keineswegs machtlosen überkommenen Autoritätswelt haben sie das Neue nicht nur früh erkannt, sondern auch begriffen, daß sie keineswegs einem notwendigen Verderben preisgegeben sind. Sie haben mit Erfolg praktische Wege beschritten, die die Vollendung des Unheils, die neue Weise der Versklavung, der Entwürdigung von Menschen, die Ungerechtigkeiten, die Unwahrhaftigkeit der verschleierten Rechtfertigungen bekämpfen und befinden sich auf dem Wege dieses fortdauernden Kampfes. Sie haben sich die Aufgabe gestellt, die technische Arbeitswelt unter politische Ordnung zu bringen, Freiheit und Gerechtigkeit zu fördern. Das ist auf die Dauer mit Erfolg nur möglich, wenn alle an der Politik teilhaben, in ihr mitdenken und sie verantworten. Im Rahmen der Ordnung des Ganzen unter Gesetzen werden mit der weiter schreitenden Wandlung der technischen Arbeitswelt auch neue Gesetze notwendig. Daher ist die Idee eines politischen Zustandes maßgebend, in dem die Bürger erzogen sind zur politischen Urteilskraft, um durch ihre Repräsentanten die gesetzlichen Formen zu finden, die auf dem Boden der technischen Arbeitswelt die Freiheit für die Möglichkeiten des Menschseins offenhalten. Menschen müssen in Ordnungen leben, sollen aber nicht unterworfen sein. Sie besitzen die gesetzlich gezügelten Mittel des Kampfes um ihre Freiheit, damit sie leben, unternehmen, wagen, verwirklichen, was Menschen zu Menschen macht in unvoraussehbaren Gestalten. (PGO 67 f.)

Wer politisch handeln will, soll das Volk in Kenntnis setzen, es überzeugen durch Denken, es durch Gründe, durch Anschauungen und durch Vorbild erziehen. Wahrheit muß auf die Dauer durch das Volk sich bestätigen lassen. Nur auf diesem Wege gibt es das Heranwachsen der Menschen zum Mitwissen der Dinge, zum Begreifen und zum Entschluß aus der allen Menschen aufgegebenen Umkehr.

Wer in Empörung über die Dummheit der Menge sich gegen die freien Wahlen wendet, der vergißt, daß die Herrschenden im Gang der Geschichte durchweg (nur in zufälligen Ausnahmen war es anders) nicht klüger, nicht wahrhaftiger, nicht besser, nicht verantwortlicher waren als die Mehrheit der Beherrschten, und diese nicht besser als jene, und daß, je größer die Aufgabe wird, es um so mehr auf die Erziehung und Mitwirkung aller Menschen ankommt. (AZM 42)

Ihre Hauptverantwortung ist, die Mitwirkung des Volkes zu gewinnen. Sie müssen, wenn sie Politik der Freiheit wollen, das Volk maximal informieren, es zum Mitdenken bringen, ihre Ziele vor ihm begründen, ihm Mittel und Wege zeigen, es dadurch erziehen. (A 129)

Es gibt keinen Weg der Freiheit als den über die Bevölkerung. Nur radikale Menschenverachtung, die den Verachtenden selbst und seine Freunde ausnimmt, kann den Weg der Tyrannis vorziehen. (UZG 211)

Soll aber das Volk zuletzt entscheiden, so ist zu tun, was möglich ist, ihm zu rechten Entscheidungen zu verhelfen. Die Tyrannis erfindet die Methoden, durch die die Volksbefragung zu bloßem Schein unter öffentlichem Lärm wird, und durch die die Menschen viel lernen (um in ihnen brauchbare Werkzeuge zu gewinnen), ohne urteilsfähig zu werden. Die Demokratie dagegen versucht, da die Wahlentscheidung die einzige noch verbliebene Legitimität ist, das rechte Wählen zu fördern, damit der eigentliche, dauernde und wesentliche Volkswille zum Ausdruck komme.

Auf die Dauer ist hierfür das einzige Mittel, die Menschen insgesamt zu unterrichten, ihren eigentlichen Willen zu wecken dadurch, daß sie sich dieses Willens nachdenkend bewußt werden. Den Menschen sind nicht allein technische Kenntnisse und Fertigkeiten schulmäßig zu lehren (wodurch sie, wenn es das einzige bleibt, nur brauchbare Werkzeuge der Sklaverei werden mit der faschistischen Forderung: glauben, gehorchen, kämpfen). Wir Menschen bedürfen der Bildung im kritischen Denken und Verstehen, bedürfen der geschichtlichen und philosophischen Welt, um urteilsfähig und selbständig zu werden. Die gesamte Bevölkerung ist in einem sich ständig steigernden Bildungsprozeß auf höhere Stufe zu heben, vom halben Wissen zum ganzen Wissen, vom Zufallsdenken des Augenblicks zum methodischen Denken zu bringen, damit ein jeder sich aufschwinge aus der Dogmatik zur Freiheit. Das ist die Hoffnung für die Entwicklung der Mehrzahl, daß sie in Wahlentscheidungen und Beschlüssen bewußt und überlegt das Bessere treffe.

Ein zweiter Weg ist die praktische Selbsterziehung des Volkes durch Teilnahme der Meisten an konkreten Aufgaben. Daher ist die freie und verantwortliche Gemeindeverwaltung unerläßlich für die Entstehung eines demokratischen Ethos. Nur was im kleinsten Umfang in nächster Nähe jederzeit im Leben praktisch geübt wird, kann die Menschen reif machen zu dem, was sie in größeren und größten Räumen demokratisch verwirklichen sollen. Ein dritter Weg ist die Einrichtung des Wahlvorgangs selbst. Die Form der Wahl ist von größter Bedeutung: so die Abstimmungsweise (Persönlichkeitswahl oder Listenwahl), die Auswertung der Wahlergebnisse (Majorität oder Proporz), direkte oder indirekte Wahlen usw. Es gibt keineswegs den einen allein richtigen Wahlmodus. Aber der Wahlmodus kann den Gang der Dinge bestimmen. (UZG 211 f.)

Ich hatte in jener Zeit eine Unterhaltung mit einem Amerikaner. Man bekam sehr häufig Besuch, weil die Amerikaner sich darüber informieren wollten, was Deutsche dachten. Ich berichte aus der Erinnerung, was ungefähr ich sagte: Er kam in der Zeit vor den Abstimmungen und fragte: »Was halten Sie davon, wenn wir Länderparlamente mit Hilfe der Parteien wählen lassen?« »Ich glaube«, antwortete ich, »Sie sind auf falschem Wege. Sie verhindern es, daß bei uns eine politische Selbsterziehung einsetzt. Sie fangen so an, als ob das deutsche Volk und die alten Parteien schon politisch in Ordnung wären und die alten Politiker in ihrem Gesamttypus für die neue Aufgabe etwas taugten. Das Resultat wird sein, daß wir gar keine neue Politik bekommen, sondern daß diese Art Leute wieder regieren. Dadurch wird der Ansatz zu selbständigem Denken bei uns aufhören oder vielmehr nicht in Gang kommen. Ich gebe Ihnen ein Beispiel: Hier in Heidelberg ist zur Zeit großer Zorn über die Kartoffelpreise. Die Bauern sind empört, daß sie zu wenig für den Zentner bekommen, nämlich nur drei Mark. Die Heidelberger sind empört über den hohen Preis: sie müssen 12 Mark bezahlen. Das Einfachste von der Welt ist: Die umgebenden Gemeinden und die Heidelberger verhandeln miteinander und bringen die Sache in Ordnung. Das tun sie nicht, sondern sie rufen nach dem Staat. Der Staat ist nicht da. Die Sozialdemokratische Partei ist da und ist bereit zu übernehmen, was sonst der Staat tut, und bringt irgendetwas zustande. Man wartet also in der Bevölkerung auf die Obrigkeit, und Sie sind bereit, diese Obrigkeit sofort einzusetzen und den alten Untertanengeist unverändert zu lassen, statt den Gemeinden die Aufgabe zu stellen, ihre praktischen Probleme, wie diese Kartoffelpreise, selbst zu lösen. Politik beginnt im Kleinsten, damit, daß man miteinander verhandelt, daß man lernt, praktische Dinge selbst anzugreifen und ihre Lösung nicht von außen zu erwarten. Ich würde Ihnen darum raten: Geben Sie zunächst den Gemeinden eine große Freiheit, ihre Dinge zu verwalten. Dagegen das Land oder gar ganz Deutschland, das völlig in Ihrer Hand ist, für das tragen Sie ja tatsächlich die Verantwortung, sowohl wegen der Sicherheit nach außen wie wegen der Ordnung nach innen. Vorläufig müßten Sie diese Verantwortung auch formell übernehmen, das heißt Deutschland regieren. Dann werden Sie die Freiheit langsam erweitern von den Gemeinden nach oben hin, bis vielleicht nach zehn Jahren es so weit ist, daß Sie ganz Deutschland einer freien Demokratie überlassen können. Es braucht Zeit. Die eigentlich politischen Begabungen, die es in der deutschen Bevölkerung gibt (aber gewiß nicht unter den bisherigen Politikern), könnten hervortreten. Sie zeigen sich in kleinsten Kreisen dadurch, wie sie als führende primi inter pares hervortreten, als solche erkannt werden, wechseln und wieder zurücktreten. Es sind die, die nicht Gehorsam wollen, sondern überzeugen. Sie sind da noch bevor es Parteien gibt. Eine kleine Minderheit politischer Menschen kommt hier zur Geltung, wird von den anderen, ohne daß sich eine scharfe Grenze bildet, anerkannt. Denn diese anderen werden nicht abgesondert, sondern werden informiert und denken mit. Dieser Prozeß braucht Zeit, die geeigneten Menschen brauchen Übung und Erfahrung. Diese Erfahrung und die politische Gesinnung der Freiheit werden im Umgang erworben. Sie sind nicht von selber, nicht angeboren fertig da. Erst durch diesen Umgang kann die demokratische Gesinnung einschlagen in die Herzen. Nun erst entsteht der Boden im Volke, ohne den keine Demokratie möglich ist. So wie Sie es jetzt machen, werden alle Ansätze politisch freien Denkens in Deutschland faktisch erstickt. Nicht durch Ihren Willen, sondern durch die Folgen dessen, wie Sie es machen.« (A 64 f.)

Die Realität bleibt, daß die Besatzungsbehörden die faktische Souveränität in letzten Entscheidungen ausüben werden. Diese Faktizität wird durch eine Scheinselbständigkeit verschleiert. Sie sollten offen dieses Deutschland unter Ihrer eigenen Verantwortung durch die besten, vernünftigsten, patriotischsten Deutschen verwalten. Dann kann der

Erziehungsprozeß, den die Geschichte uns versagt hat, wenigstens mit einer gewissen deutschen Selbständigkeit von unten beginnen. Er geschieht nicht durch gute Lehren, nicht durch Vorträge, Schriften, nicht durch Pathetik der herrlichen Demokratie, sondern durch die Praxis. Diese aber kann nur in den Gemeinden beginnen ...

Beim Kümmern um konkrete Fragen lernt man, wie etwas zu machen, und daß jeder mitverantwortlich ist. Bei uns aber gilt noch Gehorsam einerseits, Verwaltungsbürokratie andererseits. Lassen Sie die Gemeinden üben, ihre Angelegenheiten in immer mehr erweitertem Umfang selber zu ordnen. Dann erwachsen die Menschen, die politisch denken können. Aus ihnen, in öffentlicher Diskussion, werden dann die Männer kommen, die bei Neugründung von Parteien Eindruck machen, Vertrauen gewinnen. (PuW 362 f.)

Jetzt ist in Aufoktroyierung der Parteiendemokratie, wo die Voraussetzung im Geiste der Bevölkerung fehlt, wo die überwältigende Mehrheit der Deutschen noch gar nicht weiß, was eigentlich wirklich ist, und was sie will, und was und wen sie wählen soll, nichts anderes als Ersatz der Autorität der von Ihnen auserwählten Deutschen durch die Autorität von Parteibonzen und Parteibürokratien und ihrer Diktatoren. (PuW 364)

In dem ständigen Kampfe der Geister in der Öffentlichkeit wird offenbar, was ist. Nur durch ihn kann der Boden im Mitwissen und Mitwollen des dann sich selbst erziehenden Volks, das heißt eines Jeden gewonnen werden. Freie und geheime Wahlen sind das allein faßliche Mittel der politischen Freiheit und des Friedens zugleich. Denn nur in dem Maße, als sie der Idee der Demokratie folgen und deren Bindungen anerkennen, sind die Staaten zum Frieden fähig. (AZM 42 f.)

Überall ist die Aufgabe, das Volk unmittelbar zu beteiligen am Leben der Politik, sei es am Mitdenken und Miturteilen, sei es durch ihm gegebene Möglichkeiten der Mitwirkung. Daher ist für eine Demokratie, die wir doch sein wollen, immer zuerst die Frage nach dem Volk. Es soll die Institutionen kennen und selber benutzen, und die Institutionen sollen so sein, daß sie ihm den größtmöglichen Wirkungsraum geben. Durch Erziehung soll das Volk zu sich selbst kommen in Gestalt der Einzelnen, die sich im Gemeinsamen begegnen und das höchstmögliche Niveau erreichen. Die innere Politik ist soviel wert als sie dem Volke dient, damit der Einzelne wissend, hellsichtig, mutig und vernünftig werde, und daß er mit Bewußtsein aktiv teilnehme am Gang des Schicksals. Aber man darf sich nicht täuschen. Die Wege, die dem Volke die legalen Möglichkeiten des Mitwissens und Ergreifens verschaffen, werden instinktiv abgelehnt von der Parteienoligarchie, von einer altväterlichen patriarchalischen Gesinnung gutmütiger, aber dummer Biedermänner, von den zynischen Karrieristen, die menschenverachtend, schlau und intrigierend sind. Daß das Volk auf den für seine Wirksamkeit geschaffenen Wegen gehen lernt, schafft heute den notwendigen Widerstand gegen die tödliche Gefahr der Parteienoligarchie. (BRD 192 f.)

Das Parlament vertritt das Volk. Das tritt diesmal in den Reden der Abgeordneten als gesteigertes Bewußtsein auf. Die Würde des Parlaments liegt darin, dem Volke zu zeigen, was das Volk eigentlich schon will. Das Parlament hat ihm Vorbild und Führung zu sein durch das Denken und Handeln der Volksvertreter, die die politische Elite des Volkes sein sollen, wenn es mit rechten Dingen zugeht. (BRD 57)

In dieser großen Parlamentssitzung, so hoffe ich, werden Politiker sprechen, in denen Deutsche sich wiedererkennen. Sie werden mit der Kraft des Geistes sehen und sagen können, worum es sich handelt. Sie werden den Ernst der Frage zur Erscheinung bringen durch den Ton ihrer Sprache, ihr Wort, ohne Pathetik und Deklamation. Sie werden glaubwürdig machen, daß wir in einem werdenden Staate leben, der sich als Neuschöpfung nach der Katastrophe von 1933 bis 1945 findet und begreift. Dann wird Opportunismus, Zweckmäßigkeit, Angst vor dem Ausland wie nichts verschwinden und die natürliche, menschliche, einfache Ergriffenheit des Gewissens der Deutschen ihnen antworten: Ja, ganz selbstverständlich. (BRD 31)

In der Opposition könnte sie aus dem Fonds ihrer Gesinnung eine wirkliche Politik entfalten gegen den widerspruchsvollen Wirrwarr der gegenwärtigen Regierung. Dann wäre der erste Gedanke, wie die Politiker noch in der Opposition dienen könnten der Freiheit und dem Frieden, der Ehrlichkeit und der Zuverlässigkeit des bundesdeutschen Staates. Dann würde in der Selbstaufopferung der Partei die politische Erziehung des Volkes durch die Weise der überzeugenden Opposition stattfinden. Dann würde die Reinheit des politischen Willens bezeugt, aber von ihr nicht geredet werden. Die ängstliche Frage nach den zu gewinnenden Stimmen würde keine Rolle mehr spielen, sondern die Frage, wie Vernunft und Freiheitswille im Volke zu steigern seien und mächtig werden. Den demoskopischen Ergebnissen würde man sich nicht fügen, sondern sie zum Anlaß der Frage nehmen, welche törichten Meinungen korrigiert werden müssen, statt sich angeblichen Tatsachen der Meinung anzupassen.

Wenn die SPD ihre Karte auf die politische Erziehung des Volkes setzt, dem sie zugleich die vertrauenswürdigen Persönlichkeiten zeigt, die die Berufung zur Politik besitzen, dann kann sie warten. Sie kann kraft des Glaubens an Wahrheit und Freiheit das zunächst Unpopuläre solange vortragen, bis die Einsicht in der Bevölkerung folgt. Sie wendet sich nicht an die Dummen und emotional Gebundenen, sondern an die zur Einsicht Drängenden, die, auch wenn sie zunächst in der Minderheit sind, doch die Mehrheit zu sich hinüberziehen. Denn die Potenz zur Einsicht ist im Volke ebenso groß oder größer als die Bereitschaft, einer Regierung zu folgen, die das Ethos der Nation durch ihr Verhalten und durch ihre Leitbilder korrumpiert. (BRD 272 f.)

Ich fürchte mich, ungerecht zu werden. Wem es in seinem Berufe als Professor der Philosophie durch den Willen des Staates vergönnt und aufgegeben ist, lebenwährend mit den großen Menschen der Jahrtausende umzugehen, der großen Denker nicht nur, sondern der Großen überhaupt, der hat sich an einen intimen Umgang mit Menschen gewöhnt, der nicht der alltägliche ist. Man erfährt den Ernst ihrer Entschlüsse und Taten, ihre Vorstellungen und Glaubensantriebe. Dieser Umgang sollte zwar durch Erziehung für alle zur Selbstverständlichkeit werden, und wir sollten mithelfen, daß er es werden kann. Aber noch ist er nicht da, kann man ihn nicht überall erwarten.

Trotz der Gefahr der Ungerechtigkeit muß das schlimme Bild charakterisiert werden, wie es sich zeigt, wenn man im geschichtlichen Raum unter der Geltung hoher Maßstäbe vergleicht. Diese Politiker scheinen heute wie die der zwanziger Jahre (mit wenigen Ausnahmen) unsichere und ungewisse Gestalten zu sein. Ihre Gebärde täuscht. Sie möchten, was sie nicht können. Sie stehen nicht aufrecht, wenn es wirklich ernst wird. Es ist, als ob dann die Maske fiele, als die sich ihr anständiges Dasein erweist, nicht eigentlich, weil sie böse wären, sondern weil im Tiefsten eine Nichtigkeit wohnt, die das Unbegreifliche möglich macht. Anders ausgedrückt: Man findet unter ihnen nicht viele eigentliche ›Männer‹. Ein Mann, damit meine ich einen Menschen, der es wagen kann, offen zu sein, der glaubwürdig spricht, sich nicht entzieht, nicht ausweicht, – der unter der Macht einer großen Sache, mit ihr identisch, ohne Eitelkeit, aber mit hohem Ehrgeiz, jene Zuverlässigkeit gewinnt, die noch angesichts der Katastrophe standhält, – der sichere Urteilskraft auch im Augenblick der Gefahr hat, – der Mut hat in hoher Besonnenheit, – der die Angst der Freiheit kennt, – der keine unnoblen Mittel anwendet. Er weiß, was er will. Er wird nicht ratlos. Er steht freien Hauptes unter dem Himmel und fest auf der Erde. Er erblickt die weitesten Horizonte und handelt im Nächsten, Gegenwärtigen. Seine Rede ist klar und einfach, und in ihr ist er selbst. Er sagt immer dasselbe, das in der Undeutlichkeit der Realität alles zusammenhält, aber selber nicht geradezu aussagbar ist, sondern durch die Denkungsart und die Urteilskraft sich in jeder Lage neu bezeugt. Mit ihm kann jeder, der er selbst, das heißt frei ist, reden und sich verstehen. Er sagt es, wenn er nicht weiß. Er erkennt, wo er geirrt hat, gibt es zu und korrigiert. Er kennt sein Maß; er überschätzt nicht seine Kräfte. Er kann verzichten, aber er ist seiner gewiß im Rahmen dessen, was er kann und auf sich nimmt. Er läßt sich nicht vergöttern, sondern will überzeugen. Er ist frei und will, daß jeder frei sei. Er erzieht durch den hohen Anspruch seines Daseins an den andern Menschen, daß auch dieser er selbst und frei sei. Er scheitert, wo diesem Anspruch nicht genügt wird. Er hat keine Gebärde persönlicher Größe, setzt sich nicht in Positur. Und bleibt ein begrenzter Mensch. Vielleicht war von dieser Art, ein Mann zu sein, Kennedy, vielleicht Churchill. So meinten wir es zu spüren, als sie lebten. Sie gaben uns Vertrauen. (BRD 117 f.)

Staatsmänner verwirklichen den Gipfel menschlicher Möglichkeiten im Ethos freier miteinander handelnder Menschen. In allem anderen Ethos, so wahr und tief es sein mag, wird der Mensch als Gemeinschaftswesen in der Welt beschränkt, weil er von der Wirklichkeit ausläßt, was ihn nicht angeht. Er wird insofern im weltlichen Sinn unwahr. Religiöse Geborgenheit und religiöses Märtyrertum hat Erstaunliches hervorgebracht, die Werke schöpferischen Geistes sind herrlich wie die natürlichen Schöpfungen des lebendigen Daseins. Staatsmänner aber, die es wirklich sind, erfahren das Menschsein unerbittlich in seinen Grenzen. Sie sind beschwingt von den höchsten Möglichkeiten des Miteinanderlebens im Ganzen. Ihr Tun ist keiner Vollendung fähig, wie Kunst und Dichtung und Spekulation. Es ist in dem ständig sich vollziehenden Wandel der Dinge die Verwirklichung der Menschenwelt in der Zeit.

Wenn so vom Staatsmann gesprochen wird, ist es nur der Entwurf eines Maßstabes. An ihm mißt sich der Mensch. Er selber ist nicht das Maß. Daher ist jeder, und sei er der beste, nur auf dem Wege. (BRD 132 f.)

Wohl aber könnte er[1] auch in seiner gegenwärtigen Position eine mächtige Figur sein durch die geistige Macht eines repräsentativen Denkens und Sprechens aus dem Ursprung der hohen deutschen überlieferten Geistigkeit und Denkungsart, dann durch die Würde und die persönliche Erscheinung vor der Welt bei Wahrnehmung seiner Repräsentationspflichten. (BRD 135)

Ich bin der Meinung, es wäre gut, wenn man diese positiven Dinge, wie die Handlung Lübkes[2], mit großem Ernst auffaßt, heraushebt, in ihren Grundsätzen und Folgen interpretiert. Das würde mithelfen an der Selbsterziehung der Bevölkerung zum politischen Mitdenken und Mithandeln. Sie würden lernen, das Wesentliche zu sehen. (BRD 25)

1 Bundespräsident H. Lübke

2 Lübke hatte die Unterschrift zur Ernennung von Creifeld zum Bundesrichter verweigert.

Eine Politik, die Stiftung von Dauer sein will, ist gebunden an die Wahrheit und die Würde des Menschen. Dieser will Freiheit und Frieden. Aber Freiheit und Frieden ohne Wahrheit gibt es nicht. (A 206)

Nicht von der Friedenspolitik als Weltpolitik möchte ich sprechen, sondern von diesen Voraussetzungen. Erstens: Kein äußerer Friede ist ohne den inneren Frieden der Menschen zu halten. Zweitens: Friede ist allein durch Freiheit. Drittens: Freiheit ist allein durch Wahrheit ...

Friede ist nicht Kampflosigkeit. Aber der Mensch kann den Kampf verwandeln aus gewaltsamem Kampf in den geistigen und in den liebenden Kampf. Der gewaltsame Kampf erlischt in der Kommunikation. Statt Überlegenheit im Sieg ist das Ergebnis die gemeinschaftliche Wahrheit. Durch solchen Kampf miteinander kommt erst jeder zu sich selbst. Der liebende Kampf stellt alle Mittel der Gewalt, auch die Mittel der intellektuellen Gewaltsamkeit, die als stärkere Rationalität der stärkeren Muskelkraft entspricht, dem Partner in gleicher Weise wie sich selbst zur Verfügung und hebt damit ihre tödliche Wirkung auf. (HS 174)

Das letzte Wort bleibt: Die Voraussetzung des Friedens ist die Mitverantwortung eines jeden durch die Weise seines Lebens in Wahrheit und Freiheit: Die Frage des Friedens ist nicht zuerst eine Frage an die Welt, sondern für jeden an sich selbst. (HS 185)

Ich muß verzichten auf die Fragen größter Sorge, deren praktische Beantwortung über das innere Schicksal unseres Volkes entscheidet, die Frage der Erziehung von der Volksschule bis zur Universität und die Frage der Wehrmacht. Immer gilt das gleiche: Daß wir in allem wahrhaftig werden bis in den Grund ist Vorbedingung, daß überhaupt Friede wird, soweit dieser an uns liegt. (HS 182)

Die *Grundlegung unseres neuen Lebens aus dem Ursprung* unseres Wesens kann nur erreicht werden *in restloser Selbstdurchleuchtung.* (HS 121)

Die Selbstdurchhellung als Volk in geschichtlicher Besinnung und die persönliche Selbstdurchhellung des Einzelnen scheint zweierlei. Doch geschieht das erstere nur auf dem Wege über das zweite. Was einzelne miteinander in Kommunikation vollziehen, kann, wenn es wahr ist, zum verbreiteten Bewußtsein vieler werden und gilt dann als Selbstbewußtsein eines Volkes. (HS 130)

Reinigung ist die Bedingung auch unserer politischen Freiheit. Denn erst aus dem Schuldbewußtsein entsteht das Bewußtsein der Solidarität und Mitverantwortung, ohne die die Freiheit nicht möglich ist. (HS 142)

Klärung der Schuld ist zugleich Klärung unseres neuen Lebens und seiner Möglichkeiten. Aus ihr entspringt der Ernst und der Entschluß. (HS 141)

Ohne den Weg der Reinigung aus der Tiefe des Schuldbewußtseins ist keine Wahrheit für den Deutschen zu verwirklichen. (HS 140)

Das Schicksal, als Deutscher geboren zu sein, ist für uns unentrinnbar. Wir müssen es übernehmen. Es ist schrecklich, wenn es zum verborgenen Einverständnis mit den Verlogenheiten oder mit dem Bösen führt. Es kann wundersam zu eigen werden, wenn die Erfahrung der Durchhellung des Dunkeln, des Bösen, der Unwahrhaftigkeiten und des Unheils zur Umkehr führt. Die Erinnerung an unseren ewigen Ursprung wird zu neuem Leben. (HS 364 f.)

Eines wurde mir seit 1933 zum selbstverständlichen Grunde meines deutschen Selbstbewußtseins. Das politische Deutschland, als Kleindeutschland auf Grund der Tendenzen von 1848 durch Bismarck begründet, aus verhängnisvoller Unwahrhaftigkeit umkleidet mit dem Reichsgedanken, der aus dem Mittelalter kam, als Zweites Reich geistig so lügenhaft begründet, wie man damals Bahnhöfe in gotischem Stil baute, ist nicht Deutschland schlechthin, sondern eine, auf die Weltgeschichte gesehen, kurzfristige politische Episode. Deutschland, das ist seit tausend Jahren etwas ganz Anderes, Gehaltvolleres. Der herrliche abendländische Reichsgedanke ging schon im 13. Jahrhundert zugrunde. Was deutsch ist, das ist zusammengehalten nur durch die deutsche Sprache und das in ihr sich kundgebende geistige Leben, die religiöse und sittliche Wirklichkeit, die in ihr sich mitteilt. Dieses Deutsche ist ungemein vieldeutig. Das Politische ist darin nur eine Dimension, und zwar eine unglückselige, von Katastrophe zu Katastrophe gehende Geschichte. Was deutsch ist, das lebt in dem großen geistigen Raum, geistig schaffend und kämpfend, braucht sich nicht deutsch zu nennen, hat keine deutschen Absichten und keinen deutschen Stolz, sondern lebt geistig von den Sachen, den Ideen, der weltweiten Kommunikation. (PuW 357)

Daher wird die Frage ›Was ist deutsch?‹ entschieden dadurch, ob wir durch ständige Kompromisse unseres Ethos verloren gehen oder ob wir die Umkehr finden und die Folgerungen der Umkehr ziehen. (HS 363)

Umkehr gehört zum Menschen als Menschen. Umkehr ist der Ruf der großen Philosophien und Religionen. Umkehr ist aber als Wirklichkeit stets geschichtlich, einmalig. Was die Umkehr für uns Deutsche sei, werden wir nicht geradezu bestimmen. Es ist nicht als ein rational Faßliches planmäßig zu machen. Aber wir können in den Vordergründen Alternativen zeigen, an denen wir spüren: es sind Symptome des Einen, das wir nicht begreifen. Hinter diesen Alternativen als auftretenden Meinungen verbirgt sich ein Kampf um die Wahrheit im Selbstsein der deutschen Menschen. (HS 360 f.)

Aber trotzdem: die Aufgabe unserer Situation ist geblieben. Wahrheit und Würde unserer Existenz ist auf unsere Umkehr gegründet, nicht schon auf Leistungen der Wirtschaft und Bundeswehr. Erst durch die Umkehr finden wir den Weg in die Zukunft, zum Bau eines freien Staates freier Bürger. Dazu haben wir trotz materiellen Wohlergehens jetzt nur Ansätze. (HS 347 f.)

Was längst im einzelnen Menschen da war, aber ohnmächtig blieb, ist nun zur Bedingung für den Fortbestand der Menschheit geworden. Ich glaube nicht übertreibend zu reden. Wer weiterlebt wie bisher, hat nicht begriffen, was droht. Es nur intellektuell zu bedenken, bedeutet noch nicht, es in die Wirklichkeit seines Lebens aufzunehmen. Ohne Umkehr ist das Leben der Menschen verloren. Will der Mensch weiterleben, so muß er sich wandeln. Denkt er nur an das Heute, so kommt der Tag, mit dem der Atomkrieg beginnt, durch den wahrscheinlich alles ein Ende hat. (HS 163 f.)

Die Macht der Wahrheit ist nicht kalkulierbar. Aber sie wird zwischen Totalitarismus und Freiheit entscheidend sein. Die Selbstbehauptung der freien Welt fordert, daß sie in sich durch unablässige Selbsterziehung wahrhaftiger wird. Das ist schwer und nicht zu planen. (AZM 143)

Die Wahrheit fordert Wagnis. Ohne Wagnis kann keine große Politik sein. Dies Wagnis ist unverantwortlich, wo es Abenteuer und Hazardspiel wird. Es ist, wo es auf wirkliche Verantwortung sich gründet, Bedingung auf einem zielbewußten politischen Weg. Die Parteien und Politiker müssen ihre eigene Existenz wagen, um auf dem Wege über Einsicht und überzeugende Leitvorstellungen in jedem konkreten Fall den denkenden Willen im Volke zu gewinnen. Ohne das kann keine Politik zum Heil von Volk und Staat gelingen. Das Vertrauen, auf die Dauer auf dem Wege der Wahrheit obzusiegen, zeigt sich in der Geduld, die sich bewährt im Urteil und im Handeln. (BRD 280)

Wir müssen in dem Bewußtsein der totalen Bedrohtheit leben, die wir nicht aufzuheben vermögen. Eine andere Lebensstimmung als die des banalen Glücks und der bodenlosen Angst ist gefordert. Wir wollen lieber in der Wahrheit als im Wahne leben. Wir wollen die Möglichkeit der Steigerung des Menschen durch Erfahrung der Grenzsituation nicht verlieren.

Wir wollen einen Sinn unseres Schicksals gewinnen. In der Wirklichkeit der Geschichte kann der Mensch durch Bescheidung größer werden. (BRD 256)

Was aber ist Freiheit? Äußere Freiheit eines Staates und innere Freiheit durch seine Regierungsart haben Bestand durch die existentielle Freiheit der einzelnen Menschen. (HS 175)

Die politische Freiheit ist eine erkennbare Realität. Der Wille aber zu dieser politischen Freiheit ist selber ein Akt der existentiellen Freiheit. Die politische Freiheit ist nicht identisch mit diesem Willen. Die existentielle Freiheit, von der die Rede war, gibt es, wo Menschen sind. Sie ist vorpolitisch und überpolitisch. Sie ist die persönliche Freiheit des Selbstseins und scheint möglich auch in Zuständen politischer Unfreiheit. Sie ist überall möglich, solange ein Mensch als er selbst da ist ...

Die Trennung der beiden Freiheiten darf uns nicht täuschen. Politische Freiheit ist nicht daseinsfähig ohne die Leidenschaft aus dem Ursprung existentieller Freiheit. Politische Freiheit wird substanzlos und verschwindet, wo sie nicht bezogen ist auf die tiefere Freiheit des Menschen als Menschen.

Aber auch existentielle Freiheit ist in ihrer Verwirklichung in der sichtbaren Erscheinung gefährdet oder schließlich vielleicht unmöglich, je mehr die politische Unfreiheit von der Art ist, daß sie den ganzen Menschen und die gesamte Bevölkerung in allem, was getan und gelebt wird, unter Zwang setzt. (AZM 296)

Alle Freiheit liegt im *einzelnen* Menschen. Was durch Freiheit geschehen soll, kann nicht abgewälzt werden auf Vorgänge, Einrichtungen, soziologisch erkennbare Kausal- und Sinnzusammenhänge. Die Freiheit liegt in der Tiefe, vor der alle jene Zusammenhänge zu Vordergründen werden. Sie kann nur vom Einzelnen, von vielen Einzelnen ausgehen, die sich, die äußeren Gemeinschaftsgebilde überschreitend, in der Kommunikation von Mensch zu Mensch erst eigentlich begegnen. (AZM 308)

Freiheit beginnt als Freiheit des einzelnen, gewinnt gemeinschaftliche Gestalt in der republikanischen Regierungsart, behauptet sich gegen Unterdrückung durch fremde Staaten. Im Ganzen dieser drei Momente ist Freiheit wirklich. (HS 175)

Wenn wir Menschen sind, müssen wir auf uns nehmen die Freiheit und damit die Verantwortung. Wir dürfen uns nicht beruhigen. (AZM 469)

Die Paradoxie der Vernunft ist: offen zu sein und dadurch die Freiheit zu bewahren, und hinzulenken auf die Entscheidung in der geschichtlichen Konkretheit des Augenblicks und dadurch sich zu binden. (AZM 314)

Wir leben in der paradoxen Situation: Nur in Freiheit können wir eigentliche Menschen werden, aber freigelassen geraten wir auf Wege des Verderbens. (AZM 311)

Freiheit ist unablösbar von Autorität; substantielle Freiheit hat ihren Gehalt durch geschichtliche Überlieferung; Freiheit ist gebunden an gehaltvolle Ordnung aus der Gemeinschaft in der Freiheit. (AZM 297)

Wenn in der totalitären Welt die politische Freiheit zerstört, die innere Freiheit in einem noch nie dagewesenen Maße bedrängt wird, dann ist die Frage, ob die politische Freiheit, als Bedingung aller Freiheit in der Welt, sich entfaltet und dann ohne Gewalt, die gegen ihr Wesen ist, durch Überzeugungskraft in den Menschen, schließlich aller Menschen verwirklicht wird. In der politisch freien Welt wird heute entschieden, ob Befreiung zur Freiheit führt oder nicht.

Es gibt keine zureichende Antwort durch das Ausdenken eines historisch-soziologischen Verlaufs, keine durch ein vermeintliches Wissen von der Realität der Menschen, wie sie nun einmal sei. Antwort wird zuletzt und allein geben der Entschluß der einzelnen Menschen. Wie der Mensch als Einzelner und in gemeinschaftlichem Willen aus Freiheit seine Freiheit gestaltet, das liegt an ihm.

Jeder ist allein sich selbst der Beweis für das, was möglich und was nicht möglich ist. Dieser Beweis entspringt und gewinnt Kraft in der Kommunikation. Die Wirklichkeiten von Menschen, die sie selbst sind, werden gleichsam eine Garantie für die Chancen. (PGO 444)

Es ist fraglich, wie weit der Mehrheit der Menschen auch in den freien Staaten innerlich Zuverlässigkeit der Freiheit eigen ist. Man spricht auf der ganzen Welt von Freiheit. Selten aber sind die Rufenden sich klar, was sie darunter verstehen, insbesondere, was sie mit politischer Freiheit meinen. Im Namen der Freiheit wird getan, was Freiheit unmöglich macht. Auch in der freien Welt ist ein hohes Maß der freiheitsfeindlichen Mächte wirksam. Es bedarf in ihr selber eines sittlich-politischen Schwunges der Selbsterziehung, um das kostbare Gut der Freiheit zu retten durch ständige Neuerzeugung. Diese Freiheit wurde von Griechen und republikanischen Römern zuerst geschaffen. Sie ist außerhalb Europas nie spontan aufgetreten. (A 54)

Auch darüber dürfen wir uns nicht täuschen: Was immer in der freien Welt getan wird gegen die Grundsätze der Freiheit, das zerstört sie nicht nur dort, sondern zerstört auch den Glauben an sie seitens der anderen Welt. Verwahrlost das Freisein, so ist es unmöglich, die Freiheit zu erhalten. Freiheit ist kein Besitz, sondern muß immer von neuem, wie im sittlichen Prozeß der einzelnen Menschen, so im sittlichen Prozeß des Staatswesens wiederhergestellt werden. Wir sollen nicht vergessen: Die Freiheit in der Welt kann verloren gehen. Die Wahrscheinlichkeit, daß es geschieht, ist im Wachsen.

Die Welt der freien Staaten lebt in einem Zustand der größeren Chancen auf dem Weg zur Freiheit, aber nicht schon in Gestalt eines Vorbildes. Die politische Verantwortung für die Freiheit der Menschheit überhaupt dadurch, daß die Freiheit im eigenen Bereich sittlich und sittlich-politisch wirklich wird, ist die größte, die es heute gibt. (A 60)

Der Selbstbehauptung können wir nur vertrauen, wenn wir wirklich zur eigenen Freiheit gelangen. Die innere Umkehr – von den einzelnen Menschen immer wiederholt – erzeugt den existentiellen Grund der politischen Freiheit. Ohne ihn wäre sie ein Kartenhaus. (PA 149)

Erst in der Hingabe an Wahrheit ist erfüllte Freiheit möglich. Kein Friede ohne Freiheit, aber keine Freiheit ohne Wahrheit. Hier liegt der entscheidende Punkt. Freiheit ist leer, wenn nicht die Wahrheit gemeint ist, der sie entspringt und der sie dient. (HS 176)

Der Staatsmann – Repräsentant und Erzieher des Volkes

Der Politiker steht in der Welt, die nicht richtig einzurichten ist, an der Grenze des Erkennbaren, handelnd aus immer unzureichendem Wissen, gegründet in einer geglaubten Substanz, für deren Selbstbehauptung gekämpft wird. (AZM 78)

Der Politiker wird zum Staatsmann dadurch, an welche Antriebe im Volke er sich wendet. Er ruft aus der Tiefe nicht den Wahn und die Wildheit, nicht die Dummheit und Verführbarkeit, sondern die Vernunft der Völker. Er gibt den Interessen ihr Teil, aber begrenzt ihre Ansprüche. (HS 251)

Für den vernünftigen Staatsmann ist die Politik selbst das Ethos. Im Großen des Staatslebens zeigt er, was der Einzelne in der Masse dieses Volkes ist und tut. Der vernünftige Staatsmann ist nur durch die Vernunft im Volke möglich, die er zur Wirkung zu bringen vermag durch Treue und Dauer in der Gemeinschaft der Vernünftigen. Das Einssein von Politik und Ethos ist ihm das Ursprüngliche, das erst in der Reflexion getrennt wird. Wenn dann gefragt werden kann, was ein Staatsmann nie tun, unter keinen Umständen in Kauf nehmen kann, so ist die Antwort nur formal. Er kann das nicht tun, wodurch er den Sinn seiner sittlich-politischen Aufgabe selber preisgeben würde. Was den Sinn seines Tuns – Einheit von Ethos und Selbstbehauptung – zerstört, verwirft er, wenn Situationen und bloße Politiker es ihm nahelegen. Er operiert im Umgang mit dem Vernunftwidrigen aus der Führung durch Vernunft. In welchem Umfang er dabei selbst wissend in das Vernunftwidrige sich glaubt einlassen zu dürfen, ist aus keinem Satz in concreto abzulesen. (AZM 333 f.)

Er findet die Sprache, mit der er die inneren Motive in den unzähligen Einzelnen erreicht, sie erhellt und erweckt – und mit ihnen ein öffentliches Bewußtsein erzeugt. Er bringt in die Seele der Menschen, worauf es ankommt, durch einfache Sätze, die die Realitäten treffen, die logisch begründen, die bildhaft vertreten. (AZM 330)

Ein Staatsmann aber wäre heute der Mann, der wüßte, daß der politische Gang, der zur Rettung führen soll, gebunden ist an eine Umkehr des Menschen. Zwar wäre es Tollheit, nun so zu handeln, als ob die Menschen diese Umkehr schon vollzogen hätten. Aber er kann in seiner Person glaubwürdig vor Augen stellen, daß er selbst diese Umkehr vollzieht, daß er auf ihrem Grunde seine Ziele ausspricht, seine Gründe mitteilt, seine Schritte tut. Er antwortet den Menschen, dem eigenen Volke, jedermann. Er läßt nicht zu, daß sie gedankenlos ausweichen und verderben. Er ist offen, ohne Hintergedanken. Er verlangt, daß die anderen sehen lernen. Unablässig macht er aufmerksam auf das Wesentliche, die Rangordnung der Dinge, die Realität der Lage. (AZM 329 f.)

Staatsmänner sind aber nicht, wo sie groß sind, isolierte Phänomene. Sie ziehen Menschen gleichen Ranges an, lassen sie zur Geltung kommen, durch Teilnahme an den Geschäften lernen. Wenn man hier von einer Schule der Staatsmänner reden will, so bedeutet das persönliche Überlieferung im Geist einer Gemeinschaft, durch die das politische Denken als ein universales Denken geübt wird, das direkter Lehre sich entzieht. (AZM 330)

Der Staatsmann weiß: Es müssen Persönlichkeiten auftreten, in denen ein Volk sich wiedererkennt, die ihm sagen, was ist und was wünschbar und was zu tun ist. Und dies sagen mehrere, in verschiedener Weise, zur Prüfung seitens des Volkes. Dadurch soll jeder Einzelne im Volke, geistig lebendig, politisch fragen und denken lernen. Er soll zum Bewußtsein der Lage in seinem Bereich und im Großen kommen und sich klar werden, was er will. Das politische Ringen um die Stimmen des Volks ist dem Staatsmann daher von vornherein Erziehung des Volkes, eine für die politische Freiheit selber zu ihrer Selbstbehauptung unumgängliche Erziehung.

Diese Situation aber gibt mehrere Möglichkeiten: Die Erziehung zur Vernunft und die Bezauberung auf dem Weg des Verderbens und die nivellierende Führungslosigkeit einer nur noch formalen Demokratie ohne politische Erziehung des Volkes. (AZM 332)

Der Staatsmann, der die Selbstbehauptung seines Staates und Volkes will, will zugleich mit ihr das Ethos des Volks, dessen Selbstbehauptung erst dadurch ihren Gehalt und Wert hat. Der Staatsmann ist, was auch immer er tut und sagt, Erzieher seines Volkes, zum Bösen oder zum Guten. Er wirkt aus dem Überpolitischen hinein in die Selbstbehauptung durch Politik und von da zurück ins Überpolitische.

Vertrauen und Kritik. – Man neigt zum Gehorsam gegen den vertrauenerweckenden großen Staatsmann. Man erhebt wie selbstverständlich die Forderung, daß einem ein guter Staatsmann, wer weiß woher und warum, geschenkt werde. Dann wäre man aller eigenen Verantwortung ledig. Dementsprechend gibt es die Regierungen, die als Erstes, als sittlich-politisch zu Forderndes erwarten, daß man ihnen Vertrauen schenke.

Aber der große Staatsmann, eins mit dem Volke, sein Repräsentant und Erzieher zugleich, verlangt nicht bedingungsloses Vertrauen. Er legt die objektiven Möglichkeiten und seine Motive offen dar und fordert selbst die Kritik heraus. Nur dadurch wird das Volk mitverantwortlich. Er meint keineswegs, daß das Amt, das er einnehme, als solches schon Vertrauen verdiene.

Politische Handlungen können aber ganz nur verständlich sein, wenn man weiß, was der Staatsmann weiß. In der Situation der Not, im Druck des Augenblicks, in einem Kampf, dessen Erfolg ein Schweigen voraussetzt, bedarf der Staatsmann eines Vertrauens derer, die im Augenblick nicht alles wissen können. Dann muß der Staatsmann sagen: Vertraut mir und laßt mich handeln und gehorcht – aber zugleich dem Sinne nach hinzufügen: Am Ende zieht mich zur Rechenschaft.

Dieses Vertrauen, das das Volk einem Staatsmann schenkt, ist selber verantwortlich, zunächst schon auf dem Wege, der den Staatsmann zur Höhe gelangen läßt, und dann auf Grund des erworbenen Vertrauens in den Zeiten der geschichtlichen Entscheidungen. Im Volk soll die Forderung bleiben, mitwissen zu wollen und begründet zu hören, im Augenblick, was irgend möglich ist, auf die Dauer alles. (AZM 334 f.)

Hat der Staatsmann durch sein Dasein, sein Handeln, seine Sprache, seinen Erfolg Verehrung und Liebe und Dankbarkeit sich erworben, so darf er trotzdem nicht vergöttert werden. Es gehört zum Wesen des vernünftigen Staatsmannes, daß er eine solche Vergötterung selbst verwehrt. Er weiß nicht nur, daß er sich irren kann. Er würde bei solcher Haltung eines Volkes zu ihm den Sinn seines politischen Tuns, das Wirken für die Freiheit, zerstört sehen. (AZM 335)

Der vernünftige Staatsmann weiß, daß der Kampf um Freiheit und totale Herrschaft vordergründige, aber als je augenblickliche zwingende Realität, seine militärische und politische Seite hat, und erwägt täglich, was zur Selbstbehauptung zu tun ist. Aber er weiß auch, daß im Grunde geistig-sittlich gekämpft und auf die Dauer entschieden wird. Mit diesem Wissen sieht er die Erziehung. In ihr ist organisatorisch das Größte zu leisten. An ihr liegt nicht nur der geistige Rang der kommenden Generationen, sondern heute die Entscheidung zwischen Freiheit und totaler Herrschaft, und am Ende das Dasein der Menschheit überhaupt. (AZM 337 f.)

Ein großer Staatsmann, der immer zugleich politischer Erzieher seines Volkes ist, ist ein Geschenk des Schicksals. Mit ihm kann man nicht rechnen, wohl aber den Staat so strukturieren, daß ein solcher Mann, wenn er auftreten würde, auch eine Chance zur Macht hätte. (A 190)

Die Idee des verantwortlichen Staatsmanns ist nur zu verwirklichen, wenn sie ihr Echo in einem Volke findet, das fähig und gewillt ist, die Verantwortung mitzusehen und mitzutragen. (AZM 78)

Mängel und Möglichkeiten der Bundesrepublik

... die Bundesrepublik hat heute noch die Chance, zu einer wirklichen Demokratie zu werden, die ihrer Natur nach nur im Inneren der Bürger durch Selbstbesinnung, Selbsterziehung und Umkehr sich gründen kann. Dann erst ist die Verfassung der einzig feste Ort, eingeschrieben in die Herzen der Bürger, von ihnen gekannt und geschützt als das, woran alle Freiheit hängt. Dann erst gelten die Spielregeln mit dem Ernst, der aus der Solidarität der Freiheit noch im schärfsten politischen Kampf entspringt. Dann erst sind die Parteien Werkzeuge des Staats, und nicht der Staat ein Mittel der Parteimacht. (HS 19 f.)

Die Demokratie der Bundesrepublik wandelt sich vor unseren Augen. Es werden Wege beschritten, an deren Ende es weder eine Demokratie noch einen freien Bürger geben würde, vielleicht ohne daß die, die sie gehen, dieses Ende wollen. Diese Wege sind nicht unausweichlich. Aber nur ein zur Freiheit drängendes, seiner selbst darin bewußtes Volk kann die Demokratie in freier republikanischer Verfassung, die bisher nur eine Chance ist, verwirklichen. (BRD 127)

Die Grundfrage geht auf die *Struktur der Bundesrepublik*. Die Antwort scheint einfach. Man studiert das Grundgesetz, die Institutionen und Ordnungen des Staates. Zur Information dient etwa das ausgezeichnete Lehrbuch von Theodor Eschenburg ›Staat und Gesellschaft in Deutschland‹. Es schult im institutionellen Denken, zumal in Verbindung mit seiner Aufsatzsammlung ›Zur politischen Praxis der Bundesrepublik, Kritische Betrachtungen 1957–1961‹, einer Kasuistik jeweils aktueller Herkunft, durch die der Leser sich übt.

Was aber wirklich geschieht, ist dadurch noch nicht bestimmt. Was die Menschen tun, die in diesen gegebenen Strukturen leben und was sie aus ihnen machen, ist nicht aus dem Grundgesetz vorauszusehen.

Das Treibenlassen durch Zufälle führt zum Chaos. Gründend und bauend aber ist die Idee des Staates, die den freien Bürgern und ihren Vertretern vorschwebt (nicht als eine Summe gelernter Floskeln, sondern als Wirklichkeit ihrer Motive). Das Chaos führt zur Diktatur, die Verwirklichung der Idee zur politischen Freiheit. Diese Verwirklichung der Idee gegen das Chaos müßte in jeder besonderen Maßnahme, jedem Regierungsakt, jedem Parlamentsbeschluß, jeder Diskussion je nach ihrer Weise zur Geltung kommen. Von den Antrieben der Bürger und Politiker, von den Ideen, die sie führen, läßt sich nicht mit der Bestimmtheit sprechen, wie von Institutionen, die selber auf solche Grundmotive zurückgehen, die sich in ihnen Objektivität und Festigkeit verschaffen. Mit dem Aussprechen von Grundmotiven wird nicht erkannt und definiert, sondern aufmerksam gemacht, nicht nur eine Sache gezeigt, sondern an Freiheit appelliert. Die Struktur des Staates hat daher zwei Seiten: einerseits das institutionell Festgelegte und die Gesetze, andrerseits das, was mit ihnen und durch sie geschieht auf Grund der Motive der Menschen, denen sie entsprungen sind, oder auf Grund anderer diesen widersprechender Motive, die die Institutionen mißbrauchen. (BRD 129)

Die *Parteien* sind Organe des Volkes. Sie sollen aus dem Volke durch freie Initiative hervorgehen. Der Artikel 21 sagt: »Die Parteien wirken bei der politischen Willensbildung des Volkes mit«. Jedoch: Man kann kaum behaupten, daß in der Bundesrepublik eine politische Willensbildung des Volkes stattfindet. Die Unkenntnis der meisten ist erschreckend groß. Die Parteien informieren und unterrichten das Volk nicht und erziehen es nicht zum Denken. Bei den Wahlen operieren sie nach Prinzipien der Reklametechnik. Ihre Handlungen bedenken die materiellen Interessen von Gruppen, deren Stimmen sie erwerben möchten. (BRD 130)

Unsere zwei großen Parteien haben beide einen politisch unwahrhaftigen Grund. Die eine gründet sich auf den von ihr faktisch preisgegebenen Marxismus und gerät dadurch in die Konfusion ihres Denkens. Die andere Partei nennt sich christlich, während sich doch eine politische Partei auf den biblischen Glauben nicht redlich gründen läßt; das bringt in diese Partei etwas existentiell Verwirrtes. Mit der politischen Selbsterziehung würden die großen Parteien aufhören, Weltanschauungsparteien zu sein. Sie würden auf dem gemeinsamen Boden des Staats republikanischer Regierungsart stehen und das politische Gewissen für die gemeinsamen Bedingungen der Freiheit haben. Der Kampf würde durch politische Argumente stattfinden und durch die Glaubwürdigkeit der politischen Persönlichkeiten. So würde das Volk nicht mehr düpiert. Aufhören würde das Ungenügen an den Parteien, die durch eine winzige Schicht von Parteipolitikern die Regierung des Landes fast wie ein Fremdkörper an sich genommen haben. Bei den Wahlen verschwände das Gefühl des Zwangs, zwischen zwei Übeln unwillig wählen zu müssen. Die Oppositionspartei würde ein mitwirkender Faktor eigener Verantwortung. Von beiden Seiten würden die politischen Probleme aus der Sache entwickelt, nicht wahltaktisch konstruiert. (HS 181 f.)

In der Gesinnung der Politiker wirkten von vornherein auch antidemokratische und antiliberale Mächte. Es fehlte vor allem der gemeinsame Boden der Parteien als der Instrumente des einen Volkes dieses einen Staates, die sich als solche anerkennen. Man kämpfte gegeneinander, indem man sich die gemeinsame Treue zu diesem Staat absprach. Schumacher nannte Adenauer den ›Kanzler der Alliierten‹. Adenauer erklärte die Sozialdemokraten als Gefahr für den Bestand des Staates.

Die Folge war, daß sich keine politische Opposition im Sinne der parlamentarischen Demokratie entwickeln konnte. Entweder blieb die Opposition außerhalb, nur ›gegen‹. Oder sie suchte Anpassung, ein Gleichwerden mit der anderen herrschenden Partei, um dadurch Stimmen zu gewinnen und zur Macht zu kommen. Das Volk aber entbehrte völlig die politische Denkerziehung durch den offenen geistigen Kampf der Parteien. Die Mehrzahl neigte daher dazu, beim Gewohnten zu bleiben, zumal es wirtschaftlich gut ging. Politik als Politik, die große Politik und der gemeinsame Schicksalsweg des gemeinsamen Daseins zur Freiheit traten nicht in das Bewußtsein des Volkes. (BRD 137 f.)

Er[1] allein kann heute seine unerhörte Autorität einsetzen, um wirksam die politische Erziehung der Deutschen einzuleiten. Er hat die Macht, das Außerordentliche zu wagen, allerdings unter dem Risiko für seine Machtposition selber. (HS 274)

Hat er es sich selber mit den geschickten Manipulationen geistig und ethisch zu leicht gemacht, gemessen an der staatsmännischen Aufgabe, mit der Politik zugleich das Volk zur Selbsterziehung zu bringen? (HS 277)

Wir charakterisieren die Parteienoligarchie. Sie bewahrt zunächst eine Vielheit der Parteien sowohl gegen das Einparteiensystem der Diktatur wie gegen die freie Parteienbildung einer lebendigen Demokratie. Sie schafft die autoritäre Regierung durch eine Minderheit der Staatsbürger, die sich selbst zu Politikern, einem aussichtsreichen Job, ernannt haben. Diese in sich jeweils geschlossene Minderheit beherrscht die überwältigende Mehrheit des Volkes.

Der Wille der echten Demokratie, in der sich die republikanische Verfassung der Freiheit konstituiert, würde sich zuerst an die Besten, die Denkenden, die Urteilsfähigsten, die Sehenden, in der Tat an eine Minorität wenden, aber an eine solche, die die politische Aristokratie im Wortsinn, nicht im Sinne von Geburt und Herkunft, wäre. Demokratie ist ihrem Sinn nach zugleich aristokratisch. Von dieser sich ständig erneuernden Aristokratie geht der Einfluß auf die Umgebung, beginnend in den kleinsten Kreisen, schließlich auf die gesamte Bevölkerung. Man

[1] Adenauer

muß das Volk nur freilassen, es nicht in Parteien an Ketten legen und nicht an die Stelle des Volkes die Masse setzen, etwas Durchschnittliches, zu Manipulierendes.

Die Parteienoligarchie dagegen wendet sich unmittelbar an die Massen. Sie spielt die Anonymität der großen Zahlen gegen jeden Einzelnen aus. Sie hat es mit der Mehrzahl zu tun, aber wesentlich nur bei den Wahlen. Bei ihnen wird nicht über die schon fest bestehende, aber verborgene Solidarität der Parteienoligarchie entschieden, sondern nur über den verhältnismäßigen Anteil der Parteien an ihrem Familienbesitz, dem Staat. Wie der Wahlkampf geführt wird, an welche Instinkte er sich wendet, das charakterisiert diese Herrschaft.

Demokratie heißt Selbsterziehung und Information des Volkes. Es lernt nachdenken. Es weiß, was geschieht. Es urteilt. Die Demokratie befördert ständig den Prozeß der Aufklärung.

Parteienoligarchie dagegen heißt: Verachtung des Volkes. Sie neigt dazu, dem Volke Informationen vorzuenthalten. Man will es lieber dumm sein lassen. Das Volk braucht auch die Ziele, die die Oligarchie jeweils sich setzt, wenn sie überhaupt welche hat, nicht zu kennen. Man kann ihm statt dessen erregende Phrasen, allgemeine Redensarten, pompöse Moralforderungen und dergleichen vorsetzen. Es befindet sich ständig in der Passivität seiner Gewohnheiten, seiner Emotionen, seiner ungeprüften Zufallsmeinungen. (BRD 139 f.)

Ein Symptom des Zustandes in der Bundesrepublik ist es, daß so außerordentlich wenige Menschen Verantwortung im Ganzen zu übernehmen fähig und bereit sind. Alle sind begierig, irgendwo Rückendeckung zu haben, wollen nicht auf sich nehmen, wofür sie sich verantworten müssen, wagen es nicht, eigenständig sie selbst zu sein, Entschlüsse zu fassen mit dem Ernst: Hier stehe ich, ich kann nicht anders, und dafür zu haften. Die wirtschaftlich führenden und die überall sonst auftretenden, mit Recht angesehenen Männer tun, was sie leisten, in ihrem besonderen Bereich. Alle erwarten, daß etwas über ihnen steht, die Regierung, der Staatsmann. Sie weichen zurück vor der höheren Aufgabe, im Ganzen des Schicksals, das heißt politisch, Führung und Verantwortung zu übernehmen. Das Vakuum aber wird dann ausgefüllt von Männern, die diesem Anspruch, den sie vielleicht gar nicht recht erfassen, Genüge zu leisten, sich zutrauen. In ihrem unerschütterlichen, aber faktisch unbegründeten Selbstbewußtsein werden sie von all diesen hilflosen Untertanen anerkannt, Gestalten, die sich alles erlauben dürfen. – Wenn die persönliche Verantwortung der Staatsbürger durchweg ausbleibt und abgeschoben wird, dann wollen sie, ob sie es zugeben oder nicht, Gehorsam. Der Weg zuerst zur autoritären Herrschaft, dann zur Diktatur ist gebahnt.

Die Folge ist: Das politische Denken im Leben der Bevölkerung wie der Regierenden ist gelähmt. (BRD 150)

Darüber hinaus ist aber die Frage: Können wir es uns schon zutrauen, uns im Inneren allein durch uns selbst zu schützen gegen die freiheitswidrigen Mächte und gegen den vielleicht fast unmerklichen Umsturz durch das Instrument der Notstandsgesetze? Zu wenig Deutsche, auf deren Freiheitssinn Verlaß wäre, sind in den Schlüsselstellungen. Was die anderen heute schon reden und tun, ist erschreckend. Dazu kommen Fakten wie die große Abonnentenzahl der ›National- und Soldatenzeitung‹. Wir müssen uns, solange es noch nötig ist, vor uns selbst schützen. Der absolute Souveränitätswille wird am schärfsten von den freiheitsfeindlichen Kräften vertreten.

Die Sicherung gegen solches Unheil wird auf die Dauer nur durch Erziehung, durch den öffentlichen Geist, durch zweckmäßige Institutionen erfolgen. Und sie wird um so klarer, je entschiedener auf jeden Ansatz reagiert wird, der zum Freiheitsverlust führt. (BRD 154)

Es ist fast ein Wunder, wenn es anders sein kann. Denn Gewalt ist überall für das Bestehen der Staaten in irgendeinem Punkt unerläßlich. Daß diese Gewalt auf ein Minimum reduziert und in rechtlich gelenkten Formen gebändigt wird, das ist das Wunder, ist die Ausnahme, die der Kraft des politischen Freiheitswillens eines Volkes verdankt wird. Wo die politische Freiheit der Menschen, die immer auch die Freiheit der vielen Einzelnen ist, versagt, entwickelt sich aus der Demokratie erst die Herrschaftsform verringerter Freiheit, dann die Aufhebung der Freiheit. Die Freiheit aber muß durch Erziehung, Überlieferung, Übung und Wagnis stets neu erworben werden. (BRD 169)

Das *Grundgesetz* ist eine sorgfältig durchdachte, ausgezeichnete Arbeit denkender Staatsrechtler und Politiker. Es enthält die überlieferten Grundgedanken der parlamentarischen Demokratie, das Bekenntnis zu den Menschen- oder Grundrechten, die es als unantastbar, als durch keine künftige Parlamentsmehrheit zu ändern, fixiert. Es steht unter dem Druck der Erinnerung des NS-Unheils, blickt auf die Dinge, die zu 1933 führten, gibt der Institution, der Weimarer Verfassung die Schuld, und möchte eine Wiederholung institutionell unmöglich machen. Daher ist sein Grundantrieb: Sicherung. Ein Mißtrauen gegen das Volk führt die Gedanken. Es fehlt der Sinn für das Wesen der großen Politik, für die Ungewißheit der Freiheit im Sturm der Geschichte. Die Freiheit gedeiht im Wagnis, in der Wahrhaftigkeit gegen sich selbst, in der sittlichen Verantwortung. (BRD 175)

Erst wenn das Grundgesetz lebendige Verfassung ist, stellt sich der Staat mit ihr auf sich selbst. Durch seine Verfassung schafft er den unantastbaren, jedem Bürger bewußten Bezugspunkt für den Rechtszustand und das politische Handeln.

Die sittlich-politische Grundlage der Staatsgemeinschaft kann heute weder der christliche Glaube noch eine Art des Marxismus, noch irgendeine Weltanschauung sein, sondern nur das, was alle Staatsbürger gemeinsam bejahen können, die politische Freiheit als Idee, durch die die Daseinsgrundlagen behauptet werden, auf denen dann die Freiheit der einzelnen Menschen in ihrer Mannigfaltigkeit der Glaubensweisen und Lebensformen, der geistigen Kämpfe und der Selbsterziehung gedeihen kann. Leugnet man diese Möglichkeit, dann bleibt keine Hoffnung für politische Freiheit.

Der Sinn der Bürger für die Unantastbarkeit der Verfassung ist das Fundament des politischen Daseins und der möglichen Sicherheit. Es ist der einzig schützende Hort der Freiheit. (HS 246)

Eine Verfassung braucht die einfachen, sich sogleich als überzeugend einprägenden Sätze. Sie ist selber ein Mittel der politischen Erziehung. Erst als Folge des in ihr sich kundgebenden Grundwillens geschieht die juristische Festlegung von Normen. (HS 250)

Man hat von einem *Vakuum* unseres politischen Bewußtseins gesprochen. Wir haben in der Tat noch kein in den Herzen gegründetes politisches Ziel, kein Bewußtsein, auf einem selbstgeschaffenen Grunde zu stehen, keine Beschwingtheit durch den Willen zur Freiheit. Wir haben nicht einmal das Bewußtsein von dem Felsen des Grundgesetzes, ohne das alles anarchisch oder diktatorisch würde. Die Bevölkerung läßt sich eine Verletzung der Grundrechte, deren Sinn als Bedingung unserer Menschenwürde und Bürgerehre sie nicht begriffen hat, gefallen. Unser Volk ist noch nicht demokratisch gesinnt. Wir haben eine parlamentarische Regierungsform, die man Demokratie nennt, die sich jedoch so eingespielt hat, daß sie das demokratische Bewußtsein eher verdunkelt als fördert, das Verantwortungsgefühl der Bürger nicht nur nicht anspricht, sondern lähmt. Sie verhindert, ›Bürger‹ zu werden. (BRD 178)

Wo die sittlich-politischen Entscheidungen je im einzelnen Menschen fallen, wo die Umkehr gewonnen wird aus Irrtum, Illusion und verkehrten Antrieben, da ist der Geist als dritte Kraft zwischen Regierung und Volk gegenwärtig. Sie könnte auch das Denken in den Parteien mitbestimmen, es aus der Dumpfheit herausheben. Sie ist das Schöpferische und Erfinderische, wenn auch bloß in Gedanken und Vorstellungen. Sie ist die demokratische Öffentlichkeit, in der und mit der die Urteilskraft der Bürger geübt wird. Durch sie gewinnen die Menschen Liberalität und Vernunft zu eigen.

Regierung und Parteien haben bei uns bisher die Tendenz, diesen Geist als dritte Kraft, diesen Ursprung der Helligkeit des Denkens und

Fühlens, unwirksam zu machen. Diese Tendenz scheint zu wachsen.

Die deutschen politischen Schriftsteller, soweit sie auf den Wegen vernünftiger Einsicht gehen, halten es für sinnvoll, die Tatsachen aufzudecken, um Wahrheit sich bedingungslos zu bemühen, die Öffentlichkeit ihres Denkens selber für ein Zeichen der Möglichkeit der Freiheit zu halten. Sie erwarten, ohne selber zu handeln, daß sie mitwirken am politischen Denken des Volkes und seiner Parlamentarier. (BRD 180)

Wo die neue politische Konzeption noch ausbleibt, da herrschen zum Ersatz der Vergangenheit entnommene Fiktionen. Wir hatten ein preußisches Kleindeutschland, den Bismarckstaat, der sich unwahrhaftig als das Zweite Reich auf das erste mittelalterliche Reich bezog. Dieser Staat, fälschlich mit dem Titel ›Reich‹ versehen, brachte uns weder politische Freiheit noch politische Erziehung, aber eine staunenerregende wirtschaftliche Blüte durch führende Teilnahme an der technischen Entwicklung des Zeitalters, eine apolitische herrliche Liberalität des Lebens, eine großartige wissenschaftliche Entfaltung, eine epigonenhafte Bildung. Es liegt ein Glanz über diesem Staat, dessen Täuschung Nietzsche und andere Einzelne früh erkannten, zuletzt Theodor Mommsen in seinem ergreifenden Testament mit Bitterkeit aussprach. (HS 181)

Daher ist die Voraussetzung eines sinnvollen politischen Denkens das Ja zur Bundesrepublik mit dem Willen, sie aus sich selber zu wandeln, das heißt die Revolution der Umkehr im inneren Handeln der Staatsbürger, dann im Staat durch die legalen und legitimen Mittel der Demokratie zu verwirklichen. (BRD 190)

Für den neuen Staat ist die *Umkehr der Denkungsart* notwendig. Eine der größten Gefahren ist das Dulden seitens der Untertanen, die in ihrem Dasein zufrieden sind, solange sie teilhaben am Wohlstand. Sie fühlen sich nicht mitverantwortlich für den Gang der Politik, sondern sind gefügig. (BRD 191)

Staat, Mensch und Erziehungswesen

Wenn ich gegen den Nationalismus doch aus Heimat und Herkunft lebte und aus der deutschen Überlieferung, wenn ich in der Revolte gegen Bildung doch wahre Bildung meinte, so war es die große Torheit meiner Jugend, den Staat zu verachten, ohne um den besseren Staat mich auch nur gedanklich zu bemühen. Die Freiheit des privaten Lebens war vor 1914 so selbstverständlich, daß diese Bedingung des eigenen Lebensweges unbewußt war und nicht als politisch gegründet und bedroht begriffen wurde. Erst die Ereignisse seit 1914 machten den Sinn für politische Freiheit wach. Die Ergebnisse gipfelten in der deutschen Katastrophe von 1933. (PA 242)

Dieser Platonische Blick auf die unlösbare Einheit von Mensch und Staat entspringt dem Bewußtsein, gegenwärtig einer heillosen Zeit ausgeliefert zu sein. Es kommt Plato darauf an, diese Zeit zu enthüllen, ihre Verwahrlosung, ihre Lüge zu sehen, aber die Möglichkeit des Heils zu suchen, dieses Heil in einer Welt des Denkens vorzubilden mit dem Ergreifen des ewigen Urbildes, dieses dann durch Erziehung zu verwirklichen und im Augenblick, der durch göttliche Fügung (theia moira) bestimmt wird, vermöge solcher Erziehung den Staat zu schaffen, durch den der Mensch wird. Der Staat ist die wahre oder unwahre Erziehung; wahr, wenn die Herrschenden die Philosophen sind, so daß alle Menschen Teil gewinnen an der Wahrheit im Maße dessen, was sie als das für sie Gehörige in der Ordnung des Ganzen an ihrer Stelle tun, die überwältigende Mehrzahl allerdings, ohne daß sie mit dem eigenen Erkennen in direkte Berührung des Agathon gelangte. (GP 296 f.)

Plato erdenkt nicht das Wagnis der Völker, im Miteinanderreden, durch den Versuch der Erziehung und Bildung aller, die politische Wirklichkeit so zu lenken, daß kein Einzelner, und sei er noch so groß, für sich allein dauernd entscheiden kann. In dieser Wirklichkeit wird nie vergessen, daß auch der Größte nur ein Mensch sei und der Kontrolle bedürfe. (GP 304 f.)

Dann ist für den Staat die Universität zusammen mit dem gesamten Erziehungswesen das höchste Interesse seiner Innenpolitik. Denn es handelt sich um die an Wahrheit gebundene ethische Zukunft seines Volkes. Was an der Universität geschieht, das wirkt auf die Dauer, positiv oder negativ, in die gesamte Bevölkerung hinein. (Idee III, 26)

Im Schul- und Erziehungswesen mit dem Zentrum der Universität erwachsen die kommenden Menschen, die durch ihr Ethos, ihre Einsicht und ihr Leben dann die Frage entscheiden werden, wofür ein Staat und ein Volk durch den Staat sich behauptet. Erst in der kritischen Situation offenbart sich, was da ist, was es zu verteidigen gilt, wofür zu leben sich lohnt und zu sterben in Freiheit möglich ist. (Idee III, 26 f.)

Die Universität soll die Möglichkeit der Politik überhaupt und damit die Voraussetzung für ihr eigenes Dasein durch die gewaltlosen geistigen Waffen der Erhellung, Einsicht, Überzeugung, durch die Wahrheit schützen. (Idee III, 35)

Staat und Erziehung

Staat und Erziehung – Der Staat ist durch seine Macht der Garant einer jeweiligen Form der Massenordnung.

Masse an sich weiß nicht, was sie eigentlich will. Massenforderungen gehen auf das Durchschnittliche, wie es in einer platten Verständigkeit ausgedrückt werden kann. Wenn Massenforderungen den Inhalt der Erziehung bestimmen, so etwa diese: Man will lernen, was im Leben verwendbar ist; man will Lebensnähe und versteht unter Leben das Sichzurechtfinden im Dasein bis zu den Verkehrsordnungen der Großstädte; man will Persönlichkeiten bilden und meint einerseits Brauchbarkeit, die man Tüchtigkeit nennt, andererseits Zuchtlosigkeit als Nachgiebigkeit gegen Neigung und Lust in der Gestalt, wie sie allen eigen ist, und die man Natürlichkeit nennt; man verhindert die mit der Idee erfüllte Strenge, denn sie schafft Abstand und Rangordnung des Seins statt der bloßen Brauchbarkeit; man will reibungslos miteinander lebende Individuen und vernichtet die Möglichkeit des für sich verantwortlichen Menschen.

Der Staat, selbst die Form der dauernden Erziehung aller, kümmert sich um die Erziehung der Jugend. Denn durch sie wachsen ihm die Menschen zu, welche ihn alsbald tragen sollen.

Heute scheinen dem Staat *zwei extreme Möglichkeiten* gegeben. *Entweder läßt er die Erziehung frei,* die Massenforderungen sich auswirken und im Kampf gegen sie ein aristokratisches Erziehungswesen sich versuchen. Er herrscht uneinheitlich und wechselnd durch seine Personalpolitik, welche zur Aufteilung der Lehrstellen unter herrschende Parteien führt. Vielfachheit der Lehrpläne und der Versuche wird geduldet bis zur unübersehbaren Zersplitterung, begrenzt allein dadurch, daß nur bestehen kann, was schließlich Stütze bei einer politischen Machtgruppe findet. Hier und dort gelingt die Gestaltung einer Schule durch die Persönlichkeit des Direktors, wenn er die Freiheit hat in der Wahl seiner Lehrer. Aber im Ganzen ist das Resultat das Durcheinanderlaufen der Lehrer, ohne sich zu verstehen, eingespannt in maschinelle Lehrpläne, in Schulen ohne echten Gemeinschaftsgeist, hinter Fassaden von Pathetik nationaler, weltanschaulicher, sozialer Art. Kontrollen und Gegeneinanderregieren verhindern die Kontinuität. Alles ist sprunghaft und immer wieder anders. Den Kindern bleiben die wahren, großen, adligen Eindrücke aus, welche unvergeßlich ein Leben bestimmen können. Hohe Ansprüche in bloßen Lernbarkeiten forcieren ihre Kräfte, ohne ihr Wesen zu prägen. Es mangelt die schlichte Objektivität der Dinge, welche auf dem Grunde eines Glaubens streng gegen die Subjektivität des individuellen Mögens und Nichtmögens stände. Man geht vielfach auf die Individualität mehr ein als gut ist und kann so doch nicht, was man töricht zum Willensziel macht, Persönlichkeiten bilden. Hin und her gezerrt, findet das Kind wohl Trümmer einer Tradition, aber keine Welt mehr, in die es vertrauend eintreten könnte.

Oder der Staat bemächtigt sich der Erziehung zu stiller und gewalt-

samer Formung nach seinem Zweck. Dadurch entsteht eine einheitliche Erziehung unter Lähmung der geistigen Freiheit. Grundgesinnungen werden bekenntnismäßig fixiert und mit dem Lernen von Kenntnissen und Fertigkeiten eingedrillt als die Weisen des Fühlens und Wertens. Was Bolschewismus und Faszismus leisten und was über die abnehmende Freiheit Amerikas berichtet wird, ist unter sich gewiß höchst verschieden, aber gemeinsam ist die Typisierung des Menschen.

Die Masse versteht diese gradlinige Gewalt der staatlichen Uniformierung und versteht die direktionslose Vielfachheit. Wenn aber die Erziehung wieder werden soll, was sie in ihren besten Augenblicken war, *die Ermöglichung, in geschichtlicher Kontinuität ein Mensch im Selbstsein zu werden*, so nur aus dem Glauben, der in der Strenge des Lernens und Übens einen geistigen Gehalt indirekt vermittelt.

Dafür kann kein Rezept angegeben werden. Die Staatsmacht kann hier nicht schaffen, sondern nur schützen oder ruinieren. Es ist die geistige Situation, die den Anspruch erhebt, wenn man im Blick auf die Zukunft sich des Ganzen bewußt wird. Er wird nur erfüllt, wenn sich gegen die Massenschätzungen durchsetzt die Unterscheidung von Lehre und Zucht, von dem, was allen verständlich ist, und dem, was einer Elite, die sich selbst durch Disziplin des inneren Handelns erwählt, zugänglich wird. (GSZ 104 ff.)

Demokratie ist Erziehung

... Es wird zur Selbstbehauptung gar nicht genügen, den Verteidigungsapparat mit modernen Waffen aufzubauen und geschickte und schlaue Politik zu treiben. Die Selbstbehauptung verlangt mehr: die Wiedergeburt aus unserem abendländischen Ursprung und politisch die aus der Idee der Demokratie gelenkte Umkehr ...

Hier muß die Politik selber helfen, die in der demokratischen Idee zur Umkehr führt. Politik, die Dauer will, entsteht aus der Not. Sie erweckt das Überpolitische, das der Politik die Richtung gibt. Alle große Politik ist in Gemeinschaft eine Selbsterziehung zur Vernunft. Sie ist seitens der Staatsmänner Erziehung durch die Weise, wie sie sich an die Vernunft in den Völkern wenden, und durch ihr Vorbild.

Wie die Vernunft im einzelnen Menschen die Offenheit in ständiger Bewegung bewahrt, so das vernünftige Leben der freien Welt in Selbsterhellung, Selbstkritik, Selbstanklage. Dieser Weg führt über die Denkungsart aller einzelnen Menschen zu der Selbsterziehung der Völker, aus der der Sinn der *Erziehung der nachfolgenden Generationen* folgt. Es gibt für die Demokratie zur Gründung der Dauer dieses Selbsterziehungsprozesses nichts Wichtigeres als Jugenderziehung, und zwar als Erziehung des gesamten Volkes. An dieser Erziehung hängt die Demokratie und die Freiheit und die Vernunft. Nur durch diese Erziehung kann der geschichtliche Gehalt unseres Daseins bewahrt werden und als fortzeugende Kraft unser Leben in der neuen Weltsituation erfüllen.

Zur Erziehung gehören die Lehrer. Erziehung wird heute vielleicht zu selbstverständlich genommen, als ob der Erziehende schon wüßte, was die rechte Erziehung sei, welchen Inhalt sie habe und wie sie zu planen sei. Die Lehrer selbst müssen erzogen werden. Diese Erziehung liegt im Selbsterziehungsprozeß aller, in jedem Lebensalter. Die Verkehrung der Erziehung in der Demokratie bei gesteigertem Erziehungsbetrieb weist hin auf den Zirkel von Erziehen und Erzogenwerden. Dieser ist fruchtbar, wenn er erfüllt ist von dem Gehalt des Glaubens, Wissens und Könnens. Wie in jeder Entwicklung der Vernunft wird auch hier das Entscheidende nicht begriffen in einem einlinigen Kausalzusammenhang. Die Voraussetzung, der Lehrer sei erzogen und gebe als Fertiger an die unfertigen Kinder weiter, ist im ganzen so absurd wie die Voraussetzung, das Volk der Erwachsenen sei erzogen und urteile daher über alle Dinge recht. Nur der erzieht, der noch erzogen wird in der Selbsterziehung vermöge der Kommunikation. Nur der wird recht erzogen, der zu dieser Selbsterziehung erzogen wird im Medium strengen und hartnäckigen Lernens.

In der Verwahrlosung der demokratischen Idee wird vergessen, was Erziehung ist. Im letzten Jahrhundert ist eine Spaltung von Erziehung und Lehre der Wissenschaft eingetreten. Unter Erziehung wird die vorbereitende Nutzbarmachung der jungen Menschen verstanden. Wenn die Wissenschaft der Wirtschaft nutzt, gewinnt sie Ansehen. Man sucht sie selber und ihre Lehre in den Schulen zu fördern um dieses Nutzens willen. Forscher und Lehrer rechtfertigen dadurch ihre Forderungen an materiellen Mitteln. Dieser Nutzen aber wird aufs höchste gesteigert, wenn an der Wissenschaft das Dasein des Staats hängt. Das geschah zum erstenmal seit der modernen Technik bis zu den Atomwaffen. In Amerika ist es heute akut zum Bewußtsein gekommen durch eine plötzlich sich zeigende (im Schrecken übertriebene) Überlegenheit Rußlands. Die Wissenschaft und die Ausbildung des Nachwuchses für sie (in einem nie dagewesenen Umfang notwendig) gewinnt dadurch ein Ansehen in dem Grade, daß man gewillt ist, ihr die größten materiellen Mittel zur Verfügung zu stellen. Die Atomphysiker sind heute die kostbarsten Menschen, zuerst in Rußland, wo sie, wie es scheint, an materiellem Wohlergehen haben können, was sie wollen, und gefahrloser leben als alle anderen.

Der Augenblick heute mit der Sorge um den technischen Nachwuchs stellt eine die höchste Wachsamkeit erfordernde Aufgabe. Denn die Folge des Schreckens über den Mangel an wissenschaftlichem Nachwuchs wird zweideutig. Man ist bereit, nunmehr gewaltige Mittel für ›Erziehung‹ zwecks technischer, wirtschaftlicher und militärischer Selbstbehauptung zur Verfügung zu stellen. Aber damit ist noch keineswegs, in Rußland sowenig wie im Abendland, eine Wertschätzung der Wissenschaft und gar des Geistes verbunden. Es handelt sich nur um Technik. Diese ist ein partikulares Forschen und Können des Verstandes. Die zu ihr Herangezogenen werden zu einer Funktion höchstgelernter Arbeiter im Dienst von Zwecken. Sie haben damit noch keine Erziehung erworben. Einübung von Kenntnissen und Fertigkeiten, spezialistische Höchststeigerung ist noch nicht Bildung des Menschen, seiner wissenschaftlichen Denkungsart überhaupt, seiner Vernunft, seines geistigen Lebens, seiner Teilhabe an der geschichtlichen Überlieferung der jederzeit neu zeugenden Gehalte der Menschheit.

Dieses Andere, die eigentliche Erziehung, ist aber die größere Aufgabe, weil folgenreicher auf die Dauer für den Grund, aus dem die Meisterung all des technischen und wirtschaftlichen und militärischen Unheils allein möglich ist. Besinnung auf Erziehung in ihrem ganzen Umfang ist aus dem Ursprung auf das Ziel hin gefordert.

Dieses Andere wird in Rußland durch marxistischen Unterricht gebracht, der der Jugend dort schon langweilig wird. In der freien Welt ist dieses Andere die eigentliche Erziehung. Die Zukunft des Menschen hängt daran, ob diese gelingt oder nicht.

Es ist viel zuwenig, wenn es heißt, es müßten neben den Naturwissenschaften auch die Geisteswissenschaften gefördert werden. Es ist zuwenig, schultechnische, psychologisch-pädagogische, didaktische Gesichtspunkte zu brauchen. Eine Erneuerung der Erziehung würde das Heranwachsen eines Erzieherstandes, von den Lehrern an den Universitäten bis zu den Volksschulen, voraussetzen, der durch den Gehalt seines Tuns, durch die Bindung an das Große, durch den Ernst seines Lebens im Volke sichtbar wird, Ansehen erweckt und Wirkung gewinnt. Dazu bedarf es der Geldmittel, die das Mehrfache von den heute aufgewendeten betragen. Aber durch Geld allein kann man es nicht bewirken. Auch hier ist eine Umkehr im Menschen selbst die Voraussetzung.

Es ist unmöglich, an dieser Stelle auch nur den Ansatz der längst ausgesprochenen Grundgedanken der Erziehung zu entwickeln. Nur auf drei Punkte, die insbesondere der Demokratie zugehören, sei hingewiesen.

1. Die Kraft der Freiheit ist daran gebunden, daß in den Demokratien der Rang der Menschen zur Geltung kommt. Ein Beispiel: Es gibt die Hilfsklassen für Unbegabte und die gesonderte Erziehung der Idioten.

Es gibt aber keine Klassen für Begabte und keine gesonderte Erziehung für Hochbegabte. Die Demokratie bedroht sich selber, wenn die Majorität sich gegen die Gerechtigkeit sträubt, die auch den Begabten zuteil werden sollte. Denn die Demokratie ist auf dem Wege, sich selbst das Grab zu graben, wenn sie die Stärke der Selbstbehauptung des Ganzen dadurch mindert, daß sie in allen Aufgaben und Lebensbereichen, in allen menschlichen Möglichkeiten nicht die Besten zur Erscheinung und Geltung kommen läßt (daß in den Schulen die unumgänglichen Ausleseverfahren große Schwierigkeiten machen und in jedem Fall zu Mißgriffen, Irrtümern und Ungerechtigkeiten führen, braucht nicht näher erörtert zu werden, weil mit jeder menschlichen Einrichtung große Mängel verknüpft sind und es auch hier auf ständige Selbstkritik und Besserung ankommt).

2. Der Gehalt der Erziehung durch Teilnahme an der antiken und biblischen Überlieferung, durch Auffassung des Grundwesens von Naturwissenschaft und Technik, durch Vergegenwärtigung des Ethos demokratischer Gemeinschaft müßte als Gegensatz schon der Jugend auch eine Orientierung über die totale Herrschaft geben. Die Kraft der Freiheit ist in den demokratischen Staaten gebunden an die Einsicht in das Wesen des Totalitären als eines im technischen Zeitalter möglichen neuen Herrschaftsprinzips. Dieses Prinzip kann sich heute überall in der freien Welt, vor seiner Verwirklichung, ausbreiten im Geist wie eine Pilzkrankheit. Der Infektionsstoff ist durch die menschliche Natur selber allgegenwärtig, die Immunität durch die Vernunft nicht absolut verläßlich, wenn nicht Klarheit durch unbefangenes Auffassen erreicht wird. Die Krankheit wird durch freie Überzeugung und vernünftige Lebenspraxis überwunden. Es wäre falsch, eine antitotalitäre, antimarxistische Gesinnung ohne Klarheit des Wissens zu verlangen. Der Lehrer muß in der Lage sein, in freier Diskussion Rede und Antwort zu stehen. Er muß jeden Einwand zulassen. Wo der Marxismus und Totalitarismus durch Zwangsmaßnahmen, Verfolgungen, Inquisitionen oder auch nur durch Gesinnungsdruck direkt bekämpft wird, wird er vielmehr erzeugt. Denn der mit diesen Mitteln Bekämpfende ist selber schon Repräsentant des totalitären Geistes, den er zu bekämpfen vorgibt. So sind Kommunisten und Faschisten sich zwar als Feinde gegenübergestanden, aber sie haben nicht nur faktisch sich gegenseitig geholfen. Sie verband trotz aller Gegnerschaft eine Solidarität gegen den freien Geist, den sie gemeinsam auf den Tod haßten. Hitler und Stalin verstanden und bewunderten sich gegenseitig.

3. Auf die Dauer wird die eigentliche Erziehung (im Unterschied zu bloß spezialistischer Ausbildung) sogar für die Technik selber von Bedeutung. Die bloß spezialistische Schulung bringt Menschen als höchst

brauchbare Werkzeuge hervor, aber auch in den Naturwissenschaften nicht schon Menschen mit naturwissenschaftlicher Bildung. Diese mit ihrer universalen Offenheit für die Realitäten der gesamten Natur und für alle Erkenntnismöglichkeiten, unangesehen ihrer technischen Brauchbarkeit, erzeugt aus ursprünglichem Wissenwollen den unbegrenzten Erkenntnisfortschritt, ohne den schließlich auch neue Entdekkungen ausbleiben und nur noch für eine Weile die auf dem einmal erreichten Boden möglichen technischen Erfindungen fortgehen, bis auch sie aufhören.

In der Idee der Demokratie ist die Politik selber Erziehung. Aber im Unterschied von der früheren, auf privilegierte Schichten beschränkten Politik und Erziehung (wie sie großartig von Plato gedacht wurde) handelt es sich nun um die Erziehung des gesamten Volkes. Die Erziehung ist der Grund der möglichen Politik, und umgekehrt prägt die Politik der Vernunft aus dem Überpolitischen her diese Erziehung. Die Folge wird in jedem Einzelnen wirksam. Sie durchdringt das Private zugleich mit dem Öffentlichen.

Dagegen steht die Auffassung der politischen Realisten, die sagen: Politik ist nicht Erziehung, sondern das sachkundige Handeln weniger, deren privates Dasein gleichgültig ist, und die auch das private Dasein der Menschen im Volke nichts angeht. Die Politik ist eine öffentliche Sache. Ihr hilft nicht, was in der Verborgenheit des privaten Ethos geschieht. Nicht die Stillen im Lande machen die Politik. Darum ist, was die Politik betrifft, der Appell an die Vernunft jedes Einzelnen utopisch.

Aber welcher Irrealismus steckt in diesem ›Realismus‹! Alle Politik, die nicht nur Geschicklichkeit für den Augenblick, sondern Gründung und Fortgründung, Kontinuität der Wirkung ist, also die Politik auf Dauer, ist immer zugleich Erziehung eines Volkes. Politik ist getragen von der Wirklichkeit in der Verborgenheit aller, deren Wesen in dem, was politisch geschieht, und sei es nur in Wahlen, öffentlich wird. Die Stillen im Lande sind die Träger des sittlichen Geistes, von dem alle Politik abhängt. Sie haben ihre Existenz durch Erziehung, vor allem in der Familie, dann in den Schulen. Schwindet die sittliche Substanz, so werden alle insgesamt von der Realpolitik in den Abgrund geführt. (AZM 444–448)

Ein freies Volk wird stets durch die Minderheit seines geistigen Adels, allen Schichten der Bevölkerung entstammend, bestimmt. In ihm erkennt es sich wieder und mit ihm verwirklicht es seine Demokratie. (KS 118)

Eine Demokratie, die nicht den aristokratischen Willen zu den hervorragenden Männern hat, ist verloren an Massenherrschaft und Diktatur. (A 115)

Ich spreche nicht von der politischen Erziehung der Jugend, der Vermittlung des staatsbürgerlichen Wissens und des Sinns für Autorität, der Erzeugung von Bildern und Vorstellungen, der Übung in der Praxis gemeinsam zu lösender Aufgaben, der Übung in der Diskussion und ihren geordneten Formen, der Gewöhnung an Denken und an das Durchleuchten der Schlagworte.

Vielmehr möchte ich einen Blick werfen auf die Voraussetzung solcher Erziehung: die ständige Selbsterziehung der erwachsenen Bürger in ihrer demokratischen Verfassung. Sie verwirklicht sich im Kampf bei aktuellen Fragen. Ohne diese ständige Selbsterziehung der Erwachsenen wäre demokratische Erziehung der Jugend nicht möglich. Sie würde erzogen von Leuten, die selbst nicht erzogen sind.

1. Das Gestrüpp der Unklarheiten und dessen Lichtung durch demokratische Staatsmänner

Die, soweit sie nur formal ist, schlechte Demokratie lebt in einem Gestrüpp von Unklarheiten, das genutzt wird zur illegitimen Erwerbung und Behauptung politischer Macht.

Demokratische Staatsmänner lichten dies Gestrüpp. In ihrem Umgang mit der Bevölkerung wirken sie öffentlich, im Umgang mit den sie umgebenden Persönlichkeiten intern dafür, daß die Bürger sich klar werden, was sie wollen und wollen können und was bedingungslos aus der Idee politischer Freiheit gültig ist. In dem Maße, wie dieser Umgang Erfolg hat, werden die politischen Sprechweisen wahrhaftig, bleiben nicht konventionelle Redensarten, dulden nicht beliebige, rational immer endlos mögliche Argumentationen, verzichten auf Schlagworte zugunsten jederzeit klar und deutlich zu interpretierender Parolen.

2. Der Eckstein der Demokratie
Die Verfassung in den Herzen der Bürger

Das Grundgesetz der Bundesrepublik ist bisher nicht in die Herzen der Bürger der Bundesrepublik eingesenkt. Trotz Schulunterricht konnte diese Einsenkung nicht erfolgen. Der Hauptgrund ist die Weise des Zustandekommens dieses ersten Grundgesetzes.

Als in Heidelberg, ich meine 1947, über die Verfassung des Landes Baden-Württemberg, die kurze Zeit vorher, Seiten füllend, in der Zeitung stand, abgestimmt wurde, fragte ich einen mir länger bekannten klugen jungen Menschen aus dem Volke, wie er stimmen werde. Gar nicht, antwortete er: Ich habe die Verfassung gelesen, aber nicht verstanden; das kann ich nicht beurteilen, daher weder ja noch nein sagen. Wenn nur alle Deutschen diese vernünftige Einsicht hätten, dachte ich, dann stünde es besser. Mir war, als ob ich die lebendige Forderung aus dem Volke hörte, mit Urteilskraft und Urteilsmöglichkeit dabeisein zu wollen. Eine allgemeine Nichtteilnahme an der Abstimmung hätte bedeutet: Belehrt uns erst und laßt uns darüber nachdenken! Aber diese Demokraten setzten im Volkssouverän und seiner Meinung Kenntnis und Urteilskraft als selbstverständlich voraus – welche abgründige Unwahrhaftigkeit! Demokratie wächst mit dem Denken des Volkes. Ohne dieses ist sie eine entsetzliche Täuschung. Daß die Entwicklung dieser Urteilskraft möglich ist, ist die Idee der Demokratie. Wer den Glauben an diese Möglichkeit nicht teilt, kann nur entweder redlich verzweifeln oder die menschlichen Dinge in den baldigen Untergang treiben sehen oder als zynischer Manipulierer bis auf weiteres sein Spiel der Macht versuchen.

3. Die demokratische Erziehungsmöglichkeit durch Krisen

Als der Parlamentarische Rat das Grundgesetz beschlossen hatte, sollte es zwar der Boden des sittlich-politischen Bewußtseins im Volke werden. Dies Bewußtsein aber war mit der beschlossenen Verfassung keineswegs schon unerschütterlich da. Vielmehr mußte erst in kritischen Situationen wie durch ein plötzliches Licht dem Volke und den Politikern bewußt werden, was eigentlich Verfassung ist. Ihre Unantastbarkeit muß dann gegen Versuche einer Aushöhlung vermöge der Eindringlichkeit der Erfahrung im Volke gegründet werden. Die Forderung der Verfassungsmäßigkeit allen Handelns darf nicht eingeschränkt werden. Aber einzelne Bestimmungen der Verfassung sind verfassungsgemäß korrigierbar, und die Verfassung ist zu ergänzen, wenn Erfahrung lehrt, daß sie nicht genügt. Bei Gehorsam gegenüber der Verfassung öffnet sich doch der Weg zu legaler Verfassungsänderung. Daß solche Ereignisse die Teilnahme des Volkes erwecken bis zur Leidenschaft für diesen Grund seines ganzen Daseins, ist ein Faktor demokratischer Selbsterziehung. Werden solche Augenblicke durch unauffällige Übereinkommen geglättet, nicht aber die eherne Macht der Verfassung offenbar, dann wird die demokratische Erziehung selber versäumt. (HS 283 ff.)

Freiheit und Demokratie haben nur Bestand, wenn in den Staatsmännern und dem Volke die Motivationen der Freiheit verläßlich gegenwärtig sind. Dahin führt die politische Erziehung durch die Ereignisse, die in den Entschlüssen der Staatsmänner und deren Auslegung sichtbar werden. (HS 297)

4. *Das Gift für die Freiheit: die Politik der Gemütlichkeit*

Man soll sich nicht täuschen: Der Sinn für das Faktum der Gewalt und ihre Erscheinungen, für ihre Vorboten und dann die Forderung, in der Politik diese Grundrealität ständig vor Augen zu haben, das ist kein romantischer Drang zum Abenteuerlichen, sondern bittere, widerwillig gewonnene Erkenntnis.

Unter dem Schleier von Reden, Tagungen, Verhandlungen wird das Grundfaktum verborgen. Eine bloße Rationalität meint wirklichkeitsblind durch ausgedachte Vertragsvorschläge der Gewalt Herr zu werden, trotzdem die Voraussetzungen für solche Verträge noch nicht gegeben, sondern erst zu schaffen sind.

Verderblich ist die Neigung, in akuten Situationen den Kern der Sache nicht zu berühren, vielmehr zu glätten mit bloßen Redensarten, und Schweigen zu fordern, damit die ›komplizierte‹ Situation nicht auch noch verschärft werde. Verderblich ist auch das empörte Trotzen und Auftrumpfen und Drohen und Anklagen. Allein die Offenheit, die Dinge ruhig beim Namen zu nennen, mit Fragen und Antworten in sie einzudringen, kann enthüllen, was geschieht und was gewollt wird, und dieses zugunsten gemeinsamer Vernunft, trotz des Sturms entfesselter Wildheit, vielleicht ändern.

In einem die Öffentlichkeit erregenden Konflikt gab mir 1924 ein kluger und gutwilliger Jurist den Rat: dilatorisch behandeln, die Unruhe sich austoben zu lassen, bis der Fall der Öffentlichkeit langweilig wird, dann kann man tun, was man für richtig hält. Ein schlimmer Rat!

Die Verbindung von höflich vermittelnden Verhandlungen, liebenswürdigem Humor, Befriedigung von Eitelkeiten, Herstellung von Stimmung, Erfindung einigender, aber nichtssagender Phrasen, geschickten Manipulationen, kurz: die Politik der Gemütlichkeit und Schläue ist das tödliche Gift für die Idee der Demokratie zugunsten der Handhabung der formalen Demokratie.

Auf diesem Wege graben sich Demokratie und Freiheit ihr Grab wie vor 1933. Diese Erkrankung der Freiheit ist aber nicht Naturprozeß oder Geschichtsprozeß, sondern Schuld eines jeden. Nicht die Hitlers haben schuld, die als Bakterien auf diesem Krankheitsboden gedeihen, wenn Staatsmänner nicht mehr da sind und Politiker am Ende jene tragikomischen Szenen spielen, in denen sie zeigen, daß sie nicht wissen, daß es in der Politik um Kopf und Kragen geht. Gute Leute, aber schlechte Musikanten!

Die Bundesrepublik, so hoffen wir, wird andere Kräfte in sich entwickeln. Adenauer ist kein Mann, der davonläuft. Er weiß und vergißt keinen Augenblick, was auf dem Spiele steht, auch wenn er in dem Gewirr schlecht-demokratischer Spinnfäden sich oft genug mag fangen lassen. Und andere Männer scheinen sichtbar zu werden.

Wir haben die Atempause unter dem Schutz Amerikas, in der uns die Chance zur demokratischen Selbsterziehung gegeben ist, durch die allein wir ein Glied der gemeinschaftlichen Selbstbehauptung werden. Wirtschaftsblüte und Armee allein genügen durchaus nicht.

Erst durch den Blick auf die Gewalt erwächst der ganze Ernst der Politik. Sie geht an den äußersten Grenzen des Daseins, am Rande des Abgrunds, aus dem die Zerstörungsmächte heraufsteigen.

Die Verfassung ist das einzige gemeinschaftliche Bollwerk am Abgrund. Jugend und Bürger müssen mit dem die Verfassung erzeugenden Ernst vertraut werden. Dann sehen sie die Härte der Realität, durch die die Verfassung gefordert ist, die Strenge des gültigen Gesetzes, die Verfassung als Eckstein, ohne den staatliches Leben und damit menschliche Möglichkeiten zusammenbrechen. Daher muß die Verfassung die unzweideutigen großen Grundsätze haben, die nicht als Redensarten empfunden werden.

Keine betrügenden Emotionen dürfen an die Verfassung geknüpft werden, als ob das Grundgesetz, wie wir es haben, schon wirklich Verfassung wäre und es nicht erst werden müßte. Vor Jahren hörte ich von einer deutschen Schule, an der auf ministerielle Anordnung eine Verfassungsfeier stattfand. Etwas Ungekanntes, Unglaubwürdiges, Unbegriffenes, in den Herzen nicht Existentes, dazu jeder wirksamen Symbolkraft Bares wurde den Kindern zur Feier vorgesetzt. Das heißt das Ethos der Kinder in der Knospe verderben. (HS 298 f.)

5. *Distanz zum Staat*

Man hat den Deutschen, vor allem den Geistigen, stets vorgeworfen, daß sie sich nicht um Politik kümmern, keine Verantwortung für den Staat fühlen. Der Vorwurf gegen dieses Erbstück aus den Jahrhunderten des Obrigkeitsstaates ist berechtigt.

Etwas ganz anderes aber ist die Distanz zum Staat, welche zugleich mit der politischen Selbsterziehung einsetzt. Ein jeder lebt in dem ihm eigenen deutschen Selbstbewußtsein. Dieses bleibt dem Einzelnen auch noch in politischer totaler Katastrophe, so 1933. Verloren sind wir nur, wenn wir dies vorpolitische Bewußtsein einer geschichtlichen Geborgenheit in unseren Wurzeln preisgeben. Wir sind aber ebenso verloren, wenn wir unser deutsches Bewußtsein bedingungslos an einen bestimmten Staat binden. Wenn der Staat sich vom Deutschen lossagt wie 1933, dann entscheidet sich, was eigentlich deutsch ist. Als damals ein bekannter deutscher Professor mit seiner Frau, einer Ausländerin, einen Aufmarsch der SA sah, an dem auch hier und da ein Professor teilnahm, und als sie fragte: »Was ist denn Deutschland, dies oder Goethe?« antwortete er grimmig: »Dies, dies!« Ich glaube, daß er im Zorn des Augenblickes irrte.

Wollen wir, verbunden der Substanz unserer Herkunft, in der Weite unserer Möglichkeiten bleiben, dann kann sich im Staat allein unser Selbstbewußtsein nicht erfüllen. Es gehört zu unserem Schicksal, daß wir in innerer Distanz zu unseren jeweiligen Staatsbildungen bleiben.

Das gilt auch von der Demokratie, die plötzlich, als ein Grundgesetz fix und fertig, durch die Umstände, nicht durch die Kraft eines um Freiheit kämpfenden Volkes als Krönung dieses Kampfes, eingeführt wird. Ihr fehlt trotz großer Leistungen dieses Staats noch Bewährung und Dauer. Erst in dem Maße, wie sie durch Mitdenken und Mithandeln der Bürger, in der Solidarität durch politische Erziehung wirklich wird, können Bürger und Staat sich inniger verbinden.

In besonderen Fällen wie der Schweiz und Holland hat es eine Dauer gegeben. Hier kann die Identifizierung des eigenen Wesens mit dem Staat am weitesten gehen. Dann aber entfaltet sich dort in der Einheit mit dem eigenen Staatswesen gerade die weiteste europäische Gesinnung. Sie ist die Form der Distanzierung jedes freien Menschen vom Staatlichen überhaupt, dem der Bürger als der alles bedingenden Daseinsgrundlage mit Eifer dient, ohne sich daran zu verlieren. In der politischen Neutralität wird auf die mögliche Großheit der Tat im weltgeschichtlichen Schicksal verzichtet, aber um so mehr die Kraft entwickelt, im eigenen staatlichen Inneren die friedliche Politik zu finden, die in der Weltpolitik nicht als Machtfaktor, sondern als Leitbild zur Geltung kommen könnte.

Die Paradoxie: ganz dabei und doch distanziert zu sein, ist vielleicht die Bedingung großgearteter Politik überhaupt.

Die Distanz erlaubt es nicht, sich zu entziehen. Aber in der Selbstidentifizierung mit dem Staat hört die Distanz auf und wird die Politik eng.

Die Unruhe in der Leidenschaft für die gemeinsame Freiheit im Staat ist politisch bauend nur in Verbindung mit der Ruhe der inneren Überlegenheit.

Was in dieser Ruhe die Freiheit ist, kann nur im philosophischen

Denken fühlbar gemacht werden. Sie ist etwas ganz anderes als die politische Freiheit, etwas, das der Mensch als Mensch nicht zu verlieren braucht, auch nicht im totalitären Regime und nicht im Konzentrationslager, obgleich sie für unseren Blick sich entzieht, als ob sie nicht mehr da sei. Sie ist niemals objektiv feststellbar, ist etwas, das noch in körperlichen Zerstörungsprozessen und in Geisteskrankheiten wie ein Funke ungreifbar aufleuchten kann, obgleich sie verschwunden zu sein scheint.

Diese Freiheit selber aber wendet sich im Menschen der Realität im Dasein zu. Er sucht hier die zeitlichen Bedingungen für ihre zeitliche Erscheinung nach seinen Kräften zu fördern. Daher ist sie der tiefste Ursprung des Willens zur realen, aufzeigbaren politischen Freiheit. (HS 300 f.)

Umerziehung als Verwandlung durch Selbsterziehung

Fürs erste brauchen wir Richtlinien für die so unerläßliche Umerziehung, in deren Gelingen all unsere Hoffnung liegt, und für die Eingliederung Deutschlands in die Ordnung der Völker. Die Ausführungen Sigrid Undsets können völlig entmutigen. Aber wenn wir leben wollen, brauchen wir Ermutigung. Solche Ermutigung kann allerdings nicht bequem sein. Wir müssen, streng mit uns, im Aufschwung durch den Glauben an die Forderungen unserer geistigen Ahnen unseren Weg finden. Die Umerziehung ist auch nicht möglich durch ein Aufzwingen fertigen Wissens und Wertens, sondern nur als Verwandlung durch Selbsterziehung. Hierfür ist es notwendig, Wege und Inhalte aufzuzeigen. Unter unserer Last, glaube ich, dürfen wir Mut fassen, wenn wir den Entschluß zum Ernst vor Gott gewinnen.

Hinsichtlich der Umerziehung wage ich einige Hinweise:

1. *Die rückhaltlose Auffassung der Tatsachen* der letzten zwölf Jahre und unserer gegenwärtigen Lage ist die wichtigste Voraussetzung. Es ist eine harte Aufgabe, der Wahrheit ins Angesicht zu blicken. Wir müssen erkennen: die Taten des Nationalsozialismus, die Wurzeln und die Zusammenhänge dieser Taten, die Ermöglichung dieses Regimes durch geistige Bereitschaft in allen Kreisen unserer Bevölkerung, die gegenwärtige politische Realität (die endgültige politische Ohnmacht Deutschlands mit ihren Folgen), die weltgeschichtliche Lage und die in ihr verborgenen Möglichkeiten, deren Entwicklung unser eigenes Schicksal ist, ohne daß wir als selbständiger politischer Faktor für dessen Gang zur Geltung kommen können. All das müssen wir klar vor Augen haben. Jedes Unheil, das wir jetzt in der Folge des Zusammenbruchs erfahren, zwingt zu der Einsicht: Dahin hat uns der Nationalsozialismus geführt,

und das alles ist möglich, wenn der Gehorsam kritiklos alles dem Führer anvertraut. Aber diese Einsicht würde zu einer neuen Gefahr, wenn sich irgend jemand damit rechtfertigen wollte, daß er die Schuld Hitler zuschöbe. Das ist so wenig erlaubt wie früher jener Verzicht auf eigene Freiheit im absoluten Gehorsam. Die Verarbeitung der nunmehr über uns gekommenen Wirklichkeit ist erst im Anfang. Wir müssen sie bis in den Grund unserer Seele durchführen. Diese Aufgabe löst kein Aufsatz und kein Buch. Aber sie kann vorantreiben. (HS 50 f.)

Es kommt darauf an, unser deutsches Leben unter den Bedingungen der Wahrheit zu gewinnen.

2. Wir müssen *lernen, miteinander zu reden.* Wir üben es, wenn es uns gelingt, über die im ersten Punkt angedeuteten Tatbestände in eine ehrliche Auseinandersetzung miteinander zu kommen. Das dogmatische Behaupten, das Anbrüllen, das trotzige Empörtsein, die Ehre, die bei jeder Gelegenheit gekränkt die Unterhaltung abbricht, all das darf es nicht mehr geben.

3. In *geschichtlicher Selbstbesinnung* müssen wir uns den Grund des Jahrtausends, aus dem wir leben, vergegenwärtigen. Das neue geschichtliche Bild kann nur in gründlicher Forschung erwachsen. Der wissenschaftliche Rang der politischen Historiker Sybel, Dove, Lenz, Treitschke u. a. dürfte nicht unterschritten werden, während ihre philosophisch-geschichtliche Gesinnung radikal überwunden werden muß. Der Weg von Friedrich dem Großen zu Hitler war, aufs Ganze gesehen, eine langfristige, nun abgeschlossene Episode.

Jetzt in der Not spüren wir stärker als je: Die hohen Geister unserer Ahnen wollen wieder zu uns sprechen und die verführenden inhumanen Idole durchleuchten. Hitler-Deutschland ist nicht unser Deutschland. Aber Deutschland hat dieses Regime hervorgebracht, hat es geduldet und hat, zu großen Teilen aktiv oder durch Furcht gezwungen, mitgemacht. Wir können uns nicht entziehen. Wir sind es selber und sind es doch gar nicht. Der Boden unseres Wesens hat einst auch den holländischen und schweizerischen Freiheitskampf hervorgebracht. Nicht eine dunkle Rasseneigenschaft, sondern die politischen Schicksale mit den Folgen des Absolutismus und Militarismus haben die nicht im ursprünglichen Wesen begründete Trennung hervorgebracht. Geistig ist aber auf dem Gebiet des politisch unglücklichen, unter Bismarck nur scheinbar glücklichen Deutschland trotz allem das Herrlichste erwachsen. Daran dürfen wir uns halten.

4. Wir müssen den *abendländischen Boden in Bibel und Antike* für unsere gesamte Bevölkerung wieder gewinnen. Hier ist der Ursprung und Maßstab, hier der Ausgang verwandelnder Aneignung für unser gegenwärtiges Leben.

5. In all dem ist die Hauptsache *die Erweckung der Selbstverantwortlichkeit des Einzelnen.* Weder der blinde Gehorsam noch die leidenschaftliche Willkür sind menschenwürdig. Selbstverantwortung wird durch Selbsterziehung erreicht. Hüten wir uns vor allem, unserer Situation und der uns gestellten Aufgabe auszuweichen.

Unser brennender Eifer geht auf die Wiederherstellung und Reinigung unserer Seele durch unsere eigene Erziehung.

Sigrid Undset wollte mit ihren Darlegungen uns dabei offenbar nicht helfen. Aber es ist für uns ein Anlaß zum Nachdenken, wenn eine Persönlichkeit ihres Ranges so spricht. (HS 51 f.)

Feier und Geschichte deutscher Freiheit

Vor vielen Jahren hörte ich aus einer deutschen Schule, daß von dem betreffenden Ministerium angeordnet wurde, den Tag der Verkündigung des Grundgesetzes zum Feiertag zu machen. Die Feier sollte mit einer Rede stattfinden, dann ein schulfreier Tag sein. Das Ministerium legte gleich den Entwurf über mögliche Inhalte der Rede bei. Ergebnislos: Die Lehrer waren verlegen, niemand wollte die Rede halten. Das Wort ›Freiheit‹ kam im Entwurf überhaupt nicht vor. Die Gehorsamen sagten zwar: »Es muß geschehen, das Ministerium hat es verlangt.« Was sollen wir zu solchem Regierungsakt sagen? Das Umgehen mit den Kindern, ihnen einen Feiertag aufzuoktroyieren für etwas, das sie gar nicht kennen und das ein Abstraktum ist, heißt Schindluderei treiben mit jungen Seelen. Die Künstlichkeit eines nationalen Feiertages ist analog. Die mögliche Echtheit der substantiellen Antriebe im Volke wird verdorben durch eine Erziehung aus Unwahrheit zum Schwindel.

Wenn ich mich erinnere, was ich als Kind an Feiern erlebt habe, so fühle ich den großen Unterschied. Wir alle, die gesamte Bevölkerung und die Kinder in den Schulen, feierten den Sieg von Sedan am 2. September. Man dachte an den erstaunlich raschen Siegeslauf. Mars-la-tour, Gravelotte, alle Schlachten kannte man. In den eigenen Familien wußte man von denen, die gefallen sind. Man hatte das Bewußtsein des Opfers, das gebracht worden war. Aber vor allem war doch der Jubel: wir haben gesiegt. Wir waren, so hörten wir Kinder und glaubten es, angegriffen vom Erbfeind, und nun hatten wir unser mächtiges Reich.

Für diesen Vergleich ist es unwesentlich, daß wir heute die damals gefeierten Wirklichkeiten anders beurteilen. Es ist auch nicht wesentlich, daß wir erst viel später in der Rückerinnerung spürten, was uns als Kinder noch unbewußt war: eine Stimmung der Öde auch in den Feiern, ebenso wie in den Bauten, in den Gebärden jener Zeit, auf den Exerzierplätzen und den Kasernenhöfen, in den Redensarten und dem Ton. Für meinen Vergleich ist das Entscheidende, daß ich aus meiner Kindheit noch kenne, was eine Feier ist. Jetzt gibt es keine mehr. (A 72 f.)

Die Suche nach einem Gründungstag ist auch hier vergeblich. Aber es gibt ein Jahrtausend Geschichte deutscher Freiheit. Ein Buch, das die Geschichte der politischen Freiheit auf den deutschen Gebieten des letzten Jahrtausends schildert, ist für unsere Erziehung unentbehrlich. Es ist nicht da.

Dieses politische Buch setzt voraus einen geschichtlichen Begriff des Deutschen im Gegensatz zu dem für das politisch episodische Gebilde Kleindeutschlands (Preußen-Deutschlands) verengten und usurpierten Begriff. Dieser große Begriff des Deutschen war bis zu den Freiheitskriegen und noch eine Weile nachher ein unpolitischer Begriff. Deutsch nannte das Mittelalter alle Gebiete, in denen Deutsch gesprochen wurde. Nicht nur ein Teil Österreichs, auch die Niederlande, die Schweiz waren eingeschlossen. Es gab Nationen – unter ihnen die Deutschen – aber keine Nationalstaaten und keinen Willen zu ihnen. Der Gedanke des Nationalstaats und dann sogleich seine fanatische und machtgierige Behauptung ist eines der vielen bösen Erzeugnisse der Französischen Revolution in ihren späteren Phasen (wahrnehmbar etwa in den wilden Reden des Konvents). Er ist in den berühmten Worten Grillparzers charakterisiert: »Von der Humanität über die Nationalität zur Bestialität.«

Die Geschichte der deutschen Freiheit würde höchst ehrenvolle Erinnerungen wecken: Die Freiheiten der Städte im Mittelalter, die landständischen Freiheiten, die Freiheiten, die der Freiherr vom Stein in Preußen als städtische Selbstverwaltung eingeführt hat und die in dieser begrenzten Form durch das 19. Jahrhundert gehen. Vor allem gehören dazu die Schweizer und die Holländische Geschichte als die heute noch beschwingenden Geschichten der Freiheit auf dem Boden des deutschen Sprachgebietes. Hier liegt die Substanz unserer deutschen politischen Geschichte, auf die wir sittlich-politisch uns gründen könnten. Kant, unser größter politischer Denker, hat gesagt, daß die entscheidenden Ereignisse der Geschichte der letzten Jahrhunderte die Freiheitskämpfe der Niederländer und Schweizer seien. In einem solchen Buch würden auch die Mächte und Ereignisse ihren Platz finden, die freiheitsfeindlich die Freiheiten zerstörten. Jede Geschichte der Freiheit ist zugleich eine Geschichte der Gegner der Freiheit und des Kampfes mit ihnen und der Niederlagen.

Solche Bücher, schließlich in die knappe Form der Schulbücher gebracht, würden unterscheiden, was aus der Vergangenheit zu wissen sich lohnt, was nicht. Noch heute sind unsere Geschichtsschulbücher zu Dreivierteln gefüllt mit Dingen, die für uns nicht mehr wissenswert sind. Alles, was wißbar ist, soll irgendwo gewußt und in den Archiven und Darstellungen der Geschichtswissenschaft deponiert werden. Heute im Augenblick der für uns notwendigen Neugründung wird sehr viel verschwiegen, was wir wissen müssen, und sehr viel mitgeteilt, was gleichgültig ist. Die Geschichte, sagt man, ist umzuschreiben. Ja, aber nicht im Sinne einer Fälschung, sondern, bei gleicher Intensität der überlieferten historischen Forschung, umgekehrt mit größerer Wahrhaftigkeit der existentiellen Teilnahme. (A 74 f.)

Politische Selbsterziehung

Die politische Erziehung ist noch kaum in Gang gekommen und scheint in der Propaganda zu den Wahlterminen vollends verloren. Die Idee der Demokratie verlangt die Fühlung der Staatsmänner mit dem Volke. Ohne das ist Demokratie nur als parteiliche Vorbereitung und als Manipulation der Abstimmungen da. Einem freien Volke aber liegen gemeinsam mit den Regierungen die Leitbilder und die Vorstellungen und Ideen offen. Diese sind gedanklich ausgeprägt und haben Bestand durch die eingeübte Denkungsart und die ständig bewegte Teilnahme der Bevölkerung an den Entschlüssen. (HS 179 f.)

Man hat gedacht, die Völker zu erziehen, wie es in großem Maßstab die Engländer – oft mit gutem Willen – für Indien taten. Aber sie haben wesentlich doch nur bringen können: Schulwissen, Technik, Organisation, Verwaltung, Recht, das, wodurch heute dank England ein Indisches Imperium ohne England vorläufig möglich ist. Völker aber wollen sich selbst erziehen, nicht erzogen werden. Sie wollen aus ihrer überlieferten Substanz sich mit dem Neuen von Technik und Wirtschaft aus eigener Initiative auseinandersetzen. (AZM 129)

Was die Nichtabendländer tun werden, müssen wir abwarten. Sie können sich zur Freiheit entwickeln nur durch Selbsterziehung im Blick auf die andere Welt; wir können sie nicht erziehen außer dadurch, daß wir selbst ein besseres Vorbild werden. Und wir können nur bereit bleiben für sie, wenn sie wollen. (AZM 138)

Die Neutralität freier Selbstbehauptung ist nur solange möglich, als die Kraft der Selbstbeherrschung dem Einzelnen wie dem Ganzen eigen ist. Ein freies und daher neutrales Volk vertraut auf die ständige Selbsterziehung in seiner Gemeinschaft.

Diese Selbsterziehung hat ihre Kraft darin, daß der Leidenschaft der Gesinnungen doch das Maßhalten aus dem freien Entschluß der Einzelnen überlegen ist. (AZM 191)

Die Wahlkämpfe und ihre Vorbereitung durch die Art der Regierungsakte sind das große Feld der politischen Selbsterziehung der Bevölkerung. Daß diese nicht stattgefunden hat, ist der dunkle Schatten auf der Zukunft der Bundesrepublik. (HS 274)

Nun zum Schluß! Wozu politische Diskussionen? Sie dienen der politischen Selbsterziehung und bereiten Handlungen vor. Darum sind sie ein Ort des politischen Lebens eines Volkes. Wenn nicht, dann sind sie Geschwätz und bloßer Gegenstand der Psychologie und damit der Manipulation seitens der politischen Techniker. (KS 71 f.)

Unsere reale Öffentlichkeit ist nicht einfach der Spiegel eines Volkes. Sie soll der Raum seiner politischen Selbsterziehung sein. Ein der Möglichkeit nach freies Volk gewinnt keine Ruhe angesichts seiner Irrungen und Schicksale. Es fordert von sich die Selbsterziehung in Gegenseitigkeit von Volk und Regierenden. In allem Wandel ist ein einziges Unwandelbares: die Aufgabe der Errichtung und Bewahrung eines Lebens politischer Freiheit.

Die politische Selbsterziehung erfolgt an den Realitäten alle Tage und in den großen entscheidenden Augenblicken durch ständige Übung der Denkungsart. Erst in den konkreten Situationen wird die Erfahrung gemacht und die Urteilskraft bewährt. (KS 114 f.)

In der Wechselwirkung von Schriftsteller und Publikum vollzieht sich die Selbsterziehung eines Volkes. (HS 331)

Wer philosophiert, will wissen, was faktisch ist, will das Reale nicht übergehen, dann aber vor allem: das Mehr-als-Reale, von dem die politische Realität mitbestimmt wird, wenn sie Dauer, Sinn und Größe gewinnt, nicht verraten. (HS 193)

... im Unterschied von der Autorität durch Macht will das philosophische Denken den Hörenden dazu bringen, sich selbst zu überzeugen, selbst zu denken, um die eigene Verantwortung nicht durch Nachfolge zu mindern, sondern durch Einsicht zu steigern. (P 41)

Philosophieren dagegen ist bescheidener, aber von anderem hohen Anspruch. In ihm wendet sich der Mensch an den Menschen, auf gleicher Ebene, ohne andere Vollmacht als die, die jedem Menschen als möglichem Vernunftwesen zukommt. Es verharrt in der menschlichen Situation. Es vergewissert den guten Willen seiner selbst. Es fordert keinen Gehorsam, aber leitet zur Besinnung, um in sich den Anspruch möglicher Existenz vor der Transzendenz zu finden. Es will aufmerksam machen. Aber es legt alle Entscheidung, die ganze Verantwortung in jeden Einzelnen. Es vermag nicht zu ›geben‹, sondern nur wach zu machen, was ihm entgegenkommt. (AZM 362)

Der philosophische Grund ist nicht ein Gedankensystem, aus dem rational abgeleitet werden könnte, was in der Politik überhaupt und im besonderen Fall zu tun richtig sei. Vielmehr ist dieses Philosophieren eine Grundverfassung, der die Urteilskraft und Wertschätzung entspringen, die Voraussetzungen sind für das Erdenken sowohl wie für die Benutzung aller Institutionen. (A 148)

B. Einzelprobleme

Das Doppelgesicht der Universitätsreform

1. Zwei Aufgaben

Bauten, Einrichtungen der Institute, Seminare, Bibliotheken, Vermehrung der Stellen für Lehrkräfte, Fürsorge für Studenten, damit sie frei und mit allen Kräften ihrem Studium nachgehen können – dies und anderes sind materielle Fragen, die durch Zurverfügungstellung des notwendigen Geldes materiell gelöst werden können. Man hat wiederholt darauf hingewiesen, welche gewaltigen Mittel, zumal da das ganze Schulwesen einbezogen werden muß, erforderlich sind. Für die Zukunft des deutschen Volkes sind Erziehung und Unterricht nicht weniger wichtig als Wehrmacht. Da aber eine schlechte Verwaltung der Erziehung ihre unheilvollen Folgen erst im Laufe vieler Jahre und Jahrzehnte zeigt, nach denen niemand mehr verantwortlich gemacht wird, für den Augenblick aber das Dasein aller davon abhängt, daß es in einer mit Gewalt drohenden Welt geschützt wird, so haben die Politiker, Parlamente und Regierungen ein viel geringeres Interesse für das Erziehungswesen als für die Wehrmacht. Und beide werden an augenblicklich zwingender Wichtigkeit noch übertroffen von der Sozialpolitik, die allen Staatsangehörigen in allen Gruppen sogleich fühlbare Vorteile bringen will, von deren Gewährung die Stimmen der Wähler abhängig sind. Der Anspruch auf materielle Sorge für das gesamte Erziehungswesen tritt in den Hintergrund. Was für die Zukunft des geistig-sittlichen Ranges unseres Volkes das Wichtigste ist, ist für den Augenblick das für die Politiker und die breite Bevölkerung am wenigsten Dringende.

Nehmen wir an, die staatlichen Mittel würden dank der Weitsicht von Staatsmännern in der genügenden Menge bereitgestellt, so ist damit zwar die unentbehrliche Bedingung, nicht aber die Sache selbst geschaffen. Jene Mittel zu beschaffen ist Sache des Staates, *die Universitätsreform aber kann entscheidend nur von Männern der Universität ausgehen*. Es kommt darauf an, wie die Mittel verwendet werden.

Hier aber handelt es sich um *zwei Aufgaben: erstens* die Planung der notwendigen Bauten, die Gliederung des Massenzustroms in übersehbare Gruppen, die Aufgabenverteilung unter Professoren und Dozenten und Assistenten, die Umgestaltung der Organisation, die Setzung der Rechte, nach denen sie in juristischer Form arbeitet, und vieles andere – und *zweitens* die Wiedergewinnung der Kraft der *Idee der Universität*, die bis an den Rand ihres Erlöschens geraten ist. Diese beiden Aufgaben stehen nicht nebeneinander, *vielmehr muß die Idee der Universität die Führung haben,* wenn es sich wirklich um Reform der Universität in der neuen Situation handelt und nicht um Vollendung und Organisation der Verschulung, bei der unter Beibehaltung des Namens der Universität die Universität selber zugrunde gegangen ist.

Jede Besinnung auf Änderung etwa der Verfassung, der Selbstverwaltungsformen, der Änderung der Institutsrechte, der Lehrtypen, des Unterrichts usw. muß zwar auf greifbare Zwecke blicken, aber die übergreifende Kritik und Begründung in dem Lichte finden, das die Wege zur Verwirklichung des geistigen Lebens selber, des Hervorbringens in dem Miteinander von Forschung und Lehre zeigt. Die beiden Aufgaben lassen sich nicht nebeneinander, sondern nur zugleich erfüllen. Dabei hat die erste die Seite, daß man die Mittel zum Zweck erdenken und machen kann, die zweite dagegen die Grundeigenschaft, daß sie durch kein Machen und Planen sich erfüllen läßt, sondern allein durch das Dasein der einzelnen Forscher, Lehrer, Studenten, in denen die Idee lebt und zur Wirklichkeit kommt. Das Organisieren kann für dies eigentlich Wesentliche Chancen geben, aber es nicht herstellen. Das von der Idee der Universität geführte Organisieren wird immer an diese Chancen denken, sie unter keinen Umständen mindern, sondern überall fördern wollen.

›Doppelgesicht‹ der Universitätsreform will sagen: Untrennbar sind die beiden Aufgaben *erstens* der äußeren Organisation und Versorgung der Universität und *zweitens* der inneren Verwandlung der Denkungsart zur Wiedergewinnung der Idee der Universität in neuer Gestalt. Die bloße Realisierung der Massenversorgung mit Unterricht würde den Sinn verlieren, die bloße Spekulation der Idee würde in Schwärmerei irreal werden. Wie beides sich zueinander verhalten wird durch die letzte geistige Motivierung der greifbaren Maßnahmen, entscheidet das Schicksal der Universität.

Die *Aristokratie des Geistes,* aus allen Volksschichten hervorgehend, wesentlich gegründet im Ethos, in der verzehrenden Leidenschaft des Geistes des einzelnen, in der Begabung, ist stets die Minderheit. Die Idee der Universität ist auf diese Minderheit gerichtet. Zum Heile aller ist es, daß die Norm von dieser ursprünglichen Kraft des Geistes ausgeht, daß der Durchschnitt selber seinen Wert durch den Aufblick zum Höheren und in der Erleuchtung von dorther sieht.

Da aber die Aristokratie nur auf demokratischem Wege anerkannt werden kann, nicht durch eigenen Anspruch besteht, ist *die Universität an die Gesinnung aller, der Studenten und Dozenten, gebunden.* Daß das Hervorragende in Leistung und Persönlichkeit gesehen, gefördert, unausdrücklich aber faktisch anerkannt werde und zur Wirkung gelange, ist die Bedingung des Lebens der Universität.

Die Universitätsreform bedarf einer unermeßlichen konkreten Arbeit. Von ihr soll in den folgenden Erörterungen nicht gesprochen werden. Vielmehr möchte ich in diesem Aufsatz nur an jene begründende geistige Macht erinnern, ohne die alle Reformen nur das Todesurteil über die Universität in dem dann täuschenden Schein eines blühenden Schulbetriebs zur Ausbildung der überall benötigten gelernten Arbeiter würde.

2. Historischer Aspekt

Die *mittelalterliche Universität* war ein alle lebendigen Gegensätze und leidenschaftlichen Kämpfe umgreifendes geistig geschlossenes Ganzes. In den Ordnungen vom Studenten bis zum selbständigen Lehrer, von der Artistenfakultät bis zur Theologie war sie Ausdruck der hierarchischen Ordnung der Dinge. Eine gemeinsame geistige Struktur ging durch alle Glieder. Sie hatte europäische Geltung. Aus allen Nationen kamen Schüler und Lehrer. Christus verteilt die Aufgaben an die Fakultäten.

Diese Universität wandelte seit vier Jahrhunderten ihre Gestalt: äußerlich durch die Aufgabenstellung seitens der sie nun tragenden Territorialstaaten; innerlich durch den neuen *Humanismus,* die neuen *Naturwissenschaften,* die *neue Philosophie.* Die geistige Umstrukturierung vollzog sich langsam innerhalb der alten Formen. Diese wurden bewahrt, scheinen am Maße der neuen Realität fiktiv zu sein, bedeuten aber bis heute eine Wahrheit symbolischen Charakters.

Man nennt die Wandlung die *Säkularisierung der Universität:* An die Stelle der Gemeinschaft des alle einigenden und bindenden kirchlichen Glaubens sei die lockere Bindung durch den gemeinschaftlichen Dienst für die Wissenschaften getreten. Das ist nicht durchaus richtig. Säkularisierung kann man den Übergang von Theologie in einen bestimmten Typus innerhalb der modernen Philosophie nennen (etwa in Hegel: säkularisiertes theologisches Denken; in Marx: säkularisiertes antitheologisches, an Theologie als Gegner gebundenes Denken, das selber wieder einen neuen theologisch-atheistischen Charakter hat). Die Theologie selber bleibt nun als besonderes, nicht mehr herrschendes Gebiet von geringer Bedeutung im Gesamtbereich der modernen Universität. Aber die *Säkularisierung betrifft keineswegs den Wahrheitsgedanken selber,* der vielmehr in seiner Unbedingtheit jederzeit transzendent gegründet ist, ob ohne oder mit Offenbarung, ob ohne oder mit einer Kirche. (PA 78 ff.)

3. Die gegenwärtigen, unheildrohenden Aspekte

Die bedrohenden gegenwärtigen Aspekte der *Realität an den Hochschulen* sind viel erörtert und richtig gesehen: die Massen der Studenten und die an manchen Universitäten zur Katastrophe für Lehrer und Studenten werdende Überfüllung; die Verwandlung des studentischen Daseins durch Schwund einer wohlhabenden Mittelschicht mit der Folge der staatlichen Unterstützung der Studenten und der noch zu findenden Auslesemethodik; die Spezialisierung der Wissenschaften, der immer weiter fortschreitende Übergang zur Institutsform von Forschung und Lehre; der Zerfall der Einheit der Wissenschaften und der Universität in Institute; das Versinken der Universität als Ganzen zugunsten eines Aggregats von Fachschulen, der Vorherrschaft der Institute; die wachsenden Ansprüche von Gesellschaft und Staat an Ausbildung an der Universität für immer mehr Berufe. Wenn auch unermeßliche Schwierigkeiten durch diese Bedrohungen entstehen, sie sind doch vielleicht kraft der alten und gleichbleibenden Idee der Universität zu überwinden.

Aber die Reaktionen sind in Deutschland sehr verschieden. Viele sind einfach *skeptisch*, verleugnen die Idee der Universität, die sie selbst in ihrem Leben nicht praktisch verwirklichen und daher auch nicht verstehen. Sie glauben keinem Ideal, benutzen aber dessen Formeln gelegentlich zu rhetorischen Zwecken. Ihr Weg ist, aus dieser Skepsis im Wirrwarr – mit geschickten Manipulationen, Täuschungen und Selbsttäuschungen – wenigstens für sich materiell vorteilhafte Plätze und Ansehen zu gewinnen, in blinder Besessenheit vom Betrieb und der Arbeit an sich.

Andere sind *verzweifelt*, lassen ratlos die Dinge gehen und retten für sich, wie sie meinen, als letzte, noch gerade, was ihnen gelassen wird in anständiger Verwirklichung, unbeachtet, sich nicht vordrängend, bescheiden in ihrem kleinen Umkreis, kostbare, aber müde Hüter überlieferter Substanz. Wieder andere raffen sich auf aus der Resignation. Sie erklären entschieden: Die Idee der Universität ist tot!(So schon nach dem Ersten Weltkrieg.) Lassen wir die Illusionen fallen! Jagen wir nicht Fiktionen nach! Machen wir aus der Not eine Tugend: einen neuen Menschentypus, etwas Unpersönliches, Durchschnittliches, Brauchbares, Funktionierendes! So geben sie sich *optimistisch*, planen und organisieren. Im Bewußtsein der Macht und des Gelingens werden Reformen erdacht für die *Heranzüchtung der Arbeiter und Funktionäre für alle Tätigkeitsgebiete*, für die etwas gelernt sein muß, um fähig zur Arbeit zu sein. Ohne Absicht stehen ihre Gedanken im Zusammenhang des in der totalen Herrschaft endenden Denkens.

Der Pessimismus wird gesteigert im Blick auf die *Weltsituation.* Denn wer sich nicht begnügt mit einem auf Deutschland begrenzten Aspekt, kann erst recht den unentrinnbaren Untergang der Universität zu sehen meinen: Deutschlands Universitäten und Schulen, einst sein Glanz, heute noch hier und da nur von alten Leuten in Deutschland, in Europa, in Amerika und überall in der Welt wehmütig und dankbar erinnert, werden bald vollends in Vergessenheit versinken. Dieser Prozeß scheint für viele eine Gewißheit zu gewinnen, wenn sie mit Grauen zu sehen glauben, dies alles gehöre zu einem umgreifenden Selbstzerstörungsprozeß der Menschheit.

Sie sehen die Massengesellschaft, die Unvereinbarkeit von freier und totaler Herrschaft, die heute alles bestimmende, alle lokalen Realitäten übergreifende Weltpolitik; sie sehen die beiden Atommächte, die auch durch Größe ihres Erdraums und ihrer wachsenden Menschenmassen überragen; sie sehen die Wandlung der Weltgeschichte durch 600 Millionen Chinesen, die bald in das technische Zeitalter ganz hineingelangt sein werden. Das Ende, so denkt wohl mancher, ist entweder eine der totalen Herrschaft sich fügende Menschheit ohne Menschen (die Atombombe wird in der Erdplanung dieser Herrschaft dann vielleicht noch zur Ausrottung überzähliger, überflüssiger, unerwünschter Menschenmassen in gezielter Anwendung ohne Gefahr für das Leben auf der Erde im Ganzen zur Anwendung kommen). Oder Menschen fügen sich nicht, und im Kampf durch die Bomben wird der Untergang des Lebens auf der Erde das nicht mehr ferne Ergebnis dieser merkwürdigen Geschichte sein, die in dieser Gestalt erst vor wenigen Jahrtausenden begann und nur einen vergeblichen Zwischenaugenblick der unermeßlichen Erdgeschichte bedeutet. Die Verwahrlosung der Universität ist dann nur ein Moment in dem Ganzen dieses totalen Zerstörungsprozesses. Aber bleibt die Universität nicht der Ort, an dem, ihrer Idee entsprechend, dieses Schicksal wenigstens erblickt und erkannt werden soll? Wo keine Hoffnung mehr ist, kann doch gewußt werden.

So sind die, wenn sie für endgültige Erkenntnis gehalten werden, verführenden und lähmenden Gedanken. Sie müssen kritisch durchdacht werden. Dann wird zwingend klar, daß es keinen wißbaren notwendigen Totalprozeß der Geschichte gibt. Unentrinnbar sind nur viele greifbare partikulare Entwicklungen, so für die Universität etwa der Fortschritt der Wissenschaften, des rationalen Könnens, der Technik mit ihren ambivalenten, nicht übersehbaren Folgen, die wachsenden Ansprüche der Gesellschaft an Ausbildung von Studentenmassen, sei es zu geistig schöpferisch gestaltenden Menschen, sei es zu gelernten Arbeitern in immer mehr und schließlich allen Berufen.

An dieser Stelle ist durch die weltpolitische Lage heute die Aufgabe der Universität zur gefahrvollen Spannung gelangt. Sie liegt darin: Zur Rettung der politischen Freiheit ist notwendig die Produktivität der Industrie und eine Wehrmacht, die der ungeheuren heute überlegenen Rüstung Rußlands (das heute Ostdeutschland, Ungarn und die anderen Satelliten durch brutale Militärgewalt knechtet) gewachsen ist; andererseits aber wächst damit die Gefahr, daß industrielle Produktion und Wehrmacht auf Wege gezwungen werden, die selber totalitäre Formen annehmen. Sie würden mit der radikalen Verschulung der Universitätsausbildung beginnen. Dann würde am Ende die Selbstbehauptung der freien Welt nicht mehr etwas verteidigen, was sich lohnt, nämlich nicht mehr die Freiheit, sondern die Apparatur. Ein Kampf der Selbstbehauptung würde sinnlos. Denn man würde selber zu dem, was man bekämpfen wollte, wäre im Kampf mit dem Drachen selber zum Drachen geworden.

Die Substanz dessen, als was wir und wofür wir leben, die Freiheit, ist gebunden an die Weise, wie produziert, ausgebildet, gelehrt und geforscht wird.

4. Die Entscheidung der Universität

Allen Aspekten gegenüber, die sich wie ein unentrinnbares Natur- oder Geschichtsgeschehen aufzeigen wollen, steht in der wirklichen Lage entscheidend der *Entschluß der Menschen.* Wie politisch der Entschluß möglich ist, uns dem nur vermeintlich notwendigen, ohne uns sich vollziehenden Zerstörungsprozeß, soviel an uns liegt, nicht zu fügen, weder dem Ende im Atomtod noch dem Ende in der totalen Herrschaft, so an der Universität der Entschluß, in den partikularen Zwangsläufigkeiten *die gestaltende Kraft der Idee* zur Wirksamkeit kommen zu lassen.

Diese Entscheidung wird eine gemeinschaftliche von Studenten, Professoren, Staatsmännern sein.

Der *Student* steht am Anfang seines Lebensweges, will ihn im Ursprünglichen gründen, und trägt mit seiner Zukunft die Zukunft seines Volkes und Staates, auf die er sich vorbereitet. Kommt er zur Universität, so wehen ihm in aller Verwirrung und Betriebsamkeit doch die Funken des Geistes entgegen, wenn er sie wahrnehmen kann und in seiner Seele zünden läßt. Wer Urteilskraft hat, das heißt ständig unter seiner eigenen geistigen Führung arbeitet, die sich als Führung durch die Sachen selbst zeigt, hat Chancen, auch unter sonst ungünstigen Bedingungen unbeirrbar seinen Weg zu finden.

Wenn der Student mit der Universität unzufrieden ist, hat er recht. Aber die einzige Möglichkeit, die Lage zu bessern, ist für ihn, daß er *selbst für sich die Wirklichkeit einer wahren Universität mit schafft durch die Weise seines Studiums, ebenso durch hartnäckige Arbeit wie durch sein diese Arbeit durchdringendes geistiges Dasein.* Nur aus solchen Studenten können die aus der Idee der Wahrheit in allen Berufen wirkenden Männer werden und können unter ihnen einige einst als Professoren die wahre Universität wieder zur Erscheinung bringen. Sie werden sie hervorziehen aus der Verworrenheit.

So war es immer. Es kommt nicht von selbst durch einen automatischen Geschichtsprozeß; dieser mag als Chiffer eines undurchschaubaren Etwas gelten, das eine Grenze des Menschen fühlbar macht, in dem man aber, da man es nicht kennt, sich auch nicht orientieren kann. Es kommt auch nicht allein durch ein Organisieren nach Plan. Solcher Plan ist ein wirksames Mittel nur in der Hand derer, die die Idee der Universität selber kraftvoll in sich tragen.

Noch einmal: Das Entscheidende ist der Entschluß, der mit der Aufgabe zugleich das eigene Leben gründet: *die Wahrheit zu suchen auf den Wegen der Wissenschaft.*

Der Student ist zunächst verantwortlich nur für sich selbst. Ganz anders der *Dozent,* der mit der Verantwortung für sich selbst schon unmittelbar wirksam für das Ganze verantwortlich ist. *Professoren* und *Staatsmänner* müssen gegenwärtig in dem völlig ungenügenden und unstabilen Zustand durch Reformen die Bedingungen für die bestmögliche Erfüllung der Aufgabe finden. *Wenn ihnen zweckmäßige Einrichtungen und Ordnungen gelingen sollen, müssen sie dabei ständig an den eigentlichen Sinn denken und ihn wollen: die Universität als den Ort, an dem die Wahrheit in jeder ihrer Richtungen offenbar und zugleich von den Studenten mitergriffen werden soll.* Dieses aber, was mehr ist als Reform, wofür vielmehr die Reform sein soll, das ist die ständige Wiedergeburt der Wahrheit in den Gelehrten, Forschern, Denkern. Daß diese die Mitte der Universität sei, wie die Universität im ganzen die Mitte der geistigen Bildung eines Volkes sein könne, das ist die leitende Idee, oder die gesamten Reformen werden ein Betrieb, in dem die Universität selber verlorengeht.

Wir treiben auf einem Meere, dessen Stürme noch mächtiger zu werden drohen. Wir suchen nach dem Steuer im Ganzen (im Entschluß zur Wahrheit). Aber jeden Augenblick müssen wir schon bemüht sein um unsere nächste Umwelt, die wir innerhalb unseres Schiffes trotz der Drohungen auf der Fahrt gestalten. Auch an der Universität haben wir die Atempause zu nutzen, um so zu denken, zu arbeiten, zu handeln, daß wir uns behaupten und zu den ihrem Wesen nach uns Verbundenen gelangen, um mit ihnen gemeinsam in freier Solidarität die große Fahrt zu bestehen.

Wir möchten mit ihnen das Steuer in uns spüren. Dazu ist als Voraussetzung notwendig dieses eine:

5. Der bleibende Ursprung: Wahrheit und Wissenschaft

Was Wahrheit und Wissenschaft sei, kann nicht einfach ausgesagt werden; es *wird im Leben der Universität offenbar, ohne je abgeschlossen zu sein.* Aber man spricht von Wissenschaft, als ob selbstverständlich jeder wisse, worum es sich handle (wenn z. B. das Grundgesetz der Bundesrepublik bestimmt: »Kunst und Wissenschaft, Forschung und Lehre sind frei«, Artikel 5, 3). Das Vorhandene braucht, so scheint es, nur durch Verfassung geschützt und durch Organisation betrieben zu werden, dann entfaltet es sich.

So aber ist es keineswegs. *Erst in einer unaufhaltsamen Bewegung, zugleich mit der Infragestellung seiner selbst und mit der Kritik jeder eingenommenen Position zeigt sich, was Wahrheit und Wissenschaft sei.* Wenn der Mensch die Wissenschaften als ein Moment des Offenbarwerdens der Wahrheit ergreift, so braucht er durchaus nicht vorher und braucht er nie endgültig zu wissen, was Wahrheit und Wissenschaft im ganzen sind. Es ist genug, von ihnen ergriffen zu sein.

Etwas, was weder aus der Gesellschaft noch aus dem Staat, sondern nur aus dem ursprünglichen Wissenwollen verstehbar ist, das ist dieses Übernationale, Abendländische, Menschheitliche, dem an der Universität gedient wird, womit zugleich ihre anderen auf Staat und Gesellschaft bezogenen Aufgaben Erfüllung finden. Verwirklichen kann sich die Universität aus dem ursprünglichen Wissenwollen nur, wenn Gesellschaft und Staat es wollen.

Was dieser Ursprung eigentlich ist, dessen Wirksamkeit in uns so lebendig sich bezeugt, ist von der Philosophie durch die Jahrtausende auf mannigfache Weise zu denken und geradezu auszusprechen versucht worden. Am wenigsten mißverständlich finden wir diesen Ursprung vielleicht in der *Kantischen Idee;* dann, zwar uns fern und erst zu deuten, aber beschwingend bei *Plato;* auf eine zweideutige Weise, daher verführend bei *Fichte, Schelling, Hegel* (diese untereinander abweichend, aber gemeinsam in einem von Kant radikal sich entfernenden ›Idealismus‹). Wenn so das ursprüngliche Wissenwollen, die Einheit der Erkenntnis, das Prinzip der Wahrheit, die allumgreifende Idee philosophisch in bestimmten Formen ausgesprochen wurden, dann sind solche Deutungen nicht selber als objektive Erkenntnis des Erkennens für immer gültig. Sie können durch ihre spekulative Kraft mit bestimmten Formulierungen das erwecken, was dann selber solche Objektivierungen als vermeintliches Gewußtsein wieder abwirft.

Praktisch sehen wir den Ursprung wirksam in der Urteilskraft der seltenen Männer, die, aus diesem Raum her denkend, für das Konkrete der Universitätsstruktur die einfachen Grundlinien erfassen, vorschlagen und verwirklichen. Das hat *Wilhelm von Humboldt* in seinen Denkschriften und Verwaltungsakten bei der Begründung der Universität Berlin getan.

Voraussetzung allen wesentlichen Tuns an der Universität durch die Forschenden, Lehrenden, Lernenden (und der reformierenden Professoren und Staatsmänner) ist diese von anderswoher kommende *Idee der Wahrheit* selber. Sie allein gibt den Ernst. Sie allein gibt den Maßstab, der nicht ein verstandesmäßig festgesetzter Begriff ist, sondern in der Bewegung liegt, die jeden Sinn von Wahrsein ergreift. Mancher Jüngling, der zur Universität kommt, betritt wohl zuerst, beschwingt von dem Enthusiasmus der Vernunft, von der Macht der Wahrheit, von der Idee, die er ahnt, schon die Gebäude der Universität in einer ihn über den Dunstkreis des Alltäglichen hinaushebenden Stimmung. Zumal dort, wo der geschichtliche Grund mit sichtbaren Bauten und Zeichen gegenwärtig ist, hat er wohl das in seiner Nüchternheit verborgene Bewußtsein, in einen gleichsam heiligen Raum einzutreten. In diesem erwartet er die Sprache der Wahrheit zu hören, die aus allen Zeiten von den Griechen her und in der großartigen Weise der modernen Wissenschaften zu ihm dringt.

Mag die Realität anders als diese Schilderung aussehen, mag die Universität als eine nützliche, zum Erwerb von Berechtigungen durch Examina erstrebte Schule erscheinen, mag sie höchst unheilig, betriebsam, zerstreuend und durch ein Gestrüpp unbequemer Formalitäten lästig sein – diese Realitäten lassen sich nicht leugnen. Aber nur die, die unvorbereitet und nicht entflammt vom Funken der Wahrheit sind, sehen nichts als nur dies. Die anderen treten ein mit der Erwartung jener höheren Autorität. Sie lassen sich nicht täuschen durch den sich aufdrängenden realen Vordergrund. Sie finden, was sie suchen, *durch ihr eigenes Tun, durch die Weise ihres Studierens,* durch die Fülle der sich ihnen darbietenden Mittel. Vielleicht sehen sie es hier und da in Professoren, deren Dasein, Forschung, Einsicht, Sprache sie anzieht und ihnen bestätigt, was sie suchen. Wenn sie es aber nicht wiedererkennen, so hat es doch sein Leben dadurch, daß sie es selbständig von neuem hervorbringen. Und sie werden die Professoren, ohne sie viel zu schelten, schweigend anblicken mit der Forderung: Rettet die Idee eures Wesens, daß ihr Vorbild für uns sein könnt.

Das ist die Stärke dieses Ursprungs: *Er ist da, wenn der Funke gezündet hat, und ist dann untilgbar. Das ist seine Schwäche: Wo er gar nicht da ist, ist er durch nichts zu machen. Aber er ist im Menschen als*

Menschen verborgen, bereit zu entflammen, und vielleicht bei viel mehr Menschen, als gemeinhin angenommen wird. In der Atmosphäre wirklichen Geistes kommt er zur Leuchtkraft. Daß dies so ist, ist der Glaube an den Menschen. Ohne solchen Glauben müßte man aufhören, der Universität, damit aber auch der Wahrheit und Freiheit, eine Chance zu geben.

6. Zusammenfassung: Reform und Wiedergeburt

In der gesamten freien Welt ist die Universität zum Problem geworden. Man will es besser machen.

Am Anfang des Nachdenkens darüber sollte die Unterscheidung stehen: Was kann man planmäßig organisieren, materiell herstellen, gesetzlich ordnen, institutionell errichten? Was aber muß diesem zweckhaften Machen vorausgehen als Idee, die aus dem Ernst jedes einzelnen, seines Enschlusses zur Wahrheit den Maßstab für die besonderen Planungen findet?

Diese Unterscheidung weist auf die Grundtatsache: *Eine sachgemäße Hochschulreform kann zwar nur unter den realen Bedingungen von Staat und Gesellschaft, aber entscheidend doch nur aus dem Inneren der zeitlosen Idee der Universität erfolgen.* Die Reform ist auf die materiellen Mittel, aber nicht weniger auf die unplanbare geistige Initiative angewiesen.

Reformen durch Entwürfe mit endlosen, fast beliebigen Detaillierungen und Reglementierungen sind nichtig ohne Führung durch die Idee. Die Idee wird nicht gelernt, sondern kommt im Sichbesinnen, im Widerhall auf ihre aus der Überlieferung hörbaren Ansprüche zur Wirkung in jeweiliger Wiedergeburt.

Was nicht zu machen ist, läßt sich erwecken. Daß wir uns mitteilen, ermutigt. *Wir sollen nicht historisch Vergangenes wiederholen, aber die ewige Idee, die wir im Vergangenen schon wirksam sehen und die immer in die Zukunft weist, für unseren Augenblick verwirklichen.*

Voraussetzung der Universitätsreform ist die Wiedergeburt in *gemeinsamer Denkungsart.* Sie erfolgt in der Verwirklichung der Idee durch die einzelnen Wissenschaften und in dem gedanklichen Ausdruck ihres Weges im Ganzen der Universität.

Die geschichtliche Erinnerung an das von lang her und für immer Wahre der Idee stärkt die Gesinnung für die Gegenwart. Daß sie da und keineswegs, als nunmehr veraltet, verschwunden ist, daß sie vielmehr nie veralten kann und unter neuen Bedingungen in neuem Rahmen wieder verwirklicht werden soll, ist eine Voraussetzung geistiger Existenz.

Der gegenwärtigen Wirklichkeit der Idee entspringen die Maßstäbe und die Urteilskraft für Universitätsfragen, Reformen, die ihre Motive nicht zugleich an der Idee geprüft haben, sind vordergründliche, zerstreuende und verwirrende Polypragmasie.

Nur wer die Idee der Universität in sich trägt, kann für die Universität sachentsprechend denken und wirken. Wer nicht, der sieht nur einen Betrieb, der sich organisieren läßt nach Zweck und Mittel und der die Sache einer konventionellen Gesellschaft und ihrer Manieren ist. Der Zweck gilt als bekannt: Ausbildung zu den Berufen, in denen man spezifische Kenntnisse braucht. Die Berufe sind Leistungsweisen wie die Herstellung und der Vertrieb von Waren. Dieser Betrieb wird unter traditionellen rhetorischen Wendungen verkleidet.

Wer aber aus der Idee der Universität wirkt, tut es schon in der Weise, wie er forscht, welchen Sinn er seiner Forschung gibt, wie er lehrt, wie er in seinen Schriften die Sache mitteilt. Er tut es in der Universitätsverwaltung an einem Maßstab, der sich nicht als ein nur rationaler zur Verfügung stellen läßt, sondern als Geist, der Geist will, alles Geschehen an der Universität durch ihn führen möchte. Dieser Geist ist der Ursprung, aus dem immer von neuem die Wiedergeburt erfolgt. Er ist die Idee der Universität, die kräftiger wird, wenn sie im Wirken der Gelehrten und Forscher sich gegenseitig erkennt. Ihr Bewußtsein ist weniger ein Wissen von etwas als ein Lebendigwerden der Wirklichkeit in ihrem Dienst.

Eines scheint gewiß: *Die große Reform des deutschen Universitätswesens kommt als Wiedergeburt oder als Verderben, als geistige Bewegung oder als bürokratische äußere Ordnung des faktisch dabei noch wachsenden inneren Chaos.* Durch die Ausbildung der Arbeitskräfte für die Zwecke der im ganzen ziellosen, immer nur an partikulare Zwecke gebundenen technischen Massengesellschaft wird der Aufgabe der Universität nicht genug getan. Durch Beschränkung auf jene Zwecke werden diese Zwecke selbst nicht in Wahrheit erfüllt. Mit der Universität sinken Gesellschaft und Staat ab.

Alle finanziellen Mittel helfen nicht, wenn die geistige Voraussetzung fehlt und der Wille nicht da ist, durch alle besondere Tätigkeit doch nur der Wahrheit im ganzen zu dienen und sie aus der Idee der Universität zu verwirklichen. (PA 84–92)

Aus der Philosophie sind die Wissenschaften entsprungen. Auch wo diese durch praktische Aufgaben, in Werkstätten, in der Wirtschaft, mit den Fragen der Künstler oder der Staatsmänner in Gang gebracht wurden, haben Gedanken der philosophischen Überlieferung eine entscheidende Bedeutung gehabt. Und in der Philosophie finden die Wissenschaften am Ende immer wieder ihren Sinn, wenn sie nicht in der Zerstreutheit an bloß äußere Aufgaben verfallen, nicht in der Endlosigkeit des bloß Richtigen ihren Sinn verlieren sollen. Daher scheint es die selbstverständliche und unerläßliche Aufgabe des Universitätsunterrichts, alle Studierenden in der Philosophie ein Heimatrecht gewinnen zu lassen.

Dem widerspricht der tatsächliche Zustand. Philosophie gilt zumeist als überflüssig, ist eine private Liebhaberei, ist geeignet für dekorative Zwecke. Woher kommt dieser Rückgang der Geltung der Philosophie?

Der Hauptgrund liegt wohl im Geist des Zeitalters, der seit anderthalb Jahrhunderten sich an die praktischen Aufgaben der wissenschaftlichen Spezialerkenntnisse, der Technik, der Wirtschaft und der Macht preisgegeben hat, während daneben in mannigfachen Gestalten eine Philosophie sich noch tradierte, die das Gewicht dieser Aufgaben oft verkannte oder ignorierte.

Seit Jahrzehnten ist dagegen die Forderung nach ›Synthese‹ laut geworden, ist eine Erneuerung der Philosophie ersehnt, verkündet, behauptet worden. Man kann nicht sagen, daß ein durchschlagender Erfolg da wäre.

An den Universitäten ist der Verfall der Philosophie durch die Isolierung bedingt, in der die Philosophie zwar traditionsgemäß gepflegt wird, aber gleichsam in einer Inzucht aus der Wirklichkeit des Zeitalters herausgenommen ist. Fast alle Lehrer der Philosophie haben ihr Leben gemäß dem Typus geführt: Nach dem Erwerb der Hochschulreife Studium der Philosophie, philosophischer Doktor, Habilitation für Philosophie und Berufung auf einen Lehrstuhl. Das ist gewiß ein möglicher Weg, aber als einziger Weg läßt er die Philosophie gleichsam vertrocknen. Die Philosophen, statt aus dem Leben, aus der Wirklichkeit und aus Wissenschaften zur Blüte des Philosophierens zu gelangen, die genährt wird von dem Boden, aus dem sie gewachsen ist, geben sich oft nur ab mit den vergangenen Philosophien und mit schönen Büchern über alle möglichen Dinge wie mit einem Herbarium ausgezeichneter Pflanzen, mit denen sie nun operieren, ohne in ihnen aus dem eigenen Blute etwas zu neuem Leben zu erwecken. Man lernt Philosophie, man lernt virtuose intellektuelle Bewegungen, aber man philosophiert nicht in heiligem Ernste, dem es um die Wahrheit geht, aus der und mit der wir leben wollen.

Verhängnisvoll auch scheint es, daß Philosophie in den Wissenschaften selber immer mehr erloschen ist zugunsten spezialistischer Technik des Forschens. Das wird nicht gutgemacht durch gelegentliche philosophische Redewendungen, die ohne Beziehung zu dem tatsächlichen Forschungs- und Lehrbetrieb für besondere Augenblicke, für Einleitungen und Schlußworte noch geeignet scheinen.

Dieses Bild von Philosophie und Wissenschaft heute ist schwarz gemalt und übertrieben, denn es gibt viele Ausnahmen. Aber im ganzen liegt wohl Wahrheit darin. Wenn es so ist, dann fragt man: Was läßt sich tun, um die Jugend mit der Substanz des eigentlichen Philosophierens mehr als es heute geschieht in Fühlung zu bringen?

Ein großes und wahres gegenwärtiges Philosophieren, mit dem wir identisch werden könnten, das uns den Sinn erhellte und das Leben durchstrahlte, und das uns in Gemeinschaft der Wahrheit brächte, kann man nicht planen. Wann und wo der Geist weht im Gang der Geschichte, das steht in keines Menschen Hand.

Aber man kann etwas tun, daß er die Bedingungen vorfinde, wenn er, und sei es in schwachen Funken, in jungen Menschen aufglimmt. Unter diesen Bedingungen ist immer noch die Kenntnis der Philosophiegeschichte die Hauptsache. Aber nicht das Wissen von Lehrstücken, die in Büchern über Geschichte der Philosophie zu lernen sind, sondern die Berührung mit den Gehalten in den Texten selbst. Daß die Texte der großen Philosophen (der fremdsprachigen in Übersetzungen) nicht in wohlfeilen Ausgaben mit den notwendigen sachlichen und historischen Kommentaren zugänglich, daß viele überhaupt nicht zu erhalten sind, das ist ein böser Mangel für die Aneignung der philosophischen Überlieferung seitens der Jugend.

An den Schulen sollte wie an den Universitäten immer Philosophieunterricht stattfinden. Aber weder Schüler noch Studenten dürfen zu dessen Nutzung unter Zwang gestellt werden. Die Persönlichkeit des philosophischen Lehrers und das Interesse der Jugend müssen sich finden in einem freien Raum. Wo gezwungen wird, ist die Philosophie zu Ende.

Einem philosophischen Zeitalter würde in allen Wissenschaften die

Gegenwärtigkeit des Philosophierens selbstverständlich sein. Denn Philosophie hat eine ihrer konkreten Erscheinungen in den Wissenschaften, beseelt sie, gibt ihnen Sinn und Schwung, ohne ausdrücklich als Philosophie zum Thema werden zu müssen. In unserem Zeitalter ist nun weder auf die Philosophie in den Wissenschaften noch auf geradezu vorgetragene Philosophie als solche Verlaß. Alles liegt an den Menschen, die sie vertreten. Diesen aber muß im Rahmen der Lehrfächer die Möglichkeit des Wirkens bewahrt werden auf die Gefahr hin, daß mancher versagt.

An den Universitäten sind daher philosophische Lehrstühle, Seminare und Bibliotheken nicht zu entbehren. Um Chancen für das Ursprüngliche und Neue zu erhalten, sollen mehrere Philosophen an der gleichen Universität wirken, damit der Student nicht auf die Worte eines Lehrers eingeübt wird, sondern vergleichen, ergänzen, korrigieren lernt. Fichtes Forderung, nur ein einziger Philosoph solle an einer Universität lehren, entspringt dem Denken, das sich im Besitz der Wahrheit glaubt, statt auf dem Wege gemeinsamen Suchens zu bleiben, das Diskussion, Infragestellung, Mannigfaltigkeit verlangt. Bei Berufungen sollte man Ausschau halten nicht nur unter den Privatdozenten, die ausdrücklich Philosophie lehren, sondern fragen, ob geistig bedeutende Persönlichkeiten aus den Wissenschaften erwachsen sind, die in der Reife ihres Lebens zur philosophischen Lehre bereit sind.

Das Studium der Philosophie muß für die Studenten frei bleiben. Von niemandem darf es verlangt werden. Jeder Beruf zwar bedarf der Philosophie, aber diese Notwendigkeit wird nicht gefördert, sondern gestört, wenn man Studenten Pflichtvorlesungen auferlegt oder sie in Verbindung mit gewissen Fächern statutengemäß eine Prüfung in Philosophie ablegen läßt. Philosophie, die nicht von sich aus anzieht, und Studenten, die blind für alles Philosophieren sind, beide sind nicht viel wert.

Auch an den höheren Schulen hat die Philosophie einen natürlichen Platz. Man sollte den oberen Klassen Philosophie bieten, wie es vielerorts, aber nicht überall geschieht. Wie das geschehen könne, ist keine einfach zu beantwortende Sache. Man kann sagen, im griechischen Unterricht kommen Texte Platons vor, im lateinischen Cicero, im deutschen Lessing, Schiller. Die Kinder nehmen durch solche Lektüre Philosophie auf, auch wenn der Lehrer kein Wort dazu sagen würde. Das ist richtig, aber wirksamer und wesentlicher muß das Bewußtsein des Philosophierens werden, wenn solche Texte planmäßig unter philosophischen Gesichtspunkten ausgewählt und interpretiert werden. Einfache philosophische Grundgedanken wirken, als ob durch sie, wenn man sie zum erstenmal hört, gleichsam der Star gestochen würde. Es wird plötzlich licht. Ein großes Versäumnis scheint es zu sein, dies den Kindern vorzuenthalten.

Keineswegs kann der Sinn des philosophischen Schulunterrichts den Sinn einer Propädeutik für das spätere Universitätsstudium der Philosophie haben. Dem Kinde sollen, wo das Philosophieren dunkel und spontan in ihm fühlbar wird, Gedanken dargeboten werden, durch die es einen Weg findet. Die Welt des Geistes öffnet sich ihm. Unendliches wird im ersten Lichte kund. Auch im Kinde ist das Ursprüngliche des Philosophierens da, ist das Wesentliche gegenwärtig. Nicht Vorbereitung auf ein Späteres, das noch verschlossen bleibt, sondern selbständige erste Erfüllung muß dieser Schulunterricht bringen.

Um solchen Unterricht auf das jeweils bestmögliche Niveau zu bringen, muß die Philosophie für die Prüfung zur Ausübung des Lehramts als vollwertiges Nebenfach zählen. Nur dann gewinnen Liebhaber der Philosophie die Zeit, sich in ihren Studentenjahren gründlich mit ihr abzugeben.

Die Schwierigkeit liegt bei dieser Freigabe der Philosophie als eines Wahlfaches für die Lehrerprüfung darin, daß es die eine anerkannte Philosophie nicht gibt. Bei der Übertragung des Philosophieunterrichts an höheren Schulen wird die Persönlichkeit des Lehrers und sein philosophisches Grundverhalten eine Rolle spielen. Ein atheistischer oder ein logistischer oder positivistischer Unterricht der Philosophie auf der höheren Schule wäre wohl zu widerraten. Das Kind soll noch nicht in alle äußersten Möglichkeiten eingeführt werden. Die Grenzlinie der philosophischen Themen, die geeignet sind für die Schule, ist eine Sache hoher Verantwortung. Absichtliches Verschweigen wäre so ungemäß wie absichtliches Heranbringen an jede mögliche Position. Das Genie im Kinde, das mit wachsendem Alter so oft verlorengeht, führt zu hellsichtigen Fragen, auf die der Philosophielehrer Rede und Antwort stehen muß. Aber er braucht nicht die Grenzen von vornherein in sein Programm aufzunehmen. Überhaupt könnte dieser Schulunterricht nicht eigentlich systematisch und gar nicht abschließend sein. Er wird am besten sich an bedeutende Texte halten, die in den Händen der Schüler sind. Die Interpretation ergibt die Einübung im Philosophieren.

Der Geist der Meditation, die Fähigkeit durchdringender Selbstprüfung, die unbefangene Denkungsart, die Offenheit für alle gehaltvollen Möglichkeiten, – all das kann nicht direkt gelehrt werden, aber im Verstehen großen Philosophierens erweckt und erzogen werden. Das geschieht auf unberechenbare Weise. Menschen muß dafür der Raum gegeben werden. Daß sie ihn erfüllen, liegt je am Einzelnen.

Diese herausgegriffenen Bemerkungen zu einem außerordentlichen Problem unseres Zeitalters müssen in ihrer Kürze unangemessen bleiben.

Die hier auftretenden Fragen werden durch keine Einrichtung gelöst, sondern jeweils durch das innere Leben des einzelnen Studenten oder Lehrers. Das Wesen der abendländischen Universität fordert, daß jeder an ihr seinen geistigen Weg auf eigene Verantwortung suchen und finden soll. Dabei orientiert er sich wohl am Rat der Lehrer, an den dargebotenen Lehrmöglichkeiten, aber er wählt, was ihm als Wahrheit fruchtbar wird.

Die Universität steht um so höher, je mehr Studenten sich nicht allein am Gängelbande der Studienordnungen führen lassen, sondern ihrem Genius folgen, der ihnen Weisung gibt auf ihrem Wege. Damit er spreche, bedarf es des Ernstes und der Reinheit des Lebens überhaupt.

Wir aber, Studenten und Lehrer, schmähen und vergöttern einander nicht, sondern werfen uns die Bälle zu, uns ermunternd und ermutigend. Wir Alten lehren aus Erfahrung und Können, die Jungen müssen aus sich selbst Einsicht gewinnen, sich selbst vertrauen dürfen. Die Alten aber lernen noch und bauen fort bis zum Ende, von dem Kant sagte, man müsse abtreten, wenn man gerade so weit sei, um mit dem Philosophieren recht anfangen zu können. Die Jungen aber werden, indem sie dasselbe Schicksal ergreifen, es unter anderen Voraussetzungen mit neuen Chancen tun. (PuW 21–27; auch PA 57–61)

Die Idee der Gleichheit und die Tatsache der Ungleichheit

Die Ungleichheit ist Tatsache, die Gleichheit eine im Raum der Freiheit sinnvolle Idee. (A 47)

Die hohe Idee der Gleichheit aller Menschen als Menschen, der Einheit ihres Ursprungs und Ziels, wird zur Abstraktion, wenn sie als bestehend vorausgesetzt wird. (AZM 108)

Der Hinweis auf die Verschiedenheit wird aber seinerseits unwahr in der Verleugnung der Idee jener Einheit und in der Haltung der Verachtung gegen andere Menschen, Völker, Rassen wie in der Bereitschaft, sie durch List und Gewalt zu unterwerfen oder zu manipulieren wie bloße Lebewesen. Wir haben es mit allen Menschen als unseresgleichen zu tun, während keiner von uns gleich dem andern ist. (AZM 108)

Daß die Menschheit *eine* Wurzel und *ein* Ziel habe, daß Menschen als Menschen zusammengehören durch etwas, das alle Kämpfe zwischen ihnen, auch die auf Tod und Leben, übergreift, ist ein Glaube, der zwar verschüttet werden kann, aber nur um den Preis des Verlustes des vernünftigen Menschseins selber. (AZM 113)

Die Gleichheit der Menschen und ihre Fragwürdigkeit. – Das Abendland hat den Gedanken der Gleichheit der Menschen hervorgebracht: Alle Menschen haben gleiche Grundrechte, kein Mensch darf nur als Mittel benutzt werden, jeder Mensch hat seine Würde als Mensch. In neueren Zeiten nannte man diese Rechte ›Menschenrechte‹. Diese Gedanken sind für uns wahr, und die Menschheit scheint bereit, sie aufzunehmen, auch die Menschen, die sie noch nicht verstehen.

Dieser Grundsatz der Gleichheit steht nicht im Widerspruch zur faktischen Ungleichheit der Menschen.

Wir sind verschieden geboren nach Konstitution, Rasse, Begabungen, Charakteren. Diese empirisch in gewissen Grenzen feststellbaren Verschiedenheiten sind ein unüberwindbares Faktum. Dazu kommt, daß jeder Mensch ein Individuum ist, derselbe Mensch nicht zweimal da ist (das gilt auch von Tieren).

Die Gleichheit der Menschen hat einen anderen Ursprung. Es gelten gleiche Ansprüche und gleiche Pflichten sittlichen Charakters. Diese Gleichheit besteht als Forderung, aber nicht als Tatsächlichkeit im Verhalten der Menschen zueinander. Sie ist das Ziel, dem alle sich annähern sollen aus ihrem verschiedenen Sosein heraus. Die Gleichheit der Menschen liegt darin, daß jeder er selbst werden kann. Daraus entspringt die neue Ungleichheit, daß jeder auf einmalige, unvertretbare Weise er selbst wird (diese Ungleichheit gilt nur vom Menschen).

Der Widerspruch zwischen der Gleichheit und Ungleichheit der Menschen liegt nicht in den beiden Weisen der Selbstauffassung als natürliches Individuum und als existentielles Selbstsein. Er tritt nur dann auf, wenn das Sosein und das Selbstsein verwechselt werden. Dann gelten beide als identisch oder nur das eine von beiden als das einzige Menschsein. (A 47 f.)

Gleichheit bedeutet Gleichheit der Chancen, Gleichheit vor dem Gesetz, kann aber nie bedeuten Gleichheit der natürlichen Anlagen und der Kraft persönlicher Existenz, nicht Gleichheit der ethischen Verläßlichkeit. Die Idee der Demokratie verlangt die Gerechtigkeit für die Vielfältigkeit und die (nie objektiv zu fixierende) Rangordnung der Menschen. Im demokratischen Ethos der Gleichheit wird niemand verachtet und niemand vergöttert, kommt der Größere und Gewichtigere zur Wirkung, geschieht Zurückhaltung aus Liebe zum Besseren. (AZM 442)

Demokratie, die Bestand haben soll, wendet sich gegen ungerechte Privilegien, aber fördert ihre eigene Aristokratie. Sie erkennt das Naturgegebene der Begabungen, das Verdienst der sich verzehrenden Anstrengung in der Leistung, die sittliche Qualität der Urteilskraft und der Vernunft – und dies in freier Anerkennung, nicht in erzwungener Unterwerfung. (AZM 442)

Auslese als Prozeß, Problem und Provokation

Soziologisch spricht man von ›Auslese‹. Sie findet faktisch immer statt, unbewußt oder planmäßig, gut oder schlecht. In aller bisherigen Geschichte waren nur dünne obere Schichten gebildet, konnten lesen und schreiben, hatten teil an der Überlieferung der großen Werke, der geschichtlichen Erinnerungen, der Staatskunst, der Rechtskunde. Man sieht den Vorteil der Herkunft aus politischer Erziehung, der langen Übung im Dabeisein der Jugend vor der eigenen politischen Tätigkeit, des Konkurrierens im geistigen, rhetorischen Kampf vor der realen Konkurrenz um die Macht. Man sieht die menschenkundige Weisheit der Auslese durch einen Herrscher, der Menschen erkennt, die können, was er nicht kann. Heute ist unter den neuen technischen Voraussetzungen grundsätzlich allen Menschen alle Bildung zugänglich. Das Analphabetentum hört auf, es ergibt sich eine gemeinsame, das ganze Volk verbindende Bildung . . .

Die Verwirklichung der Demokratie ist gebunden an die Auslese der Besten in allen Bereichen des Lebens. Die politisch Führenden haben eine Verantwortung ersten Ranges für die Wahl derer, mit denen sie arbeiten, für die Erziehung ihres Nachwuchses. (AZM 443)

Der entscheidende Wandel unseres Zeitalters ist, daß alle Menschen lesen und schreiben lernen. Durch die Mittel der technischen Welt wird allen alles zugänglich, Informationen und Gedanken. Die Ereignisse auf dem Erdball, soweit sie überhaupt in die Publizität gelangen, können allen gegenwärtig sein. Und weiter: Jeder kann teilnehmen an der großen Überlieferung. In billigen Büchern sind die großen Werke der Dichter und Denker zugänglich. Was daraus wird, wissen wir nicht. Zunächst ist die Verwirrung des allgemeinen Geistes, seine Passivität und die Zerstreuung sichtbar. Aber die Chance des geistigen Aufstiegs zur Menschheit, der früher sehr wenigen vorbehalten war, ist außerordentlich, zumal wenn die Schul- und Erziehungsmethoden entstehen, durch die das rechte Verstehen und die geistige Selbstzucht erst verbreitet werden.

Der Wandel unserer Zeit ist zuerst nicht der einer geistigen Verfassung, die dem vorhergehenden Geiste durch Aneignung und Aufhebung in die Gegenwart entspringt, sondern bei allgemeiner Niveausenkung der äußerliche Vorgang der technischen Ermöglichung des geistigen Aufstiegs für alle. Diese befreiende Möglichkeit bringt auch hier keineswegs schon die Freiheit, scheint sie zunächst eher noch mehr zu zerstören.

Die Freiheit aller liegt heute daran, daß sie in der Menge durch ihre Befreiung innerlich erwächst. Es ist kein anderer Weg mehr. Entweder führt er zur Freiheit des Menschen über die Demokratie, die zur Freiheit und Verantwortung aller erzieht, oder zur Knechtschaft, herbeigeführt durch den Mißbrauch der Freiheit sowohl seitens der Bürger wie seitens der Politiker. Dann geht der Weg etwa auch über die Oligarchie einer verantwortungslosen Parteienherrschaft und den Zustand öffentlicher Verlogenheit zur totalen Knechtschaft aller, wie sie noch nie da war, weil es noch nie die technischen Mittel ihrer Verwirklichung gab. (PGO 450)

Die Sorge für die Gemeinschaft der wenigen, in der Welt zerstreuten immer einzelnen, die verbunden sind durch ihre Anerkennung der höchsten Ansprüche, steht nicht im Gegensatz zur Sorge für die Chancen und Rechte eines jeden Menschen. Die Sorge für den Aufschwung des einzelnen steht nicht im Gegensatz zur Sorge für die Gerechtigkeit der Lebensbedingungen, die einem jeden diesen Aufschwung ermöglichen. Die eine Sorge führt auf den Weg des Philosophierens als des inneren Handelns im einzelnen, zu seiner geistigen Ermöglichung, Reinigung und Vertiefung. Die andere Sorge führt in die Politik, zur Gestaltung der Daseinsbedingungen für alle.

Der Gegensatz zwischen Aristokratie und Massen, zwischen dem einzelnen und allen ist nicht ein solcher, der eine Wahl zwischen beiden erzwingt. Was in meinem Denken aristokratisch genannt wird, ist niemals eine Neigung für die oberen Klassen, für die materiell Bevorzugten, für die Herrschenden und die Erfolgreichen. Vielmehr sehe ich quer durch alle diese hindurch den Unterschied zwischen der Freiheit, die zur Verantwortung eines ständigen Sichaufschwingens wird und dem bloßen Sosein, das nur dahinlebt. Die einzelnen, von denen ich gesprochen habe, der Adel, den es nicht als Sosein, sondern als Sichwählen gibt, dieses Leuchten der Seele, diese Kraft der Liebe, diese Wahrhaftigkeit und Unbestechlichkeit, geht durch alle soziologischen Schichten, durch alle Weisen öffentlicher Geltung und Nichtgeltung hindurch. Dieser Adel trägt keine äußeren Kennzeichen. Er macht keine Ansprüche an andere, sondern an sich selbst. Er ist durch keine Auslese zu finden. Er ist, wie mir scheint, selten in den oberen Schichten der Gebildeten und der Reichen zu finden, dann aber von einziger Entfaltung, Tiefe und Klarheit. Er ist häufiger unter den sogenannten einfachen Menschen, unter Arbeitern und Bauern. Er fehlt keineswegs unter dem ausdrücklich sogenannten Adel, diesem Rest aus einer abgelaufenen Geschichte. Er ist vielleicht zu verwirklichen in der Daseinsruhe bevorzugter Sicherheit für planmäßige Arbeit des Geistes am Werk, obgleich der Abweg zum Genießen, zur Selbstzufriedenheit, im Bevorzugtsein nahe liegt. Er ist wirklicher und verläßlicher und bewährter in dem Unheil, aus dem kein Werk mehr spricht, aber die Seele selbst. Dort aber ist die Verborgenheit, von der die Welt nichts erfährt und das Vergessensein. Dort ist die Gefahr des physischen Nichtkönnens, des Verderbens im Vergewaltigtwerden und in der Hoffnungslosigkeit. (Sch 757 f.)

Die beiden Impulse zur Gerechtigkeit, zur Rettung der Wirksamkeit der Besten, welche die wenigsten sind, und zum Gleichwerden der Chancen für alle, können sich nicht voneinander lösen. Tun sie es, so werden beide ungerecht. (Sch 759)

Zwang der Verhältnisse und Offenheit der Chancen

Eine Auslese findet statt durch die Art der Lehre: Es ist die Frage, an welche Studenten sich die Universitätslehre wenden soll. Nur äußerlich an Alle, ihrem Sinn nach an die Besten. Das Ziel ist, daß die Besten aus der nachwachsenden Generation zu freier Entfaltung und Wirkung kommen. Was für Menschen die Besten sein werden, ist jedoch nicht vorauszusehen. Ein Typus kann nicht bevorzugt werden, ohne vielleicht gerade die Besten zu zerstören: die Ernstesten, die von der Wahrheitsidee ursprünglich betroffen sind, denen Studieren, Lernen und Forschen weder bloße Beschäftigung noch lastende Arbeit ist, sondern die Lebensfrage, an dem Hervorbringen der Welt durch Wissen und durch Wahrheitsdienst mitwirken zu dürfen. Die Besten sind nicht ein Typus, sondern eine nicht übersehbare Mannigfaltigkeit schicksalsgetragener Persönlichkeiten, deren Wesen in dem Ergreifen einer Sache schließlich objektive Bedeutung gewinnt. (Idee III, 127; ähnl. II, 92)

Offenbar kann der Zweck einer Auslese nicht sein, die Menschen als ein gegebenes Material zu verwerten durch Ausnutzung für Daseinszwecke, die ihnen selber keine Erfüllung bringen. Vielmehr soll im Geistigen der Mensch zu sich selber kommen, nie nur Mittel, sondern als Einzelner Endzweck sein, der in der Gemeinschaft der Lebenspraxis zugleich durch den objektiven Wert seines Tuns gerechtfertigt ist. Wer an Auslese denkt, darf die Unendlichkeit unübersehbarer menschlicher Möglichkeiten nicht aus dem Auge verlieren. (Idee III, 127; ähnl. II, 92)

Diese Auslese findet unmerklich statt oder wird bewußt gelenkt. Sie ist unumgänglich. Die sie bewirkenden Kräfte erreichten den Sinn der gerechten Verteilung nur höchst beschränkt. Das Ideal, daß jeder Mensch seiner Anlage entsprechend erhielte, lernte, täte, was er seinem Wesen nach kann, ist selbst bei den größten und glücklichsten Menschen nicht erreicht. Der Mensch ist ein der Idee nach Unendliches, das jeweils in endliche Bedingungen eingespannt ist und nur in diesen, indem er sie ergreift, Substanz gewinnt. Angesichts dieser Situation kommt es für jeden Menschen darauf an, seine Einschränkungen zu übernehmen und in ihnen frei zu werden.

Die Einschränkung besteht von Geburt an durch Vererbung und Anlage. Die Art seiner mitgegebenen Werkzeuge legen ihm Fesseln an, die er nicht abzuwerfen vermag. Dann lebt der Mensch in der Zeit und kann nicht alles zugleich verwirklichen, was als Möglichkeit in ihm liegt, auch nicht nacheinander, denn das Leben ist begrenzt.

Die Einschränkung besteht weiter durch Herkunft und soziologische Bedingungen. Sie geben den Anlagen verschieden günstige Chancen.

Trotz allem bleibt der Mensch sich seiner Freiheit bewußt. Er übernimmt seine Schranken und ergreift seine Chancen. So allein kann und soll sich der einzelne Mensch gegenüber dem Zwang der Schranken und der Offenheit der Chancen verhalten im Kampf um seine Verwirklichung.

Ganz anders sieht die Dinge der *psychologische* und *soziologische* Beobachter, der Tatsachen feststellen will, um aus ihnen Maßnahmen abzuleiten, die die Auslese zugunsten der Besten fördern und sinnvoll lenken sollen. Das ist ein bis zu einem gewissen Grade ergiebiges Erkenntnisverfahren, das jedoch als Erkenntnis und erst recht in seinen planenden Folgen strenger Kritik bedarf, damit die Freiheit des Menschen weder in der Erkenntnis vergessen noch durch Maßnahmen mehr als nötig eingeschränkt werde. Tatsache ist z. B. die soziologische Herkunft geistig hervorragender Menschen in bestimmten historischen Zeiten. (Idee III, 133 f.; ähnl. II, 97 f.)

Würde man meinen, die höheren Begabungen kämen von Natur den oberen Schichten zu, so wäre das ein offenbarer Irrtum. Man wird vielmehr schließen, daß bei den oberen Ständen die Bildungschancen, welche Voraussetzung höchster Leistungen sind, erheblich günstiger liegen als bei den niederen.

Wenn man aber bei solchen Überlegungen voraussetzt, daß die Menschen der Anlage nach in allen Schichten gleich geboren würden, und der Unterschied nur auf einem Unterschied der Chancen beruhe, so wäre das voreilig. (Idee III, 134; ähnl. II, 99)

Der Mensch wird seinem Wesen nach nicht einfach ›geboren‹. Es ist nicht gleichgültig, woher einer kommt. Alles Sein des Menschen ist ein Ganzes aus geborenem Eigenwesen und Geschichte. Kinder aus Familien, die eine durch Generationen hindurch überlieferte Bildung pflegen, sind als Erwachsene ursprünglich anders als alle übrigen.

Selbst größten geistigen Schöpfungen hängt ein Wesenszug dessen an, was der Mensch als Kind erfuhr. Fichte hat unfehlbar etwas Plebejisches trotz des hohen Schwunges seines Genies, der seinerseits wieder durch einen Zug von Fanatisierung und Engstirnigkeit an das Subalterne streift.

Der Wert der Tradition ist keineswegs allein maßgebend für die Auslese, steht nicht einmal an bevorzugter Stelle. Aber dieser Wert der Tradition für das Wesen des Einzelnen darf nicht ignoriert bleiben, wenn man wahrhaftig und gerecht sein will. Was in der Kindheit verloren war, ist niemals nachzuholen. (Idee III, 134 f.; ähnl. II, 99)

Eine bestimmte Tradition kann nicht Bedingung sein, wo der Mensch aus traditionsloser Herkunft zu sich selbst zu bringen ist. Aber er wird an die Tradition herangebracht werden müssen, wenn er sie auch als Erwachsener anders verarbeiten wird wie als Kind.

Wenn, was aus dem Menschen wird, zum Teil bedingt ist durch die Tradition einer Kulturfamilie, so ist das Wesentliche nicht etwa der Schulbesuch, den man durch Institutionen jedermann zugänglich machen kann, auch nicht die materiell glückliche Lage, daß der Mensch Gelegenheit zu allem möglichen hat und vielerlei nacheinander versuchen kann. Es ist vielmehr die Substanz einer gehaltvollen Strenge und Zucht. Nicht daß die Zugehörigkeit zu einer Familie als solche ein Wert sei. Sie wurde vielmehr von einzelnen solchen Menschen als Verpflichtung empfunden. Soziologische Gehobenheit garantiert dies durchaus nicht. In den gehobenen Schichten ist im letzten Jahrhundert der Verrat an der eigenen Überlieferung viel sichtbarer gewesen. Früher waren das protestantische Pfarrhaus, der Adel, das Patriziertum, der Herkunftsbereich vieler hervorragender Menschen. Solche Erziehung läßt sich nicht ›machen‹ und ausdenken.

Eine andere, schwer oder gar nicht endgültig faßbare Tatsache ist die Eigenschaft des Durchschnitts oder der Masse. Die Auslese findet jederzeit aus einer Masse statt, auch eine soziologisch herrschende Schicht ist in ihrer Gesamtheit eine Masse. Die Urteile über die Eigenschaften der Masse sind seit Jahrtausenden in erstaunlicher Einmütigkeit sehr ungünstig.

Was die Begabung angeht, so hält die Mehrzahl der Menschen sich selbst für etwas vorzüglich Beanlagtes, und nur in Schwierigkeiten dient zur Entschuldigung, man sei dazu nicht beanlagt. Ansprüche einerseits, Entschuldigungen andererseits hat man bezüglich des Geistigen bei der Mehrzahl zu erwarten. Die meisten wollen über ihre Kräfte hinaus gelten und anerkannt sein. Statt sich selbst mit strenger Zucht wachsen zu lassen, ihre Sache zu tun, fliehen sie vor sich selbst und der Aufgabe. (Idee III, 135 f.; ähnl. II, 100)

Vergegenwärtigung der Autorität

In den Grund der Wahrheit dringend, die aus konkreter Wirklichkeit an uns herantritt, begegnen uns Ausnahme und Autorität. *Ausnahme* ist das Infragestellende, das Erschreckende und das Faszinierende, *Autorität* ist die Fülle des mich Tragenden, das Bergende und das Beruhigende.

Vergegenwärtigen wir die *Autorität:*

Autorität ist die Einheit des Wahren, die in der Gesamtheit der Weisen des Umgreifenden, sie in eins bindend, uns in geschichtlicher Gestalt als das Allgemeine und Ganze erscheint. Oder genauer gesagt: Autorität ist die geschichtliche Einheit von Daseinsmacht und zwingender Gewißheit und Idee mit dem Ursprung der Existenz, die darin sich auf Transzendenz bezogen weiß.

Daher ist Autorität die Gestalt der Wahrheit, in der die Wahrheit weder nur allgemein Gewußtes, noch nur von außen Befohlenes und Gefordertes, noch nur Idee eines Ganzen, sondern dieses alles zugleich ist. Und daher kommt Autorität zwar als Forderung und Zwang von außen, aber so, daß sie zugleich von innen spricht. Autorität bleibt in der Transzendenz ruhender Anspruch, dem auch noch der jeweils aus ihr Befehlende gehorcht.

Die in solchen Formeln ausgesprochene Autorität kann es sich im Zeitdasein *nicht als eine und allgemeine für alle Wesen* geben, ohne daß sie veräußerlicht, und ohne daß sie, zusammensinkend in bloße Daseinsmacht, gewaltsam und zerstörend würde. Alle Autorität hat vielmehr geschichtliche Gestalt. Daher kann die Wahrheit der Autorität nicht ausreichend durchsichtig und in ihrem Inhalt stabilisiert werden durch eine Wissenschaft in rationaler Verallgemeinerung. Sie umgreift vielmehr alles Wißbare, ohne es zu zerstören.

Die Unbedingtheit der Autorität ist also diese *geschichtliche Einheit des Wahren* für den aus ihr Existierenden. Aus dem Grunde, der von Anfang gelegt ist, umfängt sie als das geschichtlich Gewesene im Gegenwärtigen, sprechend in Bildern und Symbolen, in Ordnungen, Gesetzen und in Denksystemen – dies alles in geschichtlicher Einsenkung des unvertretbaren Gegenwärtigen, mit mir Identischen. –

Die Ruhe wahrer Autorität, wie sie in solcher abstrakten Vergegenwärtigung erscheinen kann, besteht jedoch nicht. Weil Autorität geschichtlich und damit in der Zeit ist, ist sie in ständiger *Spannung* und in *Bewegung* durch die Spannung.

Eine Spannung ist *erstens* zwischen der Autorität, die ewige *Stabilisierung* will (die, wenn sie ihr Ziel erreichen könnte, alles Leben der Wahrheit töten würde) und der Autorität, die im *Durchbrechen* jeder Fixierung sich neu hervorbringt (die, wenn sie ohne Steuerung sich bewegte, alles in Chaos verwandeln würde). Ordnung wurzelt in dem, was einmal Ordnung durchbrochen hat; die zerstörende Ausnahme wird Ursprung neuer Autorität.

Eine Spannung ist *zweitens* im *einzelnen Menschen* zwischen *Autorität* und *Freiheit*. Der Einzelne will als eigene Wahrheit im Ursprung seiner selbst wiederfinden, was als Autorität von außen an ihn herankommt. Vergegenwärtigen wir diesen Prozeß des Freiwerdens *in* der Autorität. (EP 40 f.)

Dialektik von Autorität und Freiheit

Der Einzelne: Spannung von Autorität und Freiheit

Der Mensch, der seiner Freiheit inne wird, hat Ehrfurcht; sie ist das Zeichen seiner Bindung an Autorität, der er sein Freisein verdankt. Was aus der Weltwirklichkeit als Autorität zu mir spricht, das entscheidet über mein eigenes Sein.

Denn Freiheit ist nicht Willkür. Willkür ist die endlose Zufälligkeit eigenen Entscheidens aus Beliebigkeit. Freiheit ist die Wahl des unendlichen Gehalts im Zusammenhang des eigenen Tuns mit dem Innewerden einer Notwendigkeit. Daher ist Freiheit nur so weit möglich, als der Mensch die Sache versteht, und daher kann dem einzelnen Menschen die Freiheit nicht in jeder Sphäre seines Daseins sich vollenden. Durch Freiheit ist der Mensch, wenn er die Sache und den Sinn der Freiheit nicht versteht, in Gefahr der Bodenlosigkeit durch Verwechslung seiner Willkür mit Freiheit. Gehaltvolle Freiheit findet sich erst in einer Welt, die ihr entgegenkommt als Träger der Wahrheit, welche sie selbst aus eigenem Ursprung wiederfindet. Es ist dieses Grundverhältnis: Der Einzelne will als eigene Wahrheit im Ursprung seiner selbst erkennen, was als Autorität von außen an ihn herankommt.

Daher ist in uns ein Suchen nach echter Autorität. Das Bewußtsein des Umgreifenden in uns hat Sinn für Autorität, die in der Welt das Zeichen des Umgreifenden ist.

Wir vergegenwärtigen den Prozeß des Freiwerdens in der Autorität, diesen Prozeß, der gegen Autorität sich richtet, ohne doch die Erfüllung seiner Freiheit finden zu können, wenn die Autorität verlorengeht:

Die Verwechselbarkeit von Freiheit mit Willkür verlangt Einschränkung der Freiheit, damit sie nicht ins Leere falle. Diese Einschränkung geschieht durch Autorität als Daseinsmacht, sofern diese den geschichtlichen Zusammenhang mit dem Ursprung wahrt und zur Hilfe der Überlieferung von Glauben, Wissen, Gesinnung, Haltung wird, insbesondere in der Erziehung.

Geglaubte Autorität ist die Quelle einer echten, das Wesen selbst treffenden Erziehung. Der einzelne Mensch beginnt in seiner Endlichkeit von vorn. Im Werden ist er für die Aneignung des überlieferbaren Gehalts gebunden an Autorität. In ihr erwachsend, öffnet sich ihm der Raum, in dem überall das Sein ihm entgegenkommt. Ohne wahre Autorität erwachsend, kommt er zwar in den Besitz von Kenntnissen, wird er zwar Herr des Sprechens und Denkens, bleibt er aber preisgegeben den leeren Möglichkeiten des Raumes, in dem das Nichts ihn anstarrt.

Im Reifen wird dem Einzelnen der eigene Ursprung im Selbstdenken gegenwärtig. Die Gehalte der Autorität werden lebendig, soweit sie seine eigenen geworden sind. Wo sie dieses nicht werden, bleiben sie fremd; gegen sie tritt die Freiheit, die nur zuläßt, was in das Selbstsein verwandelt wird. Freiheit, die wurde, indem sie Autorität ergriff, kann sich dann der Autorität (in ihren bestimmten, starr gewordenen Objektivierungen) erwehren. Durch Autorität zu sich gekommen, wächst der Einzelne aus der Autorität heraus.

Es wird die Grenzvorstellung eines Menschen möglich, der, reif geworden, ganz auf sich steht, des stets erinnernden, nichts vergessenden, aus tiefstem Ursprung lebenden Menschen, der doch in weitester Sicht entscheidungsgewiß zu handeln und tätig zu sein vermag, und der auf dem Grunde der Autorität, die ihn hervorbrachte, sich selbst treu ist. In seiner Entwicklung brauchte er den Halt; er lebte aus der Ehrfurcht und durch Bindungen; er stützte sich auf Entscheidungen anderer für ihn dort, wo er noch nicht aus seinem Ursprung selbst entscheiden konnte. In der Stufenfolge der Befreiung erwuchs ihm der Ursprung im eigenen Innern zu entschiedener Kraft und Helligkeit, bis er mit voller Bestimmtheit in sich die Wahrheit hörte, die er nun in Freiheit selbst ergriff auch gegen die von außen fordernde Autorität. Freiheit ist ihm die selbst ergriffene Notwendigkeit des Wahren geworden, Willkür überwunden; die Autorität ist in seinem Inneren die Transzendenz, die durch sein Selbstsein spricht.

Diese Grenzvorstellung trifft die Einheit von Freiheit und Autorität. Sie liegt am Ende der Stufenfolge der Befreiung von der relativ nur äußeren Autorität zu immer tieferer Autorität, die schließlich der Mensch als den Gehalt (nicht nur als formales Gesetz) des Grundes selbst in sich hört und in der Welt, wo sie wahr ist, wiedererkennt: Freiheit ist die eigentliche Notwendigkeit, nur der Ort des gewissesten Inneseins der Autorität hat sich von der bestimmten äußeren Gestalt in das Innere verlegt, das die Autorität von außen in der Gesamtheit der geschichtlichen Überlieferung der Menschheit durch alle Weisen ihrer eigentlichen Autorität hindurch, einig mit dem Grund und Ursprung des Ganzen erfährt, von dorther, von wo alle Menschen als Menschen zu einander gehören, sich angehen und ansprechen.

So würden Autorität und Freiheit sich nicht widersprechen, sondern sich gegenseitig erfüllen. Wie das Selbstsein ein Sichgeschenktwerden der Freiheit durch Transzendenz ist, so ist die Freiheit ein Sicherfüllen durch die Autorität, aus der sie sich versteht. So allein vollzieht sie sich in jener Weite, der durch alle Weisen des Umgreifenden der Grund des Ganzen gegenwärtig ist, und in jeder geschichtlichen Konkretion, in der Transzendenz Erscheinung wurde.

Aber die Grenze des auf sich stehenden, absolut freien Menschen ist nicht endgültig zu erreichen. Jeder Einzelne versagt irgendwann, wird nie der ganze Mensch. Daher kann der redliche Einzelne, welche Stufe der reifgewordenen Freiheit er auch erklimmen mag, die Spannung seiner Freiheit zur Autorität nicht entbehren, ohne auch den eigenen Weg ungewiß und schwankend zu fühlen. Die eigenen Freiheitsgehalte drängen auf Bestätigung durch Autorität, oder sie drängen zum Widerstand an der Autorität, an dem sich zu bewähren erst ein Zeichen ihrer möglichen Wahrheit wird, ohne das sie von zufälligen Antrieben nicht unterschieden wären. Die Autorität gibt entweder befestigende Kraft, oder sie gibt durch Widerstand Form und Halt und verwehrt die Beliebigkeit. Gerade wer sich selbst helfen kann, will, daß Autorität in der Welt sei.

Und selbst dann, wenn viele Einzelne die echte Freiheit in Gemeinschaft erwerben könnten, würde die überwältigende Mehrzahl bleiben, die auf diesem Wege der Freiheit doch nur der Ordnungslosigkeit und der Willkür ihrer Daseinsantriebe anheimfallen würde. Die Freiheit des Einzelnen ist abhängig von der Freiheit aller. Der Freie will um sich Freiheit. Solange nicht alle frei sind, ist er selbst nicht frei und kann es nicht endgültig werden.

Daher tritt immer wieder – gemessen an der Grenzvorstellung des freien Menschen in freier Gemeinschaft – in der Realität die Autorität mit Zwangsgewalt auf. Sie bleibt in der Wirklichkeit der alle umfassenden Gemeinschaft notwendig als die Gestalt der Wahrheit, die alle Wahrheit zu tragen beansprucht; oder die Autorität stellt sich, wenn sie verlorenging, aus dem entstandenen Chaos in einer schicksalhaften Gestalt wieder her. (W 797 ff.; ähnl. EP 41 ff.)

Ausnahme und *Autorität* sind das in ihrer geschichtlichen Wirklichkeit unergründlich Umgreifende. Sie offenbaren, was dem bloßen Verstand sinnwidrig und verwerflich erscheint: Die eine Wahrheit, das eine Menschsein gibt es nicht; Wahrheit ist für den Menschen in der Zeit und daher geschichtlich, daher als Aufgabe unter ständiger Bedrohung.

Wahrheit durch Autorität und Wahrheit aus der Sprache der Ausnahme ist die gegenwärtigste, überwältigendste, wo sie ist – und sie ist die am tiefsten entbehrte, mit dem ganzen Wesen ersehnte, wo sie fehlt. Nur wo man durch die Scheinklarheit der bloß richtigen Wahrheit des Verstandes alles verdeckt, was Ursprung und Gehalt ist, verschwindet diese umgreifende Wirklichkeit der Wahrheit. In dieser aber weiß ich mich erst existierend.

Ausnahme und Autorität führen in den Grund der Wahrheit, die nicht mehr nur einer Weise des Umgreifenden angehört, sondern, durch alle hindurchgreifend und in allen sich erscheinend, die Einheit sein kann. In ihr werden die Konflikte aus dem Kampfe der Weisen des Umgreifenden einen Augenblick wie gelöst, und zwar nicht gewaltsam durch Vorrang eines einzigen Umgreifenden, sondern aus der Transzendenz, die in allen Weisen des Umgreifenden als das Eine zu sprechen scheint. Es ist nicht eine Harmonie der Weisen des Umgreifenden, aber ein augenblickliches Ineinsschlagen aus dem Einen, das doch die Spannungen in der Tat bestehen läßt und zu neuen Durchbrüchen Raum gibt.

Ausnahme und Autorität, unter sich die äußersten Gegensätze, *gehören zusammen* als Zeiger auf die Wahrheit im Grunde. Das beiden in ihrer Polarität *Gemeinsame* sei noch einmal charakterisiert:

1. Sie sind begründet in der *Transzendenz*. Wo sie erscheinen, sind sie sich der Transzendenz gewiß. Ohne den Bezug auf Transzendenz ist keine existentielle Ausnahme und keine echte Autorität.

2. Beide sind *unvollendet*. Sie sind in der Bewegung, wie in einem ständigen Sichaufheben, in dem sie jeweils in ihrem Augenblick als das eine Wahre aus der Spannung hervorgehen.

3. Beide sind *geschichtlich*, als je dieses, das unvertretbar ist. Sie sind in ihrem ursprünglich wahren Gehalt daher nicht nachahmbar und nicht wiederholbar. Aber sie sind, als das alles geschichtlich Umgreifende und in sich Schließende, in ihrer geschichtlichen Konzentriertheit doch offen in alle Räume.

4. In beiden ist Wahrheit, die der Gestaltung zum Gegenstand, den ich überblicke und weiß, *sich entzieht*. Gegenständlich konstruiert, als Prinzip einer rationalen Deduktion, sind sie verengt, ihres Lebens und

Wahrseins beraubt. Als Gegenstände meines zweckhaften Planens und Machens sind sie sogleich verloren. Die Worte ›Ausnahme‹ und ›Autorität‹ scheinen eindeutige Phänomene zu treffen. Aber der Sinn dieser Worte ist auf ein Transzendieren gerichtet, in dem der Grund des Wahrseins als das Ineins alles Umgreifenden gegenwärtig wird. Weder Dichtung noch Philosophie werden dieser Wahrheit Herr. Dichtung kommt an die Grenze, wo das in ihr Gestalt Gewordene als solches nicht die letzte Innerlichkeit ist, auf die es ihr eigentlich ankommt. Philosophie kommt an die Grenze, daß das Gedachte nie das Sein der Wahrheit selbst ist, auf die hin doch alles Philosophieren stattfindet. (EP 44 ff.)

Denken und Leben in der Autorität

Fraglos in der Autorität zu leben, ist verwehrt, wem das Philosophieren einmal wirklich geworden ist. Es ist ein Anderes, in der Autorität zu leben, und ein Anderes, sie zu erdenken und denkend auf sie hinzuführen. Lebe ich in ihr, so ist die Wahrheit in schlichter Einfachheit; erdenke ich sie aber, so ist sie unendlich verwickelt: wenn die Autorität in ihrer geschichtlichen Wirklichkeit rational zureichend ausgesagt werden soll, so tut keine rationale Analyse ihr genug. Durch das Reifen des Philosophierens ist jedoch mit dem Leben in der Autorität das Denken unlösbar verbunden.

Dieses Philosophieren kann nicht die Autorität ableiten. *Daß* ich der Autorität glaube, ist Ursprung in der Gesamtheit des Umgreifenden; *ob* ich ihr glauben soll, kann ich nie begründen. Die Erhellung der Autorität überhaupt ist niemals die Begründung einer geschichtlich bestimmten konkreten Autorität.

Das philosophische Denken *verstummt noch nicht vor Ausnahme und Autorität.* Es tritt zwar nicht das Paradoxe ein, daß Autorität der Begründung bedürfte, da doch jede Begründung der Autorität schon durch das Begründen sie als Autorität aufheben würde. Aber das philosophische Denken zersetzt nicht nur die unwahr werdenden Abgleitungen, sondern bringt vielleicht das aus dem Ursprung Kommende zu reinster und hellster Gegenwart.

Der Weg, der auch vor Ausnahme und Autorität nicht aufhört, sondern in sie eindringt – der Weg philosophischer Wahrheit – heißt *Vernunft.* Statt die Wahrheit in irgendeiner der bisher erörterten Gestalten endgültig zu besitzen und statt Wahrheit in ihrem Inhalt gradezu zu zeigen, sprechen wir am Ende von der Vernunft.

Was Vernunft sei, zu vollziehen und darum zu wissen, ist die eigentlich philosophische Aufgabe, von jeher und für immer. (EP 46 f.)

Nach den Kämpfen gegen die Autoritäten des Mittelalters ist im 19. Jahrhundert in Europa ein Maß von Freiheit für alle erreicht worden, wie es vielleicht in der Geschichte noch nicht da war.

Das Ergebnis aber schien zu sein, daß mit der gewonnenen Freiheit viele nichts anfangen konnten. War es noch die rechte Freiheit? In manchen Gebieten Europas schien der Sinn für das kostbare Gut der Freiheit verlorenzugehen. Die Erinnerung, was ihr Erwerb den Ahnen gekostet hatte, schien zu verschwinden. Die Freiheit verdarb zu Willkür. So wurde schließlich statt des Kampfes gegen Autorität die Anerkennung wahrer und wirksamer Autorität das Problem.

Aber die Wiederherstellung verlorener Autorität ist künstlich wie die Aufstellung von Kulissen. Sie wird nicht geglaubt. Da geschah das Ungeheure. In einigen Staaten Europas traten Menschen und Parteien auf, die die Anarchie des Zeitalters aufhoben durch die Errichtung einer totalen Gewalt. Sie warfen die Kulissen um und setzten eine bis in jedes Haus, in jeden verborgenen Winkel dringende, auch alles geistige Leben dirigierende und dadurch lähmende Gewaltherrschaft als ihre neue Autorität. Sie verwirklichten bis in die letzten Konsequenzen ohne Gewissenshemmung die totale Planung. Sie verkündeten die Gewaltherrschaft als die nun erst erreichte Freiheit aller. Der Terror war an die Stelle von Autorität getreten.

Im Rausche des Neuen bemerkten breite Bevölkerungsmassen gar nicht, daß sie die Freiheit mit einem Schlage und vollständig verloren. In ihrer Ratlosigkeit, im Drang zum Gehorsam und zur Menschenvergötterung schien ihnen natürlich, unter dem Namen der Befreiung in die Knechtschaft zu stürzen. Sie lebten in Gedankenlosigkeit, in einer Befriedigung blinden Gehorsams, aber zugleich auch selber in der Leidenschaft der Gewalt, an der man teilhat, indem man sie erleidet und weitergibt.

Was bisher in noch beschränkten Gebieten geschehen ist, der Verlust der echten Freiheit und Autorität zugleich, das ist zur Frage an alle geworden. Angesichts der Milliarden von Menschen auf dem Erdball, ihrer schnell wachsenden Bedeutung durch ihre schließlich erdrückende Übermacht, ist es für die Zukunft eine Grundfrage, wie die Freiheit gerettet werde. Diese Frage hat heute die Form, wie Freiheit durch wahre Autorität gerettet werde gegen Gewalt und Terror.

Entgegengesetzt zu den Zeiten, wo man mit Recht nach Freiheit rief gegen mißbrauchte Autorität, rufen heute verantwortliche Menschen gegen schlechte Freiheit nach Autorität. Nicht mehr lautet es wie früher zuversichtlich: Autorität und Freiheit, sondern besorgt: Freiheit und

Autorität. Die Frage ist, was die Autorität für die Freiheit selbst bedeute.

Aber wir wissen, daß es vergeblich ist, Kulissen aufzustellen. Was können wir denn tun?

Mein Thema ist, philosophisch zu entwickeln, wie Autorität und Freiheit zu denken möglich ist. Erst in der Klarheit solchen Denkens ist zu sehen, welchen Sinn die Frage: ›was tun?‹ hat.

Freiheit und Autorität werden beschrieben in soziologischen und psychologischen Begriffen. Wir hören z. B. bei Max Weber von den drei soziologischen Typen der Herrschaft. Die legale Herrschaft ist rational begründet auf dem Glauben an die Legalität gesetzter Ordnungen. Die traditionelle Herrschaft beruht auf dem Glauben an die Heiligkeit von jeher geltender Überlieferungen. Die charismatische Herrschaft beruht auf dem Glauben an außeralltägliche Heiligkeit, Heldenkraft oder Vorbildlichkeit einer Person. In der unpersönlichen legalen Ordnung gibt es den Vorgesetzten im Amt. In der traditionellen Ordnung gibt es den Herrn, dessen Person durch Tradition berufen und selbst an sie gebunden ist. In der charismatischen Herrschaft wird dem einen Führer gehorcht kraft des Glaubens an die von ihm offenbarten Ordnungen.

In psychologischer Betrachtung schildert z. B. Sebastian Franck, warum die Welt ihr Papsttum haben will. Jederzeit bringen es die Menschen in irgendeiner Gestalt hervor aus dem Drang zum Gehorsam, dem Drang zur Unterwerfung unter einen Menschen, zur Knechtschaft und zur Gewalt.

Soziologische und psychologische Analysen sagen Richtigkeiten aus. Beide sind unumgänglich. Vor allem die soziologischen Idealtypen schaffen eine begriffliche Klarheit. Aber die Grenze solcher objektiven Wißbarkeit ist, daß sie das Wesen nicht treffen und damit nicht die Wahrheit des Gehaltes.

Für die Wirklichkeit der Herrschaftsformen, die Max Weber behandelt, bedarf es nach seiner Aussage des Glaubens: des Glaubens an den Weg zur Wahrheit durch Abstimmungen und Majoritäten, des Glaubens an die Wahrheit des Überkommenen und Gewohnten, des Glaubens an die neue Wahrheit eines Führers. Dieser Glaube ist das Entscheidende. Er glaubt in Hinsicht auf Majoritäten an den im Grunde guten und vernünftigen Menschen, in Hinsicht auf Tradition an den Grund in der Tiefe der bestimmten einmaligen Geschichte, in Hinsicht auf das Charisma an diesen bestimmten außergewöhnlichen Menschen. Die soziologische Form ist eine bloße Funktion. Die Majoritäten können in massenpsychologisch zu verstehenden Irrsinn geraten. Die Tradition kann bornierte Unaufgeschlossenheit geistigen Todes werden. Der Führer kann ein Rattenfänger von Hameln sein. Um Wahrheit von Falschheit zu unterscheiden, muß innerhalb jeder Form der Gehalt aus ganz anderem Ursprung erblickt werden als dem, der durch soziologische und psychologische Begriffe getroffen wird.

Versuchen wir, die Autorität selbst zu umkreisen, wenn auch unter Zuhilfenahme psychologischer und soziologischer Begriffe:

1. Wort und Begriff der Autorität entstammen dem römischen Denken. Der auctor ist der Urheber, der Förderer und Mehrer, die auctoritas die hervorbringende, helfende und steigernde Macht.

Im Begriff liegt je ein Doppeltes. Mit dem Hervorbringen ist verbunden ein Bestand-geben –, mit dem Wirken ein Gelten –, mit dem helfenden Unterstützen ein Anspruch.

Der Grund der Autorität in den mannigfachen Autoritäten der Ämter und der Gesetze, des Familienvaters und der Matrone, der verdienten Persönlichkeiten des Lehrers, des Arztes ist der Seinsgehalt, der in ihr spricht und anerkannt wird.

2. Woher kommt dieser Seinsgehalt? Er ist durch die geschichtliche Überlieferung bezogen auf den Grund aller Dinge, auf die Transzendenz.

Aus dem Grunde, der von Anfang gelegt ist, umfängt uns Autorität als das geschichtlich Gewesene im Gegenwärtigen, sprechend in Bildern und Symbolen, in Ordnungen, in Gesetzen und in Denksystemen. Die Autorität ist also in ihrem Ursprung rational unzureichend begründet. Wir wachsen in sie hinein und kommen durch sie zu uns selbst. Wenn wir uns ihrer bewußt werden, dann leben wir schon in ihr. Sie steht unendlich, undurchschaut vor uns. Unser Reifwerden ist die wachsende Klärung der Gehalte der Autorität. Dem wir in seiner Einfachheit als Kinder gehorchten, das zeigt sich selber wachsend, unerschöpflich. Durch ein Leben hindurch stellt es sich immer wieder her.

Die Autorität gelangt als Führung zu uns aus dem tiefen Grund der Geschichte, noch in mildester Gestalt, noch als Pietät, welche nicht ohne Not verletzt. Vom Glauben an Autorität sagt Jakob Grimm: »Er ist ein angeborenes Erbgut, das seit undenklichen Jahren die Eltern mit sich getragen, auf uns fortgepflanzt haben, das wir wiederum behalten und unseren Nachkommen hinterlassen wollen ... Sucht man aber nach diesem Ursprunge hin, so weicht er immer wieder in die Ferne zurück und bleibt wie etwas Unerforschliches und darum Geheimnisreiches in der Dunkelheit zurück.«

Der Ursprung aber dieser zusammenhaltenden Autorität ist die Transzendenz: wie die Gottheit gedacht wird und wie der Glaube an sie gegenwärtig alles formt und durchwirkt, das gründet die Kraft der Autorität.

Das geschichtlich Unvordenkliche und die Gegenwart des Göttlichen halten die Autorität durch das Bewußtsein einer Ordnung, der ich mich einfüge. Das zweckfreie Zuhausesein vor allem Tun ist der Grund der Autorität. Von da erst geschieht die Führung für alles, was ich in der Welt unternehme, die Lenkung all der Zwecke, die als solche nie Selbstzweck sind.

Der wahren Autorität, die von außen kommt, begegnet ein Von-Innen, das ihr glaubt. Rang und Wahrheit dieses Von-Innen ist gebunden an den Seinsgehalt dessen, was zu ihm spricht.

3. Das heißt anders formuliert: Freiheit ist nur gehaltvoll durch Autorität, der sie folgt. Autorität ist nur wahr durch Erwecken der Freiheit.

Im Verstandesdenken trennen wir Freiheit von Autorität. Sie werden wie zwei Parteien. Jede Seite bekommt ihre Rechte. Die eine wird ohne die andere gedacht. Es gibt die Möglichkeit des Siegs einer Seite: Freiheit, die endlich die verworfene Autorität überwunden hat – Autorität, die der Freiheit Herr geworden ist.

Jedoch gehören Freiheit und Autorität zusammen. Die eine wird wahrer, reiner, tiefer nur mit der anderen. Gegner werden sie erst, wenn Freiheit zur Willkür, wenn Autorität zur Gewalt wird. In dem Maße als sie Gegner werden, verlieren beide ihr Wesen. Der Einzelne ohne Autorität, in Willkür geraten, weiß nicht, was er soll. Die Autorität ohne Freiheit läßt Gewalt zum Terror werden.

Daher gilt: Wer wirklich frei wird, lebt in Autorität – wer wahrer Autorität folgt, wird frei. Freiheit wird durch Autorität gehaltvoll.

4. Der Seinsgehalt der Autorität erscheint in Gestalten der Sachkunde. Autorität durch Sachkunde, heute gültig als die der Fachleute, Spezialisten, beruht auf der Forderung der eigentlich Kundigen, nicht allein auf dem Besitz des allgemeingültig Einsehbaren. Sie umgreift alles Wißbare, braucht es als ein Mittel, aber ist nicht mit ihm identisch. Der bloße Techniker genießt keine Autorität. Bloße intellektuelle Überlegenheit wirkt als ein das Vertrauen verwehrender Zwang.

Autorität ist weiter verbunden mit einer wirksamen Daseinsmacht, die Gehorsam beansprucht und geleistet erhält. Sie hat Macht durch am Ende physische Gewalt.

Autorität durch Macht als bloße Gewalt aber ist ungenügend, um Glauben an sie zu begründen. Wenn ich einer übermächtigen Gewalt gehorche, ist sie darum noch nicht Autorität.

Wo aber Autorität auf Glauben beruht, da fällt alle Gewalt fort. Die Autorität im reinen Ideal wäre machtvoll, aber gewaltlos, beständig, aber ohne Zwang. Je mehr Zwang, desto weniger Autorität. Das Maß der Gewaltanwendung ist ein Maßstab für das Schwinden einer Autorität. Das Ideal gewaltloser Autorität ist entgegengesetzt dem autoritätslosen Terror.

Daß in unserem Dasein Autorität mit Herrschaft verknüpft sein muß, ist ihr Verhängnis. Unser Drang zur Macht mißbraucht die Autorität für ihre Zwecke und zerstört damit ihre Wahrheit. Restlos wahre Autorität bedeutet Absage an alle Gewalt. Jesus am Kreuz ist unser abendländisches Symbol: Die Bereitschaft zur vollendeten Ohnmacht, zu Leiden, Scheitern und Tod, zum Verzicht auf jede Macht, die nicht Liebe ist. Aber wie schnell ist in der historischen Folge aus dieser heilenden Autorität der liebenden Ohnmacht der Glaube geworden als Inhalt eines Bekenntnisses, des Machtkampfes um ihn, der getragen von allen menschlichen Leidenschaften auf Biegen und Brechen Autorität als Macht verlangt.

In zweifacher Weise habe ich von Autorität gesprochen. Es wurde hingewiesen auf das soziologische und psychologische Erkennen, das gleichsam Kleider oder objektive Realitätsgrundlagen oder Funktionen der Autorität, aber nicht ihren Kern und ihre Wahrheit trifft. Und dann wurde von der Autorität selbst umkreisend gesprochen, um sie in ihrem Wesen fühlbar zu machen, ohne sie zu erkennen.

Die erste Denkweise ist die gegenständlich forschende. Sie scheint Wege zu öffnen, um mit dem Bescheidwissen planmäßig etwas einzurichten, was erwünscht ist. Die zweite Denkweise ist die philosophisch erhellende. Es wird eigentlich nichts erkannt, sondern im Falle des Gelingens wird in uns etwas klarer und selbstgewisser. Die Gedanken zeigen keine technisch verfügbaren Mittel, sondern erwecken und befestigen unser Wirklichkeitsbewußtsein im Unverfügbaren.

Diese beiden Denkweisen gehören zu aller philosophischen Einsicht: Wir denken gegenständlich, und es öffnet sich die Welt endlicher Dinge; wir denken durch das Gegenständliche in das Umgreifende, und es geschieht im Verschwinden des Gegenständlichen die Erfüllung vom Sein selbst. Beides ist Denken.

Dieses denkende Erhellen der Philosophie ist unerläßlich. Mit bloß rationaler Diskussion zerstreuen wir uns in die Endlosigkeit des Endlichen. Mit philosophischem Denken gewinnen wir die Weite des Raums und den Boden zugleich im Unendlichen. Aber es vollzieht sich im Bewußtsein, nicht im Wissen. Es ändert mich selbst, aber nicht meinen Besitz an Kenntnissen. Es kann uns heller und gegründeter werden lassen, ruhiger in der unaufhebbaren Unruhe. Es kann uns ermutigen. Wir werden gewisser, während die Sicherheit des Erkannten ausbleibt.

Mit diesem Denkproblem ist ein zweites verbunden. Auf die Frage, was wir tun sollen, erwarten wir durchwegs Antwort durch Angabe von Zweck und Mitteln. Entweder wollen wir wissen, was wir machen sollen, oder wir wollen uns passiv fügen, wo Machen und Herstellen nicht angebbar sind.

Das Entscheidende aber ist ein Drittes, durch das sowohl der Bereich des zweckhaft Herstellbaren wie das Bewußtsein der Bescheidung vor der Grenze unter eine übergreifende Führung kommen. Das ist die Verantwortung des Menschen im inneren Handeln, die Selbsterhellung mit der Folge nicht einer immer vordergründigen psychologischen Einsicht, sondern der Selbstverwandlung. Es ist eine Aktivität ohne gesetzten Zweck, eine Verantwortung ohne bestimmbare Sache. Es ist der Gang unseres menschlichen Selbstseins, der nicht als ein anderes in Distanz zu beobachten ist, sondern sich vollzieht im Identischsein mit meiner eigenen, unobjektivierbaren Wirklichkeit.

Es ist also der zweifache Fehler: als definierbaren Gegenstand zu erkennen meinen, was in der Tat umgreifend ist – und: in Plan und Absicht zu verwandeln, was in dieser Form gerade seinen Sinn verliert. Dieser doppelte Fehler verführt uns, als nicht existent zu behandeln, was weder als gegenständlich faßlich noch als machbar in die Hand zu bekommen ist.

In unserer Zeit behandelt man, wenn dieser Fehler fühlbar wird und korrigiert werden soll, die Sache gern als psychologische. Das Unbewußte, das Irrationale, das Dasein, die Triebe – oder wie man es nennen mag – soll durch psychologische Erkenntnis faßbar und das Heil der Seele durch entsprechende Psychotechnik und Psychagogie machbar werden. Mir scheint, daß man in bedeutenden Erscheinungen diese Grundirrung philosophischen Denkens beobachten kann, zum Beispiel:

Huizinga versteht in seinem ›Homo ludens‹ die großen Kulturerscheinungen als Spiel, er berührt ständig in seinen historischen Beispielen die Gehalte, aber er verkennt in seinem übrigens so schönen und lehrreichen Buch den unbedingten Ernst in dem Spiel, das nicht nur Spiel ist.

Die Pädagogik sucht unter Nutzung der Psychologie die Erziehung in ein zweckhaftes psychologisches Tun zu verwandeln. Aber das Entscheidende aller Erziehung ist der Gehalt, zu dem und in dem erzogen wird, die im Glauben als sinnvoll gegründete Bildungswelt, das Bild des Menschen, all das, was nicht geradezu gelehrt, sondern in der Lehre durch Vorbild und durch die Auswahl des Lern- und Übungsstoffs verwirklicht wird. Die Erziehung ist immer gut, wenn die Kinder aufgenommen werden in einen großen Glauben, wenn sie erfüllt werden von lebenwährenden Idealen, wenn sie leben mit den überlieferten Symbolen. Selbst eine unzureichende Psychologie schadet nicht allzu viel, wenn jene Hauptsache in Ordnung ist, aber auch die beste Psychologie kann diese Hauptsache nicht herstellen.

In der Politik ist die Redeweise oft, als ob durch Wissen und Planen ein überlegen wissender Mensch die Sache richtig machen könnte. Ihm hilft ökonomisches, juristisches, soziologisches, militärwissenschaftliches, verfassungskundliches und noch viel anderes Wissen. Aber das Entscheidende aller Politik ist das, wovon all das getragen sein muß, wenn es sinnvoll verwendet wird, das Ethos der Gemeinschaft, das von großen Staatsmännern erfüllt und wiederum geprägt wird und das bei guter Politik in der Bevölkerung verläßlich wirkt.

Entscheidend ist doch allein der Gehalt:

Von welcher Wirklichkeit etwa das Spiel des religiösen Kults ergriffen wird, welche Wirklichkeit in ihm wiederholend hervorgebracht wird –

von welchem Bildungsgehalt die Erziehung geführt wird und aus diesem zweckfreien Grunde ihre einzelnen Erziehungszwecke wählt –

von welcher Idee der Gemeinschaft die Politik ihre Prinzipien und Vorstellungen erhält, von welcher Zweckfreiheit der Ursprung ihres Sinns kommt.

Jedesmal entscheidet ein Unbedingtes. Dieses Unbedingte wird wirklich in einem Ganzen aus Freiheit und Autorität. Diese als bloße Funktionen können in soziologischen und psychologischen Bestimmungen gedacht werden. Was in ihnen eigentlich liegt, entzieht sich bei solcher Vergegenständlichung. Man muß sagen: für ein empirisches Wissen gibt es eigentlich weder Freiheit noch Autorität. Was beide sind, öffnet sich einem anderen in uns.

Wollen wir von ihrem Gehalt ergriffen sein, so brauchen wir jenes andere Denken, das im Gegenständlichen das Ungegenständliche berührt –, das erhellt, nicht erkennt –, das appelliert, aber keine Anweisungen gibt –, das erweckt, aber nicht erzwingt –, das innewerden läßt, aber nicht verfügbar macht.

Der Fehler der rationalen Verkehrung des eigentlichen Seins in das nur Gegenständliche und Zweckhafte scheint nun ein Grundzug unseres menschlichen Daseins zu sein von Beginn an des menschlichen Denkens: etwa die Verwandlung der symbolischen Wirklichkeit in magisches, zweckhaftes Tun, der Gemeinschaft in Gesellschaft, des Seins der Seele in ein Haben von Etwas. Es ist die Verwandlung des ursprünglich uns Ergreifenden in ein von uns Ergriffenes, des umfassend Erfahrenen in ein partikular Gewußtes, des lebendig Vollzogenen in ein Gemachtes, des Ursprungs der erfüllenden Schöpfung in Zweck, der von der Zukunft her erfüllten Gegenwärtigkeit in ein Zukunftsversprechen, des wissenden Inneseins in ein gegenständliches Gewußtsein. Der Irrtum ist unumgänglich. Er kann nicht vermieden, er muß durchschritten und immer von neuem überwunden werden.

Die moderne Wissenschaft verführt, durch ihre Erfolge die Wege der uralten falschen Rationalisierung zu vermehren. Sie wird Wissenschaftsaberglaube und gibt der Verkehrung ein neues gutes Gewissen. An ihrem Beginn hat Descartes diese Verdrehung zugleich mit seinem Mißverständnis der an sich so großartigen, modernen Wissenschaft vollzogen.

Doch kein Verstand kann durch Einrichtung und Machen im Raum des Umgreifenden das Haus bauen, in dem wir wirklich existieren. Unser Denken kann uns erinnern. Es ruft uns aus der Vergessenheit zum Wiedererkennen.

Es handelt sich um etwas ganz Einfaches und doch unendlich Schwieriges: um die Befreiung aus der Verstandesbefangenheit, ohne den Verstand zu verlieren –, eine Umwendung, in der unser Wesen erst zu sich kommt nicht durch Preisgabe des Denkens, sondern durch gesteigertes Denken.

Wir kehren zurück zur Frage des Anfangs: Wie steht es mit der Autorität heute? was tun?

Wir wissen nun, daß darauf keine Antwort im Sinne einer eindeutigen Diagnose und eines heilenden Rezepts möglich ist.

Die Diagnose ließe sich etwa wie folgt entwerfen:

1. Wir leben in einer Welt sich ständig aufhellenden Bewußtseins. Es ist der uns als Vernunftwesen aufgegebene Weg. Aber die Wirkung des Bewußtseins ist zweideutig:

Das Bewußtsein als unterscheidendes Wissen, hoch entwickelt in den Wissenschaften, durchschaut Täuschungen, es entzaubert. Aber damit läßt es auch die Welt des Mythus und der erfüllenden Seinsgegenwart Gottes versinken. Mit dem Wachsen des Wissens scheint also ein ungeheurer Bewußtseinsverlust einherzugehen, als ob nichts übrigbliebe als ein Rest von technischem Können und dem dazu gehörenden Wissen.

Der Verlust vollzieht sich in der politisch freien Welt durch Konvention, Nivellierung, Herrschaft des Menschen als Massentypus, in der Gestalt der Simplifikationen, der Reduktion auf Tatsachen und Machbarkeit.

Unter totalitären Regimen vollzieht sich dieser Verlust durch methodische Vernichtung der Überlieferung von Religion, Metaphysik, Philosophie. Während hier der gesamten Bevölkerung mit Lesen und Schreiben zugleich alle Lernbarkeiten vermittelt werden, wird sie doch nur zur Verwendung im modernen technischen Arbeitsprozeß brauchbar gemacht. Eine partikulare, gesteigerte Bewußtseinserhellung wird durch die Schulen überliefert, während geschichtlich ein totaler Bewußtseinsverlust stattfindet.

2. Seit Nietzsche heißt es ›Gott ist tot‹. Wie man dieses Wort – selbst bei Nietzsche ein Schrei der Verzweiflung – deuten mag, jedenfalls be-

steht heute die Tatsache eines kühl ausgesagten und praktisch vollzogenen Atheismus von Millionen.

Aber der Atheismus ist den meisten unerträglich. Der Mensch kann nicht in vollem Bewußtsein, ohne Selbsttäuschung auf sich allein stehen. Er kann es zwar sagen, es begehren, es behaupten. In der Tat ist er alsbald überwältigt von dem, was für ihn an Gottes Stelle tritt. Die Kultstätte mit der Leiche Lenins, die Schuldbekenntnisse in Schauprozessen, die Hingabe an die Gewalt des Diktators sind Formen, in denen, wenn Gott verleugnet wurde, elementar wirklich wird, was für Menschen unumgänglich bleibt: irgendeine Ausfüllung des Ortes des Absoluten.

3. Alle Menschen auf dem Erdball rufen nach Freiheit und jeder hält sich für frei. Aber es scheint, als ob die Freiheit leer geworden sei. Diese Leere erzeugt den Drang nach Abhängigkeit im Geführtwerden. Es ist, als ob der Mensch nicht aufgerufen werden wolle zu seiner Verantwortung in der Freiheit seiner Entschlüsse, sondern als ob er nur an der Hand genommen und auf dem Wege geführt werden wolle.

Daher ein Grundzug unseres Zeitalters: daß zwar alle die Freiheit begehren, und daß selbst despotische Verfahren unter dem Namen der Befreiung auftreten müssen, daß aber zugleich so viele Menschen die Freiheit nicht ertragen. Sie drängen dahin, wo sie unter dem Namen der Freiheit von der Freiheit befreit werden.

4. Es ist ein Versuch unserer Zeit, rein weltliche Autorität zu begründen. Sie ist die Macht derer, die sich auf Sachkunde, Wissen und persönliche Qualität und auf Wahl durch Abstimmung berufen, nicht auf Gott. Diese Autorität, für den Glaubenslosen faßlich, ist, wenn sie sich absolut setzt, d. h. keine Bedingungen ihrer Geltung anerkennt, gebunden an Wissenschaftsaberglauben, weiter an den Glauben richtiger Welteinrichtung durch Menschen, und an den Glauben an die durch sich selbst gegründete Vitalität und Vernünftigkeit des menschlichen Daseins.

Weil aber der Mensch dem Menschen im Eigentlichen nicht entscheidend helfen, sondern nur sein Schicksalsgefährte sein kann, wird jede rein weltliche Autorität unglaubwürdig.

Dem transzendenzlosen Beanspruchen von Autorität entspricht ein transzendenzloser Gehorsam. Es gibt in dieser Lage keine Hingabe an die Autorität, sondern nur die begründete oder die gedankenlose Unterwerfung. In anarchischen Zuständen wird Autorität künstlich gemacht durch Errichtung einer Befehlsgewalt gegenüber Ermüdeten und Ratlosen. Jetzt wird vollends die Gewalt in der Durchführung von Befehlen verwechselt mit der inneren Macht der Autorität. Die Verwandlung in die Äußerlichkeit maschineller Einordnung durch Terror tritt an die Stelle des Anspruchs des freien Menschen, in der Autorität die Tiefe des Ursprungs als überzeugende Gegenwärtigkeit zu finden.

Doch alle Charakteristiken der Gegenwart treffen nur Aspekte. Sie steigern, was heute sichtbar ist, als ob es das Ganze wäre. Aber das Zeitalter birgt gewiß viel mehr in sich, als wir sehen und wissen, an Möglichkeiten und an Gefahren; wir brauchen uns keinem Aspekt zu unterwerfen als einer absoluten Einsicht, die uns sage, was heute sei.

Der Diagnose sollte die Angabe des Heilverfahrens folgen.

Wenn die geschichtliche Autorität zerrissen ist in ein Vielerlei, wenn sie selber verworren wurde und die Geborgenheit nicht mehr bereitet – wenn uns, gefangen von den Endlichkeiten des Tages, überwältigt von dem Lärm des Gegenwärtigen, verschleiert ist, was wir durch unseren Bezug auf das Umgreifende, die Transzendenz, sind und sein können –, wie können wir uns denn zurückfinden?

Wir wollen Autorität, weil wir uns überzeugen, daß keine Freiheit sich selbst genügt, sondern sich erst findet in der Autorität.

Außerordentlich viel können wir rational planen und herstellen: Kontinente kultivieren, vielleicht die Sahara fruchtbar machen, vielleicht einst das Raumschiff erfinden, mit dem wir zunächst bis zum Monde gelangen, Gesetze und Verfassungen eines föderativen Weltstaats erdenken. Seit Wissenschaft und Technik ständig neue Möglichkeiten eröffnen, scheint keine Grenze für das absichtliche Hervorbringen zu sein. Menschen meinen am Ende, den Menschen selbst durch Züchtung nach ihrem Willen verwandeln, einen neuen besseren Menschen hervorbringen zu können. Es ist manchen selbstverständlich, daß grundsätzlich, wenn auch noch nicht heute, der Mensch alles kann. Dem entspringt die Haltung, die die Frage: was soll ich tun? sogleich als die Frage meint: wie soll ich es machen?

Aber Autorität läßt sich nicht machen. Wir wissen, daß wir sie nicht wollen können im Sinn von Absicht. Was wir von der Autorität zu sagen vermögen, schließt ihre Nichtherstellbarkeit ein. Die Frage: was tun? wird ohne direkte Antwort bleiben. Daß eine vergangene Gestalt der Autorität unverändert, ohne ständige Wiedergeburt aus ihrer Verfallenheit, wieder hergestellt werden könnte, ist ausgeschlossen. Die Erscheinung der Autorität in neuer Gestalt wird auch in Kontinuität mit dem Vergangenen bleiben, aber nichts vom Vergangenen wird ohne Verwandlung sich durchhalten.

Hier nun scheint mir für unser Verhalten zur Autorität und für die Zukunft ihrer Wirksamkeit folgende Überlegung wichtig:

Alle Autorität gründet zuletzt in der Transzendenz. Wenn aber die Autorität die Gottheit selbst ist, und wenn Autorität nur im Gehorsam gegen sie sprechen darf, dann ist die Frage: wo spricht Gott? spricht er eindeutig?

An Gottes Stelle zu stehen, haben immer wieder Menschen, Staaten,

Institutionen in Anspruch genommen. Aber kein Mensch und keine menschliche Einrichtung darf für sich gegen andere in Anspruch nehmen, die Wahrheit Gottes zu wissen, während sie den anderen nur zu verkünden sei. Autorität, die selber in Dienst und Gehorsam vollzogen wird, bleibt im Hören, in der Verfassung der Ehrfurcht und des Sichfügens. Daher ist an aller überzeugenden Autorität in der Welt zu sehen:

Erstens: Die Autorität bleibt in geschichtlicher Bewegung und Verwandlung. In jeder Objektivierung verengt sie sich und gerät auf den Weg des Verfalls. Sie ist in der Spannung des Um sich Ringens und Sich Findens. Sie kann in keiner Gestalt zeitlos absolut sein. Jede festgewordene Gestalt muß auch wieder durchbrochen werden.

Zweitens: Es gibt nicht eine, sondern mehrere Autoritäten. Alle sind geschichtlich. In jeder ist der Bezug auf Transzendenz, in keiner der einzige und ausschließliche.

Aber wo spricht Gott selbst? wo höre ich ihn? Im Gewissen? – das Gewissen kann täuschen. – In eigener Einsicht? – sie kann in den Irrtum geraten. – In übernatürlichen Stimmen? – sie sind für jeden, der sie nicht selber hört, unglaubwürdig. – In heiligen Büchern, in Offenbarungen? – aber es gibt auf der Welt andere heilige Bücher und andere Offenbarungen, und es hat sich gezeigt, daß aus den heiligen Büchern sich scheinbar alles begründen läßt.

Jedesmal handelt es sich um den Anspruch der Gottheit in einer Gestalt, die doch schließlich auf die Entscheidung von Menschen, daß dies Gottes Wort sei, zurückgeht. Irgendwo ist der ›Sprung‹, wo ich nicht mehr zeigen kann, woher und warum, sondern wo der unbedingte Anspruch erfolgt, unbegründbar. Hier zeigen sich zwei Möglichkeiten.

Die *erste* Möglichkeit: Die Endgültigkeit des als wahr Ergriffenen beschränke ich auf meine geschichtliche Verwirklichung. Ich übernehme mich selbst in meiner Herkunft und Überlieferung, durch die ich mir im Dasein gegeben bin. Ich hafte für das, was ich getan habe. Ich ergreife den Beruf mit der Idee, an die ich mich unbeirrbar binden will. Ich entscheide mich im Streit um das, was jetzt und hier zu tun sei. Aber ich verzichte überall auf die Verallgemeinerung als Anspruch an alle, wenn ich mich in meinem Tun der Autorität beuge. Ich weiß, daß dies unsere menschliche Situation ist: Die Wahrheit, der ich unbedingt folge, kann nicht in Aussagen die Allgemeingültigkeit für alle gewinnen. Sie ist geschichtlich, sofern ich selbst mit ihr identisch, durch sie ich selbst bin. Die Wahrheit dagegen, die ich als allgemeingültig für alle erkenne (in den Wissenschaften), hat nie den Charakter der Unbedingtheit, sondern ist relativ auf Methoden und Standpunkte. Sie ist allgemeingültig für jeden Verstand.

Die *andere* Möglichkeit: Ich ergreife eine in der Welt vorhandene

Autorität nicht nur geschichtlich als die meine, sondern als die absolute Autorität für alle. Ich glaube, die Gottheit spreche eindeutig in der Welt. Es gibt hier die Instanz, die ihrem Anspruch nach nur eine einzige für alle ist. Es gilt als Eigenwille, Trotz, Hochmut, böser Wille, Verstocktheit und Verderben, sich dieser einen Autorität nicht zu beugen.

Solche Charakteristik spricht schon aus, welche Möglichkeit mir allein gangbar scheint, wenn wir an alle Menschen denken. Die Gottheit spricht nicht eindeutig. Um sie zu hören, und nicht zu verwechseln, um sie nicht in irgendeiner gemeinten Gestalt für sich zu usurpieren, bedürfen wir der Kommunikation von Mensch zu Mensch. In jeder menschlichen Autorität liegt eine Grenze, in jedem Amt eine Beschränkung der Befugnisse. Gott ist nicht leibhaftig in der Welt. Daher darf ich keinem Menschen, keiner Institution, keinem Ort, keiner Realität mich anders anvertrauen als nur im geschichtlichen Willen zu gemeinsamem Gedeih und Verderb. Ich darf nichts Irdisches für allgemeingültig absolut halten, wenn ich selbst geschichtlich unbedingt in ihm stehe.

Wahre Autorität muß offen bleiben. Sie steht im Wandel durch tiefere Selbsterfassung und in Kommunikation zu anderer Autorität. Falsche Autorität bricht Kommunikation ab, hat Interesse nur für sich selbst, weiß sich im Besitz der Wahrheit, der einen ausschließlichen, redet mit anderen zum Schein, will nur ihre Wahrheit verbreiten. Die anderen sollen hören, aber nicht prüfen. Wo aber Kommunikation abbricht, da steht am Ende Gewalt und Krieg.

In der Alternative zwischen der Autorität, die im Wandel ihrer Erscheinung und in mehrfacher geschichtlicher Gestalt, daher in grenzenloser Kommunikationsbereitschaft bleibt, und der anderen Autorität, die als die ausschließend eine Wahrheit die Kommunikation abbricht, scheint mir zugleich der Unterschied zu liegen zwischen echter, die Freiheit steigernder, und unechter, die Freiheit vernichtender Autorität.

Nach unseren Erörterungen ist es unmöglich, eine neue Autorität zu planen. Aber in unserer Situation läßt sich vielleicht von Bedingungen und Tendenzen sprechen. Wir können darüber nachdenken, unter welchen Gefahren und mit welchen Chancen die Autorität in einer entzauberten Welt sich zeigen mag.

1. Die charakteristische Forderung der Politik unserer Zeit, bewußt geworden angesichts des Totalitären, scheint mir die Abtrennung der Politik vom Glauben zu sein. Politik bezieht sich auf jene Daseinsfragen, in denen Menschen sich verständigen können, weil sie etwas der Sache nach Gemeinsames, die materiellen Lebensnotwendigkeiten, betreffen. Das Trennende ist hier nicht der Glaube, sondern der Kampf um den Platz im Dasein bei der Enge des Raumes und der Begrenzung der

materiellen Daseinsmittel im Zusammenhang mit der beliebig freigegebenen Fortpflanzung. Hier herrschen ursprünglich bedingungslose Daseinsbehauptung und Daseinserweiterung, Gewalt und List.

Ordnung ist hier allein durch die Autorität der Legalität, welche das Zusammen und Miteinander des Daseins ermöglicht.

In dieser Daseinsordnung ist unmöglich nur ein Glaube, der sich nicht nur ausschließlich für die alleinige Wahrheit erklärt, sondern dazu den Anspruch macht, zum Herrn der Welt zu werden, und der daher zur Herrschaftsgewinnung die Politik verwendet, d. h. die Machtmittel des Daseins, nicht nur die gewaltlose, geistige Verkündigung. Mit Glaubenskämpfern läßt sich nicht reden. Der Wille zur Gewalt kann nur durch Gewalt, die Drohung nur durch Drohung gebändigt werden.

Die Trennung von Politik und Glaube ist selber nur durch Glauben möglich, durch jenen Bezug zur Transzendenz, die jedem geschichtlichen Glauben eignet und auf dem Felde des Daseins alle sich verbinden läßt gegen den Nihilismus des Beliebigen.

Die Legalität der Daseinsordnung ist eine sehr reduzierte und für das Leben im Ganzen unzureichende Autorität, aber doch Autorität. Denn die Bindung an die Methoden der Legalität ist unlösbar von einer Grundhaltung des Vertrauens, die sich fügt, auch wo sie widerspricht. Es herrscht in der Abwendung von der Gewalt zur Ordnung eine Ehrfurcht, bis hinab zur Gemeinschaft der Konventionen. Der Gehorsam gegen das Notwendige geschieht ohne Zwang, aus Einsicht und Selbstüberzeugung, im Glauben an die Möglichkeit freien Einverständnisses im fortdauernden Prozeß zum Besseren.

Versagen die Methoden im Einzelfalle, so sind sie selber imstande, zu korrigieren. Die Methode des gemeinschaftlichen Findens des Rechten, das die Daseinsordnung zu möglichster Freiheit und Gerechtigkeit bringen soll, ist verläßlich nicht im einzelnen Falle, aber als Weg.

Unserem Zeitalter können Autorität und Freiheit nur gerettet werden bei Freigabe des Glaubens, der Lebensweise, des geistigen Hervorbringens in ihrer Mannigfaltigkeit der Gestalten zu freiem Wettkampf in der Kommunikation.

2. Eine große Chance scheint mir in der Entwicklung der Denkformen zu liegen. Die partikulare Bewußtseinserhellung der Wissenschaften hat zur Entzauberung geführt. Dieses ursprünglich richtige Denken hat durch Verkehrung Fehler zur Folge, die einsehbar sind. Dieses Denken durchschaut nie das Ganze, sondern ergreift Gegenstände im Raum des Ganzen. Indem es diese stets endlichen Gegenstände für das Sein selbst hält, setzt es an die Stelle umgreifender Seinsgegenwärtigkeit die sei es mechanisch einlinige oder mechanisch dialektische Rationalität von Begriffen. Indem es sich abwendet von der ursprünglichen, umgreifenden

Erfahrung, geschieht zugleich die Auslöschung der zweckfreien Gegenwart zugunsten allein des zweckhaften Machens.

Nur die unbeschränkte, aus der Verfangenheit in das Objekt sich befreiende Bewußtseinserhellung kann zum Aufschwung bringen. Dann wird das Unerhellte im Erhelltwerden nicht vernichtet, sondern gesteigert. Das Unbewußte wird in der Helle reicher aus neuer Ursprünglichkeit. Das Sein wird nicht verloren, sondern tiefer ergriffen. Erst in der Entzauberung durch Befreiung von Illusionen vermag der wahre Schauer, das Wunder des Seins selbst gewiß zu werden, wie erst im Verwerfen des Aberglaubens der Glaube rein wird.

Eine Welt, die die Mittel des Verstandes durch die Wissenschaften gewaltig gesteigert hat, fällt ab in die Verstandesmechanismen. Aber sie könnte ihren Verstand führen und überbieten durch Vernunft.

Eine Welt, die nicht mehr in der leibhaftigen Realität der Mythen lebt, nicht mehr eingeschlossen ist in das geheimnisvoll Bergende und Offenbarende, fällt ab in wissenschaftliche Pseudo-Mythen. Aber sie könnte vielleicht die alten Mythen verwandelt hören als Sprache in Symbolen, zwar beraubt jener falschen Realität, aber als Chiffern der Wirklichkeit.

Mir scheint, daß die Wiederherstellung der Denkformen für unsere Zukunft entscheidend sein wird: ob es gelingt, in der wirksamen Philosophie den Weg zu finden, der nicht nur heraushebt aus der Befangenheit in der Bindung an das Objekt in Gestalt einer kollabierten Wirklichkeit, sondern der im Medium unseres gegenwärtigen Wissens zur Selbstüberzeugung von den ewigen Gehalten, damit von Freiheit und Autorität führt.

Wenn wir von deren Erscheinungen nicht nur soziologisch und psychologisch wissen, sondern auch ihr umgreifendes Wesen philosophisch erhellen, so kann die Praxis anders als früher werden. Kritik, für falsche Freiheit und Autorität tödliche Gefahr, wird für die echte zur Rettung.

Es ist heute die Frage, wie weit die Erhellung des Bewußtseins nicht nur in Kenntnisfülle als Verarmung, sondern durch Denkklarheit als Steigerung über die Arbeit der Schulen allen zugänglich wird. Daß jene Grundverkehrungen, die durch ein falsches Denken die Wurzeln der Einsicht und des Glaubens zugleich abschneiden, zur alleinigen Herrschaft kommen, das zu erwarten, zwingt uns keine Notwendigkeit. Die Chance liegt darin, die Denkformen in die einfachste und klarste Gestalt zu bringen durch die öffentliche Auseinandersetzung, in der sie entfaltet und eingeübt werden.

Aber wie illusionär mag dies klingen! Wer die Macht des philosophischen Gedankens an sich selbst erfahren hat und zugleich das Wunder sieht, daß in dieser Welt seit Beginn der Geschichte doch immer der vernünftige Gedanke, der transzendierende Gedanke, die freie Tat des Opfers wiederkehrt und einen Einschlag in die sonst so sinnlose Geschichte gebracht hat, der kann nicht anders als hoffen. Den Unheilsvisionen widersteht der Glaube an den Menschen, dem bei allen Verirrungen im Innersten bleibt, was nach dem biblischen Worte geschaffen ist als Ebenbild der Gottheit.

3. Doch sieht nicht unser Zeitalter, anders als frühere, wirklich hoffnungslos aus?

Ein Symptom unter vielen und Symbol zugleich sind die Millionen Vertriebener in Europa, China, Rußland. Glücklich, wer in Heimat und Herkunft, in Staat und Religion die geschichtliche Autorität findet, durch die er zu sich kommt, um in sie hinein und über sie hinaus den Weg zum Ursprung zu finden! Wie aber, wenn, wie heute, immer mehr Menschen losgerissen werden vom Boden, eine zerrüttete Herkunft haben, ständig abgeschnitten werden, wo sie gerade Wurzel fassen wollten, hin und her getrieben, sich ihrer selbst und ihrer Welt ungewiß werden, wenn alles zusammenzuschrumpfen scheint zum bloßen Augenblick ohne Vergangenheit und Zukunft, zum bloßen Dasein ohne Horizont und Perspektive? – Gibt es dann noch eine Geschichtlichkeit der Menschheit im Ganzen? ein Geborgensein in einer Autorität, die nirgends aufhören kann? eine Wurzel, aus der neue Säfte steigen, wenn ein Ast und viele Äste verdorrt sind?

Für den Verstand ist die Bedrohung alles dessen, was uns Abendländern heute noch wert und Grund und Gehalt unseres Lebens ist, so ungeheuer, daß sich die Schatten eines vollkommenen Pessimismus über uns zu senken scheinen.

Demgegenüber steht ein phantastischer Optimismus anderer, die die Zerstörung mit Jubel ergreifen und nicht zweifeln an der glänzenden neuen Geburt des Menschen, die aus vollkommener Vernichtung hervorgehen wird.

Aber diese Urteile des Pessimismus und Optimismus sind in ihrer Verabsolutierung mit unseren Erkenntnismitteln zu widerlegen. Dazu verstoßen sie gegen die Scheu, die uns endlichen Wesen zukommt angesichts der Welt in ihrer unendlichen Vieldeutigkeit und unserer Aufgabe, darin die uns führende Weisung zu vernehmen und uns ihr im Nichtwissen zu beugen.

Statt sich den Stimmungen von verzweifeltem Pessimismus und gewaltsamem Optimismus zu überlassen, gilt es in der Ungewißheit unserer Welt, nicht nur die ungeheure Gefahr, sondern auch die Chancen zu sehen. Die größte und eigentliche Chance aber liegt in der Verantwortung der Menschen, jedes Einzelnen. Es liegt an ihm selbst, was aus ihm wird.

Heute haben wir wie jederzeit die Aufgabe, gegenwärtig zu verwirklichen, was möglich ist. Die Zukunft wird dadurch mitbestimmt, ohne geplant zu sein. Wir dürfen nicht erwarten, wofür wir nicht selber mithelfen. Was wir heute versäumen, ist für immer verloren.

Dann aber haben wir die Aufgabe: über Zeit und Geschichte hinaus jederzeit gegenwärtig auf die Gottheit bezogen zu bleiben unmittelbar durch unser liebendes Leben. Wir sollen uns nicht preisgeben an Geschichte, sondern der ewigen Gegenwart teilhaftig werden in der Wirklichkeit der Spannung von Freiheit und Autorität, die auch in verfallenden Zeiten jeder Einzelne noch zu erfahren vermag.

Sie haben mich aufgefordert, vor Ihnen über Freiheit und Autorität zu sprechen. Ich konnte Ihnen nichts Neues sagen, sondern Sie nur erinnern an das, was Sie wissen.

Ich sollte eine Frage unseres Zeitalters erörtern. Sie werden von mir nicht erwartet haben, daß ich von der Schweiz spreche, dieser in den stürmischen Fluten der Weltgeschichte noch stehenden Insel, auf der Freiheit und Autorität und die Autoritäten untereinander durch Selbsterziehung immer wieder zu einem lebendigen Gleichgewicht gebracht worden sind. Ich sprach nur von der Frage des Zeitalters, dessen reißende Bewegung, wenn sie sich nicht fängt, auch dieses einzig kostbare Eiland von außen bedroht. (PuW 41–64)

Kann es in der Massengesellschaft noch Individualitäten geben? Ist es möglich, daß in der kollektivierten Gesellschaft der Einzelne sich behauptet?

Diese heute oft und besorgt gestellte Frage fordert zu ihrer Beantwortung zunächst eine Klärung des Gegensatzes von Einzelnem und Kollektiv. Der Mensch ist immer beides, ein Einzelner in einem Ganzen. Der Einzelne ist durch seine menschliche Umwelt und diese nur dank der Kraft des Einzelnen. Es kann weder das Ganze – nennen wir es Gemeinschaft, Gesellschaft, Kollektiv –, noch den Einzelnen für sich geben. Denn der Mensch geht weder in einem Ameisenstaat als einem sich geschichtslos wiederholenden, in sich vollendeten Ganzen zu bloßer Funktion verloren, noch läuft er als Vereinzelter durch die Welt. Ohne Überlieferung, die ihm durch Menschen zuteil wird, kann der Neugeborene nicht einmal Mensch werden. Er wächst nicht, wie alle Tiere, durch die biologischen Erbsubstanzen von selbst in ständiger Wiederholung des Gleichen durch Generationen, sondern durch die Erziehung in geschichtlichem Wandel. Taubstumm geborene Menschen entbehren mit dem Gehör auch der Sprache. Sie wurden in früheren Zeiten mit Schwachsinnigen verwechselt. Seitdem ihnen durch planmäßiges Erlernen einer Gebärden- und Zeichensprache ein Ersatz für die gehörte und gesprochene Sprache geschaffen wurde, haben sie sich als vollwertige Menschen erwiesen, da ihnen die Überlieferung geistig zugänglich wurde, die sie zu Menschen macht.

Nun ist der Grundtatbestand des Menschseins, der es von allen Tieren unterscheidet, daß das Verhältnis des Einzelnen zum Kollektiv nicht in eine vollendete Form gebracht werden kann. Daher hat der Mensch Geschichte. Er bringt durch seine Werke, durch die Ordnung der Arbeit in Gemeinschaft hervor, was im Unterschied von dem biologisch Vererbten als Gebilde stets brüchig und leicht zu ruinieren ist. Die gewordene Gemeinschaft bleibt für ihn in jeder Gestalt ungenügend, macht ihn daher unzufrieden. Er muß weitergehen. Dies geschieht in höchstem Maße durch die moderne Technik. Wenn der Mensch durch Erfindungsgabe, mit wachsender Beherrschung der Natur, diese Natur verwandeln will, so macht er die Erfahrung, daß in der reißenden Bewegung die von ihm geschaffene Umwelt keine bleibende Gestalt finden kann. (PuW 65 f.)

Heute ist jene Grundbeziehung des Einzelnen und der Gemeinschaft durch die schnelle Verwandlung des gesamten menschlichen Daseins infolge der gewaltigen und in ihrem weiteren Gange unabsehbaren technischen Naturbeherrschung anders als früher, radikaler, zerrissen und fragwürdig geworden.

Denn mit den Folgen der Technik ist die Gemeinschaft selber in neuer Gestalt da. Die umfassende Gemeinschaft, die früher in eins sich bewegte, ist gespalten. Diese Spaltung ist unter dem Namen des Gegensatzes von Gemeinschaft und Gesellschaft bewußt geworden. Jene substantielle Gemeinschaft ist geschichtlich, je besonders einzig, getragen von einer unergründlichen Vergangenheit, auf die sie hört, die durch mündliche Lehre und Bücher, durch Sitten, Gebräuche, Gewohnheiten, Gehörigkeiten, vor allem durch Familie und gemeinsamen Glauben überliefert wird. Sie ist gewachsen, nicht zu planen; sie wird bewahrt, ist nicht zu machen. Das technische Kollektiv der Gesellschaft dagegen geht im Augenblick auf, ist beliebig übertragbar, identisch wiederholbar, hat keine Vergangenheit, die es in der Erinnerung trägt, ist restlos geplant, übersehbar und zu machen. Es kann jeden Menschen ersetzen, ohne sich zu ändern, es behandelt ihn nur als Mittel, als Teil und als Funktion. Es hat keine Zukunft als nur die nicht gefühlte, sondern gehaltlose des quantitativen Mehrwerdens, des Verbesserns der Maschinen, des Ersatzes des Verschlissenen an Menschen und Material.

Dieser Gegensatz ist heute aufgebrochen, so als ob substantielle Gemeinschaft und technische Gesellschaft sich ausschlössen. Aber er ist von jeher da gewesen in der Spannung von traditionellem Wiederholen und rationalem Verändern, von im technischen Sinne gedankenlosem Sichfügen und von planmäßigem verbesserndem Denken. Es handelt sich um eine Polarität, die als Ganzes zum Menschen gehört. Wenn eine Seite überwiegt, so bedeutet das auch für diese einen Mangel. Das nur Substantielle wird als Weltwirklichkeit dürftig, bleibt hilflos in der Natur, ohnmächtig. Das nur Geplante gibt zwar gewaltige Macht, aber mit der Tendenz, den Menschen, für den diese Macht Sinn hätte, zum Erlöschen zu bringen. Wo der Mensch der substantiellen Gemeinschaft in Hilflosigkeit gegenüber der Natur, in Not und erschöpfender Arbeit sich verloren fühlt, ergreift er enthusiastisch die technische Welt, im mechanischen Kollektiv zunächst nichts als Befreiung erblickend. Wo aber der Mensch von diesem mechanischen Kollektiv sich aufgerieben fühlt, wo er nicht mehr atmen kann, sehnt er sich nach der substantiellen Gemeinschaft.

Wir haben, sehr vereinfachend, gesehen: Der Mensch gehört einer zweifachen Polarität an, der vom Einzelnen und Kollektiv, und innerhalb des Kollektiven der von substantieller Gemeinschaft und planender technischer Gesellschaft.

Das Wesen des Menschen steigt mit der Fülle der in Gemeinschaft gegenwärtigen Substanz, von der auch die schöpferische Persönlichkeit der, im Widerhall sich selbst erkennende, Repräsentant ist. Die Macht des Menschen aber steigt mit der durch Plan unter Mitarbeit aller gewonnenen Herrschaft über die Natur durch Produktion der technischen Umwelt. Doch jenes Wesen und diese Macht fallen nicht zusammen. Das Wesen hat Kraft in der Welt nur durch die Macht; die Macht hat Sinn und Befriedigung nur durch das Wesen.

Die Bewegungsrichtung in den beiden Polaritäten scheint nun heute eine Tendenz zu haben, die alles versinken läßt zugunsten des einen technischen Apparats. (PuW 67 ff.)

In dieser Wirklichkeit liegt der Grund des Zerreißens der Polaritäten: von Einzelnem und Gemeinschaft, von Gemeinschaft und Gesellschaft.

Im Extrem verschwindet die Gemeinschaft zugunsten der alle vergewaltigenden, aber nicht durchseelenden Maschinerie. Von dem reichen, lebendigen Kollektiv, in dem der Mensch sich selber fand, ist nur noch der Betrieb geblieben, in dem er Funktion, ersetzbar und als er selbst überflüssig ist. Selbstverlust und Gemeinschaftverlust gehören zusammen, wo der technische Apparat zugleich im Äußeren die unerbittliche Arbeitsordnung und im Inneren der Menschen das Chaos erzeugt.

Das ist sichtbar besonders an den Grenzen. Einerseits werden die zu mörderischem Verbrauchtwerden verurteilten Zwangsarbeiter in Konzentrationslagern zu unmenschlichem Dasein bloßer Kreatur vergewaltigt. Andrerseits werden die durch Schutz der Arbeit und Verkürzung der Arbeitszeit freien Menschen ratlos, da sie wegen verlorener Gemeinschaft nicht mehr sie selbst werden und daher nichts mit sich anfangen können. Allein durch kollektive Gestaltung der Freizeit werden sie von ihrer leeren Freiheit erlöst. Aus dem Arbeitsbetrieb gelangen sie in den anderen Betrieb des Vergnügens.

Solche Schilderungen sind Konstruktionen. In Wirklichkeit kommt es nur an Grenzen so weit. Diese Konstruktionen sind wie alles bisher Vorgetragene bloße Betrachtung. Wir sehen nur zu, was geschieht. Diese Haltung des Erkennens hat aber dort ihre Grenze, wo der Gegenstand der Erkenntnis wir selber sind. Wir erkennen uns nicht wie Naturvorgänge, die ablaufen, gleichgültig, ob wir sie erkennen oder nicht, sondern, wie wir unser Dasein erkennen, das wirkt ein auf uns selbst und die Ereignisse. Wir sind immer mehr, als wir von uns erkennen. Und dieses Mehr ist nicht ein dunkler Hintergrund, nicht ein trübes Unbewußtes, sondern es ist unsere Freiheit, das Hellste, wenn auch gegenständlich ganz und gar nicht Erkannte, das wir selbst sind. Es liegt an uns, was wir tun. (PuW 69 f.)

Zur Erlösung bieten sich moderne Mythen an, die das Schreckliche verklären und damit zu einem Herrlichen machen.

Es wird der neue, unpersönliche, von der Idee des technischen Daseins geprägte Mensch gesehen. Dieser weiß sich als Typus, nicht als Einzelnen, als unüberbietbare Geschicklichkeit und Sicherheit seines Funktionierens, als gehorsam, weil ohne jedes Begehren eines privaten Daseins, als groß und allem Persönlichen überlegen, weil es sein Bewußtsein steigert, durch andere beliebig ersetzbar zu sein. Er verabscheut die Einsamkeit, lebt bei offenen Türen, kennt keinen Raum für sich, ist stets zur Verfügung, immer wirkend und immer gehalten vom Typus, zwar verloren, wenn allein sich selbst überlassen, aber unverwüstlich, weil die, die an seine Stelle treten, ständig nachwachsen. Persönlichkeit ist ein altmodischer, lächerlich gewordener Begriff. Das Typussein gibt Stärke, Zufriedenheit und das Bewußtsein der Vollendung.

Es gibt andere moderne Mythen, die in der Preisgabe des Selbstseins die große sittliche Tat sehen: So den Mythus von der fortschrittlichen Bewegung der Geschichte, ihrer unerbittlichen Notwendigkeit, der bedingungslos sich aufopfern das Glück des Daseins, weil das allein Sinnvolle ist. Der Einzelne hat keinen Wert außer im Dienste der Geschichte, gegen deren kolossalen Gang sich zu sträuben die Vernichtung als eines Kranken bedeutet. Dieser Geschichtsgang kann gedacht werden als der ökonomische Arbeitsprozeß auf die vollendete Ordnung des sich nunmehr erhaltenden Ganzen hin oder als der Rassenprozeß auf die reine, gesunde, vollendete Rasse hin oder als das Leben der Nation, deren Vorteil der absolute Maßstab ist, auf das Ziel eines einzigen, auserwählten Volkes hin, dem alle anderen sich anverwandeln oder das über sie herrscht.

Hier liegt die große Entscheidung jedes Menschen. Jene Mythen sind falsche Mythen, ohne Wirklichkeit einer Transzendenz, Irrlichter auf dem Wege zu zeitlicher und ewiger Vernichtung des Menschen. Sie verdecken die Realität, erzeugen vorübergehende, scheinbar gewaltige, aber sich in Nichts auflösende Realitäten in totalitären Staatsgebilden. Jene Mythen sind falsch, weil sie das verhindern, worauf es für die Verwirklichung des Menschen ankommt: das klare Denken, die vernünftige Prüfung, den verantwortlichen Weg in die Zukunft. Die jenen Mythen folgenden Menschen erschrecken uns. Sie blicken uns eigentlich nicht an, sondern wenden uns in ihrem stechenden Blick oder in der Blicklosigkeit ihre leeren Augen zu. Sie sind als sie selbst gar nicht da. Es redet durch sie, sie selbst sprechen nicht. Es ist eine Gewaltsamkeit des Fraglosen oder ein Lächeln der Geläufigkeit. Es bietet sich eine jederzeit austauschbare, persönlich gänzlich unzuverlässige Kameradschaft an. Man unterwirft sich im Terror dem, was als Linie befohlen wird, oder in der Konvention dem, was alle tun und zu glauben scheinen.

Die Einsicht in die Falschheit jener Mythen ist zwar zwingend, so weit die Mythen Erkenntnis zu sein vorgeben. Ihr Charakter als Chiffer des Seins aber, mit dem als dem eigentlich Wirklichen gelebt wird, ist nur durch die existentielle Entscheidung des Einzelnen zu ergreifen oder zu verwerfen. Der eine spürt sofort, daß er im Glauben an sie auf den Weg des Bösen gerät. Der andere ist hingerissen von ihnen als wie von seinem eigentlichen Leben. Es ist die Entscheidung, ob der Einzelne sich selbst preisgibt oder er selbst sein will. Hier handelt es sich zunächst um geistigen, dann um den gewaltsamen Daseinskampf. Die Träger jener Mythen sind von vornherein gewillt, zur Gewalt zu greifen.

Auf der einen Seite steht die Welt, die grundsätzlich den Einzelnen restlos verzehrt in das Kollektiv, das einem totalen Plan untersteht, dem Mythus in Gestalt einer Pseudowissenschaft. – Auf der anderen Seite steht die Welt, deren Gang nicht vorweg übersehen, daher auch niemals als Totalplan in die Hand genommen werden kann. Sie gibt grundsätzlich den Einzelnen zu spontaner Entfaltung frei. Und sie ist auf die Initiative der Einzelnen angewiesen, auf jene seltenen, einsichtigen, verläßlichen, verantwortlichen Menschen, die, gerade weil politische Freiheit als Zustand aller hervorgebracht werden soll, die Chance haben.

Denn mag das Verhalten der Mehrzahl ein gewaltiger Druck für den Gang der Ereignisse sein, jederzeit sind doch wenige Menschen entscheidend. Was ein einziger Mann vermag, ist nicht abzusehen, wenn er an der Stelle steht, wo er das Steuer in der Hand hat. Krieg und Frieden und der Gang der Dinge können wesentlich durch ihn bestimmt sein, aber wiederum nur so, daß er ergreift, was Massen wollen, wenn es ihnen gesagt wird und wenn sie es sehen.

Und wie im Großen, so im Kleinen: Früher war es eine Elite im Sinne von Stand, heute ist es eine soziologisch nicht mehr bestimmbare Auswahl Einzelner, die sich selber wählen. Jeder zum Beispiel kann Ehe und Familie ernst nehmen, Treue, Verantwortung, das Glück des Geborgenseins in der Herkunft, die Instanz des Rechten in ihr finden, – trotz der Statistiken über den Zerfall der Familie und der Schilderungen über deren Verwahrlosung. Wenn der Kinsey-Report den Tatbestand aufweist, daß in Amerika 75 % der Männer nach außerehelichem Geschlechtsverkehr begehren und 50 % ihn auch haben, so ist die Statistik weder Ausdruck einer Norm des Seindürfenden noch Feststellung dessen, was ›natürlich‹ für den Menschen sei.

Wenn politische Abstimmungen erfolgen, so ist die Mehrheit nicht die Stimme Gottes, sondern eine technische Funktion für die augenblickliche Willensbildung, in der Folge korrigierbar. Das Kennzeichen der Demokratie ist, daß man Achtung für die Minderheiten hat. Es ist nicht selten, daß die Besten in der Minderheit sind. Jederzeit besteht die Menschheit dadurch, daß eine Minderheit durch höheren Rang ihrer Normen und ihrer Wirklichkeit anderen zum Vorbild dient. Menschen, die das Rechte tun und sind, üben einen Einfluß, der um so größer wird, je weniger er gewollt ist.

Daher geht in der großen Tendenz des Zeitalters, in diesem Verzehrtwerden der alten Polaritäten des Einzelnen und der Gemeinschaft, der substantiellen Gemeinschaft und der rationalen Gesellschaft, der große Appell an den Einzelnen. Denn in allem Ruin bleibt die Möglichkeit des Menschen selbst. Von Einzelnen, ob in der Öffentlichkeit oder der Verborgenheit, kann allein die Neubildung eigentlicher Gemeinschaft ausgehen, die die technische Betriebswelt einst vielleicht wieder durchseelen wird.

Es ist nicht wahr, daß der Einzelne verschwunden sei. Es ist nicht wahr, daß er unter schrecklichen, äußersten Bedingungen mit Notwendigkeit ganz und gar verloren gehen müsse. Es hat sich erwiesen, daß in der Welt des Totalitarismus Einzelne einen inneren Panzer umlegen, keineswegs den Täuschungen verfallen, verborgen, aber entschieden urteilen, den falschen Göttern keinen Glauben schenken.

Aber der Einzelne bleibt auch da er selbst nur mit dem Anderen. Aus dem in den Riesenapparat des Terrors abgesunkenen Kollektiv kann er wieder Ursprung echter Gemeinschaft werden. In der Verlorenheit gilt das Nietzsche-Wort: Die Wahrheit beginnt zu zweien. Es stehen nicht mehr Parteien gegeneinander, sie sind zu großen Schemen geworden, sondern Substanz gegen Substanzlosigkeit. Dem Einzelnen wird Außerordentliches aufgeladen, nur im Verborgensten lebt noch der Mensch, der die Zukunft trägt, und der gegenwärtig als Selbstsein die Ewigkeit des Wahren spürt.

Jedes Problem des Menschen steht heute im Schatten der Untergangsdrohung. Denn nun ist, was Jesus und die Urchristen irrtümlich erwarteten, der Weltuntergang, zur real gewordenen Perspektive der Selbstvernichtung der Menschheit geworden – zwar nicht als Weltuntergang, aber als Vernichtung des Lebens auf der Erde. Es sieht aus, als ob dem Menschen die Wirkungsmöglichkeiten seiner technischen Schöpfung aus der Hand seiner Berechnungen glitten. Der gegenwärtige Schritt der Technik ist wie der am Anfang, als die Entzündung des Feuers gefunden wurde. Aber eine Feuersbrunst war nur im Besonderen, nicht im Ganzen vernichtend. Eine Energiebrunst wäre total vernichtend.

Die einen reagieren gedankenlos, als ob es sie nichts anginge. Andere überlassen sich dem Klagen.

Wohl wird es sehr wichtig sein, daß man Verträge macht und daß man Einrichtungen trifft, die das äußerste Unheil verhüten sollen. Aber all das würde doch eines Tages versagen, wenn die Menschen nicht da sind, deren Verantwortung den Gang der Dinge hält.

Wenn nicht alle, wenn nicht viele, wenn nicht einige Einzelne, deren Dasein vorbildlich wirkt, den Gang der Dinge tragen, dann wird das Ende in wenigen Jahrzehnten gewiß sein. Wenn aber der Mensch als Einzelner sich behauptet, darf er hoffen, mit der ihm wieder neu werdenden Gemeinschaft dem Untergang der Menschheit zu widerstehen, aber vielleicht nur so, daß er sittlich-politisch ein Anderer wird in dem Maße, daß es wie eine Umkehr ist. (PuW 71–75)

Fortschritt und Krise der Medizin

Es wächst eine Unzufriedenheit bei Kranken und Ärzten. Seit Jahrzehnten ist zugleich mit dem Fortschritt die Rede von Krise der Medizin, von Reformen, von Überwindung der Schulmedizin und Neugründungen der gesamten Krankheitsauffassung und des Arztseins.

Woran liegt das?

Erstens: Die soziologischen Folgen des technischen Zeitalters wirken durch Organisation des Arztwesens auf den ärztlichen Beruf bis zur Bedrohung der Idee des Arztes selber.

Zweitens: Die naturwissenschaftliche Medizin hat eine Tendenz, sich dem Exakten zu unterwerfen, statt es zu nutzen, den Arzt durch den Forscher überwältigen zu lassen.

Drittens: Da an der Grenze der naturwissenschaftlichen Möglichkeiten das ärztliche Tun nicht aufhört, gerät der Arzt an ihr in Verwirrung, hineingezwungen in die Glaubens- und Ziellosigkeit vieler moderner Menschen und des öffentlichen Zustandes überhaupt. (PA 122)

Die Einwirkung des technischen Zeitalters auf Organisation und Betrieb des ärztlichen Berufes

Auf ein Beispiel der Organisation werfen wir einen kurzen Blick: Durch die Loslösung der ärztlichen Mittel aus dem Eigentum und der freien Verfügung des einzelnen wird das ärztliche Handeln als Betrieb organisiert. Kliniken, Krankenkassen, Untersuchungslaboratorien treten zwischen Arzt und Kranken. Es entsteht eine Welt, die das in seiner Wirkungskraft so immens gesteigerte ärztliche Tun ermöglicht, dann aber dem Arztsein selbst entgegenwirkt. Ärzte werden zu Funktionen: als allgemeiner praktischer Arzt, als Facharzt, als Krankenhausarzt, als spezialistischer Techniker, als Laborarzt, als Röntgenarzt. Sie werden ferner nicht schon durch Bildungsgang und freie Niederlassung zu Ärzten, sondern erst durch Zulassung, Anstellung, Berufung an die mannigfachen Orte des ärztlichen Betriebes. Zwischen Arzt und Kranken treten Mächte, nach denen sie sich richten müssen. Das Vertrauen von Mensch zu Mensch geht verloren. (PA 124)

Der leitende Gedanke sollte sein: Nur der Arzt im Umgang mit den einzelnen Kranken erfüllt den eigentlichen Beruf des Arztes. Die anderen betreiben ein redliches Gewerbe, aber sind nicht Ärzte. Und dann: Die Organisationen sind daraufhin zu prüfen, welche ihrer Umgestaltungen die Chancen für die Wirksamkeit der Vernünftigen fördern.

Alle Reformen können nur Erfolg haben, wenn hinter ihnen ein wirksames Ethos steht. Zum Beispiel: Die Kliniken sind durch die technischen Möglichkeiten ihrer Leistung zum Mittelpunkt des Arztwesens in Praxis und Lehrüberlieferung geworden. In ihnen ist für den Heilvorgang entscheidend der Geist des Hauses. Dieser ist in seiner sachlichen Struktur an technischem Können, an baulichen Gestaltungen, an Ordnung und Disziplin ein allgemeiner, in der ganzen Welt gleicher. Aber dieser Geist selber ist lebendig durch etwas nicht identisch Wiederholbares, das nur in geschichtlicher Nachfolge sich erhält: als das im Chef persönlich gewordene, in der freien Gemeinschaft aller sich verwirklichende vorbildliche ärztliche Leben, in das die Jüngeren, über alles Lehrbare hinaus, hineinwachsen durch die Weise des täglichen Umgangs miteinander, mit den Kranken, mit dem Pflegepersonal. Den technischen Mechanismus beseelt dieser ärztliche Geist des Hauses als das Ethos, über das nicht geredet, sondern das getan wird. (PA 125)

Gefahren der naturwissenschaftlichen Medizin

Aber in der Praxis selber ist der Arzt auch Forscher, aber in einem weiteren Sinn. Da ärztliche Erkenntnis in klinischer Erfahrung ihren Boden und ihre Bewährung hat, gewinnt erst in ihrem Zusammenhang die naturwissenschaftliche Erkenntnis ärztliche Bedeutung. Im Erkennen der Realität des Krankheitsgeschehens jedes einzelnen Patienten ist der Arzt forschend tätig. Er bedarf der naturwissenschaftlichen Urteilskraft nicht nur, um seinen Fall richtig unter das Allgemeine zu subsumieren, sondern um in der Auffassung der unendlichen Verkettung von Erscheinungen, Umständen, Faktoren und Möglichkeiten das für eine Behandlung Wesentliche zu erkennen. Diese Urteilskraft setzt voraus den klinischen Blick des Arztes, die Aufgeschlossenheit für den einzelnen Kranken auf Grund der selbsterworbenen konkreten Erfahrungen, die Auffassungsbereitschaft für das Neue, die Beobachtung des Leibes, der Bewegungen, des Benehmens, den Sinn für die Umwelt des Kranken. Solche ärztliche Forschungshaltung schließt die ärztlich sinnlosen, wenn auch vielleicht wissenschaftlich interessanten diagnostischen und therapeutischen Handlungen aus.

Jene Tendenz zur bloßen Technik wird gesteigert mit der Einschränkung der naturwissenschaftlichen Forschung auf das Exakte unter Verkümmerung des Sinns für das Biologische, des morphologischen Sehens, des Erspürens im Lebendigen. Die naturwissenschaftliche Erfahrung ist keineswegs erschöpft mit Physik und Chemie und der mit Hilfe ihrer Methoden und Kategorien erreichten Erkenntnis der Werkzeuge und Hervorbringungen des Lebendigen, die wie unlebendige Maschinen und Prozesse erkennbar sind. Die biologische Erkenntnis reicht viel weiter.

Dieser Biologie entspricht in der Medizin die ärztliche Erfahrung, die Beobachtung von Erscheinungsgestalten, die Anschauung von Krankengeschichten und Lebensläufen. Die moderne Wissenschaft hat nicht nur das Exakte, sondern auch dieses klinische Wissen in Jahrhunderten außerordentlich gesteigert und vervielfacht. Aber vor den großen Entdekkungen mit ihren unmittelbar Aufsehen erregenden Erfolgen ist die nicht minder bewunderungswürdige klinische Entwicklung in den Hintergrund getreten. Es scheint eine Tendenz zu bestehen, hier das schon Gewonnene zu vergessen.

Der Umgang mit dem Lebendigen auf Grund von Wissen geschieht in der naturwissenschaftlichen Medizin auf zweifache Weise: der exakten Naturwissenschaft entsprechend als technisches Machen, der Biologie entsprechend als Pflege, im Hinhorchen auf das Leben selber, durch Bereiten von Bedingungen, durch Gedeihenlassen, durch Hygiene und Diät im weiten hippokratischen Sinn. Aber auch damit ist die Praxis des Arztes nicht erschöpft. (PA 126 f.)

Was tut der Arzt dort, wo die Naturwissenschaft aufhört?

Die Grenze der Erkenntnis der körperlichen Natur ist da, wo die Wirklichkeit eines Inneren sich kundgibt und wo dieses Innere als Vernunftwesen mit Vernunftwesen in Kommunikation tritt. Hier im Verstehbaren gibt es gegenüber der technischen Therapie und dem biologischen Pflegen etwas ganz anderes: das Selbsterziehen und Erziehen.

Der Arzt muß wissen, wo er naturwissenschaftlich weiß und handelt oder wo er diesen anderen Bereich betritt: den Raum verstehbaren, zwischen Menschen austauschbaren, von ihnen gemeinten Sinns.

1. Die naturwissenschaftliche Medizin sieht die Tatsache, daß der Mensch nicht nur Tier, sondern Vernunftwesen ist und daß dieses Vernunftwesen selber erkranken zu können scheint, daß der Mensch geisteskrank wird. Ende des 18. Jahrhunderts wurde die Psychiatrie in den Kreis der naturwissenschaftlichen medizinischen Fächer aufgenommen. (PA 127)

Was die Psychiatrie wirklich weiß und kann, muß die Praxis zeigen.

Man sieht sie in den Anstalten, Kliniken und Sprechstunden. Wieweit hat das in Lehrbüchern und Abhandlungen mitgeteilte Wissen mit der Praxis etwas zu tun? Wieweit ist es nur ein wechselnder Jargon, sei dieser hirnmythologisch oder psychomythologisch, ein Jargon, der die Sprechweise bei der Praxis, aber nicht die Praxis selber in ihrer wirksamen Realität wandelt? (PA 128)

... Entscheidend aber war, daß man begriff: Außer der naturwissenschaftlichen Erkenntnis gibt es in der Psychiatrie eine verstehende Einsicht. Diese ist für die Praxis des Psychiaters unentbehrlich. Obgleich sie nicht Wissenschaft im Sinne der Naturwissenschaft ist, ist sie doch wissenschaftlich methodisch zu gestalten. Die verstehende Psychologie wurde anerkannt.

Der Unterschied ist radikal. Mit naturwissenschaftlicher Forschung werden Fortschritte erzielt, mit den Mitteln des Verstehens aber wird eine Welt von Sinngehalten eröffnet, ohne Fortschritt als Wissenschaft, vielmehr in wechselnder Höhe der je persönlichen Bildung. Die verstehende Psychologie gewinnt sich immer von neuem als Weite des Sinns für Gehalte im Umgang mit Menschen unter Aneignung der Überlieferung. (PA 128 f.)

2. Der naturwissenschaftliche Boden trägt nicht mehr, während die Praxis doch ein Handeln fordert. Da der Arzt helfen will, sucht er unmittelbar durch die Seele auf Seele und Körper einzuwirken. Die sich so ergebenden Verfahren heißen Psychotherapie. Gibt es also zwei wesensverschiedene Therapien?

Was Ärzte jederzeit taten: unter Menschen menschenfreundlich zu sein und unberechenbar in Situationen oder bei der inneren Verfassung des Kranken durch Wort und Wendung, im guten Augenblick, eine Umkehr zu bewirken, das wurde in neuerer Zeit an der Grenze der naturwissenschaftlichen Medizin als Psychotherapie in selbständigen Methoden bewußt gemacht.

Dabei bleibt das Gespräch zwischen Arzt und Kranken das Wesentliche. Aber zur Methode, die nicht Gespräch ist, wurde Psychotherapie zuerst in den Verfahren der Hypnose und Suggestion, im Erzählenlassen der Träume, im Aussprechenlassen von auftauchenden Einfällen und Erinnerungen, im sogenannten Abreagieren. (PA 129 f.)

Die Philosophie

Vielleicht ist die Psychoanalyse nur ein verkehrtes Schauspiel, das durch seine falsche Lösung indirekt anzeigt, was der Arzt sollte und vermöchte.

Die Psychoanalyse ist nicht durch bloße Verneinung abzutun. Vielmehr ist sie durch die Realität ihrer Verbreitung ein drohender Hinweis auf ärztliche Versäumnisse. Was in ihr an Richtigkeiten vorkommt, ist zu begreifen, und was sie verdreht, einzurenken. Die sie überwindende Wahrheit liegt im Raum der Philosophie, die zum denkenden Menschen als solchem gehört.

Der Weg der Wissenschaft, obgleich ins Unendliche fortschreitend, hat im Ganzen seine Grenzen. Was mit dem Verstande wißbar, als Zweck zu entwerfen ist, muß in der Praxis stets überschritten werden. Wo das wissenschaftliche Erkennen aufhört, da hört aber das Denken nicht auf. Ein anderes Denken, ein in den Gegenständen über das Gegenständliche hinausführendes Denken war da, seit Menschen philosophieren. Dieses andere Denken heißt Vernunft. Vertraue ich mich ihm nicht an, so verliere ich mich in die unverbindlichen oder überwältigenden Gefühle des Irrationalen.

Vergeblich aber versuche ich, in der gewohnten Denkungsart der Naturerkenntnis oder der psychologisch verstehenden Denkungsart verharrend, dieses Irrationale, dies an der Grenze Drohende, Wühlende, Untergrabende oder Beschwingende, Führende, Erfüllende wiederum mit meinem Verstande wie einen Untersuchungsgegenstand zu behandeln. Dann verlasse ich die Wissenschaftlichkeit und erreiche nicht die Philosophie. Philosophie begreife ich erst durch das Denken der Vernunft, die mit jedem Schritte den Verstand benutzt, aber über den Verstand hinausgeht, ohne ihn zu verlieren.

Im Verstande verharrend, erfahre ich das Schwebende der Philosophie nur als Ergebnislosigkeit, das Dialektische nur als Widersprüchlichkeit, das Ausbleiben von Anweisungen nur als Nichtigkeit, das Ganze der Philosophie nur als Gerede von Trunkenen.

Wenn ich durch Forschen, statt es methodisch zu durchschauen, verstrickt werde, als ob es alles Denken wäre, dann habe ich mich selbst und mir die Wirklichkeit verschlossen. Ich habe mich eingeschlossen in die Denkformen der empirischen Realität und der gegenständlichen Kategorien überhaupt. Erst eine universale Kategorienlehre, die ausgeführt in der Fachphilosophie deponiert wird, aber ihrerseits unabschließbar ist, macht mich zum Herrn der Denkformen und befreit mich aus dem Gefängnis.

Eingeschlossen aber in meine wissenschaftliche Denkungsart, macht der Durchbruch durch sie in der Praxis mich zu einem ratlosen Kind. Die verführenden Irrationalismen sind bereit, mich einzufangen. Dann finde ich nicht die Umkehr in die philosophische Wahrheit des Umgreifenden, sondern nur die Verkehrung in die Unphilosophie pseudowissenschaftlichen Zaubers.

An dieser Grenze zeigt sich die Freiheit. Für die Naturwissenschaft gibt es keine Freiheit. Freiheit ist kein Gegenstand der Forschung, sondern der unendliche Raum der Erhellung dessen, was der Mensch als er selbst sein kann. Hier liegt der alles entscheidende Punkt, an dem die Umkehr geschieht. (PA 133 f.)

Unser Blick auf ein Grundproblem der modernen Wissenschaft und Philosophie sollte für das Arztsein den Satz begründen: In der Vereinigung der Aufgaben von Wissenschaft und Philosophie liegt die wesentliche Bedingung, die heute zwar nicht die Forschung, aber die Bewahrung der Idee des Arztes ermöglicht. Die Praxis des Arztes ist konkrete Philosophie.

Abschluß: Was der Arzt vermöchte

Wir vergegenwärtigten drei unheilvolle Tendenzen im modernen Arzte, die jeweils die Schatten einer Größe sind. Erstens hat die Steigerung der technischen Voraussetzungen des ärztlichen Könnens durch die Organisation zur Begleitung die ruinöse Einwirkung auf die Realität der Idee des Arztes. Zweitens hat der Fortschritt naturwissenschaftlicher Erkenntnis zur Begleitung eine Medizin, die, wenn sie ihre Grenzen nicht sieht, durch Theorien die Therapie und den Kranken vergewaltigt, Geist und Seele beschränkt. Drittens hat die Substanz der philosophischen Idee des Arztes an jenen Grenzen zur Begleitung den Unfug der Unphilosophie.

Sind die drei Tendenzen unabwendbar?

Das erste: Gegenüber der technisch-organisatorischen Einklemmung sieht man heute Ärzte, die als einzelne in ihrem Raum zu retten suchen, was unter glücklichen Umständen noch gedeihen kann, in einer Stimmung, unter den letzten einer verschwindenden Welt zu sein. Wer aber entschlossen ist, als Arzt seiner Idee zu genügen und als Kranker vernünftig zu werden, läßt sich nie entmutigen. Es findet doch der ständige Kampf um Reformen statt, und es gibt die Solidarität der Vernünftigen.

Das zweite: Die Beschränkung auf die naturwissenschaftliche Medizin ist für den Forscher ungefährlich. Er ist noch nicht Arzt. Der Arzt aber bedarf im Unterschied vom beschränkten Forscher der Universalität. Zwar gibt es keine Ganzheitsmedizin. Das Ganze ist kein Gegenstand, sondern eine Idee. Aber der souveräne Arzt will universal die möglichen Gesichtspunkte zur Verfügung haben und als Mensch in der menschlichen, in der geistigen Welt zu Hause sein.

Das dritte: Man sieht Ärzte, die Philosophie verwerfen, mit Recht, wenn sie Fachphilosophie und Unphilosophie meinen. Aber ohne Philosophie kann man an der Grenze naturwissenschaftlicher Medizin des Unfugs nicht Herr werden.

Man darf an das hippokratische Wort erinnern: ἰατρὸς φιλόσοφος ἰσόθεος.

Der Arzt, der auf Grund des naturwissenschaftlich technischen Fortschritts so Unerhörtes kann, wird zum ganzen Arzt erst, wenn er diese Praxis in sein Philosophieren aufnimmt. Dann steht er auf dem Felde der Realitäten, die er kundig gestaltet, ohne sich von diesen Realitäten düpieren zu lassen. Als der stärkste Realist weiß er im Nichtwissen.

Durch die Intimität mit seinen Kranken, dieser Zuflucht persönlicher Hilfe, die sich gegen fremde Mächte und den Staat und die Gesellschaft behaupten kann, gelangt der Arzt in seiner Nüchternheit zu der menschlichsten Erfahrung. Angesichts der Not kommt er in der Praxis zu der philosophischen Einsicht, in das Ewige, diese Einsicht, die den Fortschritt selber erst zum Guten wenden kann.

Das aber ist die Schicksalsfrage des technischen Zeitalters überhaupt. In diesem Zeitalter der Aufklärung, in der Steigerung des Wissens und Könnens, im Glauben an den Fortschritt an sich, ist oft unverständlich geworden das, worauf es für den Menschen eigentlich ankommt. Während die realen Dinge in der Welt deutlicher wurden als je, hat sich die Wirklichkeit verdunkelt.

Überall und im ganzen steht das Zeitalter vor der Frage nach der Umkehr. Niemand weiß, wo die Erneuerung zuerst aufflammen wird.

Der Arzt, der den Forscher in sich zum Bewußtsein seiner Grenzen zwingt, nichts als unbefragt selbstverständlich stehenläßt, und der dem Philosophen in sich durch Besinnung die Führung gibt, könnte angesichts der tödlichen Gefahren durch die Folgen der Technik und durch Irrlichter, stellvertretend für alle den Weg finden heraus aus dem Gefängnis beschränkten Verstandesdenkens. Vielleicht sind Ärzte berufen, das Zeichen zu geben. (PA 135 ff.)

Beruf oder Job?

Aber für das Dasein aller bleiben *Berufe* nötig, in denen es unmöglich ist, die Arbeit durch Arbeitsauftrag in ihrem Wesen zu sichern und die faktische Leistung objektiv zureichend zu messen. Beim Arzt, Lehrer, Pfarrer u. a. ist, was der einzelne Arbeiter tut, im Kern des Tuns nicht zu rationalisieren, weil es auf existentielles Dasein ankommt. In diesen Berufen, durch welche der menschlichen Individualität gedient wird, pflegt nun durch die Isolierung der technischen Welt bei Steigerung spezialistischen Könnens und des Quantums der Tätigkeit ein gleichzeitiger Niedergang der praktischen Ausübung das erste Resultat zu sein.

Die Massenordnung verlangt zwar unausweichlich eine Rationalisierung in der Verfügung über die materiellen Mittel. Wie weit aber diese geht und dann sich selbst begrenzt, um den Raum frei zu lassen, wo der Einzelne ohne Auftrag aus eigenem das Wesentliche zu tun hat, wird diesen Berufen zur Schicksalsfrage. Die Arbeitsfreude erwächst hier aus dem Einklang des Menschseins selbst mit einer Tätigkeit, in der es sich ganz einsetzt, weil es sich um ein Ganzes handelt. Diese Arbeitsfreude wird ruiniert, wenn das Ganze durch universale Ordnung aufgeteilt ist in Teilleistungen, die zu vollbringen restlos vertretbare Funktion wird. Das Ganze einer Idee ist zerfallen. Was den Einsatz des eigenen Wesens in der Kontinuität aufbauender Leistung forderte, wird nur noch erledigt durch Abarbeiten. Heute ist der Widerstand des Menschen, der um die Möglichkeit echter Erfüllung seines Berufes kämpft, noch zerstreut und kraftlos; es scheint wie ein unaufhaltsames Versinken.

Ein *Beispiel* ist die Verwandlung der *ärztlichen Praxis*. Man sorgt im medizinischen Beruf rationell für Massenabfertigung der Kranken, für technische Behandlung in Instituten, löst den Kranken auf in Teile zur Überweisung an die spezialistischen Behandlungsarten, zu denen er hin und her geschickt wird. Aber grade damit wird dem Kranken der Arzt genommen. Es wird die Voraussetzung gemacht, wie alles lasse sich auch ärztliche Behandlung durch ein Herstellen meistern. Man möchte den Ambulatoriumsarzt zu Liebenswürdigkeit drillen, das persönliche Vertrauen zum Arzte durch ein Institutsvertrauen ersetzen. Aber Arzt und Kranker lassen sich nicht auf das laufende Band der Organisation spannen. Zwar der Rettungsdienst bei Unfällen funktioniert, aber die lebenszentrale Hilfe des Arztes für den kranken Menschen in der Kontinuität seines Daseins wird auf diese Weise unmöglich. Ein Riesenbetrieb ärztlichen Tuns wird zunehmend sichtbar in Anstalten, Bureaukratien, einem kodifizierten System materieller Leistungen. Die Neigung zu immer neuer Behandlung irgendwelcher Art bei der Mehrzahl der Patienten trifft sich mit dem Organisationswillen technisch gesinnter Massenmenschen, welche mit unwahrer, meist politisch unterbauter Pathetik allen das Heil der Gesundheit zu bringen behaupten. An die Stelle der Sorge für das Individuum tritt der Betrieb. Der in Erziehung und Lehre wirklich gebildete Arzt, welcher persönliche Verantwortung nicht nur sagt, sondern wirklich erfährt, darum nur einer begrenzten Anzahl von Menschen nahe treten und in geschichtlicher Verbundenheit helfen kann, scheint aussterben zu müssen, wenn dieser Weg zu Ende gegangen wird. An die Stelle des menschlich erfüllten Berufs tritt die Arbeitsfreude technischen Leistens in Trennung von Selbstsein und Arbeitersein, die, für viele Tätigkeiten unausweichlich, hier die Leistung selber ruiniert. – Aber notwendig zeigt sich die Grenze dieser Daseinsordnung ärztlichen Tuns. Die öffentliche Organisation der Leistungen krankt an ihrem Mißbrauchtwerden. Das maximale Ausnutzen der möglichen öffentlich gewährten Vorteile verführt Patienten wie Ärzte; es erwacht eine Tendenz, krank zu werden, um Nutznießer zu sein; möglichst viele Patienten möglichst schnell zu behandeln und ihren Ansprüchen Genüge zu tun, um durch Summation der geringen Kassenhonorare diese doch ergiebig zu machen. Des Mißbrauchs will man dann mit Gesetzen und Kontrollen Herr werden, die doch nur die Möglichkeit eigentlich ärztlicher Tätigkeit weiter zerstören. Vor allem aber wird der wirklich Kranke sich immer weniger verlassen können auf Gründlichkeit, Vernunft und Klarheit in seiner Behandlung durch einen einzigen ihm als einer Ganzheit zugewandten wirklichen Arzt. Der Mensch als Kranker kommt nicht mehr zu seinem Recht, wenn es die rechten Ärzte nicht mehr gibt, weil der Apparat, der sie zur Versorgung der Massen verwenden wollte, sie dadurch selbst unmöglich gemacht hat.

Beispiele anderer Berufe würden die überall analoge Bedrohung ihres Kerns zeigen. Das Prinzip dieser Zerstörung der berufsmäßigen Arbeitsfreude liegt in den Grenzen der Daseinsordnung, die hier nicht machen, wohl aber ruinieren kann, was sie selber braucht. Daher erwächst die tiefe Unbefriedigung des seiner Möglichkeiten beraubten Einzelnen, des Arztes und des Kranken, des Lehrers und des Schülers usw.; trotz intensiver, die Kräfte fast übersteigender Arbeit bleibt das Bewußtsein einer wirklichen Erfüllung aus. Immer rastloser wird nur als persönlich Bestehendes in Betrieb verwandelt, um ein verschwommenes Ziel mit kollektivistischen Mitteln zu erreichen, in einer Haltung, als könne man die Masse gleichsam als übergeordnete Person befriedigen. Die Ideen der Berufe sterben ab. Man behält partikulare Zwecke, Plan und Organisation. Was man verwüstet hat, ist am unbegreiflichsten, wenn die Einrichtungen als solche technisch tadellos in Ordnung scheinen und der Mensch doch nicht die Luft hat, als er selbst zu atmen. (GSZ 59–62)

Voraussetzungen ärztlichen Handelns: Wissenschaftlichkeit und Menschlichkeit

Dies ärztliche Handeln steht auf zwei Säulen: einerseits der naturwissenschaftlichen Erkenntnis und dem technischen Können, andererseits auf dem Ethos der Humanität. Der Arzt vergißt nie die Würde des selbstentscheidenden Kranken und den unersetzlichen Wert jedes einzelnen Menschen.

Die Wissenschaft wird weitergegeben durch die Lehre, ausdrücklich, in breitestem Umfang. Die ärztliche Humanität dagegen wird überliefert durch die ärztliche Persönlichkeit, unmerklich in jedem Augenblick durch die Weise des Handelns, des Sprechens, durch den Geist einer Klinik, durch diese still und unausgesprochen gegenwärtige Atmosphäre des ärztlich Gehörigen. Die Lehre ist zu planen. Sie wird klarer, didaktischer. Die wissenschaftliche Forschung vermehrt das Wissen und Können. Sie wird kritischer und methodischer. Die Humanität dagegen ist nicht zu planen. Sie entfaltet sich ohne grundsätzlichen Fortschritt neu in jedem Arzt, in jeder Klinik durch die Wirklichkeit des ärztlichen Menschen selber. Für sie gilt die Regel, die der große englische Arzt Sydenham im 17. Jahrhundert aussprach: »Niemand ist anders von mir behandelt worden, als ich behandelt sein möchte, wenn ich dieselbe Krankheit bekäme.«

Diese schöne und einfache Auffassung ist durch die neueren Entwicklungen in Frage gestellt. (PuW 169 f.)

Wissenschaftlichkeit und Humanität suchen sich gegenseitig.

Der humane Arzt will von der Wissenschaft nicht mehr, als sie leisten kann, will aber diese Leistung vollständig und gewissenhaft. Der wissenschaftliche Arzt weiß, daß er für die Praxis mit bloßer Wissenschaft nicht ausreicht. An der Grenze des wissenschaftlich Möglichen ist er Helfer und *Schicksalsgefährte* des Leidenden aus der Gemeinschaft des Menschseins.

Wissenschaftlichkeit und Humanität sind unlösbar verbunden. Wo Wissenschaft verlassen wird, da werden Phantastik und Täuschung ein Glaubensersatz, durch den die Irrenden statt an Gott vielmehr an ihre Fanatismen gebunden werden. Die Unwissenschaftlichkeit ist der Boden der Inhumanität. (HS 38)

Medizinische Wissenschaft und ärztliche Kunst

Daher spielt oft eine Rolle der glückliche Griff. Die durch lange Erfahrung ermöglichte Beobachtung und Erwartung, die ihre Gründe nicht restlos bewußt gegenwärtig hat, ermöglicht die auf Grund der Wissenschaft alle Wissenschaft überschreitende ärztliche Kunst. Auch diese bestätigt oder widerlegt sich in der Erfahrung. Manchmal weiß sie nachher nicht vollständig, wie es eigentlich geglückt ist, aber will es wissen.

Begründet handeln kann der Arzt nur, soweit Objektivierung gelungen ist. Auf solche Objektivierung sein ständiges Augenmerk zu richten, das allein bringt Fortschritt.

Aber das eigentlich unlösbare Problem erwächst da, wo der Kranke durch sein eigenes Handeln die Krankheit fördert oder gleichsam selber die Krankheit ist. Dann entsteht die Situation, daß der Arzt nicht mehr mit dem Kranken gemeinsam ein biologisches Kranksein zum Objekt macht, sondern den Kranken selbst in seiner Freiheit sich zum Objekt seiner Überlegungen und zum Gegenstand seines Eingriffs macht. (PuW 193 f.)

Arzt bin ich durch Sachkunde, und Sachkunde setzt Objektivierung, Objektivierung die Distanzierung voraus. Bezieht sich diese Objektivierung auf den Menschen selbst, so ist die zweifache methodische Frage: Um was für eine Objektivierung handelt es sich hier? In welcher Kommunikation oder welchem Kommunikationsabbruch vollzieht sie sich? (PuW 193 f.)

Die Wahrheit ist, daß es hier keine Lösung des Problems gibt als nur durch die Wirklichkeit des Arztes in je einmaliger Lage. (Sch 801)

Anspruch an den Arzt: Anwalt des ganzen Menschen werden

Die großen Dinge geschehen still. Vielleicht hat die mögliche Erneuerung der Idee des Arztes ihren bevorzugten Ort heute beim praktischen Arzt, der ohne Autorität von Klinik und Amt mit dem Kranken in dessen wirklichem Leben zu tun hat. Hier kann für den Blick des Arztes, der den Menschen sieht, all das, was Spezialisten vermögen und was ohne die Einrichtungen des Krankenhauses sich nicht verwirklichen läßt, zu den einzelnen Maßnahmen werden, die er, wenn er zu ihnen rät, durch die Führung des Ganzen in der Hand behält. Dieser ärztliche Blick hat den Sinn für die Situationen. Er hat die Sorge für die Natürlichkeit des Menschen in seiner Umwelt. Er läßt die Untersuchung des Kranken sich nicht auflösen in ein Aggregat der Untersuchungsresultate von Laboratorien, sondern er vermag dies alles abzuschätzen, zu nutzen und unterzuordnen. Er läßt diese diagnostischen Methoden in ihren Grenzen zur Geltung kommen, aber verliert sein Urteil nicht an sie. Er kennt die imponierenden modernen therapeutischen Maßnahmen, aber er weiß sie im Range ihrer Wirksamkeit zu unterscheiden. Ihm ist wieder etwas von der hippokratischen Haltung eigen, die den Lebenslauf ins Auge faßt, die den Umgang des Kranken mit seiner Krankheit zu gestalten vermag. Er kennt die bleibende Bedeutung der hygienischen und diätetischen Ordnungen. Er gewinnt durch die Dauer der Zeit jenes persönliche Verhältnis zum Kranken, in dessen Klarheit das Sterben leichter wird.

Man kann es für eine Utopie erklären, die alte Idee des Arztes, wie sie im Hausarzt verkörpert war, erhalten zu wollen. Sie verschwindet, weil die Menschen überhaupt, also auch die Kranken und Ärzte, anders werden. Sie sind immer weniger fähig, Kranke und Ärzte im alten Sinne zu sein.

Aber ist das wirklich wahr, endgültig? Ist nicht auch eine Wirklichkeit ersten Ranges heute, daß Kranke jetzt wie immer in Gestalt des praktischen Arztes ihren eigentlichen Arzt suchen und finden? Wird nicht eine nüchterne, warmherzige, wissende Gestalt des persönlichen Arztseins bleiben und in kommenden Generationen immer von neuem entstehen?

Die Antwort auf solche Frage ist analog, ob es sich um den Arzt, um den Lehrer, um den Pfarrer, um Politik, um den Arbeitsbetrieb handelt. Wer die schaurigen Entwicklungsmöglichkeiten für unausweichlich hält, dem ist zu sagen: Niemand kann diese Unausweichlichkeit gewiß wissen, aber jedenfalls fördert seine Meinung das Schlimme, was er voraussagt. Laut sprechen in den eigentlich menschlichen Forderungen die Gegeninstanzen. Ein übermächtig Wirkliches, gegen das ein Widerstand im Augenblick unwirksam scheint, ist darum keineswegs dauernd wirklich. Der Verstand sagt immer das Negative voraus; das Positive muß hervorgebracht und kann nicht vorausgesagt werden. Es kommt aber nicht von selbst, daher hat es einen Sinn für jeden zu fragen, wofür er in seinem Berufe leben solle, wo er standhalten wolle. Niemand weiß, was am Ende gelingt... Versuchen wir zum Abschluß einen Blick auf die Idee einer solchen modernen Arztpersönlichkeit.

Wer möchte sagen, wie der Arzt sein soll! Das Ideal ist jedenfalls nicht so einfach wie das zu Anfang gezeigte der vernünftigen Gemeinschaft mit dem Kranken, sondern steht auf dem Grund der Erfahrungen alles Versagens, der Kranken und seiner selbst.

Der Arzt wird ein Wissender. Er sieht die Grenzen des Menschen, seine Ohnmacht, sein unendliches Leiden. Er sieht die Geisteskrankheiten, diese furchtbare Tatsache unseres Menschendaseins. Er steht täglich vor dem Tode. Von ihm wird erwartet, nicht nur, was er leisten, sondern auch, was er nicht leisten kann ... (PuW 177 ff.)

Er täuscht sich nicht über die Wirklichkeit des Schrecklichen, aber hält es für sinnvoll, in seinem Berufe vernünftig zu tun, was zur Hilfe für leidende und sterbende Menschen möglich ist, auch wenn es verschwindend scheint im Strom des Unheils. Er verbindet die kleine Wunde, während durch Menschen ständig größere gerissen werden. Er sorgt für die Erhaltung des einzelnen Lebens, während Leben in Millionen durch Menschen vernichtet wird.

Eine Haltung der scheinbaren Unbetroffenheit braucht gerade der Arzt, welcher der ergriffenste ist. Er gewinnt die Kühle im Zusehen, auch in der eigenen Gefahr. Mancher große Arzt bewährte sich, indem er die eigene Krankheit beobachtete und erkannte in Ruhe bis zum Tode. Dieser Ruhe entspringt das Sehen, das eindringt, ohne durch Tränen die Klarheit des Blickes zu verlieren – ihr wird das Operieren möglich, das die Hand nicht zittern läßt. Es ist ein hoher Anspruch, daß in der Kühle das Herz wach bleibt.

Der Arzt sieht die Grenzen seines Könnens. Er kann den Tod nicht abschaffen, wenn er heute auch das Leben in einer noch nie dagewesenen Weise zu verlängern vermag. Er kann die Geisteskrankheiten nicht abschaffen, wenn er auch in bestimmten Fällen zu helfen vermag. Er kann das Leiden nicht abschaffen, wenn er es heute auch über alle früheren Maße hinaus zu lindern vermag. Trotz aller Erfolge ist dem Arzt fühlbarer, was er nicht kann, als das, was er kann.

Es gehört zu seinem Wesen, menschenfreundlich zu handeln, auch wo er nicht heilen kann, und noch dem hoffnungslosen Kranken beizustehen. Der Arzt bringt dem Geisteskranken eine Gesinnung entgegen, die ihm gebietet, dem Unglücklichen, den er nicht gesundmachen kann, noch das Maximum von Lebensmöglichkeit zu geben, in ihm noch den Menschen zu ehren.

Sein Beruf ist ein Beruf ständiger Enthüllungen. Der Arzt muß anders werden, wie Menschen sonst sind. Die Verführung angesichts all des Grauens ist groß:

Er kann zum Skeptiker werden, der alles Unheil und alle Schwächen sieht und am Ende Zyniker wird aus Ekel.

Er kann Naturalist werden, der nichts sieht als das kausale Geschehen, die Erbarmungslosigkeit der Natur und das Unverhoffte der zufälligen Wendungen, das ständige Werden und Vergehen, in dem jeder Einzelne völlig gleichgültig ist.

Er kann ein Ungläubiger werden: Es gibt nichts anderes als diesen endlosen Kreislauf des Elends. Wenn er alle die für eine harmonische Weltanschauung unbequemen Tatsachen sieht, so kann ihm die Gottheit verschwinden.

Skepsis, Naturalismus, Glaubenslosigkeit sind die inneren Gefahren, vor denen vielleicht jeder Arzt gestanden hat. Wie er sie überwindet, das erst macht die Tiefe seines menschlichen Blickes, die Energie seines Hoffens, seine Leidenschaft trotz allem, von der man sagen kann: Noch am Grabe pflanzt er die Hoffnung auf.

Dann bleibt er unbeirrbar durch die Schrecken, im Vertrauen zu einem unbedingten Grunde, aus dem jede Hilfe unter Menschen, jeder Akt der Liebe, schon bloßer Menschenfreundlichkeit ein unersetzliches Gewicht hat.

Dann vermag der Arzt zu ertragen, daß die Skepsis sein Lebenselement bleibt, das nicht zerstört, sondern vor Täuschungen bewahrt, der

Naturalismus, soweit er die Realitäten sehen lehrt, die Glaubenslosigkeit, sofern er jeden magischen, abergläubischen Glauben fallen läßt.

Aber daß er sein Wissen um die Entschleierungen des Menschen so oft allein tragen soll, kann ihn zur Menschenverachtung verführen. Nur wenn er seine ursprüngliche Güte bewahrt und das Wissen um den Bruch des Menschseins selbst, damit um seine eigene Hinfälligkeit und das eigene Ungenügen, vermag er auch dieser Gefahr eines ruinösen Überlegenheitsgefühls zu entgehen.

Daher gewinnt der Arzt erst auf Grund seiner ständigen Selbsterhellung mit der Distanz zu sich selbst und zum Kranken zugleich seine Reife.

Berühmt ist der Satz des Hippokrates: ›Iatros philosophos isotheos‹. Der Arzt, der Philosoph wird, wird einem Gotte gleich. Damit ist nicht etwa der philosophisch bloß Lehrende gemeint, sondern der handelnde Arzt, der mit seinem Arztsein denkend unter ewigen Normen im Strom des Lebens Philosoph ist – das ist schwer. Es kann über seine Seele wohl unbemerkt ein Schleier sich legen angesichts von allem, was er in Kauf nehmen muß: Das schließliche Nichtkönnen bei seinem grenzenlosen Willen zu helfen, die Ohnmacht vor so vielem Schrecklichen, das Schweigen, um den Trug der Selbsttäuschung nicht anzutasten (da er die rettende Gnade des Glaubens nicht zu geben vermag), das Nichtwissen im Ganzen, das ihm verwehrt, Heiland zu sein, als den so viele Kranke heimlich ihn begehren.

Das Höchste, was ihm hier und da gelingt, ist Schicksalsgefährte zu werden mit dem Kranken, Vernunft mit Vernunft, Mensch mit Mensch, in den unberechenbaren Grenzfällen einer zwischen Arzt und Kranken entstehenden Freundschaft.

Dann darf man fragen, ob nicht die ärztliche Persönlichkeit auf eine legitime Weise selber zu einer heilenden Kraft wird, ohne Zauberer oder Heiland sein zu müssen, ohne daß Suggestion, ohne daß irgendeine andere Täuschung vorliegt. Die Gegenwart einer Persönlichkeit, in ihrem Willen zum Helfen einen Augenblick ganz für den Kranken da, ist nicht nur unendlich wohltuend. Das Dasein eines vernünftigen Menschen mit der Kraft des Geistes und der überzeugenden Wirkung eines unbedingt gütigen Wesens weckt im anderen, und so auch im Kranken, unberechenbare Mächte des Vertrauens, des Lebenwollens, der Wahrhaftigkeit, ohne daß darüber ein Wort fällt. Was der Mensch dem Menschen sein kann, erschöpft sich nicht in Begreiflichkeiten.

Entscheidend ist der Arzt, dem sein ärztliches Wesen wie ein Geschenk des Himmels zuteil wurde. Die ärztliche Persönlichkeit ist das nie zu Fordernde, nie zu Planende. Sie ist das, wodurch die lernbaren therapeutischen Mittel erst ihre Führung haben. Ich glaube, wir alle kennen solche Ärzte, und in jedem Arzt, der sich zu seinem Berufe geboren weiß, ist solches wirksam. (PuW 179–183)

Verhältnis von Arzt und Patient – eine Analogie zum erzieherischen Verhältnis

Das Verhältnis des Kranken zum Arzte mag sehr verschieden sein: mancher Kranke ist dem Arzt in grenzenlosem Vertrauen blind hingegeben; der andere steht zu ihm in mitwissendem Vertrauen wie zu einem Freunde, von dem er nichts Übermenschliches erwartet, aber auch keine Unzuverlässigkeit befürchtet. Der eine liebt den Arzt, den unendlich hilfreichen, der andere haßt ihn, weil das Arztsein mit dem Kranksein zusammenhängt oder weil er sich vor ihm nicht zu verbergen weiß, weil er sich seiner Ohnmacht bewußt wird: dieser Kranke bleibt in der paradoxen Lage, den Arzt zu suchen, weil er ihn nicht entbehren kann, und ihn zu hassen, weil er ihn los sein möchte. Der eine denkt skeptisch wie *Montaigne:* Wenn du erkrankst, rufe keinen Arzt, denn sonst hast du zwei Krankheiten. Der andere hat eine Dankbarkeit für das dem Arzt faktisch Mögliche, wie sie seit den homerischen Zeiten wirklich ist. Bei aller Verschiedenheit des Verhältnisses bleibt doch die Idee der Möglichkeit einer rational begründeten ärztlichen Therapie, die sich rein verwirklichen würde, wenn nur beide, Arzt und Patient, vernünftig wären.

Solche Formulierungen gelten oft als veraltet, etwa auch als typisch bürgerlich, als selbstzufrieden und irreal. Wir sehen heute zwei Tatbestände des Widerspruchs gegen sie: erstens die Verwandlung der alten Humanitätsidee in eine andere Gestalt des Grundverhaltens des Menschen zum Menschen, zweitens die Preisgabe der Humanitätsidee in der Verwandlung des Menschen zu einem beliebigen Material der Untersuchung und Gestaltung.

2. Es ist eine Humanitätsverwandlung aufgetreten, aus der etwa so gedacht wird: Die grausamen Tatsachen lassen den Entwurf des Verhältnisses von Arzt und Patient als des Verhältnisses zweier Vernunftwesen, die einmütig einen leiblichen Naturvorgang behandeln, wie einen Traum erscheinen. Es gibt weder solche Ärzte noch solche Patienten. So scheint die ihrerseits selbstgewisse Überzeugung mancher Ärzte heute zu sein.

Und zwar – so meint man – liege es nicht so, daß es sich hier zwar um ein rechtes Ideal handle, dem aber die Wirklichkeit nicht entspreche, dem sie sich jedoch annähern könnte und sollte, sondern um ein grundsätzlich falsches Ideal. Denn es gibt in Wahrheit nicht – so heißt es –

dieses objektive Gegenüberstehen des Menschen zu seinem Leibe als einem Naturvorgang, der wesentlich naturwissenschaftlich zu erfassen und zu lenken ist. (PuW 184 f.)

Das Verhältnis von Arzt und Patient ist in der Idee der Umgang zweier vernünftiger Menschen, in dem der wissenschaftliche Sachkundige dem Kranken hilft. (PuW 171)

Der echte Psychologe verwendet die wissenschaftlichen Erkenntnismöglichkeiten aus einem übergreifenden Bewußtsein, das ihn mit dem gegenüberstehenden Menschen und Patienten verbindet. Der unechte Psychologe meint vorhandenes Wissen technisch in die Anwendung übertragen zu können derart, daß er eine bloße Funktion dieses Wissens wird. (Sch 805)

Im *Umgang* des Arztes mit dem Patienten ist – so sahen wir – die Situation der *Autorität* gegeben, die wohltätig wirksam sein kann. Wenn in seltenen Fällen die echte Kommunikation erreicht wurde, so ist diese sogleich wieder verloren, sofern nicht auf Autorität restlos verzichtet wird. Wo aber, wie zumeist, die Autorität gehörig ist, da darf der Arzt aus seiner physischen, soziologischen, psychologischen Situation der Überlegenheit niemals eine absolute Überlegenheit ableiten, als ob der andere nicht mehr ein Mensch wie er selber wäre. Die Haltung der Autorität ist wie die des Naturforschers ein Glied, aber nie das Ganze in der Stellung des Arztes zum Kranken. (APs 673)

In Fraenkel habe ich nicht nur den für mein Leben wohltätigen Arzt gefunden. Sein Dasein wurde mir zur Grunderfahrung des Arztseins überhaupt in seiner höchsten Idee. Es scheint mir, als ob er bei seinem Eingehen auf den einzelnen Patienten eine unerhörte Verwandlungsfähigkeit besaß. Mit seiner Seele, sich selbst fast zum Opfer bringend, lebte er im andern, als ob er es selbst sei, jedoch mit dem Plus eines klaren, realistischen Verstandes, der weiter blickte als der Kranke, dem er helfen wollte. Er vermochte in der dem jeweiligen Patienten eigentümlichen Welt mit deren Bedürfnissen, Wertschätzungen und Zielen zu leben, als ob er einen Augenblick ganz damit identisch würde. Es waren Adel und Generale, Professoren, Kaufleute und Fabrikanten, Bauern, Kleinbürger und Arbeiter. (SW 129)

Jedem einzelnen konnte er sich geben, wie gerade dieser es brauchte. Es hat einen großen Stil, wie er, abweichend von der äußerlichen psychiatrischen Einfühlung und der entlarvenden psychologischen Reflexion, eintauchte in die Mannigfaltigkeit der Welt, überall mit seiner lebendigen Teilnahme folgte und sich die Weite unbefangener Wertungsmöglichkeiten offenhielt. Seine Klugheit wurde getragen von einer genialen Naivität. Seine Verwandlungsfähigkeit hatte ihren Antrieb in einer verschwendenden Güte des Herzens.

Fraenkel beschränkte sich nicht auf die Behandlung seiner Kranken. Diese blieb ihm zwar die Hauptsache. Aber im Dienst der Kranken war er Organisator und Forscher. Er lebte in den Realitäten, durch die allein die ärztliche Kunst sich verwirklichen kann, in den Organisationen und Instituten der Hilfe (Krankenhaus, Sanatorium, soziale Fürsorge) und der Überlieferung der Lehre (Universität). (SW 130)

Es war ein Glück für mich, einen solchen Arzt zu haben, mit dem ich in Unbefangenheit und Prüfung einen eigenen Weg finden konnte. (SW 130)

Nur in Wechselwirkung mit den Erfahrungen des Kranken, in wissenschaftlich-medizinischer Kommunikation kann der Arzt helfen. (SW 134)

Wahr ist, daß der Arzt und Patient in einer übergreifenden menschlichen, nicht wissenschaftlich begründeten Verbindung stehen, um aus ihr heraus das eigentlich Sinnvolle zu tun. Falsch aber ist die Behauptung, von dem wissenschaftlichen Arzt werde die Persönlichkeit eliminiert. Denn der Arzt wendet seine Wissenschaft in jener übergreifenden menschlichen Gemeinschaft mit dem Patienten an, beherrscht diese Gemeinschaft aber nicht mit der Wissenschaft. (PuW 196)

Dies Ideal setzt voraus, daß Arzt und Kranker beide in der Reife der Vernunft und Menschlichkeit leben. (PuW 172)

Auch das Verhältnis von Arzt und Kranken wird hineingezogen in den Großbetrieb. Die Unumgänglichkeit des Kassenwesens und der gewaltige Umfang der Kliniken bedrohen die ursprüngliche Beziehung des einzelnen Arztes zum einzelnen Kranken. (PuW 171)

Der Kranke will ferner eigentlich nicht wissen, sondern gehorchen. Die Autorität des Arztes ist ihm ein erwünschter fester Punkt, der ihn eigenen Nachdenkens und eigener Verantwortung überhebt. (PuW 172)

Weil der Mensch als Kranker so oft nicht vernünftig, sondern unvernünftig und widervernünftig ist, muß sich die ideale ärztliche Beziehung notwendig verkehren.

Nur die Vernunft im Bunde mit der Transzendenz gewährt diese Kraft, das Nichtwissen in allem Wissen nicht nur theoretisch, sondern praktisch zu bewahren. Die Angst aber will gegen alle Vernunft Gewißheit. Die Folge ist, daß der Arzt nicht jedem Kranken jederzeit sein Wissen mitteilen kann. (PuW 173)

Am Ende aber ist dann die Frage: was ist der Arzt, welche ist die Idee der Persönlichkeit des Arztes? Je mehr das Zeitalter eine in sich verworrene Beziehung vom Arzt zum Patienten zu erzwingen scheint, um so entschiedener dürfen wir uns der eigentlich ärztlichen Persönlichkeit erinnern. (PuW 207)

Weltorientierung und Selbstbestimmung

Die Orientierung über die Tatsachen in der Welt genügt nicht; der Einzelne muß wissen, was er eigentlich will, worin er leben und wofür er wirken wolle. Wir Menschen sind nicht gleicher Art; das Menschsein entfaltet sich in der Begegnung verschiedener Lebensweisen und Anschauungen durch einen geistigen Kampf, der, solange er von der Wahrheit beflügelt wird, ein liebender Kampf ist, im unabschließbaren Prozeß. (AZM 4)

Diese Schrift will mitarbeiten an dem politischen Bewußtsein unserer Zeit dadurch, daß sie es aufnimmt in das Umgreifende des Überpolitischen. Denn Politik, die auf einen Bereich menschlichen Tuns gleichsam als ein Ressort sich zurückzieht, ist unfähig, die Frage, ob die Menschheit am Leben bleibt oder nicht, zu lösen.

Das philosophische Denken soll mithelfen auch an der inneren Verfassung des Einzelnen, wie sie aus Vernunft in dieser totalen Bedrohtheit zu gewinnen ist. Ich will wissen, wofür ich leben und wirken möchte; ich will wissen, was ist, um zu tun, was ich kann, aber auch um bereit zu werden für das, was kommen mag. Wir müssen leben angesichts der in den Tatsachen sich zeigenden Gefahr. (AZM 7)

Die Wendung unseres Schicksals wird die Folge der Einsicht sein, daß alle Technik, alles Machenkönnen, alle Leistung nicht genügt. Der Mensch muß Wissenschaft und Technik einfügen in ein Umgreifendes. An der Grenze unseres Machens liegt erst der ganze Ernst unseres Denkens. Unser Zeitalter muß lernen, daß nicht alles zu ›machen‹ ist. (AZM 7)

Vor der Drohung totaler Vernichtung sind wir zur Besinnung auf den Sinn unseres Daseins zurückgewiesen. Die Möglichkeit der totalen äußeren Zerstörung fordert unsere *ganze* innere Wirklichkeit heraus. (AZM 24)

Daß jene Katastrophe ständig als Möglichkeit, ja, Wahrscheinlichkeit vor Augen steht, ist heute eine gewaltige Chance für die Selbstbesinnung überhaupt und zugleich die einzige Chance für die politische Erneuerung und damit für die Abwehr der Katastrophe. Um was es sich hier handelt, sollte in den Alltag aller Menschen dringen als Aufforderung zur Besinnung. Hier liegt der Horizont des realen Geschehens, in den wir uns stellen müssen. Wir dürfen nicht bloß erleiden, was kommt. Das Nichtwissenwollen ist selber schon das Unheil. (AZM 24)

Äußere Bedrohung und innere Umkehr

Es genügt nicht, neue Institutionen zu finden; uns selbst, unsere Gesinnung, *unseren sittlich-politischen Willen* müssen wir verwandeln. (AZM 49)

Wer weiter lebt wie bisher, hat nicht begriffen, was droht. Es nur intellektuell zu denken, bedeutet noch nicht, es in die Wirklichkeit seines Lebens aufzunehmen. Ohne Umkehr ist das Leben der Menschen verloren. Will der Mensch weiterleben, so muß er sich wandeln. (AZM 49)

In der für den Verstand unbegreiflichen, für ihn nicht einmal Realität besitzenden Umkehr ist das Selbstbewußtsein des Menschen gegründet. Will ich mein Seinsbewußtsein in der Denkhaltung des Verstandes und seines Wissen- und Machenkönnens gründen, so sinke ich ins Nichts. Will ich mich auf diesem Wege suchen, finde ich mich nicht. Ich habe mich im bloßen Verstandesdenken vergessen. Mit der Vernunft kehre ich zu mir selbst zurück.

Nach der Umkehr bleiben Verstand und Vernunft miteinander verbunden. Was gegenständlich mit dem Verstand denkbar ist, muß als solches bis an seine Grenze durchgedacht werden, um in der Umwendung alles so Gedachte in der Vernunft zu bewahren. Das Erkennbare wird in seinen Grenzen zugleich erfahren und überschritten. (AZM 26)

Heute, vor der äußersten Drohung, ist mehr nötig als nur bessere Einsicht: eine Umkehr des Menschen. Diese Umkehr ist aber nicht zu erzwingen.

Man kann die Realitäten zeigen und die fordernde Stimme aus Jahrtausenden zum Sprechen bringen. Beides müßte bis in den Unterricht der Schulen dringen: was Menschen von Möglichkeiten der Zukunft wissen können, und was jene Stimme fordert. Ob dadurch im einzelnen Menschen etwas geschieht, das ist schon im jungen Menschen der Freiheit jedes Einzelnen überantwortet. Wenn die Grundtatsachen unseres politischen Daseins heute offengelegt sind, die Konsequenzen der Verhaltensweisen entwickelt werden, dann liegt die Antwort bei dem Einzelnen, nicht durch eine Meinung, sondern durch sein Leben. (AZM 52)

Bei gleichbleibender psychophysischer Konstitution wandelt der Mensch in immer wieder vollzogener Umkehr seine geschichtliche Erscheinung. Alles Große, Leuchtende und als Vorbild Wirksame ist, gegen alle mögliche Erwartung, trotz des gleichbleibend Niederziehenden erwachsen aus anderem Ursprung. Trotz dessen, was Biologie und Psychologie erfassen, ist geschichtlich ein Wandel des Menschen möglich. Es ist geschehen mit den alten Propheten in Israel, mit den Denkern und Dichtern in Griechenland, mit den spätantiken und christlichen Erneuerungen in den ersten Jahrhunderten, mit dem biblisch gegründeten Ethos der protestantischen Welt. Jede dieser Wandlungen ist zwar bald verkümmert, aber als fordernde Erinnerung geblieben. (AZM 52)

Denken und Handeln

Das Denken schafft den Raum, klärt die Voraussetzungen, stellt das Wißbare bereit, auf Grund dessen in der Situation der Weg gefunden werden muß. Man begreift schwer, daß unsere Einsicht sich nur entwickeln kann in einer Vielheit der Aspekte und Denkungsarten, daß dann aber die wirkliche Handlung der Sprung in die Geschichtlichkeit ist. (AZM 31)

Alle Schwebe, alle Offenheit, alle Unbegrenztheit im Fragen ist aber zuletzt nicht Skepsis, sondern der Wille, durch dieses Denken die Entschiedenheit der Existenz zu ermöglichen. Diese selbst wird frei gelassen in ihrer durch nichts zu erleichternden Verantwortung. Denken hilft zur Reinheit. Dieses Denken ist der Enthusiasmus der Vernunft. (AZM 32)

Man fragt wohl, wie denn das ›private‹ Verhalten auf das politische Handeln wirken könne. Offenbar habe doch das eine mit dem anderen nichts zu tun: Diese Frage weist mit Recht darauf hin, daß eine unmittelbare Kausalwirkung nicht vorliegt. Aber sie verkennt, daß das Private Symptom des Menschen ist, der einer und derselbe bleibt, in welchem Bereich er sich auch bewege. (AZM 50)

Der Wandel kann nur geschehen durch jeden Menschen in der Weise, wie er lebt. Zuerst kommt es allein auf ihn selber an. Jede kleine Handlung, jedes Wort, jedes Verhalten in den Millionen und Milliarden ist wesentlich. Was im großen vor sich geht, ist nur Symptom dessen, was in der Verborgenheit der vielen getan wird. Wer nicht Frieden mit seinem Nachbar halten kann, wer durch bösartiges Verhalten dem andern das Leben schwermacht, wer im Verborgenen ihm Unheil wünscht, wer verleumdet, wer lügt, wer die Ehe bricht, seine Eltern nicht ehrt, die Verantwortung für seine Kinder in der Erziehung nicht übernimmt, wer die Gesetze bricht, – der verhindert durch sein Tun, das selbst in der abgeschlossenen Kammer nie nur privat ist, den Frieden der Welt. Er tut im kleinen, was im großen die Selbstvernichtung der Menschheit zur Folge hat. Es gibt im Sein und Tun des Menschen nichts, das nicht auch politische Bedeutung hat. (AZM 50)

Ich hatte schon als Schüler gelernt, alleinstehen zu können. Ich bin nicht mutig, ich bin kein Held, ich habe niemals mein Leben riskiert, ich würde mich sehr hüten, es zu riskieren. Es müßte ein Äußerstes auf dem Spiel stehen, wenn ich es vielleicht täte. Aber etwas anderes habe ich von früh an verwirklicht: Prestige und Ansehen imponieren mir nicht. Ich nehme keine Rücksicht auf das, was man von mir denken mag. Was mir als das Rechte einleuchtet, sage ich und handle danach, sofern ich eine Aufgabe für mich darin sehe. (SW 25)

23. 7. 04. Jeder Mensch ist gezwungen, in einer bestimmten Verkleidung durchs Leben zu ziehen. Wir müssen alle eine bestimmte Stelle ausfüllen, wodurch wir uns in Widerspruch zu setzen glauben mit unserer Erkenntnis. (SW 140)

11. 8. 05 (Tagebuch): Es ist leicht ..., sich ironisch seinem Leiden und ärmlichen Dasein gegenüber zu verhalten. Es ist schwer, den Ernst der Lage und die Wahrheit in den Aussichten klar zu erfassen und alle vorhandenen Kräfte anzuspannen, das Erreichbare zu erreichen. – Ich bin zu unbegabt, um geistige Leistungen von Bedeutung hervorzubringen; zu begabt, um den Durchschnittsarbeitern der Wissenschaften mich mit Befriedigung anschließen zu können. Mein Wesen drängt darauf, praktisch tätig zu sein durch Anwendung des Gelernten zu materiellem Wohlsein von Menschen und durch pädagogische Wirkung auf geistig veranlagte Jugend. Dies ist nun beides durch meinen Körper versagt. Findet sich ein Ausweg? (SW 135)

Denke ich weiter an den Gang meines Lebens, so bin ich erstaunt. Wie war es möglich, daß ein kranker Mann, der ausgeschlossen war von der normalen Geselligkeit und der normalen Öffentlichkeit, überhaupt diesen Weg gehen konnte? – Wie war es möglich, daß ein rebellischer Kopf in einer so hierarchisch-strengen Ordnung doch seinen Platz fand? – Wie war es möglich, daß ein durchschnittlich begabter Mensch, der in der Frühe seiner Arbeiten nicht eine Spur von glänzender Jugendgenialität entfaltet hatte, Schritt für Schritt vorankam und erst in höherem Alter zu seinen Hauptwerken gelangte?

Meine erste Antwort: Ich war harnäckig, nutzte jede frische Stunde, die mir vergönnt war. Ich hatte immer Pläne, aber nie einen Plan im ganzen. Oft war ich pessimistisch, aber nie ohne Hoffnung. Immer wieder wurden wie durch Glücksfälle meine Arbeitsleistungen besser, als ich erwartet hatte. Kaum Enttäuschungen, aber Überraschungen fand ich auf diesem Wege.

Die Antwort durch den Hinweis auf das eigene Verhalten ist unzureichend. Was die Alten Tyche nannten, die Tyche des Augenblicks mit der Voraussetzung des eigenen Bemühens und die Tyche des Geschikkes im ganzen, ist doch entscheidend. Rätselhaft sind solche Zusammenhänge. Ich kann keine Antwort geben. Ich bin dankbar, weiß aber nicht welchem Grund der Dinge. Dankbar bin ich konkret den Menschen, die ich liebe in ihrem Adel. Viele waren mir wohlgesinnt von Jugend an, haben mir viel Hilfe geleistet bis heute. Aber darüber hinaus ist das Dunkel, in dem wir nichts wissen.

Goethe hat im Alter gesagt: »Mach's einer nach und breche nicht den Hals.« Mit Goethe kann man sich nicht vergleichen, aber eines ist vergleichbar: Wenn ich auf mein Leben (wie gewiß viele andere auf das ihrige) zurückblicke, so ist mir bewußt: Ich könnte es selbst nicht wiederholen. Die Umstände, die Glücksfälle, die hilfreichen Menschen waren zufällig. Im Rückblick, im ganzen gesehen, erscheint in der Reihe der Zufälle ein Sinn. (SW 29 f.)

Im Umgang mit mir selbst in meiner Situation hat das Allgemeine im verständigen Planen seine unerläßliche Bedeutung beim Finden und Erfüllen des Lebenswegs. Aber ich selbst in meiner Geschichtlichkeit werde erst wirklich, wenn ich horche auf das, was mir zugehört, was in den Zufällen an mich herankommt, in neuen Situationen als Chance oder Sperre sich zeigt. Besonders in der Jugend ist dieses Warten und Zugreifen, Hineinwagen und Zurückweichen in dieser geheimnisvollen Welt zugleich das beschwingende ›man weiß nicht, was noch werden mag‹. Es begründet Unruhe und Vertrauen. Die Zufälle sind mehr als Zufälle, zwar nicht für das Wissen, aber für das Bewußtwerden der eigenen, einmaligen Geschichtlichkeit. Diese ist durch kein Planen im ganzen vorwegzunehmen. Sie enthüllt sich kraft des eigenen Sicheinsenkens in die Wirklichkeit. (PGO 171 f.)

Vergewisserung über Situation und eigenen Willen

7. 2. 39 Ich will ein Tagebuch führen, um mich zu vergewissern, was ich eigentlich will.

... Not im Ausland ist für uns ohne Würde: Wir haben dort keine Ansprüche. – Not im Inland leiden wir als Schuldlose: Man tut uns schreiendes Unrecht. Sterben im Ausland ist, als ob wir uns aufdrängten und anderen lästig würden. Sterben hier ist Erleiden des Äußersten an Unrecht und tastet unsere Würde nicht an.

Hinausgehen ist eine Aktivität, ist Eingriff in das Schicksal. Hierbleiben ist niemals Schuld, ist kein Eingriff, ist das Bewahren des Zugehörigen und der Rechte, solange es geht, ist Festhalten am Boden und an allen Ursprüngen der Kraft, bleibt Vertrautheit mit dem genius loci. (SW 143 f.)

10. 2. 39 Das Leben steht von nun an anders als je unter dem Tod: Hier oder dort in eine Lage kommen zu können, ja diese Lage als drohende Möglichkeit vor sich zu sehen: in der nur bleibt, sich das Leben zu nehmen, um dem Sterben unter größeren Qualen und Würdelosigkeiten zuvorzukommen. Bei der aktiven Handlung des Fortgehens ist dies fühlbarer als beim Hierbleiben. Es gibt der Auswanderung einen Schwung, weil es das ganze Leben entschieden unter den Druck der Gefahr stellt, die ergriffen und damit gewollt wird, und es lastet im Erlahmen plötzlich als Angst auf uns. Das Leben kommt in eine Spannung, die alle bequeme, behagliche Stimmung aufhebt. Alles rückt mehr als je unter die letzten Maßstäbe. (SW 145)

16. 3. 39 Jedoch das ist gerade mein Verlangen, alles restlos durchzudenken und durchzufühlen, nach allen Seiten, um die größte Helligkeit des Entschlusses zu ermöglichen. (SW 152)

1. 4. 39 Das Leben ist nur möglich, wenn es sich auf Transzendenz gründet. (SW 157)

16. 11. 40 Es kommt mir vor, als ob alles substanzlos würde, wenn solche Trennung wie die Gertruds von mir als verständig, erlaubt, möglich gedacht wird. Dann gibt es in der Tat nichts Ernstes mehr. Der Mensch ist nur Mensch, wenn er irgendwo mit seinem ganzen Leben eintritt. Überlebe ich Gertrud, falls sie durch die Staatsmacht vernichtet wird, so bin ich wie nichts. Daß ich für Gertrud stehe und sie für mich steht, das ist unser einziger Schutz in dieser Welt. Will die Staatsmacht mein Leben, muß sie auch Gertrud leben lassen. Die Schuld für die Vernichtung des Einen ist immer die Schuld für die Vernichtung von uns beiden. (SW 158)

2. 5. 42 Meine Philosophie wäre nichts, wenn sie an dieser entscheidenden Stelle versagte. Treue ist irgendwo absolut oder sie ist gar nicht. (SW 160)

Rechenschaft über Ursprung und Ziel eigenen Philosophierens

Über meine Schriften im Ganzen

Wie weit der Grund in den faßbaren Erfahrungen der Kindheit liegt, ist nicht abzuschätzen: in dem Außenstehenmüssen schon als Schüler; in der Krankheit, die das meiste des natürlichen, blühenden Lebens versagte; in der glücklichen Gegenwärtigkeit einer vernünftig denkenden, von Liebe und Verläßlichkeit durchdrungenen Familie; in der vertrauenden Lebensbejahung der Eltern; in der durch ein langes Leben bewährten Gesinnungsgemeinschaft mit der geliebten Schwester; in der konservativ-liberalen, oppositionellen, zu einer Demokratie durch Aristokratie neigenden Haltung sowohl der mütterlichen wie der väterlichen Familie. (PuW 387)

Der Mensch kommt nur zu sich mit dem anderen Menschen, niemals durch das Wissen allein. Wir werden wir selbst nur in dem Maße, als der andere er selbst wird, werden frei nur, soweit der andere frei wird. Daher war mir seit der Schülerzeit die Frage der Kommunikation zwischen Mensch und Mensch zunächst die praktische, dann die philosophisch bedachte Grundfrage unseres Lebens. (PuW 388)

In meinen Schriften, die durchweg in ruhiger Sachlichkeit geschrieben sind, lebt ein Wirkungswille: zu tun, was möglich ist, um zu einem winzigen Teil die Vernunft in der Welt zu fördern, dies aber auf dem Wege, dem Leser Unruhe zu bereiten durch Erregen seiner möglichen Existenz, ihn zu ermutigen im Selbstwerden, ihm den möglichen Sinn im Sein zu beschwören und ihn denkend stranden zu lassen am Unbegriffenen. Es ist eine Tendenz (wenn man den Vernunftwillen eine Tendenz nennen mag), in der ich stehe, für die und mit der ich denke, zu der ich andere ermuntern möchte. (PuW 400)

Daher kommt so viel darauf an, wofür der Einzelne leben und wirken will. Er muß wissen, wo er steht. Sein eigenes Wesen und der Gang der Dinge hängt davon ab, daß er es belangreich findet, was er, auch in seinen winzigsten Entscheidungen, tut. Es ist von ewiger Bedeutung vor der Transzendenz, der hingegeben er erst *er selbst* wird, dort unbedroht von Gelingen und Scheitern. Es ist von zeitlicher Bedeutung durch sein Wirken in der Welt. Die Welt geht nicht von selbst ihren einen durch Gesetze nach Analogie von Naturgesetzen bestimmten, unveränderlichen Gang, ist nicht ein irgendeinem Denken zugänglicher, vorherbestimmter oder durch uns fremde Entscheidungen gelenkter Schicksalsprozeß, sondern was wird, hängt ab von jedem einzelnen Menschen in einer für ihn im Ganzen unberechenbaren Weise.

Was ich schrieb, habe ich zu großem Teil vorher als akademischer Lehrer vorgetragen. Wenn ich von einem pädagogischen Willen reden wollte, so war er bei mir niemals planmäßig. Wirkliche Erziehung schien mir immer Selbsterziehung. Sie ist Sache des Einzelnen, aber man hat im Lehren die Hoffnung, durch Aufmerksammachen, Vordenken, Vormachen, durch Mitteilung von Auffassungsweisen das zu ermutigen, was in der Jugend an das Licht drängt. Dem Einzelnen habe ich nicht hineingeredet, wohl aber ihn die Strenge der ewigen Ordnungen fühlen lassen. Sie dürfen nicht erweichen. In der vollständigen Toleranz ist die strengste Forderung verborgen. Sie wird gehört vom Einzelnen. Daß sie deutlicher, entschiedener gehört werde, das vermag das sich mitteilende Philosophieren zu fördern. (PuW 401)

Immer ist der Mensch in seiner Lage als ein einzelner vor die Aufgabe gestellt, mit seiner Krankheit in seiner Welt eine Lebensform zu finden, die nicht allgemein entworfen und nicht identisch wiederholt werden kann. (SW 112)

Alle Entschlüsse meines Lebens waren mitbedingt durch eine Grundtatsache meines Daseins. Von Kindheit an war ich organisch krank (Bronchiektasen und sekundäre Herzinsuffizienz). (PuW 280)

Jetzt lernte ich, das Leben einzurichten unter den Bedingungen dieser Krankheit. (PuW 280)

Die Krankheit durfte durch Sorge um sie nicht Lebensinhalt werden. Die Aufgabe war, sie fast ohne Bewußtsein richtig zu behandeln und zu arbeiten, als ob sie nicht da sei. Alles mußte nach ihr gerichtet werden, ohne an sie zu verfallen. (PuW 281)

Die Aufgabe richtiger Behandlung greift so sehr in jede Stunde ein, daß es ist, als ob jemand ständig mit einem bis an den Rand gefüllten Glas Wasser in der Hand leben und dabei aufpassen sollte, daß er keinen Tropfen verschüttet. (SW 121)

Seitdem ich die Vorsicht für jede Minute in meine Gewohnheit aufnahm, ist eine beträchtliche Besserung meiner Gesamtleistungsfähigkeit erzielt. Die Vorsicht ist für jeden Gesunden ärgerlich. Davon zu sprechen, wirkt zumeist lächerlich, weil überängstlich. Sie ist das Ergebnis der Erfahrung: Nach Jahren von gehäuften Erkältungen ist ihre Begrenzung gelungen. (SW 125)

Fraenkel stellte 1901 die Aufgabe: Der Patient muß, um der Krankheit Herr zu werden, die Krankheit in sein Leben einbeziehen. Er muß sie als Tatbestand annehmen, in seine Pläne und Berechnungen eingliedern, um im bleibenden Raum des Möglichen zu leisten, was er kann. Er soll sich nicht schämen, daß er krank ist.

Es bleibt ein lebenslängliches Suchen des Weges. Preisgegebensein an unvorausgesehenes Kranksein, Versinken in Kranksein, Unscharfwerden der Unterscheidung von gesund und krank, übermütiges Vergessen des Krankseins sind die Gefahren, denen man erliegt. Diese Erkrankung, die nicht, wie etwa die Verstümmelung eines Gliedes, die mechanische Behinderung durch einen einzelnen Defekt zur Folge hat, sondern in den Lebensprozeß selbst eingreift, ihn konstitutionell schwächend, steht nicht als ein klar Begrenztes der Persönlichkeit gegenüber. (SW 131)

Die Wahl: Es handelt sich um die Entscheidung: entweder für die Krankheit zu leben und alles im Leben so einzurichten, daß das Maximum physischer Gesundheit erreicht wird – oder der Krankheit zwar durch Behandlung nach Möglichkeit Herr zu werden, so aber, daß sie den Vorrang hat – oder aber in bezug auf die Gesundheit auch Risiken einzugehen und Einbußen in Kauf zu nehmen. Hypochondrische Fesselung der Aufmerksamkeit durch die Krankheit wäre ebenso töricht wie übermütiges Vergessen der Krankheit.

Aber hinter dieser Wahl steht eine andere. Wenn ich als Kranker leben will, kann ich mich entweder zu den Eltern zurückziehen, im Hause mein Leben pflegen, in der Welt nichts begehren und nichts leisten, meinen geistigen Liebhabereien in unverbindlicher Beschäftigung nachgehen. Oder ich kann mit dem Kranksein unter Menschen gehen und in die Welt treten. Dann aber mußte ich auch in schlechten Zuständen die demütigenden Wirkungen auf mich nehmen. (SW 137 f.)

Das Übernehmen der Krankheit: Das Wissen um das Unausweichliche fordert, das Kranksein anzunehmen. Es wird unablösbar vom eigenen Dasein. Man wird sich einer unüberschreitbaren Grenze bewußt. Mit ihr sich ohne Verschleierung selbst zu finden, ist der Ursprung, aus dem man seine Krankheit ›übernehmen‹ kann. Die Krankheit erweckt aus den sonst fraglosen Selbstverständlichkeiten. Sie fordert ein Leben unter Ausnahmebedingungen. (SW 141)

Die Einbeziehung der Krankheit in das Leben

Wenn die Krankheit chronisch, damit ein unüberwindbares Faktum des eigenen Daseins ist, so schwankt die Stellung zur Krankheit zwischen zwei Extremen:

Ich kann das Kranksein verweigern, es mir gegenüberstellen als ein ganz Fremdes: Das bin ich nicht, das gehört nicht zu mir. Es ist eine Tendenz, die Krankheit auszuscheiden, obgleich es unmöglich ist. Ich versuche zu leben, als ob die Krankheit nicht sei. Oder ich kann die Krankheit in ihrer unaufhebbaren Faktizität mit mir selbst als zeitlicher Erscheinung identifizieren: Ich bin krank. Kranksein ist ein Zug meines Wesens. Meine Erlebnisse sind von dem Kranksein untrennbar. Ich habe durch mein Kranksein Erfahrungen, die ich nicht missen möchte. Trotzig setze ich mich mit dem Kranksein identisch. Ich will krank sein, es ist mein Wesen, das ich damit will.

Beides ist in seiner Geradlinigkeit falsch. Beide Extreme aber werden unausweichlich einmal berührt im Kampf um das Übernehmen der Krankheit. Dieses ›Übernehmen‹ ist eine am Ende unlösbare Aufgabe. Es ist kein reiner Zustand möglich. Immer stimmt etwas nicht. Die Endlichkeit des Menschen, seine radikale Abhängigkeit wird dem Kranken nicht nur bewußter als dem Gesunden, sie ist auch bei ihm eine qualitativ andere. Er kann sich keinen Tag auf sich als Dasein verlassen. (SW 142)

Die hier niedergeschriebene Krankheitsschilderung darf keinen falschen Eindruck erwecken. Ich vergesse nicht, daß alles Leid mir doch eigentlich aufgehoben wurde. Alle die klagenden und verzweifelten Wendungen, die ich berichtet habe, müssen auf dem Hintergrund der Grundstimmung verstanden sein: der Gewißheit des Geliebtwerdens und der Liebe. (SW 142)

Die Gegenwirkung gegen die von den kranken Zuständen ausgehende Lähmung durchzieht mein Leben. Oft versagte ich, wurde augenblicklich ratlos in der Passivität des Aufhörens meiner Arbeit. (SW 134)

Folge der Krankheit war weiter eine innere Haltung, die die Arbeitsweise bestimmte. Das Leben mußte konzentriert werden bei den ständigen Unterbrechungen, um überhaupt sinnvoll gelebt werden zu können. Ich war angewiesen auf eine gelockerte Weise des Studiums, auf das Ergreifen des Wesentlichen, auf das Plötzliche des Einfalls und die Schnelligkeit des Entwerfens. Die Chance lag in der Hartnäckigkeit, jeden guten Augenblick zu ergreifen und unter allen Umständen die Arbeit fortzusetzen. (PuW 282)

Selbstauffassung und Umgang mit den Großen

Vollziehe ich eine Selbstauffassung, so wird sie selber zu einem Faktor dieses Lebens, es steigernd zum Bewußtsein eigentlichen Ernstes, aber auch täuschend bis zu einem Schauspielertum seiner Fiktionen. Unser Wille zur Selbstauffassung hat seine Grenze an der unbefragten Naivität, aus der wir noch bei äußerster Reflexion leben. Es gibt keine theoretische Grenze des Fragens, wohl aber die praktische, die in jedem Augenblick konkret zu leben verlangt. Zögern und Warten und Wissenwollen wird zum Versäumen des Lebens. (PA 244)

Was ich sein will, das werde ich existentiell gerade dann nicht, wenn ich es will. Will ich Persönlichkeit sein und bemühe mich darum, so werde ich Schauspieler einer Persönlichkeit. Will ich ursprünglich sein, so werde ich es gerade nicht. Messe ich mein Tun und Denken am Ursprung, so habe ich den Maßstab nicht in der Hand. Ich kann reflektierend mich im Selbstsein erhellen, aber weder wissen noch hervorbringen. Es ist die unaufhebbare Unruhe des Nichtwissenkönnens dessen, woran alles liegt. Sie wird zur Ruhe in Augenblicken, die die Gewißheit aus dem Ursprung erfahren lassen – unobjektivierbar, nicht garantiert. (PGO 71)

Es ist eines jeden Schicksal und Verantwortung, welchen Menschen er in seinem Dasein begegnet, wo er wählt und gewählt wird, wo er meidet oder ausweicht. Er hat im Raum des Gegebenen seine Freiheit.

Es gehört zum Wesen des Einzelnen, mit wem er gelebt und wer ihn bestimmt hat.

Wo durch Bücher und Überlieferung Menschen aus der Geschichte zu mir gelangen, da ist eine analoge Verantwortung. Trete ich in diese unbestimmte Gemeinschaft der Denker, so muß ich wählen. Philosophiere ich, so ist entscheidend, an welche Philosophen ich mich halten will. Denn mit wem ich, ihn lesend, spreche, das bestimmt mein eigenes Denken. Im Studium der Sache gestalten sich die persönlichen Bilder der Großen zur Einheit eines denkend Getanen. Sie werden zu Vorbildern und Gegenbildern. Durch den Umgang mit ihnen wähle ich einen Weg meiner Selbsterziehung. (GP 56)

Die Selbsterziehung des handelnden Menschen und des öffentlichen Geistes fordert die Besinnlichkeit und die Verantwortlichkeit unter Maßstäben, die über den Mechanismus der Gesetze und Anordnungen weit hinausgehen. Diese Verantwortung soll jede Regelung im Ganzen des Lebens und soll sie in ihrem Zusammen mit anderen Regelungen sehen. Sie muß mit der größten Einfachheit nicht nur die je bestimmte Ordnung, sondern auch die Befreiung des Alltagslebens aller und die Offenhaltung unberechenbarer Chancen finden. (GP 925)

Verzeichnis der Abkürzungen

A	Antwort. Zur Kritik meiner Schrift ›Wohin treibt die Bundesrepublik?‹ München 1967
APs	Allgemeine Psychopathologie, Berlin – Göttingen – Heidelberg 1959[7]
AuP	Aneignung und Polemik. Gesammelte Reden und Aufsätze zur Geschichte der Philosophie, München 1968 (herausgegeben von Hans Saner)
AZM	Die Atombombe und die Zukunft des Menschen (ungekürzte Sonderausgabe), München 1960
BRD	Wohin treibt die Bundesrepublik? München 1966
E	Einführung in die Philosophie. Zwölf Radio-Vorträge, München 1955
EE	Der Evangelische Erzieher 22. Jg. (1970): S. 252f.
EM	Die Frage der Entmythologisierung, München 1954
EP	Existenzphilosophie. Drei Vorlesungen, Berlin 1974[4]
FuW	Freiheit und Wiedervereinigung. Über Aufgaben deutscher Politik, München 1960

GP	Die großen Philosophen, 1. Bd., München 1975
GSZ	Die geistige Situation der Zeit. Fünfter, unveränd. Abdruck der im Sommer 1932 bearbeiteten 5. Aufl., Berlin 1960
HS	Hoffnung und Sorge. Schriften zur deutschen Politik 1945 bis 1965, München 1965
Idee I	Die Idee der Universität, Berlin 1923
Idee II	Die Idee der Universität, Berlin 1946
Idee III	Die Idee der Universität, Berlin–Göttingen–Heidelberg 1961 (gemeinsam mit Kurt Rossmann)
KS	Kleine Schule des philosophischen Denkens, München 1965
N	Nietzsche. Einführung in das Verständnis seines Philosophierens, Berlin 1950[3]
P	Provokationen. Gespräche und Interviews, München 1969 (herausgegeben von Hans Saner)
PA	Philosophische Aufsätze (Fischer-Bücherei, Bücher des Wissens 803), Frankfurt a.M. – Hamburg 1967
PGO	Der philosophische Glaube angesichts der Offenbarung, München 1962
Ph	Philosophie, Berlin–Göttingen–Heidelberg 1948[2]
PhG	Der philosophische Glaube, München 1954
PhN	Nachwort (1955) in: Philosophie I, Berlin–Heidelberg–New York 1973[4]
PuW	Philosophie und Welt. Reden und Aufsätze, München 1958
PW	Psychologie der Weltanschauungen, Berlin–Göttingen–Heidelberg 1960[5]
RA	Rechenschaft und Ausblick. Reden und Aufsätze, München 1958
Sch	Antwort in P. A. Schilpp (Hrsg.): Karl Jaspers, Stuttgart 1957
Sche	Schelling – Größe und Verhängnis, München 1955
SW	Schicksal und Wille. Autobiographische Schriften, München 1967 (herausgegeben von Hans Saner)
U	Universitas 15. Jg. (Heft 5) 1960
UZG	Vom Ursprung und Ziel der Geschichte (piper paperback) München 1963
VE	Vernunft und Existenz (Sammlung Piper), München 1960
W	Von der Wahrheit. Philosophische Logik. Erster Band, München 1947

Anmerkungen in eckigen Klammern sind Querverweise des Autors innerhalb des vorliegenden Bandes.

Ausgewählte Bibliographie

1. Sammelbände

K. Piper (Hrsg.): Offener Horizont. Festschrift für Karl Jaspers, München 1953

P. A. Schilpp (Hrsg.): Karl Jaspers. Philosophen des 20. Jahrhunderts, Stuttgart 1957

K. Piper (Hrsg.): Karl Jaspers. Werk und Wirkung, München 1963.

Hans Saner (Hrsg.): Karl Jaspers in der Diskussion, München 1973

K. Piper/H. Saner (Hrsg.): Erinnerungen an Karl Jaspers, München 1974

2. Einführungen

J. Pfeiffer: Existenzphilosophie. Eine Einführung in Heidegger und Jaspers, Leipzig 1933

F. J. Brecht: Einführung in die Philosophie der Existenz, Heidelberg 1948

H. Knittermeyer: Die Philosophie der Existenz von der Renaissance bis zur Gegenwart, Wien – Stuttgart 1952

O. F. Bollnow: Existenzphilosophie, Stuttgart 1960[5]

Hans Saner: Karl Jaspers in Selbstzeugnissen und Bilddokumenten, in: rowohlts monographien, Reinbek 1970 (dort viele weitere Hinweise)

3. Philosophie und Pädagogik

L. Prohaska: Existentialismus und Pädagogik, Freiburg – Wien 1955

H. R. Horn: Existenz, Erziehung und Bildung. Das Problem der Erziehung und Bildung bei Karl Jaspers und die neuere Pädagogik. (Phil. Diss.) Göttingen 1955 (Masch.)

A. Mayer: Karl Jaspers' Erziehungsphilosophie, Bildung und Existenz. (Phil. Diss.) Erlangen 1955 (Masch.)

O. F. Bollnow: Existenzphilosophie und Pädagogik, Stuttgart 1959

B. Tollkötter: Erziehung und Selbstsein. Das pädagogische Grundproblem im Werke von Jaspers, Ratingen 1961

F. Stippel: (Hrsg.): Ausgangspunkte pädagogischen Denkens. Beiträge zur Gegenwartspädagogik, München 1961

G. Iberer: Die pädagogische Relevanz des Kommunikationsbegriffes bei Karl Jaspers. (Phil. Diss.) Graz 1970

Das Buch

Als Karl Jaspers 1948 den Baseler Lehrstuhl für Philosophie übernahm, lehnte er den damit verbundenen Lehrauftrag für Pädagogik ab. Über die Gründe läßt sich spekulieren. Außer Zweifel aber steht, daß der Existenzphilosoph durch sein Leben und Werk zu einem der größten Erzieher unserer Zeit geworden ist. So skeptisch er dem gegenübersteht, was Lehre und Bildung zu leisten vermögen, so eindringlich appelliert er immer wieder an den Menschen, sich selbst zu erziehen: »Wirkliche Erziehung schien mir immer Selbsterziehung. Sie ist Sache des einzelnen, aber man hat im Lehren die Hoffnung, durch Aufmerksammachen, Vordenken, Vormachen, durch Mitteilung von Auffassungsweisen dazu zu ermutigen ...« Obwohl Jaspers nicht in größeren systematischen Zusammenhängen zu Fragen der Erziehung und Bildung Stellung genommen hat, stößt man in seinem Gesamtwerk auf zahlreiche Äußerungen, die seine Aufgeschlossenheit für pädagogische Probleme und seine erstaunliche Vertrautheit mit der erzieherischen Lebenswirklichkeit zeigen. Die vorliegende Dokumentation von Hermann Horn ist der Versuch, Jaspers' Aussagen über Bildung und Erziehung in ihrer Vielfalt zusammenzufassen und in einer offenen Systematik zu ordnen.

Der Autor

Karl Jaspers, geb. 1883, studierte zuerst Jura, dann Medizin; Promotion in Heidelberg. Während seiner Assistentenzeit an der Psychiatrischen Klinik habilitierte er sich 1913 für Psychologie. Von 1921 bis zu seiner Amtsenthebung 1937 Professor für Philosophie in Heidelberg; Wiedereinsetzung 1945. Von 1948 bis zu seinem Tod im Jahre 1969 Professor für Philosophie in Basel.
Der Herausgeber Hermann Horn wurde 1927 in Mettman geboren. Studium der Pädagogik, Philosophie und Theologie; Gründungsrektor und Ordinarius für Allgemeine Pädagogik an der Pädagogischen Hochschule Hagen.